戊戌启蒙四大家比较研究

A Comparative Study of the Big Four of Wu Xu
Englightment

魏义霞　著

人 民 出 版 社

国家社科基金后期资助项目
出版说明

　　后期资助项目是国家社科基金项目主要类别之一,旨在鼓励广大人文社会科学工作者潜心治学,扎实研究,多出优秀成果,进一步发挥国家社科基金在繁荣发展哲学社会科学中的示范引导作用。后期资助项目主要资助已基本完成且尚未出版的人文社会科学基础研究的优秀学术成果,以资助学术专著为主,也资助少量学术价值较高的资料汇编和学术含量较高的工具书。为扩大后期资助项目的学术影响,促进成果转化,全国哲学社会科学规划办公室按照"统一设计、统一标识、统一版式、形成系列"的总体要求,组织出版国家社科基金后期资助项目成果。

全国哲学社会科学规划办公室

2014 年 7 月

序

"登山不愁峻,涉海不愁深"。攀登高山而不怕险峻,蹚水行走而不畏深渊。魏义霞教授在探赜中国哲学历程中,始终坚持着"志鹏举以补天,厥青云而奋羽"的精神。她胸怀鹏鸟高远补天的意志,试图补中国哲学创新之天,即使遭受挫折和艰难,其奋翅高飞之志不变,这是其中国哲学研究获得成就的重要原因。

其所以如此。

一是"为山者基于一篑之土,以成千丈之峭,凿井者起于三寸之坎,以就万仞之深"。千万丈陡峭的高山,是基于一筐筐土和石垒成的,开凿万丈的深井,是从挖掘很浅的坑穴开始的。这是教研中国哲学的基本功,亦是其必经的路径。探索中国哲学必须会通中西古今,有浩如烟海的中西文献需要阅读或钻研,有浩瀚繁多的古今典籍需要求索或研究。穷一生之精力,或再假我五十年,也必须艰难地从"一篑之土"或"三寸之坎"做起。这是对一个人能否终日乾乾、坚持不懈的考验,也是对一个人有否坚忍不拔、自强不息的审察。若碰到困难,受到挫折,便萎靡不振、畏难退缩,则前功尽弃,一事无成。所以要在中国哲学教学和研究上获得成就,就必须具备坚持不懈、坚忍不拔的意志,必须具备终日乾乾、自强不息的精神。

二是"苟怀四方志,万里望风尘"。如果胸怀四方以至世界的意识,从长远的眼光来观望人类的未来,那么立足中国哲学,就可以为弘扬中华文化做出贡献。五千年无限璀璨的中华文明,曾是世界文明中一颗最光彩夺目的明珠,近代以来曾一度被云雾所遮蔽,而失去了昔日耀眼的明亮。然而中华文明是座开发不尽的宝库,她的"己所不欲,勿施于人"的金规则,可放之四海;"己欲立而立人,己欲达而达人"的原则,是人类共立业、共发达、共富裕的道路;"苟日新、日日新","日新之谓盛德"的创新精神,是人类进步发展的不二动力;"穷则变,变则通,通则久"的变通精神,是社会不断发展的基本条件;"天地之生,人为贵","民贵君轻",以人民为最宝贵、最有价值的人本精神;"天下为公","选贤与能","老吾老以及人之老,幼吾幼以及人之幼"的大同价值理想社会;"仁义礼智信",忠孝廉耻为人处世的伦理道德;"和为贵"、"协和万邦"的和本、合作共处的外交战略;"以他平他谓之和"的人与人、国与国、民族与民族、文明与文明之间相互平等、相互信任、相互尊重,营造和谐世界的理念;"天人合一","道法自然","仁民爱物"的爱护自然、尊重自然生态的环保思想;"泛爱众","兼相爱"人类相爱原理,这是实现世界没有杀人、没有偷盗、没有说谎、没有奸淫的人和天和、人乐天乐、天人共和乐的和合境界。唯有怀抱四方志,才能钩深致远地体认中华文化哲学的神奇魅力,才能孜孜不倦地为发扬中国哲学而奉献自己的生命智慧。

三是"道人所不道,到人所不到"。要说出人所没有说过的话语,要达到人所没有达到的境界。"不刨前未有,焉传后无穷"。唯有创新,才能流传下来。若讲前人所已讲,发前人所已发,便不是洛阳纸贵,而是废纸一张;不是传后无穷,而是立化纸浆。人既怀撰写之心,就不能有"终身不脱依傍二字",若如此,画虎不成反类狗,这就亵渎了文章,浪费了纸张。撰文应该"文津运周,日新其业",文章只有灵活运用,追求创新,这就是说文章应以出新言去陈言为第一义。如此,中国哲学研究才有价值。

此三者,是魏义霞教授之所以在中国哲学研究领域取得成就的原因所在。

戊戌启蒙四大思想家的比较研究,是魏义霞教授善于体会,尽于精微的成果。在当前康有为、谭嗣同、梁启超、严复的哲学思想研究中,或单独研究,或康梁比较,但四人间反复比较、交叉比较、概念比较、分合比较,仍研究不足。在一般人的印象中,总以为康梁既有师生之谊,思想同处必多。该书却体认为康谭思想"十同八九",其同是对于中国文化的整体审视和对宇宙本体的体认,以及其价值观的体现。从对中国文化整体审视来看,康谭认为"百家皆孔子之学",或称孔学、孔教。以儒家经典为主要依傍文本。他们尊孔子贬老子而与梁启超异趣,梁将诸子百家的孔、老、墨为"三位大圣",并以孔教之教是教育之教,而非宗教之教。也与章炳麟将诸子百家分为九流十家不同。

从康谭对宇宙本体的体认而言,他们均以仁为天地万物的本原和核心价值,建构了近代心体学中的仁学派。他们推崇不忍之心,而与章炳麟独尊法相唯识异。从康谭的价值观而观,他们崇尚平等,以平等为仁学中应有之义,并将平等的实现与吸纳西方自然科学中的以太、电、力相结合,作为通达平等的工具。他们以大同世界为价值理想。然梁启超认为大同主义是世界主义,与民族主义、国家主义相左,不切合中国的实际。在对中西的体认和会通上,康谭以以太、电、力为我所用,作为论证贯通自己思想体系的工具,既与梁启超、严复宣扬达尔文、赫胥黎、斯宾塞的进化论和卢梭、孟德斯鸠的社会政治思想相分,亦与章炳麟、孙中山着重吸收西方自然科学的原子、细胞学说相别。

康谭思想既有同,亦有异。中国近代哲学一个核心话题,是中国向何处去的问题,在康谭面临中国危机深重、救亡图存成为首要任务之际,康谭却作了不同的选择,康有为凸显其保国、保教、保种三位一体,以保教(孔教)来保国,谭嗣同则认为教不必保亦无可保。并从五个方面深入、细致地分析康谭的不同。从康谭梁严四家的异同比较中,可见其尽精微而披沙拣金。

同时,魏义霞教授善于圆融,尽于贯通。在康有为与谭嗣同平等观的比较、康有为与严复宗教观比较、谭嗣同与梁启超无我思想的比较、谭嗣同与严复不可知论比较,以及严复与梁启超启蒙思想比较中,魏义霞教授既能入四家思想之垒,又能出四家思想;既圆融四家思想,又分疏四家思想,高屋建瓴俯仰其理论思维。

就谭梁的无我思想而言,梁曾撰《说无我》,说明无我是佛教思想的核心话题,它是建立在缜密的认识基础上的,是对于人生真相的彻悟。他认为我是无明的渊薮,执著我是产生我爱、我慢、我痴、我见等妄见和偏执的因缘,只有彻悟无我,才能解脱烦恼,而入清静的精神自由境界。谭嗣同认为只有破除我相,才能通天地万物人我为一身,而达平等。谭嗣同说:"惟平等然后无我,无我然后无所执而名为诚"。无我是破对待必然条件,才能仁通平等。他们都在对无我的理解和界定中认为肉体之我原本是虚幻的,是假相,轻肉体而重精神。两人的分歧是在于对宇宙本体与致思路径的分别,谭嗣同认为"仁为天地万物之源,故唯心,故唯识"。由此而推致无我。梁启超作《佛教心理学浅测》对佛教作心理学的分析,彰显心的个体性、主观性。谭梁的致思理路亦异,谭以破对待、人我与华严宗"一多相容"的圆融无碍相和合,梁启超则以五蕴说融合佛教的业报轮回说和进化论的遗传说。谭将无我说为选择庄子思想而推致,梁启超以五蕴说作为无我说的论据。他们都圆融贯通儒释道三教思想,而以"六经注我"的方法,而阐释无我思想,只不过所采取的所重有别而已。

再者,魏义霞教授善于逻辑,尽于结构。在四家思想的纵横比较中,若无严密的逻辑思维就可能失序,若一部专著无序,就是一篇糊涂账,只有按一定的逻辑次序,安排章节,不仅显示作者的掌握思想家思想的能力和水平,而且是作者体认思想家思想深度和分析入理的体现。譬如在分析康、谭、梁、严四人的关系中,随时代的变迁和政治形势的变化,这种关系也在变异之中。严复对康有为思想先批判而后趋同,对梁启超则先切磋而后决绝。特别是对戊戌政变后逃亡海外的康梁,主要在批判。就梁启超来说,在逃亡前,康有为在中学方面影响梁,在西学方面影响梁的是严复,中西相互为用。梁在日本大量接触西学后,与康有异,乃至"康梁学派遂分"。

康谭梁严四人在与时偕行中，会通中西，正如梁启超所说，时尚的是"不中不西即中即西"之学，但四人对中西思想的选择、融突有异，康谭以中学为主，严复以西学为主，梁则游离中学与西学之间，构成四人思想之间错综复杂的关系。基于此，构成四人思想逻辑结构关系如下：

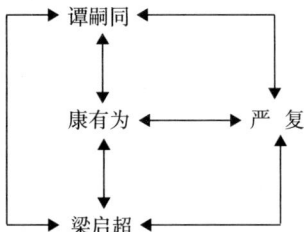

由于其书蕴涵着这样的逻辑结构，使其该书的关系错综而有序，思想复杂而有分。井井有条，环环相扣。

荀子说："跬步而不休，跛鳖千里；累土而不辍，丘山崇成"。腿有毛病的鳖，只要不休止地行走，就能达千里之远；只要不停止地累土，就能使小丘成高山。成大业者，都要扎扎实实地从基础做起。魏义霞教授在中国哲学、比较哲学、生存哲学、命运哲学、近代哲学等研究中都有其发前人所未发，见前人所未见的创新，文章不袭前人。相信通过魏义霞教授及其他专攻中国哲学、研究中华传统文化的女性学者的不懈耕耘，中国哲学、中华传统文化之花定将绽放出更加鲜艳灿烂的光彩。

当我写这篇序的时候，恰巧北京迎来了第一场久待的春雪，所谓瑞雪兆丰年，祈盼魏义霞教授及中国哲学研究的同仁在今后取得更大的丰收，使中国哲学在世界哲学之林中获得应有的话语权，具有应有的价值和地位。

是为序。

张立文

甲午年阴历元月初八

于中国人民大学孔子研究院

目　　录

第一章 导　言

1898 年的戊戌政变史称"百日维新"，是中国近代重大的政治变革和历史事件。虽然代价惨重，并在极短的时间内以失败告终，但是，戊戌维新深刻影响了中国近代的历史进程，对于中国近代社会的思想启蒙意义更是不容低估。戊戌变法不仅极大地推动了思维方式、价值诉求和文化理念的变革，而且拉开了传统文化现代化的帷幕。戊戌启蒙思想家通过重新审视中国本土文化，在对诸子百家的关系和学说的梳理解读、内容转换和理论创新中，赋予传统文化以新的意蕴内涵和时代风尚。作为中国近代社会矛盾的集中爆发，戊戌运动的发动和失败不仅与中国近代的经济、政治、外交状况密切相关，而且与戊戌启蒙思潮密不可分。深入研究戊戌启蒙思潮尤其是作为这一思潮精神导师的戊戌启蒙思想家的思想，不仅可以通过回顾、还原那一段惊心动魄的历史，全面把握戊戌启蒙的历史背景、文化语境、理论意蕴和价值诉求；而且可以深入理解戊戌启蒙思想内部的分歧，深切感受中国启蒙历程的艰难曲折、迂回复杂。

一、戊戌启蒙思潮

1898 年是农历戊戌年。狭义上，戊戌变法从 1898 年 6 月 11 日光绪帝颁布"定国是诏"开始到 9 月 21 日慈禧太后发动政变，变法失败结束，又称"百日维新"；广义上，戊戌变法指发生在戊戌前后、以"百日维新"为核心的维新运动。因此，在通常意义上，戊戌变法或戊戌启蒙至少从 1891 年康有为发表《新学伪经考》时就已经拉开了帷幕，1895 年维新派康有为、梁启超等人在北京发动举子"公车上书"和严复在天津《直报》上发表《原强》、《论世变之亟》、《辟韩》和《救亡决论》等系列论文标志着戊戌启蒙思潮走向成熟，1898 年的戊戌政变更是将戊戌启蒙思潮推向了顶峰。

戊戌维新与洋务运动、辛亥革命和五四运动一样是影响中国历史深远的重大事件，与这一历史事件密切相关，并且同样影响深远的则是这一时期的启蒙思想，即戊戌启蒙思潮。作为舆论准备和理论武器，戊戌启蒙思想为戊戌政变开辟道路，提供辩护。戊戌启蒙思想具有不同以往的政治诉求、思想主旨和时代意蕴，在中国启蒙思想史上具有独特地位和意义。正是由于这个原因，有人甚至将这一时期的启蒙思想定位为中国启蒙思想的开端，其在中国启蒙思想史上不可或缺的地位和价值由此可见一斑。

戊戌时期的启蒙思想之所以如此重要,除了一面承接明清之际的早期启蒙思潮,一面开启革命派和五四新文化运动时期的启蒙思想之外,还因为其在中国哲学史上同样具有举足轻重的位置和不容忽视的意义:第一,以中西之辨为核心话题,在中西和合中建构有别于古代的哲学体系。第二,第一次全面审视中国本土文化,梳理诸子百家之间的关系,并对中学予以整合。第三,在坚守中国本土文化的同时,引进西方文化,通过中西互释,对中国本土文化进行内容更新和转换,推动中国本土文化的变革。第四,无论是对中国本土文化的诠释还是对西方文化的吸收均围绕着现实的政治斗争展开,以救亡图存为历史使命和立言宗旨,不仅使哲学拥有了强烈的现实观照和实践维度,而且向国人普及了爱国主义、民族主义和公德观念。第五,以西学为参照和借鉴,肩负思想启蒙的历史使命,以自由、平等、博爱和民主为时代风尚和价值诉求。这表明,戊戌时期的哲学无论在核心话题、基本内容、研究范式、文化理念还是价值旨趣上均发生了重大转换,特色鲜明且意义重大。

戊戌时期的启蒙思想带有鲜明的时代烙印和阶段特征,具有迥异于其他时期的思想主旨、核心话题、关注焦点和理论特色。例如,基于救亡图存的现实需要、政治斗争、历史背景和文化语境,在启蒙思想中加入了救亡的主题;开始从整体上重新审视中国固有文化,一面反省中国传统文化的不足,一面采取西学加以补救,在创新、改造中坚守中国本土文化,掀起了近代意义上的国学思潮;中国人对西学的了解不再主要依靠传教士和西方报纸而是开始主动介绍、传播西学,西学开始大量东渐;由于西学的大量东渐,哲学的概念术语、思维方式和价值旨趣发生转变,自由、平等、权利、义务、民主和进化等成为流行语;在输入西方各种思想的同时,以西学为参照并吸收西学的思想要素对中国本土文化进行内容转换,同时尝试着借助西方的学科分类模式对中国固有之学重新予以分类等。所有这些共同证明,戊戌时期的思想具有不可替代的价值,对于传统文化和中国哲学的现代化具有举足轻重的意义,是研究中国启蒙思想史、哲学史和文化史不可逾越的重要环节。

与其地位极不相称的是,学术界对戊戌时期的启蒙思想尤其是对这一时期的哲学思想的关注和研究一直属于最薄弱的环节。一个最简单的例子是,伴随着20世纪80年代的文化热,中国传统文化和哲学从先秦诸子、魏晋玄学、宋元明清哲学到现代新儒家逐一倍受关注,先秦诸子、宋明理学和现代新儒家受到热捧。传统文化热目前还在持续升温,由此引发了社会各界共同参与的国学热。尽管如此,无论是传统文化的持续升温还是如火如荼的国学热均没有推动或带动戊戌启蒙四大家哲学和近代哲学的研究,近代哲学尤其是戊戌时期的哲学思想或戊戌启蒙思想家的哲学思想始终没有受到应有的重视。

形成这种局面的原因固然很多,其中有两个原因颇具代表性:第一,戊戌启蒙思想家的著作出版遭遇种种困难,有些至今尚未完全出版。此外,《康有为全集》851 万字,并非全集的《梁启超全集》字数更是高达 1066 万之巨。字数巨大决定了阅读这些文本需要相当长的时间,这对于追求快出成果的当代人而言不能不说是一个不小的考验。第二,不少人认为戊戌维新时期的思想缺乏严谨的逻辑论证,没有形成完整的体系,包括戊戌启蒙思想家的思想在内充其量只是古今中外各色学说拼凑起来的大杂烩,既无哲学建构或体系,又无理论深度或创新。有人更是提出包括戊戌时期的中国近代只有思想而没有哲学,即使是思想也限于宣传、介绍,远非系统、深入的学术研究。这一认定或评价与戊戌启蒙思想和近代哲学的研究现状之间具有某种内在联系。如果说第一点产生了畏难心理的话,那么,第二点则出于不屑心理。

戊戌时期的思想和哲学和合了古今中外各种学说和思想要素,的确具有新旧交替、杂糅并陈的性质。对于这一点,戊戌启蒙思想家已有清醒的认识,梁启超便将之概括为“不中不西即中即西”。其实,这种性质恰恰真实而生动地再现了戊戌思想的启蒙性,也淋漓尽致地反映了中国哲学在戊戌时期的转型特征。有鉴于此,可以将中西和合、古今杂糅视为没有体系而缺乏系统论证的缺点,也可以将之视为这一时期的思想、哲学有别于其他时期的独特魅力。换一个角度思考不难发现,这一时期的独特价值和魅力所在集中体现为问题意识和主题转换。这就是说,它的价值和意义并不在于如何提出解决方案,而在于用一种不同以往的方式观察宇宙、人生,对待传统文化,开始采取全新的范式研究和建构哲学,从而奠定和开启了中国哲学后续的思维方式、关注焦点和主题话语。在问题意识和开启后续的核心话题方面,戊戌时期的哲学有些类似于先秦哲学。可以看到,戊戌维新之后,不论是五四时期的新文化运动者还是现代新儒家在关注焦点、核心话题和哲学观念方面都与近代哲学——特别是戊戌启蒙思想家具有某些内在联系,这种影响甚至一直延续到当下。例如,当今学术界的很多争议如国学、中国哲学的合法性、儒学是否是宗教以及中国有无封建社会等都离不开这一时期,因为这些话题就是由戊戌启蒙思想家开启的。不了解戊戌启蒙思想家谈起这些话头的初衷和情境,就不明白这些问题产生的历史背景、现实观照、政治需要、文化语境和立言宗旨。也正是由于不能从源头处讲起,缺少了追本溯源的环节,上述争议越来越大而很难达成共识。有鉴于此,全面梳理、把握戊戌启蒙思想,回到近代哲学,有助于在还原中国近代特殊的政治格局、历史背景和文化情境的前提下,从话题开始出现的地方弄清楚诸如孔教、宗教、封建社会、国学等一系列范畴、问题的原初含义和缘起。在此基础上,一面加强对这些概念的历史信息的理解和分析,尊重其内涵的确定性;一面透视这些问题的精神实质,从而作出全面、客观、公允的评价。

二、戊戌启蒙四大家

　　戊戌运动和"百日维新"的舆论准备、思想武器是戊戌时期的启蒙思想,这一时期的启蒙思想对于戊戌变法起到了思想鼓动和行为引领的作用。因此,戊戌维新离不开戊戌启蒙思想家,他们是戊戌启蒙的旗帜和导师。说到戊戌变法前后影响最大的启蒙思想家,则非康有为、谭嗣同、梁启超和严复四人莫属。梁启超曾作文《近世文明初祖二大家之学说》,以"二大家"称谓作为西方近代文明开山的培根和笛卡尔。借用梁启超的这一话语结构,康有为、谭嗣同、梁启超和严复便可以称为中国近代戊戌启蒙思想的"四大家",简称戊戌启蒙四大家。以戊戌启蒙四大家为主要人物,既可以全面呈现戊戌时期的启蒙思想,又有助于开展近代哲学研究。

　　如果说以康有为、谭嗣同、梁启超和严复作为主要人物研究近代哲学是一种"选择"的话,那么,以他们作为戊戌启蒙四大家则是"别无选择"。具体地说,近代哲学研究可以选择的人物众多,即使不将王国维等人纳入其中,孙中山、章炳麟显然与谭嗣同、梁启超不分伯仲,甚至在必要性、代表性和影响力上略胜一筹。这是有些中国哲学史教科书让谭嗣同、梁启超占一章篇幅,而章炳麟、孙中山各自独立成章的原因,也证明了以康有为、谭嗣同、梁启超和严复作为近代哲学四大家带有"选择性"。换言之,这四人对于中国近代哲学四大家不是必然的,如果非要如此,可能引起争议。对于戊戌启蒙四大家来说,康有为、谭嗣同、梁启超和严复不仅是最佳人选,而且是"唯一人选"。因此,可以说康有为、谭嗣同、梁启超和严复是近代哲学研究的主要人物甚至是最佳人选,却不可以说是"唯一人选";既然不是"唯一人选",便可选可不选。对于戊戌启蒙四大家来说,康有为、谭嗣同、梁启超和严复既然是"唯一人选",便意味着他们是不二人选,故而不得不选——或者说,选择的结果只有这一种可能性。

　　戊戌启蒙四大家有别于戊戌四大家。戊戌四大家外延较大,涉及的人物范围较广;人物的选择可以指思想方面的,也可以指政治方面的。总之,举凡戊戌时期对中国政坛、历史或思想具有重大乃至决定影响的人物皆在其中。在这个意义上，戊戌四大家不排除慈禧太后、光绪帝和李鸿章等人，甚至可以说，这些人对戊戌时期中国命运和社会历史的影响显然大于包括康有为、谭嗣同、梁启超和严复在内的这一时期的思想家。沿着这个思路，这些帝王将相理应成为戊戌四大家，至少比康有为、谭嗣同、梁启超或严复等人更有资格成为首选。戊戌启蒙四大家与戊戌四大家的区别在"启蒙"二字上，"启蒙"不仅意指这些人物在戊戌时期对中国有影响，而且具体落在思想启蒙、风气引领上。沿着这个思路，即使是决定中国命运的人物，纵然影响在康有为、谭嗣同、梁启超或严复之上，只要不是思想启蒙者，便不能入选戊戌启蒙四大家。换言之，戊戌启蒙四大家只能在戊戌启蒙思想家之中产生。"启蒙"二字先天地框定了戊戌启蒙四大家是思想概念、文化概念，而决非纯粹的政治概念。戊戌启蒙四大家的基本含义是对戊戌政变有推动作用的人——在这个意义上，排除了慈禧太后和李鸿章等人；并且是具有思想引领方面作用的人——在这个意义上，不仅排除了光绪帝等支持变法者，而且排除了其他变法的参与者，如除了谭嗣同之外的其他五位"戊戌六君子"。谭嗣同在"戊戌六君子"中并非排在首位，如果"戊戌六君子"中有一人入选戊戌四大家的话，谭嗣同恐怕要落选。举一个最简单的例子，无论是从康有为还是梁启超的排列来看，最终都轮不到谭嗣同。康有为曾作祭奠六君子的祭文，文曰："维光绪二十五年八月十三日，乃诰授奉直大夫、河南道监察御史杨公漪川讳深秀，诰授朝议大夫、四品卿衔、军机章京参预新政杨公叔侨讳锐，诰授朝议大夫、四品卿衔、军机章京参预新政刘公裴村讳光第，诰授朝议大夫、四品卿衔、军机章京参预新政林君暾谷讳旭，诰授朝议大夫、四品卿衔、军机章京参预新政谭君复生讳嗣同，诰授宣德郎、候选主事亡弟幼博讳广仁六烈士殉难周岁之辰。"[①]这是康有为纪念戊戌政变一周年写的，六君子之间的排列顺序是：杨深秀、杨锐、刘光第、林旭、谭嗣同和康广仁，谭嗣同排名第五位。在作于二年后的《六哀诗》中，六君子的顺序发生变化，变成了杨深秀、谭嗣同、林旭、杨锐、刘光第和康广仁——此时，谭嗣同排名第二。倒数第二和正数第二是康有为两次排名给予谭嗣同在"戊戌六君子"中的位置。梁启超作《戊戌政变记》，回顾戊戌政变的始末，并有六君子传附在其后；六君子传的顺序是，《康广仁传》、《杨深秀传》、《杨锐传》、《林旭传》、《刘光第传》和《谭嗣同传》。一目了然，《谭嗣同传》排在最

---

① 《加拿大未洁岛祭六君子文》，《康有为全集》（第五集），中国人民大学出版社2007年版，第134页。

后,只是文字稍长,与排在首位的《康广仁传》文字相当。对比、分析康有为、梁启超对"戊戌六君子"的排列可以看到,不仅康有为与梁启超的排列顺序有别,即使是康有为本人的两次排列,顺序也相差很大。康有为两次均将其弟康广仁列于末尾,或许有"谦让"、"谦虚"之意。循着这个逻辑,梁启超将康广仁置于首位,或许有"看在康有为面子上"的人情因素。排除对人情因素的考量,不难发现两人排列的共同点,那就是:杨深秀在谭嗣同之前。据此,似乎杨深秀比谭嗣同更有忝列戊戌四大家的资格。尽管如此,若说到戊戌启蒙四大家,谭嗣同入选则是毫无悬念的,因为谭嗣同启蒙思想家的身份在"戊戌六君子"中是首屈一指的。议论至此,戊戌启蒙四大家非康有为、谭嗣同、梁启超和严复莫属。

三、戊戌启蒙四大家的关系

在确定了康有为、谭嗣同、梁启超和严复是戊戌启蒙四大家当仁不让的"唯一人选",戊戌启蒙四大家研究必须以他们作为研究内容之后,四人之间的先后排列顺序随即成为一个亟待解决的问题。诚然,这个问题有一个最简单、最直接的解决办法,那就是:四大家都有明确的生卒年月,按照他们出生的自然顺序排列,即严复(1854—1921),康有为(1858—1927),谭嗣同(1865—1898),梁启超(1873—1929)。问题的关键是,在戊戌启蒙思想或戊戌启蒙四大家研究中,无论康有为、谭嗣同、梁启超还是严复都不是作为"自然人"而是作为影响中国近代社会进程的启蒙思想家出现的,这决定了不能够将四大家当作"自然人",依据他们出生的自然时间先后排列顺序,而应该按照历史的逻辑、思想的逻辑,以戊戌启蒙四大家的身份为依据将他们联为一体,作为戊戌启蒙的代表共同呈现戊戌启蒙思想。如果按照四人出生时间的先后排序的话,除了显得僵化、生硬之外,更主要的是使四个人彼此孤立起来,不能更好地呈现戊戌启蒙思想的整体性。因此,有必要在此之外进一步探究其他的排序方法。

戊戌启蒙思想家的称谓,与作为洋务派的李鸿章、张之洞,作为革命派的孙中山、章炳麟和作为新文化运动者的蔡元培、李大钊、陈独秀和胡适等人相区别,侧重的是戊戌启蒙思想和四大家之间的整体性和一致性。作为戊戌启蒙思想家,康有为、谭嗣同、梁启超和严复具有共同关注、开启的核心话题、致思方向和价值旨趣。这主要反映在如下方面:第一,思想建构以救亡图存为理论初衷和立言宗旨,救亡的口号便是1895年由严复率先喊出的,由此成为时代的最强音。第二,宣传、介绍西方学说。第三,追求自由、平等、博爱等近代价值观念,对三纲展开全面批判。第四,以西学作为参照和理论来源,通过中西互释,重新对中国本土文化进行解读和诠释,将自由、平等、民主观念注入其中,推动中国本土文化的内容转换和现代化。第五,中西互释是为了光大中学,文化建构以中学为价值依托。第六,所建构的文化形态无论来源还是构成均"不中不西即中即西",新旧交替的思想蜕变形态表现得十分明显和突出。这些是戊戌启蒙四大家的思想共性和理论共识,也体现了他们与早期启蒙思想家和五四新文化运动者的区别:如果说前四点表明了戊戌启蒙思想与明清之际的早期启蒙思潮的区别的话,那么,后两点则显示了与五四新文化的不同。这意味着戊戌启蒙四大家是作为一个整体亮相的,他们之间的排列顺序与生卒年月的自然顺序不是一回事。

　　戊戌启蒙四大家之间的排序,必须充分考虑两个因素:一是戊戌启蒙思想发轫、演变的历史;一是四大家之间的思想异同;前者是做思想史最起码的态度,后者是呈现戊戌启蒙思想整体性、逻辑性的最基本的要求。

　　在中国近代思想家中,康有为与谭嗣同的思想最为相近——这一点不仅为两位当事人津津乐道,而且被梁启超多次提及。与此同时,康有为与梁启超是师生关系,并且同为戊戌政变的领袖,被时人合称"康梁"。"康梁"的称谓由来已久,在沿用了一百多年以后,人们对此更是习以为常。尽管如此,康有为与梁启超的思想异同交织,关系复杂:早期的梁启超秉持师说,与康有为的观点大体上一致;逃亡日本大量接触西方学说后思想发生骤变,开始在一些基本问题——如孔教、自由等问题上与康有为产生分歧。这些构成了康有为与梁启超思想之间的异同互见,也使两人的思想具有了更多的可比性。

　　康有为、谭嗣同思想的相近与康有为、梁启超思想的分歧使康有为与梁启超之间的关系变得复杂起来,也使戊戌启蒙四大家之间形成了一种奇妙的关系:一边是康有为与谭嗣同的思想契合,一边是梁启超与康有为思想的分歧和向严复的示好。这表明,戊戌启蒙四大家之间的关系是变化的、复杂的,而非固定的、单向的。第一,从私人关系和政治影响来看,康有为和梁启超关系最近,始于近代的"康梁"称谓沿用百年,至今仍然在沿用便是明证。第二,从学术思想来看,康有为与谭嗣同思想相近,梁启超与严复相近:康有为、谭嗣同侧重平等,梁启超、严复侧重自由;康有为、谭嗣同思想的理论来源以中学为主,梁启超、严复则热衷于宣传、输入西学。除此之外,无论是康有为、谭嗣同在哲学上奉仁为万物本原,将诸子百家归为孔子之学一家,在西学中侧重以太、电、力而非梁启超、严复热衷的进化论等都成为两人之间的共识或默契,并且与包括梁启超在内的近代思想家相去甚远。第三,综合学术思想和个人交往来看,在戊戌启蒙四大家中,康有为、谭嗣同和梁启超无论是学术思想还是私人交往都较为密切，而严复却显得落落不群。分析至此，对于戊戌启蒙四大家，可以有多种审视方式，这直接影响着他们之间的排序：从第一个角度切入，康有为与梁启超最近；从第二个角度切入，康有为与谭嗣同最近；从第三个角度切入，康有为、谭嗣同和梁启超归在一起，严复除外。

康有为、谭嗣同、梁启超和严复之间的思想异同是戊戌启蒙思想丰富性、多变性的真实写照，也奠定了他们之间先后顺序的排列基础。或者说，戊戌启蒙四大家之间的思想异同与先后顺序是一个问题的两个方面，直接关系到对戊戌启蒙思想的整体看法和评价。

戊戌启蒙四大家之中，出生于1854年1月8日的严复年龄最长，比出生于1873年2月23日的梁启超大了将近20岁，比梁启超的老师康有为大4岁。上述分析显示，年长并不意味着严复一定在戊戌启蒙四大家中排在首位，是否排在首位不是由其年龄决定的，而是由其对于戊戌变法的贡献——准确地说，作为戊戌启蒙思想家的一员，对于戊戌运动出现的时间先后决定的。就直接参与、领导戊戌政变来说，1895年是康有为、严复共同正式登上历史舞台的时间。正如戊戌政变的直接导火索是1894年的甲午战争一样，1895年中日《马关条约》的签订给中国人前所未有的震撼。惊闻《马关条约》的签订，康有为在北京联合举人发动了著名的"公车上书"。严复在天津《直报》发表《论世变之亟》、《原强》、《辟韩》和《救亡决论》等时政论文。谭嗣同在1896年开始"北游访学"，寻找新的救亡出路。如果忽略康有为"公车上书"比严复发表第一篇时政论文稍早的时间差的话，康有为上书的"武举"与严复以笔投戎的"文举"可以等量齐观。这使年长的严复在出生时间上具有了康有为所没有的优势。尽管如此，在将严复排在四大家首位之前，必须先澄清一个重要问题，那就是：尽管戊戌变法作为一个政治事件爆发于1898年即通常所说的"百日维新"，然而，关于戊戌变法的思想并非发端于1898年，甚至并非发端于1895年；而是远远早于此时，并且经历了一个酝酿、演变和趋于成熟的过程。如果说1895年康有为、严复几乎同时走到了戊戌启蒙的历史前台的话，那么，在此之前，康有为的戊戌变法思想已经酝酿，并且基本形成。在戊戌政变之前，以万木草堂时期为代表的近十年对于康有为之后的学术、政治思想影响巨大——康有为立孔教为国教的思想形成于此，并写下了《内外篇》、作为《大同书》雏形的《人类公理》和作为戊戌政变纲领的《新学伪经考》等著作，同时为维新事业培养了众多优秀人才，梁启超便是其中的翘楚。这些事实表明，就戊戌启蒙来说，康有为在时间上走在了严复的前面。因此，排在戊戌启蒙四大家首位的，应是康有为而不是严复。

不仅如此，如果将严复排在戊戌启蒙四大家的首位，接下来的排序将会出现不便：就思想关联来说，梁启超应该紧随严复之后，无论是梁启超与严复的交往还是两人的西学倾向均证明了这一点。问题恰恰在于：如果这样排列的话，棘手的问题便会接踵而至。由于作为老师的康有为排在梁启超之后，将会出现先学生后老师的尴尬局面。为了避免这种局面，只有让康有为紧随严复之后。而问题恰恰在于，如果严复之后接着康有为的话，新的问题同样随之而来，因为康有为之后无论接着梁启超还是谭嗣同都将引起更大的混乱。假设一，先排梁启超。如果先排梁启超，照顾了康有为、梁启超之间的密切性，由此带来的是更严重的问题，第一，割裂了思想上最相近的康有为和谭嗣同。第二，让出生于1873年的梁启超横亘在出生于1858年的康有为与出生于1865年的谭嗣同中间。第三，打破了依据严复、康有为而来的年龄顺序。第四，从对中西方思想的侧重和思想来源上看，严复、康有为、梁启超、谭嗣同的排列则出现西—中—西—中的"颠三倒四"，使思想史的逻辑丧失殆尽。假设二，先排谭嗣同。如果康有为之后紧接着谭嗣同，虽然兼顾了康有为与谭嗣同思想的一致性，也在时间上与四人的生卒年月相符，但是，这个排列从整体上看出现了一个致命的漏洞——整个戊戌启蒙思想无端而来，成了"无头案"！为了走出这一困境，确保整个戊戌启蒙思想有头而有绪，必须从戊戌启蒙思想的源头说起；而为了确保这一点，就必须将康有为排在最前面。至于紧接着康有为之后的是谁，前面的分析显示，只能从与康有为关系密切的谭嗣同和梁启超两人中选一，而不可能是严复。

分析至此可以得出结论，戊戌启蒙四大家之间的排序不是唯一的，而是开放的，至少有多种方式可供选择或参考：第一种，严复、梁启超、康有为、谭嗣同；第二种，严复、康有为、谭嗣同、梁启超；第三种，严复、康有为、梁启超、谭嗣同；第四种，康有为、谭嗣同、梁启超、严复；第五种，康有为、梁启超、谭嗣同、严复。

综合考虑各方面的因素，本着追本溯源，从戊戌启蒙思想的开始处讲起的原则，戊戌启蒙四大家比较研究对康有为、谭嗣同、梁启超和严复采取的排列顺序以第四种方式为宜：先是康有为，接着是与康有为思想最为契合的谭嗣同，然后是与康有为具有师生之谊、并且对谭嗣同倍加推崇的梁启超，最后才是严复。这样的排列尽管并不完美，甚至带有"硬伤"——使年龄最长的严复屈居最后，却可谓两害相权取其轻的"无奈选择"。这种排列具有其他的排列方式无法比拟的优越性：第一，从整个戊戌启蒙思想的源头处说起，由于戊戌启蒙思想的话题是康有为开启的，故而将康有为排在首位。第二,就四大家的两两归类来说,康有为、谭嗣同的思想最相近,梁启超与严复的思想相似度更高,让谭嗣同紧挨着康有为更为合理。第三,就三位思想家的归类来说,前三位也就是康有为、谭嗣同和梁启超之间的关系显然更为密切,让梁启超紧随康有为、谭嗣同之后显然更有助于呈现这种密切性。第四,就四大家的思想侧重来说,前两位——康有为、谭嗣同以中学为主,中间的梁启超"即中即西",最后的严复以西学为主。第五,更为重要的是,上述四点共同证明,康有为、谭嗣同、梁启超和严复的这种先后排列最大程度地凸显了戊戌启蒙思想的整体性,并且有助于更好地理解戊戌启蒙四大家之间的相互关系。

四、戊戌启蒙四大家研究

戊戌启蒙四大家研究不仅是必要的,而且是意义重大的,对四大家进行比较研究,可以使这种意义更好地凸显出来:第一,戊戌时期的启蒙思想和哲学思想最集中地体现了近代启蒙和近代哲学迥异于其他时期的时代烙印和鲜明特征;通过对康有为、谭嗣同、梁启超和严复思想的比较研究,可以深切感受戊戌时期的启蒙思想和近代哲学的新旧交替、中西杂糅。第二,康有为、谭嗣同、梁启超和严复之间具有学术上、政治上的双重交往和多维关系,彼此的思想既相互独立又相互联系。这种异同互现的情况为四人之间的思想研究提供了绝佳的可比性。作为戊戌维新时期最著名的启蒙思想家,康有为、谭嗣同、梁启超和严复的人生轨迹迥然相异,学术兴趣相差悬殊,思想建构也大相径庭。若想既观照四大家之间的共性,又彰显每个人的个性,比较研究不失为最佳方式。

戊戌启蒙四大家比较研究不是对康有为、谭嗣同、梁启超和严复四位思想家的个案研究,而是将四大家作为一个整体予以研究。既然不是对四位思想家的独立研究,也就不能将四人孤立起来,自说自话。为了将四人作为一个整体有机结合起来,"戊戌启蒙四大家比较研究"观照康有为、谭嗣同、梁启超和严复之间的内在联系,在多维度、全方位的对比中全面展示彼此之间的异同关系,力图展示戊戌启蒙思想的整体风貌。在呈现共性,以此彰显戊戌启蒙思想和近代哲学的共同特征的同时,充分注重四大家的个性,以此展示戊戌启蒙思潮和近代哲学内部的分歧。

康有为、谭嗣同、梁启超和严复的思想既相互联系,又相互区别。这决定了对戊戌启蒙四大家的比较研究不仅需要相同点之比较,而且需要不同点之比较。只有将相同点和不同点同时纳入比较视野,才可能既直观地展示戊戌启蒙思想的整体性和内部分歧,又避免四人之间的自说自话,从而最大程度地保证研究的整体性和全面性。为了在充分理解四大家思想一致性的同时，对其间的差异和每位思想家的思想特色有一个完整而直观的认识，"戊戌启蒙四大家比较研究"以个人交往与思想比较两条线索展开，先梳理私人关系，后比较思想异同。通过比较，一面揭示戊戌启蒙四大家共同的时代话题、思维方式和价值旨趣，一面梳理、整合戊戌启蒙思潮的立言宗旨、理论意蕴和主要内容。戊戌启蒙四大家思想的相同点与他们对历史使命、现实问题、中国命运的共同关注和深入思考相契合，不同点则流露出各自思想的个性特征和情感好恶。

"戊戌启蒙四大家比较研究"有别于"戊戌启蒙四大家启蒙思想比较研究"，其间的最大差别是：后者的比较集中在启蒙思想内，着力呈现四大家启蒙思想的相同点或不同点；前者不以启蒙思想为界，凡是四大家的思想皆在比较范围之内。正因为如此，与"戊戌启蒙四大家启蒙思想比较研究"相比，"戊戌启蒙四大家比较研究"的意义更为重大：第一，康有为、谭嗣同、梁启超和严复拥有多重身份，不仅是启蒙思想家，而且是叱咤风云的政治家和拥有独特理念的哲学家；并且，他们的思想是变化的，有人甚至在早年引领启蒙而晚年走向了启蒙的对立面。因此，如果只对四大家的启蒙思想予以比较，无疑是对他们的思想阉割和精神分裂；反过来，也只有将包括启蒙思想在内的全部思想皆纳入比较视野，才能全面呈现戊戌启蒙四大家思想的整体性和完整性。第二，更为重要的是，戊戌启蒙四大家的特殊贡献和身份在于，他们不仅是参与、领导戊戌维新的政治家，而且是具有哲学理念和学术理想的思想家；与他们的政治活动对中国社会产生的直接后果相比，他们的启蒙思想影响更为深远和重大。而戊戌启蒙四大家的启蒙思想基于各自的学术经历、哲学理念、思想构成和价值诉求，忽视或不了解这些，也就无法从根本上了解他们的启蒙思想；不了解他们启蒙思想的异同，也就不能真正理解戊戌启蒙思想内部的分歧，从而无法从思想内部解释"百日维新"的昙花一现。

此外，"戊戌启蒙四大家比较研究"有别于"戊戌启蒙四大家思想比较研究"，二者的区别在于：后者集中在思想的异同比较，前者的比较则并不限于思想之内，从私人交往、学术经历到相互评价等皆属于研究范围。其中，第四章"梁启超视界中的康有为"、第八章"梁启超视界中的谭嗣同"侧重梁启超对老师康有为的思想介绍、历史定位和对谭嗣同思想的推崇和研究；第二章"康有为与谭嗣同的思想契合"和第十一章"严复与梁启超的相互评价"旨在展示四大家之间的彼此欣赏或相互评价，真实再现他们之间的学术交往和思想切磋。

　　上述思考和理解奠定了《戊戌启蒙四大家比较研究》的思路、内容和章节安排:第一章"导言"对戊戌启蒙和戊戌启蒙四大家的整体状况予以概括,阐明研究的宗旨和思路;接下来的各章按照康有为、谭嗣同、梁启超和严复的先后次序,两两组合,并且沿着关系与思想两条线索展开;在通过相互关系概括两人的私人交往、相互评价和思想异同的基础上,随后一章专门对两人思想予以比较。为了真正冲出"启蒙思想比较"的局限,加大思想比较范围的广度和力度,由四大家两两组合形成的六个人物思想比较个案选择了不同维度,主题无一相同:比较内容涉及对中国本土文化的整合、对孔教的理解、对宗教的态度、对佛教和无我的诠释、对不可知的解读和对自由的界定等,涵盖文化、宗教、佛学、哲学和政治等诸多领域。其中,启蒙思想比较约占十分之一的篇幅,集中在最后一章"严复、梁启超启蒙思想比较"和第五章"康有为、梁启超思想比较"的第三节。

　　《戊戌启蒙四大家比较研究》并非为了比较而比较,而是在兼顾完整性、全面性的同时,突出重点和中心,以期抓住戊戌启蒙的精神实质;借助戊戌启蒙四大家共同关注的时代主题,揭示他们的共识和分歧:第三章是"康有为、谭嗣同孔教观比较",康有为、谭嗣同的孔教观具有相同性,将诸子百家归结为孔子之学一家,并在对大同的向往中寄希望于平等的实现。这些奠定了戊戌启蒙四大家比较研究将谭嗣同排在康有为之后的依据。第五章"康有为、梁启超思想比较"包括孔学与国学、孔教与佛教、世界蓝图与中国策略三大部分,其中的孔学与国学、孔教与佛教比较既体现了康有为对梁启超的影响,又呈现出两人思想的分歧。有了这些,才能更好地理解康有为与梁启超的关系以及戊戌启蒙四大家之间的思想异同和相互关系。第七章选择"康有为、严复宗教观比较",是因为:在戊戌启蒙四大家中,康有为、严复的思想反差最大,代表了两种启蒙理念,而这一切都可以归结为两人对宗教的不同界定和理解。通过康有为、严复宗教观的比较,既可以揭示严复从反对康有为的孔教观到晚年赞同康有为主张的深层原因,又可以深入理解严复提倡"自强保种"的真正意图和思想逻辑。第九章"谭嗣同、梁启超无我思想比较"旨在说明,从孔教到宗教,再到无我,宗教问题是戊戌启蒙四大家争论的焦点。这从一个侧面表明,戊戌启蒙所讲的自由、平等以及对中国救亡路径的选择均与宗教密切相关——甚至是借助宗教完成的。热衷于宗教使戊戌启蒙与明清之际早期启蒙思潮泾渭分明,也与五四新文化对宗教的排斥形成强烈对比。第十章"谭嗣同、严复不可知论比较"旨在强调,认识论是近代哲学的弱项,谭嗣同、严复是为数不多对认识论予以关注的近代哲学家,却不约而同地走向了不可知论。借此,既可以看到近代哲学的心学主旨,又可以感受由于中西学养的差异所带来的不可知论的不同形态。第十二章"严复、梁启超启蒙思想比较"的理由是,一方面,严复、梁启超推崇自由拉开了与康有为、谭嗣同的距离,也使康有为与梁启超的关系复杂化;另一方面,梁启超与严复对自由的界定和侧重呈现出巨大差异,并使两人的启蒙思想沿着不同的路径展开。

第二章 康有为与谭嗣同的思想契合

在戊戌启蒙思想家甚至在中国近现代思想家中,思想最为接近的不是具有师生之谊且一起出入政坛而被合称为"康梁"的康有为和梁启超,而是康有为和谭嗣同。对于这一点,两位当事人——康有为、谭嗣同均有明确肯定,梁启超的说法更是提供了最佳佐证。康有为与谭嗣同亦师亦友,惺惺相惜。思想契合不仅拉近了两人之间的思想距离,而且从一个侧面反衬了康有为与梁启超思想的差异甚至分歧。这就是说,康有为与谭嗣同之间的思想契合并非仅仅牵涉康有为、谭嗣同两人之间的关系,而是使康有为、谭嗣同和梁启超三个人之间的关系变得微妙而复杂起来。更有甚者,康有为、谭嗣同与梁启超之间的思想异同并不限于三人之间的关系,而是在一定程度上展示了戊戌启蒙四大家之间的复杂关系。

第一节 "十 同 八 九"

对于彼此的思想契合,康有为、谭嗣同本人都有过明确肯定。最早谈起这个问题的是谭嗣同。谭嗣同曾经绘声绘色地回忆了从听闻康有为的名字到了解康有为思想的全过程,同时对自己与康有为思想的契合多多大为赞叹和惊奇。谭嗣同在《壮飞楼治事》中如是说:"嗣同昔于粤人绝无往来,初不知并世有南海其人也。偶于邸钞中见有某御史奏参之摺与粤督昭雪之摺,始识其名若字。因宛转觅得《新学伪经考》读之,乃大叹服。以为扫除乾、嘉以来愚谬之士习,厥功伟;而发明二千年幽蔀之经学,其德宏。即《广艺舟双楫》亦复笼罩古今中外,迥非耳目近玩。由是心仪其人,不能自释。然而于其微言大义,悉未有闻也。旋闻有上书之举,而名复不同,亦不知书中作何等语。乃乙未冬间,刘淞芙归自上海,袖出书一卷,云南海贻嗣同者,兼致殷勤之欢,若旧相识。嗣同大惊,南海何由知有嗣同?即欲为一书道意,而究不知见知之由与贻此书之意何在。五内傍皇,悲喜交集,一部十七史苦于无从说起。取视其书,则《长兴学记》也。雒诵反复,略识其为学宗旨。其明年春,道上海,往访,则归广东矣。后得交梁、麦、韩、龙诸君,始备闻一切微言大义,竟与嗣同冥思者十同八九。"①依据这个说法,谭嗣同与康

---

① 《壮飞楼治事·湘粤》,《谭嗣同全集》,中华书局1998年版,第445页。

有为是在从未谋面、互不相识的情况下思想相契合的,并且契合度竟然高达十之八九。或许正是由于这个原因,历来与粤人"绝无往来"的谭嗣同对身为广东人的康有为心生好感,读康有为的《新学伪经考》和《广艺舟双楫》大为叹服,以致"心仪其人,不能自释"。

　　谭嗣同所讲的自己与康有为的思想契合在康有为那里得到了印证。康有为在为"戊戌六君子"所作的《六哀诗》中除了颂扬谭嗣同的烈士壮举之外,讲的最多的就是谭嗣同的思想——确切地说,是谭嗣同的思想与自己的关系。康有为的诗是这样写的:"闻吾谈春秋,三世志太平,其道终于仁,乃服孔教精。……首商尊君权,次商救民萌。条理皆闇合,次第拟推行。"①康有为在诗中肯定自己与谭嗣同的思想"条理皆闇合",印证了谭嗣同关于两人思想"十同八九"的说法,甚至与谭嗣同相比有过之而无不及。值得注意的是,先言谭嗣同"闻吾谈……""乃服",然后讲两人从"尊君权"到"救民萌"等"皆闇合",表明两人是有交集的。这与谭嗣同所说的在与康有为无任何往来的情况下自己所"冥思者"与康有为"十同八九"之间出入巨大,甚至可以说具有本质区别。从谭嗣同之说,两人的契合纯属偶然,表明了心心相通,从而令人惊奇、惊叹;从康有为之说,两人的契合带有某种必然性,即使不是谭嗣同单方面受康有为的影响,至少是两人相互切磋故而相互影响的结果。尽管如此,对于彼此思想相互契合这一事实,两位当事人是一致认可的。

　　纵览古今中外思想史、哲学史,不约而同地肯定彼此思想的相互契合并且津津乐道者并不多见。面对康有为、谭嗣同思想的"十同八九",人们不禁要问:康有为、谭嗣同思想的相同之处是什么? 两人思想契合的原因又是什么?

　　对于康有为、谭嗣同思想的相同之处是什么,谭嗣同并没有具体说明,康有为的说法则集中体现在上面提到的《六哀诗》中。综合史料可以发现,梁启超对这个问题关注甚多,在介绍谭嗣同的思想和梳理中国近代思想(即他所说的"清代学术")史时多有提及。在专门为谭嗣同所作的传中,梁启超如此描述谭嗣同的思想及其转变:"当君(指谭嗣同——引者注)之与余初相见也,极推崇耶氏兼爱之教,而不知有佛,不知有孔子;既而闻南海先生所发明《易》《春秋》之义,穷大同太平之条理,体乾元统天之精意,则大服;又闻《华严》性海之说,而悟世界无量,现身无量,无人无我,无去无住,无垢无净,舍救人外,更无他事之理;闻相宗识浪之说,而悟众生根器无量,

---

① 《六哀诗》,《康有为全集》(第十二集),中国人民大学出版社 2007 年版,第 218—219 页。

故说法无量,种种差别,与圆性无碍之理,则益大服。自是豁然贯通,能汇万法为一,能衍一法为万,无所挂碍,而任事之勇猛亦益加。作官金陵之一年,日夜冥搜孔佛之书。金陵有居士杨文会者,博览教乘,熟于佛故,以流通经典为己任。君时时与之游,因得遍窥三藏,所得日益精深。其学术宗旨,大端见于《仁学》一书。"①这是梁启超在谭嗣同牺牲后为烈士作的传记,传中先是赞扬谭嗣同的为人,进而将谭嗣同的为人与为学联系起来,旨在强调谭嗣同的烈士壮举得益于其学。耐人寻味的是,梁启超在介绍谭嗣同思想的过程中,始终关注谭嗣同思想的变化,强调谭嗣同的思想以变化日新为宗旨,故而日日新、日日变。其中,梁启超特别提到了谭嗣同思想的两次巨大变化,而这两次变化的机缘大不相同,性质也不可同日而语:前一次是因为受康有为的影响,后一次是因为受杨文会的影响。具体地说,接触康有为使谭嗣同改变了之前推崇耶教(基督教)而不知有佛教、孔教的局面,康有为通过解读《周易》和《春秋》对孔子微言大义的发明使谭嗣同追究大同进化之理,以乾元统天为精义;康有为所讲的华严宗的性海之说和唯识宗的识浪之说使谭嗣同体悟到佛教的精义,故而能够无所牵挂而勇猛无畏。在这个前提下,接触杨文会只不过是使谭嗣同在康有为那里获得的认识"日益精深"而已,并无根本性的突破,况且杨文会的影响只限于佛教方面。由此可见,在梁启超的视界中,康有为与谭嗣同的相同之处具体是指以仁为宗旨的大同太平学说和以华严宗、唯识宗为主体的大乘佛教的救世思想。《谭嗣同传》和《〈仁学〉序》是梁启超对康有为与谭嗣同思想相合的最早表述,也是最为集中的表述之一。之后,凸显康有为、谭嗣同思想的相同性成为梁启超的一贯做法,作于 1902 年的《论中国学术思想变迁之大势》如此,作于 1920 年的《清代学术概论》亦如此。

对于康有为、谭嗣同思想相同的原因,两位当事人的说法大不相同:自视甚高的康有为将两人思想相同的原因说成是自己对谭嗣同的影响——或者说,谭嗣同对自己的服膺。这样一来,由于服膺自己的学说并深受自己的影响,谭嗣同与自己的思想相似或相同便是顺理成章的了。具体地说,谭嗣同在听了自己秉持今文经学的原则,以公羊学发挥微言大义的思路讲《春秋》三世进化之后,开始向往大同之世,立论以仁为宗旨,对孔教十分推崇。康有为的这套说辞与谭嗣同之间可谓相差十万八千里。据谭嗣同披露,自己读《新学伪经考》大为惊叹,对阐明书法之理的《广艺舟双楫》更是十分钦佩;及得康有为赠送的《长兴学记》,才开始了解康有为的学说,直到拜访康

---

① 《谭嗣同传》,《梁启超全集》(第一册),北京出版社 1999 年版,第 233 页。

有为不见,才从康有为最著名的弟子——梁启超、麦孟华处详细听说("备闻")康有为思想的微言大义和学术宗旨;直到此时,谭嗣同才发觉,康有为的思想竟然与自己的观点"十同八九"。值得注意的是,谭嗣同坦言自己对于康有为"心仪其人,不能自释",同时强调"于其微言大义,悉未有闻也"。更为重要的是,谭嗣同承认自己与康有为的观点"十同八九",同时指出这是在"与嗣同冥思者"即自己没有受康有为影响的情况下的自然契合。这一点与康有为关于谭嗣同受自己思想影响,故而两人思想相同的说法出入很大,甚至具有本质区别。

关于康有为、谭嗣同思想契合的原因,梁启超站在了老师康有为的一边,肯定谭嗣同的思想包括佛学思想在内深受康有为的影响,甚至是对康有为思想的发挥。在梁启超看来,康有为、谭嗣同的思想之所以相同,绝非不约而同的心心相通,而是因为谭嗣同受惠于康有为——听闻康有为发明《周易》、《春秋》之后,"穷大同太平之条理"的结果。更有甚者,梁启超将谭嗣同的佛教思想——对华严宗、唯识宗的阐发也说成是由于康有为的点拨而彻悟的结果。在这个前提下,谭嗣同结识杨文会只是"博览教乘,熟于佛故"而已。正是沿着这个思路,梁启超得出结论:谭嗣同的思想和《仁学》都是对康有为思想的阐发。在为谭嗣同《仁学》作的序中,他坚持了这个说法:"《仁学》何为而作也,将以会通世界圣哲之心法,以救全世界之众生也。南海之教学者曰:'以求仁为宗旨,以大同为条理,以救中国为下手,以杀身破家为究竟。'《仁学》者即发挥此语之书也,而烈士者即实行此语之人也。"①

至此,对于康有为、谭嗣同思想相同性的原因有了两种截然不同的版本,由于两位当事人的说法也大相径庭,故而增加了问题的复杂性。尽管如此,有一点是没有争议的,那就是:康有为、谭嗣同的思想相同点多多,这一点不仅被两位当事人津津乐道,而且被其他人看在眼里。深入挖掘康有为、谭嗣同思想相同的根源,不仅有助于对康有为、谭嗣同思想相同性的解读,而且有助于理解康有为、谭嗣同以及与梁启超之间的关系。

第二节　同 在 何 处

在近代思想家中,康有为与谭嗣同思想最为接近是不争的事实。当两人的思想相同不仅仅是巧合而是带有某种必然性的时候,则更显得令人不

---

① 《〈仁学〉序》,《梁启超全集》(第一册),北京出版社1999年版,第170页。

可思议且饶有意味起来。上述内容显示,一方面,无论是作为当事人的康有为、谭嗣同,还是作为"旁观者"的梁启超都众口一词地肯定了康有为、谭嗣同思想相同的事实。另一方面,每个人对康有为、谭嗣同思想相同的内容和原因却说法绝殊,最终演绎成了罗生门事件:就内容来说,谭嗣同并没有作具体说明,而康有为与梁启超的说法之间亦有较大出入。一个明显的例子是,梁启超将《仁学》说成是对康有为入世、救世佛学的发挥,而康有为在《六哀诗》中提及的自己与谭嗣同的诸多相合之处却并没有涉及佛学。至此,即使是异口同声肯定谭嗣同思想是对康有为思想发挥的康有为、梁启超对于康有为、谭嗣同的思想究竟同在何处即相同的具体内容是什么也提交了不同的版本。就原因来说,康有为和其弟子梁启超的说法如出一辙,强调谭嗣同的思想深受康有为影响,甚至是对康有为思想的发挥。这样一来,康有为与谭嗣同思想彼此相同便是自然而然的事了。尽管如此,康有为、梁启超的说法并非完全可信,甚至只是"一面之词",更何况这一说法即使是与谭嗣同的自述之间也存在较大出入。这种情况表明,只有重新审视康有为、谭嗣同思想之间的关系,才能客观地把握两人思想的相同之处。

综合考察、比较两人的思想可以看到,康有为、谭嗣同思想的相同之处主要表现在如下七个方面:第一,在对中国本土文化的看法上,不是热衷于对先秦诸子的流派划分而是热衷于整合,最终将诸子百家归结为孔子之学(又称孔学、孔教或孔子之教)一家,共同推出了一个孔教时代。这是只存在于康有为与谭嗣同两个人之间的默契,与梁启超的老孔墨三家之分和章炳麟的十家九流之说迥异其趣。第二,以孔学整合诸子百家的目的有二:一是以孔子对抗耶稣,一是以孔教标识、代表全部中国本土文化。第一点已经注定了这一点只能为康有为、谭嗣同两人所共享,也从反面排除了梁启超的三家之说和章炳麟的十家之分以孔学代表中国本土文化的可能性。第三,在对孔子的推崇和对百家的选择中,一面推崇孔子为孔教的教主,一面排斥老子和荀子,将两人说成是孔教的敌人。康有为、谭嗣同的这一观点与梁启超将老子与孔子、墨子一起誉为"三圣"相去甚远,与严复对老子的顶礼膜拜和章炳麟对荀子的推崇天差地别。第四,将仁说成是孔教、佛教和耶教的交汇点,进而奉仁为宇宙本原,由此推出了中国近代哲学中的仁学派。显而易见,无论是康有为、谭嗣同以仁汇通中、印、西三种文化还是奉仁为宇宙本原,在近代思想家中都找不到同调,即使在整个中国哲学史上也绝无仅有!第五,声称自由、平等是仁的题中应有之义,并且在自由、平等中凸显平等,成为平等派的主要代表。第六,在对平等的论证中,不仅将中国的出路寄托于平等,将平等理解为绝对平等(平均);而且将平等的实现与大同社会联系起来,在将大同社会视为历史进化的最高阶段和理想境界的前提下,设想通过取消国家、消除国界而进入大同社会。第七,在借鉴西学建构自己的思想体系时,热衷于以太、电、力和脑等自然科学。

不难发现,康有为、谭嗣同思想的七大相同之处涉及对中国本土文化的审视、对诸子百家的整合、对宇宙本体的看法、对平等的偏袒、对中国出路的现实思考和对中西文化的态度取舍等方方面面,不仅涵盖诸多领域,而且切入重大的理论和现实问题。对问题的相同回答表明,两人的致思方向、价值旨趣和哲学观念大体相同。从这个意义上说,康有为、谭嗣同思想的相同性不是表面的而是本质的,不是偶然的而是必然的。这是因为,两人之所以对上述问题的解答相似度极高,取决于相同的理论来源、内容构成和价值旨趣;反过来说,康有为、谭嗣同思想的相同性通过其理论来源、内容构成和价值旨趣更直观而充分地展示出来。

其一,理论来源最为相近。

一方面,近代哲学和文化具有中西杂糅的性质,用梁启超的话说就是"不中不西即中即西"①。另一方面,由于对中学、西学皆各取所需,中西思想在每一位近代思想家那里的比例侧重、构成成分或和合方式大不相同。在这个前提下,可以肯定的是,康有为、谭嗣同思想的理论来源最为接近:第一,就对古今中外诸多思想要素的和合而言,思想建构以中学为主。严复被誉为西学家,作为康有为得意弟子的梁启超也认定近代的哲学和文化重建舍中学无根,舍西学无用。与被誉为近代西学第一人的严复和自称为"新思想界之陈涉"的梁启超相比,无论是康有为还是谭嗣同的思想建构显然都侧重中学。第二,就对中学的取舍而言,康有为、谭嗣同的做法拉近了彼此之间的距离,却显得与众不同。这主要表现在,与将诸子百家组成的中国本土文化归结为孔子之学、统称为孔教相一致,康有为、谭嗣同对诸子百家的选择以孔学思想或儒家经典为依托,无论是康有为对孟子、董仲舒和《春秋》的顶礼膜拜还是谭嗣同推崇庄子是在确信庄子为孔学之嫡传的名义下进行的都证明了这一点。这与梁启超将老、孔、墨并称为中国文化的"三圣"或"三位大圣",在中学中道、儒、墨并重的做法相去甚远,与严复、章炳麟等人在中国文化中倾向于老庄代表的道家思想的做法更是差若云泥。第三,就对西学的取舍而言,康有为、谭嗣同热衷于以太、电、力和脑等自然科学,与梁启超、严复等人青睐达尔文、赫胥黎、斯宾塞的进化论和社会有机体论或孟德斯鸠、卢梭的社会政治思想迥异其趣,与孙中山、章炳麟等人热衷

---

① 《清代学术概论》,《梁启超全集》(第五册),北京出版社 1999 年版,第 3104 页。

于细胞学说、原子论等自然科学成果亦明显不同。

其二,思想构成最为相近。

理论来源与思想内容密不可分,理论来源直接影响甚至决定着思想构成,前者是后者的基础。相近的理论来源使康有为、谭嗣同的思想构成最为接近,并在诸多方面显示出来:第一,与偏袒中学并在中学中极力推崇孔子相一致,一面以孔子之学作为中国本土文化的标识,一面将仁说成是孔子思想的宗旨。这使对孔学的阐发和对仁的推崇成为康有为、谭嗣同思想的重要组成部分,也使两人成为中国几千年哲学史上明确宣布仁是世界本原的两位哲学家。第二,与对仁的推崇息息相关,在宣称平等是仁的基本内涵的基础上,彰显平等的至上性和权威性。这使对平等的诠释成为康有为、谭嗣同思想的主体内容和价值诉求,并使对平等的宣传和论证在两人的启蒙思想中占居重要地位。第三,以公羊学的立场解读孔子和《春秋》的思想,在人类历史的三世进化中将平等与大同愿景联系起来,不仅将平等理解为消除一切差别的"大同",而且将大同社会视为平等的最终实现。这使康有为、谭嗣同对大同社会魂牵梦萦,对大同的规划和设想成为两人思想不可或缺的组成部分。《大同书》是康有为哲学的代表作,这本身即有力证明了大同理想在康有为思想构成中的至关重要。第四,与对西学的吸收侧重以太、电、力等自然科学成果相一致,将仁与以太、电、力相提并论,借助后者论证不忍之心或慈悲之心的相互感通。这使以太、电、力成为康有为、谭嗣同重要的哲学概念,对它们的界定和诠释也随之成为两人哲学的内容构成。对于这一点,谭嗣同的最后一篇论文名为《以太说》提供了最好的注脚。

其三,价值旨趣最为接近。

康有为、谭嗣同的思想不仅在理论来源、内容构成上最为相近,价值旨趣也最为相近。众所周知,尽管自由、平等、博爱作为中国近代的时代诉求成为近代思想启蒙的核心话题,然而,三者在近代思想家那里是不平衡的,每个人对自由、平等、博爱具有不同的偏袒和取舍。就戊戌启蒙四大家来说,康有为、谭嗣同对平等的心驰神往与梁启超、严复对自由的热情讴歌形成鲜明对比,至于两人由于将平等理解为绝对同一,进而在推进平等时构想的大同社会更是成为近代哲学中的独特风景。在康有为、谭嗣同对大同社会心驰神往之际,同为戊戌启蒙四大家的严复、梁启超却对之无动于衷:一边是严复对大同的漠视漠然,讳莫如深;一边是梁启超由早期初闻康有为讲大同时的"喜欲狂,锐意谋宣传"①,到后来对大同的反感。更有甚者,大同

---

① 《清代学术概论》,《梁启超全集》(第五册),北京出版社 1999 年版,第 3099 页。

成为康有为与梁启超争论的焦点。梁启超一针见血地批评康有为的大同主义是世界主义，与民族主义和国家主义相左，大同理想不切合中国的实际，无异于宗教家的梦呓。诚然，与同为戊戌启蒙阵营的严复、梁启超对待康有为、谭嗣同大同理想的态度相比，孙中山可谓是康有为、谭嗣同的同调：孙中山多次将大同社会说成是历史进化的最高阶段，对大同社会的向往与康有为、谭嗣同相比更是有过之而无不及，这无疑拉近了与康有为、谭嗣同的距离。问题的关键是，孙中山是在三民主义的视域下建构大同的，他心目中的大同社会是三民主义的实现。因此，孙中山将大同社会与作为三民主义之一的民族主义联为一体，这已经与康有为、谭嗣同的大同理想不可同日而语。此外，姑且抛开孙中山将大同愿景与苏维埃政权相提并论与康有为、谭嗣同的思想相去甚远不论，仅就对大同究竟是完全同一还是包容差异的界定来说，孙中山认为，大同社会不仅解决了民权、民生问题，而且是民族主义的实现。届时，世界各民族一律平等，中华民族将屹立于世界民族之林。这与康有为、谭嗣同将取消国界说成是步入大同的门径南辕北辙，与康有为设想大同社会同一种族、作为中华民族的黄种人将不复存在更是背道而驰。与承认种族差异相一致，孙中山的大同理念包含着差异和不同。他解释说，社会革命只能消除政治上的不平等，政治上的不平等是后天的，是人为的，因而是可以消除的。人与人之间生来就因为体力上、智力上的差异而存在着不平等，这种不平等是先天的，也是无法消除的。这意味着康有为、谭嗣同所设想的完全同一的绝对平等是不可能实现的。基于此，孙中山强调，人们在体力上、智力上原本就不平等，如果强求平等，将会导致更大的不平等。既然如此，只能用博爱去弥合人与人之间因体力、智力上的差异而带来的与生俱来的不平等。孙中山的这一致思方向与康有为、谭嗣同将大同理解为彻底消除一切差异而绝对平等相去霄壤。

值得注意的是，考察整个中国近代哲学史可以看到，康有为、谭嗣同思想的相同之处向两个截然不同的维度展开：一方面，康有为、谭嗣同思想的相同性带有鲜明的近代气息，是时代使然；在这个维度上，这些相同之处作为近代哲学的共性，并非只属于康有为、谭嗣同两人——这是康有为、谭嗣同思想的相同性，也是康有为、谭嗣同与梁启超、严复等其他近代思想家的相同性。另一方面，康有为、谭嗣同思想的相同性带有独特的个性，有些相同点仅仅是他们两个人之间的默契；在这个维度上，康有为、谭嗣同思想的相同之处与其他同时代思想家——甚至与其他戊戌启蒙思想家的认识相去甚远。例如，就对中国本土文化的审视而言，与康有为、谭嗣同将诸子百家整合为孔子之学一家，并由此尊崇孔子而贬低老子的做法大相径庭，梁启超将诸子百家归结为老、孔、墨三家,断言包括法家在内的其他学派都是三家的和合变种。与此相一致,他将孔子与老子、墨子一起称为"三圣"或"三位大圣",并且明确宣称孔子是教育家而非宗教家,孔教之教是教育之教而非宗教之教。借此,梁启超极力为孔子和孔教祛魅,结果是,老子被列为"三圣"之首,孔子屈居第二,孔教一词也随之被儒家文化或儒家哲学等概念所代替。章炳麟沿袭古文经学的传统将先秦诸子划分为十家九流,这种做法本身就与康有为、谭嗣同秉持今文经学的传统断言"百家皆孔子之学"①的整合理念南辕北辙。更有甚者,如果说梁启超的"三圣"提法尚只是使孔子的地位大打折扣的话,那么,章炳麟则不啻使孔子的地位一落千丈。事实上,章炳麟对先秦诸子十家九流的划分已经使儒家边缘化,提倡国粹是为了反对孔教的立言宗旨将矛头直接指向了孔子和孔教,《订孔》更是打响了中国近代反孔、倒孔的第一枪。与对诸子百家的态度和取舍相一致,在他所弘扬的国学中,主力是老庄尤其是庄子的思想。再如,就对世界本原的看法而言,康有为、谭嗣同声称仁为天地万物的本原,建构了近代哲学中的仁学派,与梁启超以唯意志论为主体的情感派和章炳麟以法相宗为主体的佛学派形成三足鼎立之势。仁学派对仁推崇有加,不仅将仁说成是世界本原,而且奉为核心价值。这使康有为、谭嗣同的心学与梁启超、章炳麟渐行渐远。梁启超宣称:"境者心造也。一切物境皆虚幻,惟心所造之境为真实。"②被梁启超奉为世界本原的造境之心主要指个人的情感而非理性,与康有为、谭嗣同推崇的不忍之心、慈悲之心迥然相异。章炳麟则在"独尊法相"中用阿赖耶识变幻万法,坚持"此识是真,此我是幻,执此幻者以为本体,是第一倒见也。……此心是真,此质是幻,执此幻者以为本体,是第二倒见也"③。不仅如此,由于宣称平等是宇宙本体——仁的题中应有之义,康有为、谭嗣同由推崇仁进而彰显平等的地位和价值,并在对仁的诠释中将平等奉为救亡图存的不二法门。这使康有为、谭嗣同由于倚重平等而成为平等派代表的同时,也与对自由情有独钟的梁启超、严复的思想渐行渐远。

　　康有为、谭嗣同思想的相同性以及与其他人的差异性从两个不同的维度共同证明,两人思想的相同点最多,在戊戌启蒙四大家乃至在近代思想家中思想最为接近。更为重要的是,由于肩负启蒙与救亡的双重历史使命,近

① 《万木草堂口说·学术源流》,《康有为全集》(第二集),中国人民大学出版社 2007 年版,第 145 页。
② 《自由书·惟心》,《梁启超全集》(第一册),北京出版社年版,第 361 页。
③ 《建立宗教论》,《革故鼎新的哲理——章太炎文选》,上海远东出版社 1996 年版,第 200 页。

代哲学不仅具有理论建构,而且关注现实斗争。康有为、谭嗣同思想的相同性并不限于思想上的暗合,而是延展到对现实社会的观照和对中国前途、命运的思考。在这方面,取消国界、世界大同是两人的基本思路,以孔子对抗耶稣、以孔教抵御耶教是两人的共同策略。

第三节　和　而　不　同

康有为、谭嗣同的思想在戊戌启蒙四大家乃至在近代思想家中相近是不争的事实,承认这一事实是一码事,评价这一事实则是另一码事。换言之,认识到这一事实是必要的,正确看待、评价这一事实则更为重要。就形成康有为、谭嗣同思想相同的原因来说,既有两人之间令人惊奇的思想契合,又有谭嗣同后来服膺康有为时对康有为思想的吸收和借鉴。正如谭嗣同本人对前一点有明确回忆和说明一样,后一点在谭嗣同写给老师——欧阳中鹄的信中露出端倪:“南海先生传孔门不传之正学,阐五洲大同之公理,三代以还一人,孔子之外无偶,逆知教派将宏,垂泽必远。”①在这里,谭嗣同对康有为赞誉有加,尤其是对康有为的大同公理顶礼膜拜。这表明,康有为、谭嗣同思想的相同点既有两人之间的默契和暗合,又有相互切磋和影响;后一点,也就是康有为、梁启超所说的师承方面的原因。问题的关键是,这两点都是不可或缺的——忽视前一点,便无法解释康有为与谭嗣同思想的差异;相比较而言,前一点更为令人惊奇。在康有为、谭嗣同思想契合的问题上,康有为、梁启超对于后一点给予了充分肯定和说明,这是必须的,也是必要的。尽管如此,如果只看到这一点甚至只限于此而对前者闭口不谈,那么,导致的结果也是相当严重的——不仅不符合事实,而且不利于理解康有为与谭嗣同思想的异同关系。

进而言之,如果像康有为、梁启超那样将康有为、谭嗣同思想的相同点只归结为康有为对谭嗣同的影响,甚至将谭嗣同的思想说成是对康有为的发挥,那么,不仅不全面、不客观,而且还将导致两个无法克服的致命困惑:第一,谭嗣同是在牺牲前两年才了解康有为的思想的,至于与康有为的接触时间则更短,况且了解并不等于理解或吸收,离照单全收更远。第二,在接触康有为之前,谭嗣同已经形成了自己的一套思想。如果因为谭嗣同接触康有为,了解、赞同康有为的思想,就将两人思想的相同点归结为康有为对谭嗣同的影响的话,那么,便在逻辑上讲不通,尤其是解释不了康有为与梁

---

① 《上欧阳中鹄二十二》,《谭嗣同全集》,中华书局1998年版,第475页。

启超思想的诸多差异乃至分歧。梁启超接触康有为远远早于谭嗣同,并且师从、跟随康有为多年;无论从时间上还是从关系上看,梁启超都应该比谭嗣同的思想与康有为更为接近。现实的情况却恰恰相反,正如康有为、谭嗣同思想的相似乃至相同之处多多且不容否认一样,康有为、梁启超的思想差异乃至对立之处多多且有目共睹。正因为如此,梁启超一面强调康有为、谭嗣同的思想相同,一面对自己与康有为思想的分歧并不讳言。可以看到,梁启超不仅在不同场合具体指出了自己与康有为思想的分歧所在,而且在《清代学术概论》中使用了"康、梁学派遂分"以示两人分道扬镳。种种情况共同昭示,只有走出康有为、梁启超所说的谭嗣同受康有为思想的影响甚至是对康有为思想发挥的单向决定论的误区,从康有为、谭嗣同身处的历史背景、文化语境来综合考察两人之间的相互影响,同时将谭嗣同在"北游访学"中接触的各色学说和文化背景的人物纳入考量范围,并且兼顾谭嗣同前后期思想的一贯性和阶段性,不同维度相互印证,综合考察,才能对康有为、谭嗣同思想契合的原因做出全面、中允,故而令人信服的解释。

康有为、谭嗣同的思想相同、相近是与其他人相比较而言的,这意味着承认两人思想的相同性并不等于说其间只有同而没有异。事实上,康有为、谭嗣同的思想相同点多多,相异点同样不少且不容忽视——在某种程度上甚至可以说,两人思想的差异同样是根本性的。其中,最明显的证据是:从价值旨趣和立言宗旨上看,如果说康有为致力于立孔教为国教的话,那么,谭嗣同的精神支柱则是佛教。正是这个分歧导致了两人对中国救亡路径的不同选择。具体地说,康有为认定保教、保国和保种三位一体,试图通过保教(孔教)来保国、保种。谭嗣同推崇佛教,不惟没有像康有为那样将立孔教为国教奉为救中国的"第一著手"(梁启超评价康有为语①),反而明确提出教不必保亦无可保。对此,他解释说:"教而亡,必其教之本不足存,亡亦何恨。教之至者,极其量不过亡其名耳,其实固莫能亡矣。名非圣人之所争。圣人亦名也,圣人之名若姓皆名也。即吾之言仁言学,皆名也。名则无与于存亡。呼马,马应之可也;呼牛,牛应之可也;道在屎溺,佛法是干屎橛,无不可也。何者? 皆名也,其实固莫能亡矣。惟有其实而不克既其实,使人反督于名实之为苦。"②在中国近代的政治环境、历史背景和文化语境中,教是否可保不仅仅是牵涉对宗教的态度问题,而是事关对中国出路的现实思考和出路抉择。正因为如此,对教、孔教和保教的态度是一个严肃而严重的

---

① 《南海康先生传》,《梁启超全集》(第一册),北京出版社1999年版,第486页。
② 《仁学》,《谭嗣同全集》,中华书局1998年版,第290页。

现实问题,最能考验近代思想家对中国前途和命运的原则立场。康有为、谭嗣同在保教这一原则立场上的分歧不可能仅限于保教上,而必然在两人思想的其他方面进一步展示出来。这预示了两人的思想不可能只停留在相同的层面,对两人思想的考察也是如此。

通过深入分析和进一步比较可以发现,尽管都在对中国本土文化和百家源流的审视中推崇孔教,尽管都认定仁是孔教、佛教和耶教的共同点,尽管都推崇仁为宇宙本原,尽管都将平等奉为中国救亡图存的不二法门,尽管都热衷于西方近代自然科学中的以太、电、力和脑等学说,然而,康有为、谭嗣同对于这些问题的具体理解存在差异,有些甚至相去甚远。因此,两人无论对孔教的诠释、对仁的界定、对平等的理解还是对自然科学的侧重都存在明显差异:第一,尽管都将诸子百家归结为孔子之学(孔学)一家,然而,康有为、谭嗣同视界中的孔学内涵并不相同,对孔教的诠释存在着以孔释佛与以佛释孔的区别。一言以蔽之,如果说康有为是新儒家,以光大孔子创立的儒家思想为己任的话,那么,谭嗣同的思想则以佛教为皈依,"佛教大矣,孔次大,耶为小"①便是明证。第二,对孔教的不同界定决定了康有为、谭嗣同尽管都将诸子百家归为孔子之学,却对百家具有不同侧重和选择:由于以孔释佛,康有为所讲的孔教虽然容纳了佛教等非儒思想(这是有人将康有为推崇的孔教称为"康教"的原因之一),毕竟以儒家思想为母版,所推崇的人物以孔子、孟子和董仲舒等儒家人物为主;以佛释孔则促使谭嗣同在孔教的名义下选择了与佛教更为接近的庄子,此外还有他认为是庄子后学的黄宗羲和王夫之等人。第三,与对孔教的理解相表里,康有为、谭嗣同对仁的界定呈现出脱胎于儒家的不忍之心与佛教的慈悲之心的区别:康有为将仁与孟子的不忍人之心相提并论,"不忍人之心,仁也,电也,以太也,人人皆有之,故谓人性皆善"②是康有为对仁最基本的界定。康有为将仁界定为不忍人之心,除了流露出孟子的强势影响之外,也使博爱成为仁的基本内涵之一,这也是梁启超将康有为"以'仁'字为唯一之宗旨"的哲学归结为"博爱派哲学"的原因③。谭嗣同之仁是慈悲之心,"慈悲,吾儒所谓'仁'也"④是谭嗣同对仁的定义。尽管谭嗣同将仁与五花八门的概念、术语相提并论,却始终不见不忍人之心的影子。因此,他所讲的仁并不具有博爱的内涵。第四,在对平等的理解上,康有为将平等理解为人与生俱来的权利,并认定这

① 《仁学》,《谭嗣同全集》,中华书局1998年版,第333页。
② 《孟子微》,《康有为全集》(第五集),中国人民大学出版社2007年版,第414页。
③ 《南海康先生传》,《梁启超全集》(第一册),北京出版社1999年版,第488页。
④ 《上欧阳中鹄十》,《谭嗣同全集》,中华书局1998年版,第464页。

种权利基于人由不忍人之心而来的性善;谭嗣同则沿着宇宙本体——仁不生不灭、微生灭的思路,将平等理解为不生不灭的宇宙状态或人生本相。第五,在对西学的选择上,康有为、谭嗣同尽管都侧重自然科学,却对之具有不同的选择和偏袒:康有为主要吸收了星云假说和电、力等物理学知识,谭嗣同最为津津乐道的无疑是以太说。除了对电、力的借鉴之外,元素、脑等化学和解剖学知识在谭嗣同的哲学中也发挥了比在康有为哲学中更为重要和明显的作用。

康有为、谭嗣同思想的上述差异展示了两人思想不同的内容构成、立言宗旨和价值旨趣,同时向人们昭示:在关注康有为、谭嗣同思想相同点的同时,对其间的不同点也不可小视。不仅如此,鉴于康有为、谭嗣同本人和其他人对相同点的津津乐道和对不同点的三缄其口,对两人思想的差异性更应该予以充分重视和深入剖析。

在结识康有为之前,谭嗣同的思想已经成型,《壮飞楼治事》、《思纬氤氲台短书》等都是明证。在认识康有为之后,谭嗣同的思想的确发生了骤变。问题的关键是,仅仅由于谭嗣同的思想变化在时间上发生在认识康有为之后,是否就可以据此断定谭嗣同的思想变化就是由接触——或者说,受康有为影响促成的? 时间上的先后关系并不等于逻辑上的因果关系,更何况谭嗣同思想骤变时并非只结识了康有为一个人! 更为重要的是,早在接触康有为之前——准确地说,在 1895 年,由于中日甲午海战失败的强烈刺激,谭嗣同的思想已经发生重大变化。这种变化如此之大,以至于他自己称之为“前后判若两人”。对此,谭嗣同写道:“三十以后,新学灑然一变,前后判若两人。三十之年,适在甲午,地球全势忽变,嗣同学术更大变。”①正是因为这个“三十之年”的学术演变,谭嗣同的思想“前后判若两人”,才有了学术界对谭嗣同思想前后期的划分。所以,就谭嗣同“北游访学”时的思想变化及后期思想来说,即便与康有为有关,亦不可皆归因于康有为一个人——甚至可以说,康有为的影响并不是最主要的。理由是,谭嗣同思想的变化最直接的原因是甲午海战失败的强烈刺激,始于对从前“所学皆虚”而导致的“所愿皆虚”的苦闷彷徨。这促成了他 1896 年的“北游访学”,而访学中的所见所闻则构成了促使谭嗣同思想转变和建构的合力。显然,康有为对谭嗣同的影响也应该视为北游访学中所见所闻的一部分。在这个前提下还应看到,相对于康有为的影响来说,以傅兰雅为代表的西方传教士和以杨文会为代表的佛教家的影响更加不可小觑。

---

① 《与唐绂丞书》,《谭嗣同全集》,中华书局 1998 年版,第 259 页。

鉴于上述情况,在理解、评价康有为与谭嗣同思想相同点的过程中,必须明确、澄清两个重要问题:第一,谭嗣同思想的前后期之间具有一以贯之的学术兴趣和思想倾向,不可将二者割裂开来。一个最明显的例子是,无论前期还是后期,谭嗣同都对王夫之推崇有加,而这是康有为思想中所没有的——前者证明了谭嗣同思想的一贯性、整体性,后者则证明了谭嗣同思想有别于康有为的独创性、特殊性。第二,"北游访学"特别是认识康有为之后的时间相对于谭嗣同的学术生涯来说很短暂,就康有为对谭嗣同的影响而言也是众多思想影响中的一种。既然如此,便不应该像康有为——特别是梁启超那样将康有为对谭嗣同思想的影响和作用无限放大,乃至将谭嗣同经历思想转向,作为"北游访学""思想总结"的《仁学》说成是对康有为思想的发挥。

事实上,即使是被康有为、梁启超拿来证明谭嗣同深受康有为影响的最主要的证据——谭嗣同借助公羊三世说推演人类历史的三世进化,将人类历史进化的轨迹概括为"两三世"和心系大同理想,也与康有为的思想具有明显区别:第一,谭嗣同的历史哲学并非像康有为那样以《春秋》为蓝本,而是以《周易》为第一经典;这不仅证明谭嗣同与康有为的公羊三世说依据不同的文本而来,而且证明谭嗣同认定《周易》讲人道而不像康有为那样认定《春秋》讲人道而《周易》只讲天道。第二,经典文本的不同选择决定了谭嗣同不是像康有为那样宣称人类历史按照三世即据乱世、升平世、太平世的顺序依次进化,而是根据《周易》乾卦的六爻将人类历史的进化程序概括为六世,即谭嗣同所说的"两三世"——先是太平世、升平世、据乱世的"逆三世",而后是据乱世、升平世、太平世的"顺三世"。这些都表明了谭嗣同思想的独创性,也即与康有为思想的区别。

作为谭嗣同思想的个性和灵魂所在,有别于康有为思想的差异性是由谭嗣同的特殊经历、学术素养和情感好恶等因素决定的。将它们统统归因于康有为的影响,显然是不合乎逻辑的,更何况其一以贯之的学术倾向是早在结识康有为之前就已经形成的。

议论至此,回过头来重新审视梁启超在《谭嗣同传》中关于谭嗣同深受康有为影响的说法可以发现,他提供的证据是不确切的——甚至可以说,是对谭嗣同思想的误解:第一,就经典文本来说,康有为依据的第一经典是《春秋》,故而在断言"'六经'皆孔子作"①的前提下提升《春秋》的地位和价

---

① 《万木草堂口说·学术源流》,《康有为全集》(第二集),中国人民大学出版社2007年版,第145页。

值,声称《春秋》是六经的金钥匙。与对讲人道的《春秋》的奉若神明相比,康有为对讲天道的《周易》并无太多热情。就对《周易》内容的诠释来说,与将《周易》说成是孔子所作,旨在证明孔子讲天道、是宗教家息息相通,康有为侧重《周易》天道方面的内容。梁启超对于这一点心知肚明,所以才断言康有为视"《易》为魂灵界之书"①。很显然,从康有为讲灵魂的《周易》中领悟"大同太平之条理",对于谭嗣同来说极富挑战性;对于梁启超来说,则又多了一个"所执往往前后相矛盾"②的证据。更为重要的是,谭嗣同对《周易》的解读不是像康有为那样侧重天道而是侧重人道,由此导致对《周易》和对历史进化的理解与康有为渐行渐远。谭嗣同推崇的第一文本是《周易》,不仅从不同角度解读《周易》,而且由《周易》而推崇王夫之,致使推崇《周易》和王夫之成为谭嗣同前后期思想的共同点。在这个前提下可以发现,尽管康有为、谭嗣同都依据公羊三世说宣扬历史进化,并将太平世与大同社会联系起来,具体思路却相差悬殊:由于以《春秋》为基本经典,康有为所讲的三世脱胎于公羊学的"所见之世"、"所闻之世"和"所传闻之世";谭嗣同所讲的三世基于《周易》乾卦的爻辞,因为爻数为六,故有"两三世"(两三故六)之说。既然如此,如果像梁启超那样认定谭嗣同完全根据康有为的思想推演太平大同之条理,则不能令人信服。第二,梁启超在《谭嗣同传》中将谭嗣同佛学思想的来源说成是"《华严》性海之说"和"相宗识浪之说",并将两者说成是《仁学》的主要内容。在其他场合,梁启超也不止一次地宣称谭嗣同的佛学思想受康有为影响至深,并将《仁学》说成是对康有为以佛学救世思想的直接发挥。结合梁启超对康有为佛教思想的介绍可以发现,他关于康有为、谭嗣同佛学思想的两套说辞之间是不能自洽的,谭嗣同的"《华严》性海之说"和"相宗识浪之说"不可能来自康有为。一个最简单的理由是,梁启超认为,康有为的佛学"最得力于禅宗,而以华严宗为归宿焉"③。据此说法,谭嗣同的"相宗识浪之说"与康有为不相干。就华严宗来说,梁启超认为,康有为热衷于现实与理想、出世与入世以及据乱世、升平世与太平世之间的圆融无碍、并行不悖,显然与谭嗣同对华严宗大圆性海的发掘风马牛不相及。问题到此并没有结束,梁启超对于谭嗣同佛学思想的介绍,最大漏洞是对谭嗣同奉为佛学导师的吴雁舟、杨文会等人给予谭嗣同佛学方面的深刻影响只字未提,这与谭嗣同对两位导师的膜拜反差强烈。

① 《南海康先生传》,《梁启超全集》(第一册),北京出版社1999年版,第487页。
② 《清代学术概论》,《梁启超全集》(第五册),北京出版社1999年版,第3100页。
③ 《南海康先生传》,《梁启超全集》(第一册),北京出版社1999年版,第487页。

谭嗣同曾说:"吴雁舟先生嘉瑞为余学佛第一导师,杨仁山先生文会为第二导师,乃大会于金陵,说甚深微妙之义,得未曾有。"①退一步说,仅就忽视康有为、谭嗣同佛学思想的差异而言,梁启超提交的谭嗣同深受康有为影响的证据就十分牵强。

就佛教派别来说,康有为倚重禅宗,不论将孟子、庄子和陆九渊、王守仁的思想与佛教相互诠释,还是即心是佛,以心学提升自尊心、自信心都是如此。与此同时,康有为在对佛教与孔教相合以及三世关系的论证中,淋漓尽致地发挥了华严宗圆融无碍的思想。谭嗣同佛教思想的主体内容是华严宗和唯识宗——从推崇华严宗、唯识宗的角度看,梁启超对谭嗣同佛学的介绍是对的;尽管如此,梁启超并没有看到甚至不愿承认谭嗣同对唯识宗的热情是康有为所没有的,即使是谭嗣同对华严宗的推崇也与康有为明显不同。谭嗣同将华严宗的四法界说与《大学》的八条目相互诠释,而不是像康有为那样凭借华严宗论证出世与入世、现实与理想的并行不悖。这些既展示了康有为、谭嗣同思想的差异乃至区别,又印证了不可将康有为、谭嗣同思想的相同性仅仅归结为康有为对谭嗣同的影响。

不用太多留意即可发现,无论是康有为还是梁启超对于康有为、谭嗣同思想相同的审视都只关注谭嗣同后期的思想("北游访学"后),而很少关注谭嗣同的前期思想。这个事实预示了两人对康有为、谭嗣同思想相同性的认识是有漏洞的,至少是不全面的,共同误区和致命缺陷便是割裂了谭嗣同前后期思想之间的内在联系。综合康有为、谭嗣同心路历程和全部思想可以看到,两人的思想既呈现出不可否认的相同之处,又存在着不可忽视的差异,可谓是同异参半。

第四节　同异的后果

上述内容显示,康有为、谭嗣同的思想既有同,又有异,是同异俱见的。这意味着对两人思想的同异及其关系便不应该只着眼于相同点而无视乃至否认不同点,更不应该像康有为、梁启超那样将其中的相同点仅仅归结为康有为对谭嗣同的影响。康有为、梁启超的做法既不符合历史事实,也是不公允的;尤其是对谭嗣同来说极不公平,因为其最直接的后果就是完全抹杀了谭嗣同思想的自主性和独创性。

如上所述,康有为、谭嗣同的思想既有令人惊奇的相同之处,又显示出

---

① 《金陵听说法诗》,《谭嗣同全集》,中华书局1998年版,第246页。

不容忽视的差异。这个事实表明,不可对两人的思想作线性的简单理解。事实上,如何深刻、全面地透视康有为、谭嗣同思想的同异关系不仅关涉对康有为、谭嗣同两人思想及相互关系的认定,而且关系到对康有为、谭嗣同、梁启超三人之间的思想的学术异同以及戊戌启蒙思想阵营和理论格局的整体把握。

首先,就同异关系而言,如果说康有为、谭嗣同思想的相同点可以归结为时代造就的话,那么,不同点则集中显示了两人思想的个性魅力和理论创新。

一方面,康有为、谭嗣同的思想之所以会出现如此众多的相同点,正与两人思想皆以中学为主体内容一样,归根结底是那个时代的历史背景、文化语境和学术资源使然。诚如梁启超所言,十九世纪八九十年代的中国正处于"学问饥荒"的时代,西学尚没有大量东渐,尤其是西方的进化论、政治、经济等社会理论和哲学思想还没有系统输入中国,即使是自然科学的输入也只限于"初期普通学"。恰恰是在这一时期,康有为、谭嗣同完成了自己的思想建构。由此不难想象,两人思想的建构带有两个与生俱来的基本特征:第一,以中学为主。第二,对西学的阐发和借鉴以自然科学("初期普通学")为主。对于这一点,无论是康有为自诩先于西方发明了民权、进化学说还是梁启超感慨并赞叹康有为"不通西文,不解西说,不读西书,而惟以其聪明思想之所及,出乎天天,入乎人人,无所凭藉,无所袭取,以自成一家之哲学,而往往与泰西诸哲相暗合"①都是明证。此外,据梁启超披露,谭嗣同作《仁学》时,尚不知卢梭(他称之为卢骚)的《社会契约论》(《民约论》)为何物:"《仁学》下篇,多政治谈。其篇首论国家起原及民治主义(文不具引),实当时谭、梁一派之根本信条,以殉教的精神力图传播者也。由今观之,其论亦至平庸,至疏阔。然彼辈当时,并卢骚《民约论》之名亦未梦见,而理想多与暗合。"②总之,相同的历史背景、文化语境和社会条件决定了康有为、谭嗣同的思想来源和理论构成大同小异。从这个意义上说,两人思想的相同性具有不容忽视的客观原因。

另一方面,如果说是相同的学术背景、文化语境和社会条件注定了康有为、谭嗣同思想的相同性,由此便将两人思想的相同之处完全归结为时代使然、说成是纯然由客观原因造成的话,那么,新的问题便接踵而至:处于相同学术背景、文化视域和社会环境中者绝非仅有康有为、谭嗣同两个人,为什

①　《南海康先生传》,《梁启超全集》(第一册),北京出版社1999年版,第488页。
②　《清代学术概论》,《梁启超全集》(第五册),北京出版社1999年版,第3103页。

么偏偏是他们两人的思想如此一致？仅就戊戌启蒙四大家来说，与生于1865年的谭嗣同相比，生于1854年的严复与生于1858年的康有为出生时间显然更为接近，为什么严复的思想反而不如谭嗣同更接近康有为？要给这些问题以合理解答，必须多维度、全方位地对康有为、谭嗣同的思想进行审视和探究——既要分析、重视其间的客观原因，又要剖析、挖掘其中的主观因素。如果说由客观原因造成的相同性使康有为、谭嗣同思想带有某种"迫不得已"的性质的话，那么，其中的差异则绝好地展示了彼此之间各不相同的学术素养、兴趣爱好和性格特质。正因为如此，与相同点一样，康有为、谭嗣同思想的差异性、不同点也应该被纳入视野，作为考察、评价康有为、谭嗣同思想关系不可或缺的方面。只有这样，才能充分尊重两人思想的个性，从而深入理解并最大程度地凸显康有为、谭嗣同的思想特色和理论创新。

其次，就所引发的客观后果而言，康有为、谭嗣同思想的相同性使戊戌启蒙四大家之间的学术关系由于彼此之间的思想异同变得复杂起来，这一点在康有为与梁启超思想的不同乃至分歧的映衬下看得更加清楚。就师承关系来说，无论是从知名度还是从与康有为的关系来看，梁启超都是康有为最著名的弟子。无论是弟子身份还是宣传能力都使梁启超在传承、传播康有为的思想方面发挥了重要作用，这一点是康有为的其他弟子无法比拟的，梁启超本人在《清代学术概论》中对此亦有说明。同样不可否认的是，梁启超思想的变化致使他与康有为的思想之间呈现出由相同到相异、最后到分道扬镳的递嬗轨迹。在这个背景下，谭嗣同的出现尤其是与康有为思想的诸多契合无疑加大了康有为、梁启超关系的复杂性，也从一个侧面凸显了康有为与梁启超思想的差异。

与梁启超相比，谭嗣同的思想与康有为并无直接争辩或分歧，反而最为接近。正因为这个原因，梁启超在介绍、回顾中国近代学术思想（梁启超将之统称为"清代学术"）时，不是将自己而是将谭嗣同与康有为归为同一期或同一派之中。例如，梁启超在《论中国学术思想变迁之大势》中对清代学术作如是观：

> 通二百六十年间观察之，有不可思议之一理趣出焉，非人力所能为也。顺治、康熙间，承前明之遗，夏峰、梨洲、二曲诸贤，尚以王学教后辈，门生弟子遍天下，则明学实占学界第一之位置。然晚明伪王学猖狂之习，已为社会所厌倦，虽极力提倡，终不可以久存，故康熙中叶遂绝迹。时则考据家言，虽始萌芽，顾未能盛。而时主所好尚，学子所崇拜

者,皆言程、朱学者流也,则宋学占学界上第一之位置。顾亭林日劝学者读注疏,为汉学之先河。其时学者渐厌宋学之空疏武断,而未能悉折衷于远古,于是借陆德明、孔冲远为向导,故六朝、三唐学实占学界上第一之位置。惠、戴学行,谓汉儒去古最近,适于为圣言通辅象,一时靡其风,家称贾、马,人说许、郑,则东汉学占学界上第一之位置。庄、刘别兴,魏、邵继踵,谓晚出学说非真,而必溯源于西京博士之所传,于是标今文以自别于古,与乾、嘉极盛之学派挑战。抑不徒今文家然也,陈硕甫作《诗疏》,亦申毛黜郑,同为古学,而必右远古,郑学日见掊击。而治文字者,亦往往据鼎彝遗文以纠叔重,则西汉学占学界第一之位置。乾、嘉以还,学者多雠正先秦古籍,渐可得读。二十年来,南海言孔子改制创新教,且言周秦诸子皆改制创新教,(见南海所著《孔子改制考》卷二、卷三。)于是于孔教宗门以内,有游、夏、孟、荀异同优劣之比较……。

第一期	第二期	第三期	第四期
顺康间	雍乾嘉间	道咸同间	光绪间
程朱陆王问题	汉宋问题	今古文问题	孟荀问题 孔老墨问题①

　　在这里,梁启超勾勒了清代(包括始于 1840 年的近代)学术的演变轨迹,并将之划分为四个阶段("期"),指出这四个阶段的热点话题各不相同:第一期是程朱与陆王问题,第二期是汉学与宋学问题,第三期是今文经(学)与古文经(学)问题,第四期则是孟子与荀子和孔子与老子、墨子问题。可以看到,梁启超所讲的第三期和第四期在时间上相当于以鸦片战争为开端的近代,这一阶段是中国哲学和文化向近代转型的时期。依据梁启超的归纳和划分,康有为参与了第三期的今古文之争,并且引领了第四期的核心话题,从而开创了中国近代哲学的致思方向和学术转型。具体地说,作为公羊学大师,康有为是近代今文经学的巨擘,对今文经的崇尚和对古文经的拒斥使康有为成为第三期今古文论争中力挺今文经的领军人物。至于第四期的孟荀和孔老墨问题,也就是先秦诸子的关系问题②,就是康有为最先关注

① 《论中国学术思想变迁之大势》,《梁启超全集》(第二册),北京出版社 1999 年版,第617—618 页。
② 这用梁启超的话说便是"游、夏、孟、荀异同优劣之比较",其中的"游"指子游,"夏"指子夏,两人的思想分别以孟子、荀子为后学。

并系统梳理的。所以,梁启超在讲这一阶段时,以康有为作为主要代表。

必须注意的是,梁启超对清代学术的四期划分是以"复兴古学"为线索或标准进行的,在接下来进一步分析各个时期的思想内容和代表人物时,将康有为、谭嗣同归为同一派之中。梁启超这样写道:"本朝二百年之学术,实取前此二千年之学术,倒影而缫演之,如剥春笋,愈剥而愈近里,如啖甘蔗,愈啖而愈有味,不可谓非一奇异之现象也。……宋学极盛数百年,故受以汉学;汉学极盛数百年,故受以先秦。循兹例也,此通诸时代而皆同者也。其在前两期,则霸者之所以监民也至严,学者用聪明才力于他途,或将以自焚,故不得不自锢于无用之用,此惠、戴所以代朱、王也。其在第三期,天下渐多事,监者稍稍驰,而国中方以治经为最高之名誉,学者犹以不附名经师为耻,故别出一途以自重。吾欲名惠、戴一派为纯正经学,名龚、魏一派为应用经学,虽似戏言,实确论也。其在第四期,则世变日亟,而与域外之交通大开。世变亟,则将穷思其所以致此之由,而对于现今社会根本的组织,起怀疑焉;交通开,则有他社会之思想以为比较,而激刺之、淬厉之。康、谭一派,所由起也。要而论之,此二百余年间,总可命为'古学复兴时代'。"①由此可见,梁启超不仅将康有为、谭嗣同归为同一派,而且以两个人的名字命名这一派,称为"康、谭一派"。不仅如此,这一派中只列入康有为和谭嗣同两人,自然不见梁启超的影子。

进而言之,梁启超将康有为、谭嗣同归为一派,并将清代学术的第四期冠名"康、谭一派"而没有让自己置身其中,仅从思想异同或学术角度进行分析,足以引发如下两方面的考虑:

一方面,在梁启超看来,康有为、谭嗣同的思想相同点多多,并且具有直接的继承、发扬关系。由于注重阐发微言大义,力图经世致用,两人的思想既脱胎于古学,又是对经典的创造性诠释:康有为秉持《春秋公羊传》的今文经学传统,以公羊三世说为依据阐释历史进化之大义,其怀疑精神开中国两千年思想解放之先河;谭嗣同的《仁学》结合自己的所思所行,将康有为的这一思想发挥到了极致,从而掀起了中国近代思想界的大革命。正是在这个意义上,梁启超写道:"畴昔治《公羊》者皆言例,南海则言义。……以改制言《春秋》,以三世言《春秋》者,自南海也。改制之义立,则以为《春秋》者,绌君威而申人权,夷贵族而尚平等,去内竞而归统一,革习惯而尊法治。此南海之言也。畴昔吾国学子,对于法制之观念,有补苴,无更革;其对

---

① 《论中国学术思想变迁之大势》,《梁启超全集》(第二册),北京出版社 1999 年版,第618 页。

于政府之观念，有服从，有劝谏，无反抗。虽由霸者之积威，抑亦误学孔子，谓教义固如是也。南海则对于此种观念，施根本的疗治也。三世之义立，则以进化之理，释经世之志，遍读群书，而无所于阂，而导人以向后之希望，现在之义务。夫三世之义，自何邵公以来，久暗晻焉。南海之倡此，在达尔文主义未输入中国以前，不可谓非一大发明也。南海以其所怀抱，思以易天下，而知国人之思想束缚既久，不可以猝易，则以其所尊信之人为鹄，就其所能解者而导之。此南海说经之微意也。而其影响波动，则既若此。近十年来，我思想界之发达，虽由时势所造成，由欧、美科学所簸动；然谓南海经学说无丝毫之功，虽极恶南海者，犹不能违心而为斯言也。南海之功安在？则亦解二千年来人心之缚，使之敢于怀疑，而导之以入思想自由之途径而已。自兹以还，浏阳谭壮飞（嗣同）著《仁学》，乃举其冥想所得、实验所得、听受所得者，尽发之而无余，而思想界遂起一大革命。"①依据梁启超的这个分析，康有为、谭嗣同的思想皆以《春秋》为经典，皆秉持公羊学发挥微言大义的经学传统。由于有了这一相同的致思方向和价值旨趣，两人的思想相同也就不足为奇了。然而，这并不是问题的关键所在。梁启超借此更想说的是，康有为、谭嗣同的思想不仅仅是相同，而是一脉相承——如果说康有为沿着今文经发挥微言大义的思路阐发《春秋》，由于倡导怀疑精神而开启了中国近代思想自由之先河的话，那么，谭嗣同的《仁学》则将这一思想旨趣发挥到了极致，从而引发了思想界之大革命。

　　另一方面，梁启超将自己界定为新思想之输入者，用他本人的话说也就是"新思想界之陈涉"。循着这个思路可以想象，如果说康有为、谭嗣同以"复兴古学"为目标的话，那么，梁启超则以宣传西学为己任。这意味着在梁启超的眼中，自己与作为"古学家"的康有为、谭嗣同分属于两个不同的世界。梁启超在《清代学术概论》中对自己给出了概括和评价，从中可见梁启超对自己与康有为的学术分野是坦诚乃至凸显的。他写道："启超平素主张，谓须将世界学说为无制限的尽量输入，斯固然矣。然必所输入者确为该思想之本来面目，又必具其条理本末，始能供国人切实研究之资，此其事非多数人专门分担不能。启超务广而荒，每一学稍涉其樊，便加论列，故其所述著，多模糊影响笼统之谈，甚者纯然错误，及其自发现而自谋矫正，则已前后矛盾矣。平心论之，以二十年前思想界之闭塞萎靡，非用此种卤莽疏阔

---

① 《论中国学术思想变迁之大势》，《梁启超全集》（第二册），北京出版社1999年版，第616页。

手段,不能烈山泽以辟新局。就此点论,梁启超可谓新思想界之陈涉。"①正是由于输入西学,梁启超与康有为的思想建构和学术倾向呈现出一西一中的差异;以此立论,梁启超有意与康有为保持距离,把自己的思想与康有为区别开来:"光绪间,……盖当时之人,绝不承认欧美人除能制造能测量能驾驶能操作之外,更有其他学问,而在译出西书中求之,亦确无他种学问可见。康有为、梁启超、谭嗣同辈,即生育于此种'学问饥荒'之环境中,冥思枯索,欲以构成一种'不中不西即中即西'之新学派,而已为时代所不容。……壬寅、癸卯间,……新思想之输入,如火如荼矣,然皆所谓'梁启超式'的输入,无组织,无选择,本末不具,派别不明,惟以多为贵,而社会亦欢迎之。"②在这里,梁启超尽管认定自己与康有为、谭嗣同皆处于"学问饥荒"之环境中,却不是将三人思想等而视之,而是强调自己由于意识到了建立一种"不中不西即中即西"的新学派已经为时代所不容,于是才迫不及待、如饥似渴地大量输入西学,最终成为"新思想界之陈涉"。这样一来,梁启超与康有为的思想渐行渐远,与康有为、谭嗣同不属一派亦属正常。

　　无论是康有为、谭嗣同思想的相同性、继承性(梁启超对康有为、谭嗣同思想的关系作如是观)还是康有为与梁启超思想的差异都足以成为梁启超将康有为、谭嗣同归入一派而将自己与这一派疏离开来的理由,两者共同作用,"康、谭一派"似成定局。问题的关键是,无论是师承关系还是梁启超早年对康有为的亦步亦趋都表明两人无论在私人交往、政治同盟还是学术渊源上都关系密切,"康梁"称谓亦属自然。当梁启超归纳的"康、谭一派"与社会上通行的"康梁"称谓相遇时,两种称谓所牵涉的三位当事人之间的关系顿时变得错综复杂乃至扑朔迷离起来。

　　再次,如果说康有为、谭嗣同思想的相同性改变了戊戌启蒙四大家之间的思想格局,也使康有为、谭嗣同两人以及康有为、谭嗣同和梁启超三人之间的关系变得复杂异常的话,那么,问题到此并没有结束。这是因为,梁启超对康有为、谭嗣同思想关系的界定不仅使康有为、谭嗣同的关系变得扑朔迷离,而且将康有为、谭嗣同和梁启超三人关系的复杂性推向了极致。梁启超是最早以西方的文艺复兴为参照来审视中国明清之际的思想状况,并且对从明清之际到近代思想进行梳理和整合的戊戌启蒙思想家,《论中国学术思想变迁之大势》、《清代学术概论》、《中国近三百年学术史》等著作便集中反映了他对这方面的思考和研究。这些著作既有对康有为、谭嗣同和梁

　　①　《清代学术概论》,《梁启超全集》(第五册),北京出版社 1999 年版,第 3101 页。

　　②　《清代学术概论》,《梁启超全集》(第五册),北京出版社 1999 年版,第 3104—3105 页。

启超思想的介绍,又有对三人之间相互关系的阐释。令人遗憾的是,梁启超的介绍和阐释不仅没有厘清康有为与谭嗣同之间的关系,反而由于其前后矛盾的言论增加了康有为与谭嗣同以及康有为、谭嗣同与梁启超之间关系的错综复杂性。

在《清代学术概论》中,梁启超不再像在《〈仁学〉序》或《谭嗣同传》中那样坚持谭嗣同的《仁学》是对康有为思想的发挥,从而将两人的思想联系在一起;而是提出自己作为康有为最得意的弟子,对于弘扬康有为的思想居功首位。他写道:“其(指康有为——引者注)弟子最著者,陈千秋、梁启超。千秋早卒。启超以教授著述,大弘其学。然启超与正统派因缘较深,时时不慊于其师之武断,故末流多有异同。有为、启超皆抱启蒙期‘致用’的观念,借经术以文饰其政论,颇失‘为经学而治经学’之本意,故其业不昌,而转成为欧西思想输入之导引。”①梁启超在这里道出了自己与康有为思想的分歧及原因所在,分歧的结果是由对康有为思想的传承而转向输入西学。这一点与梁启超将自己界定为“新思想界之陈涉”相印证——从这个角度看,康有为与梁启超思想存在巨大差异。同样不可忽视的是,梁启超表示自己在教授、著述方面对于弘扬康有为的思想居功甚巨——从这个角度看,两人思想相同——至少在转变之前如此。更加令人匪夷所思的是,梁启超肯定自己与康有为本着经世致用的观念,以经学言政治,却没有提及谭嗣同——而这一点正是他念念不忘地一再证明康有为、谭嗣同思想相同的证据。退而言之,假设梁启超此处的说法是从康有为弟子的角度立论的,因而不提谭嗣同,似乎有一定道理,其实不然。梁启超为谭嗣同作传时,署名为“同学梁启超”。此外,梁启超说谭嗣同在闻听自己讲述康有为思想的宗旨后当下即自称康有为的私淑弟子。这些证据共同证明,在梁启超的眼中,谭嗣同就是康有为的弟子。更为重要的是,还是在《清代学术概论》中,即使不是从康有为弟子的角度立论,梁启超还是直接将自己而不是谭嗣同与康有为归入一派之中,而这一派只有康有为、梁启超两个人。众所周知,《清代学术概论》按照佛教的生、住、异、灭将清代学术具体划分为“一、启蒙期(生),二、全盛期(住),三、蜕分期(异),四、衰落期(灭)”四个阶段,并且分别罗列了各阶段的代表人物:“其启蒙运动之代表人物,则顾炎武、胡渭、阎若璩也。……其全盛运动之代表人物,则惠栋、戴震、段玉裁、王念孙、王引之也,吾名之曰正统派。……其蜕分期运动之代表人物,则康有为、梁启超

---

① 《清代学术概论》,《梁启超全集》(第五册),北京出版社1999年版,第3070页。

也。……清学之蜕分期,同时即其衰落期也。"①在这个视界中,梁启超将自己与康有为归为同一时期的同一派之中,作为"蜕分期"的代表人物;并且,由于清代学术的"蜕分期,同时即其衰落期",两人也顺理成章地成为"衰落期"的代表。尤其值得注意的是,无论是"蜕分期"还是"衰落期"的代表都只有梁启超与康有为两个人,而不见了梁启超一再强调的与康有为思想最为接近且具有渊源关系的谭嗣同。

　　事实上,《清代学术概论》并不是个案,梁启超在其他论作中也有将自己与康有为归为一派,而闭口不提谭嗣同的做法。例如,他在《五十年中国进化概论》中对近代以来中国进步的三阶段划分即是如此:"近五十年来,中国人渐渐知道自己的不足了。……第一期,先从器物上感觉不足。……第二期,是从制度上感觉不足。自从和日本打了一个败仗下来,国内有心人,真象睡梦中着了一个霹雳。因想道堂堂中国为什么衰败到这田地,都为的是政制不良,所以拿'变法维新'做一面大旗,在社会上开始运动,那急先锋就是康有为梁启超一班人。这班人中国学问是有底子的,外国文却一字不懂。他们不能告诉人'外国学问是什么? 应该怎么学法?' 只会日日大声疾呼,说'中国旧东西是不够的,外国人许多好处是要学的'。这些话虽然像是囫囵,在当时却发生很大的效力。他们的政治运动,是完全失败,只剩下前文说的废科举那件事,算是成功了。这件事的确能够替后来打开一个新局面,国内许多学堂,国外许多留学生,在这期内蓬蓬勃勃发生,第三期新运动的种子,也可以说是从这一期播殖下来。这一期学问上最有价值的出品,要推严复翻译的几部书,算是把 19 世纪主要思潮的一部分介绍进来。可惜国里的人能够领略的太少了。第三期,便是从文化根本上感觉不足。"②

　　需要说明的是,梁启超的这个分期是在将维新派和革命派统而论之,以便与李鸿章、张之洞代表的洋务派和五四时期的新文化派相区别的维度上立论的。正因为如此,在进行了三个时期的划分之后,他紧接着写道:"这三期间思想的进步,试把前后期的人物做个尺度来量他一下,便很明白。第一期,如郭嵩焘张佩纶张之洞等辈,算是很新很新的怪物。到第二期时,嵩焘佩纶辈已死去,之洞却还在。之洞在第二期前半,依然算是提倡风气的一个人,到了后半,居然成了老朽思想的代表了。在第二期,康有为梁启超章炳麟严复等辈,都是新思想界勇士,立在阵头最前的一排。到第三期时,许

────────────

① 《清代学术概论》,《梁启超全集》(第五册),北京出版社 1999 年版,第 3069—3070 页。
② 《五十年中国进化概论》,《梁启超全集》(第七册),北京出版社 1999 年版,第 4030 页。

多新青年跑上前线,这些人一趟一趟被挤落后,甚至已经全然退伍了。这种新陈代谢现象,可以证明这五十年间思想界的血液流转得很快,可以证明思想界的体气,实已渐趋康强。"①在这个视界中,作为洋务派之后、五四新文化派之间的"新思想界勇士",并非完全不懂西学的严复乃至作为革命派的章炳麟都与康有为、梁启超归在了同一派之中。在这个前提下,梁启超将自己与康有为联在一起是可以理解的,甚至成了"唯一正确的选择"。令人疑窦丛生甚至有些匪夷所思的是,既然严复和章炳麟都尚在其中,为什么不见谭嗣同? 与康有为、梁启超联系更多的谭嗣同哪去了?

　　上述内容显示,梁启超对清代学术的阶段划分和对谭嗣同思想的介绍使康有为、谭嗣同与梁启超之间的关系呈现出一定张力,乃至相互牴牾。尽管如此,有一点是可以肯定的,那就是:无论梁启超将自己还是将谭嗣同与康有为归为一派,并且此派中只有两个人,都与严复扯不上关系。这从一个侧面映衬了严复的落落寡合,共同呈现了戊戌启蒙四大家之间的微妙关系。换言之,无论是梁启超、谭嗣同对于康有为学术派别或理论阵营的在场还是缺席,都与严复无关。

　　分析至此,戏剧性的一幕出现了:一边是康有为、谭嗣同之间的思想契合,一边是梁启超向严复的公开"示好"以及输入西学。于是,康有为与梁启超之间原本简单而单纯的师生关系和思想传承变得复杂起来,也使戊戌启蒙四大家之间呈现出复杂而微妙的关系:一方面,一边是康有为、谭嗣同和梁启超之间或由于思想契合或由于关系密切而组成的"铁三角",一边是严复不被世人理解的孤家寡人或在戊戌启蒙四大家中的"孑然一身"。另一方面,就思想异同来说,身属"康梁"集团的梁启超,思想却深受严复影响,在自由、西学、改造国民性等诸多问题上与严复站在了一起,而公开与老师康有为唱对台戏。正是由于康有为、谭嗣同思想的不约而同与梁启超对严复的公开"示好",共同促成了戊戌启蒙四大家之中康有为、谭嗣同与严复、梁启超的奇妙组合。

---

① 《五十年中国进化概论》,《梁启超全集》(第七册),北京出版社1999年版,第4031页。

第三章　康有为、谭嗣同孔教观比较

中国近代是西学东渐的时代，更是对中国传统文化进行审视、反思和创新的时代。在对中国本土文化的认识上，康有为和谭嗣同的观点是一致的：第一，将先秦诸子百家都归结为孔学一家。第二，将中国本土文化统称为孔教，以此应对以基督教（耶教）为代表的异质文化。在这个前提下应该看到，两人无论是对孔教之仁的理解还是对孔教与佛教地位的排列都呈现出明显差异。通过对康有为、谭嗣同孔教观的比较，既可透视两人思想的相同性和差异性，又可领略孔子、孔教以及传统文化在近现代的命运。

第一节　对孔子的定位

作为应对全球化而反思中国传统文化的最早代表，康有为、谭嗣同对中国传统文化的反思避不开对诸子源流的考辨。于是，"学术源流"成为康有为早年讲学、著述的核心内容之一。无论是对中国传统文化的梳理还是对诸子百家的考辨，都涉及对孔子的定位问题。在中国文化的视域内，康有为、谭嗣同都肯定孔子地位的至高无上性，进而将包括诸子、百家在内的全部中国传统文化都归结为孔子之学。为此，两人将孔子说成是诸子百家的共同创始人，致使孔子之学成为中国传统文化的唯一源头和基本内容。于是，康有为、谭嗣同不约而同地宣称：

> "六经"皆孔子作，百家皆孔子之学。①
> 纵横之家，出于道家。道家出于孔子。②
> 凡九流之书，皆出于孔子。③
> 盖儒家本是孔教中之一门，道大能博，有教无类。太史公序六家要

---

① 《万木草堂口说·学术源流》，《康有为全集》（第二集），中国人民大学出版社 2007 年版，第 145 页。
② 《康南海先生讲学记·古今学术源流》，《康有为全集》（第二集），中国人民大学出版社 2007 年版，第 112 页。
③ 《康南海先生讲学记·道家》，《康有为全集》（第二集），中国人民大学出版社 2007 年版，第 116 页。

旨,无所不包,的是我孔子立教本原。后世专以儒家为儒,其余有用之学,俱摈诸儒外,遂使吾儒之量反形狭隘,而周、秦诸子之蓬蓬勃勃,为孔门支派者,一概视为异端,以自诬其教主。殊不知当时学派,原称极盛:如商学,则有《管子》《盐铁论》之类;兵学,则有孙、吴、司马穰苴之类;农学,则有商鞅之类;工学,则有公输子之类;刑名学,则有邓析之类;任侠而兼格致,则有墨子之类;性理,则有庄、列、淮南之类;交涉,则有苏、张之类;法律,则有申、韩之类;辨学,则有公孙龙、惠施之类。盖举近来所谓新学新理者,无一不萌芽于是。①

　　在康有为、谭嗣同的表述中,中国文化都源于孔子,孔子成为中国文化的唯一源头,诸子百家都可以归结为孔子之学。众所周知,春秋时期,与孔子同时代的还有老子,墨子则处于春秋战国之际;尤其是老子在出生上略早于孔子,孔子还向他请教过礼。与将百家之学归于孔子之学相一致,康有为、谭嗣同均在抬高孔子地位的同时,贬低老子和墨子的地位。例如,康有为将老子和墨子一起都归到了孔子的麾下,并且连篇累牍地指出:

　　　　老子之学,得孔子之一端。②
　　　　老氏之学乃孔子一体,不得谓孔子无之。③
　　　　《淮南》谓墨子学孔子之道。④
　　　　老子之清虚、柔退,出于孔子;墨子兼爱,亦出孔子。⑤

　　在这里,康有为明确指出老子和墨子之学都源自孔子,同时不忘点出孔子的高明之处——老子之学虽然出自孔子之学,却只是得孔学之“一端”、“一体”而已。不仅如此,在判定老子、墨子为孔子后学之时,他拿出了自己的证据,让人感觉其论点言之凿凿,不容置疑。在认定百家之学皆出于孔子方面,谭嗣同的说法与康有为别无二致,下面这段话从作为“孔氏之嫡派”

①　《论今日西学与中国古学》,《谭嗣同全集》,中华书局 1998 年版,第 399 页。
②　《万木草堂口说·学术源流》,《康有为全集》(第二集),中国人民大学出版社 2007 年版,第 138 页。
③　《南海师承记·讲宋学》,《康有为全集》(第二集),中国人民大学出版社 2007 年版,第 252 页。
④　《万木草堂口说·诸子》,《康有为全集》(第二集),中国人民大学出版社 2007 年版,第 175 页。
⑤　《万木草堂口说·学术源流》,《康有为全集》(第二集),中国人民大学出版社 2007 年版,第 145 页。

的庄子的角度展示了孔子之学的包罗万象，文中的"为其辅"既可理解为辅庄也可理解为辅孔："《庄子》长于诚意正心，确为孔氏之嫡派。《列子》虽伪书，然有足以为庄辅者，必有所受之也。余如《韩非》、《吕览》长于致知，后之《论衡》、《潜夫论》，足为其辅。如《内经》、《素问》、《问髀》、《墨子》，长于格物，后之谶纬、《淮南》、足为其辅。如《荀子》长于修齐，后之《法言》、《中论》足为其辅。如《管》、《晏》、《孙》、《吴》、《司马法》、《国策》，长于治国，后之陆贾、贾谊足为其辅。如《老子》、《阴符》、《关尹》、《文子》、《鹖冠》，长于平天下，后之道家间亦足为其辅。"①在谭嗣同的这个认定中，如果说还存在创立的道家的话，那么，道家无非是孔子后学的一个分支而已。《墨子》和《老子》的价值是对《庄子》"足为其辅"，而《庄子》又"确为孔氏之嫡派"。

可见，在康有为、谭嗣同那里，老子的思想是从属于孔子之学的。如果说两人在孔学之外还论及老子的话，那么，老子则是被诋毁和批判的对象。可以看到，在不强化老子是孔子后学时，康有为、谭嗣同对老子的诋毁、贬损如出一辙。于是，便有了随处可见的如是言论：

> 今人心之坏，全是老学。②
> 老子之学，贻祸最酷。③
> 老子言失道而后德，失德而后仁，失仁而后义，此说最谬。④
> 老子言，善为道者，非以明民，将以愚之，开二千年愚民之祖，真天下罪人也。⑤
> 老子险狠到极，外似仁柔，如猫之捕鼠耳。⑥
> 李耳之术之乱中国也，柔静其易知矣。若夫力足以杀尽地球含生之类，胥天地鬼神以沦陷于不仁，而卒无一人能少知其非者，则曰

---

① 《与唐绂丞书》，《谭嗣同全集》，中华书局1998年版，第265页。
② 《万木草堂口说·诸子》，《康有为全集》（第二集），中国人民大学出版社2007年版，第178页。
③ 《万木草堂口说·诸子》，《康有为全集》（第二集），中国人民大学出版社2007年版，第178页。
④ 《万木草堂口说·诸子》，《康有为全集》（第二集），中国人民大学出版社2007年版，第177页。
⑤ 《万木草堂口说·诸子（二）》，《康有为学术文化随笔》，中国青年出版社1999年版，第25页。
⑥ 《万木草堂口说·学术源流（七）》，《康有为学术文化随笔》，中国青年出版社1999年版，第13页。

"俭"。①

通过抬高孔子与贬低老子、墨子相结合,道家、墨家代表的诸子百家在康有为、谭嗣同那里最终都成了一家——孔子之学。这表明,两人对孔子在中国传统文化中的定位是一致的,都确信孔子是中国教化的第一人,突出了孔子在中国传统文化中无可比拟的地位。鉴于孔子之学的这种地位,两人将之称为孔学或孔教,奉为传统文化的代名词。显而易见,下面话语结构中的孔子或"孔"是作为整个中国文化的代名词出现的:

> 印度以佛纪年,欧洲以耶稣纪年,中国纪元起于孔子。②
> 佛教大矣,孔次大,耶为小。③

总之,康有为、谭嗣同所使用的孔子之学并不专指儒学一家,而是代表全部中国文化。在这个意义上,孔子之学又称孔子之教或孔教。孔子之教或孔教具有两层含义:第一,就内容而言,包括中国本土的一切礼乐教化,涵盖政治、文化、宗教和哲学等各个领域。从这个意义上说,孔教的称谓承认孔子之学具有宗教意蕴,这也是两人将孔子称为教主的原因所在。当然,孔教或孔子之教并非专指宗教。第二,就流派而言,包括儒、道、墨、法和阴阳等诸子百家。从这个意义上说,孔教与儒教、儒家或儒学等绝非同一层次的概念,它们彼此之间并不是并列关系,而是包含与被包含的关系——这借用谭嗣同本人的话说就是:"盖儒家本是孔教中之一门。"

在对中国传统文化的审视中,康有为、谭嗣同都将孔子列在首位,在将诸子、百家都归于孔子之学的同时,奉孔子为教主。于是,将全部中国本土文化都归结为孔子之学,进而称为孔教成为两人不同于其他近代思想家的共同点。孔教这一称谓表现出康有为、谭嗣同对孔子和孔学的服膺,也拉近了两人思想的距离,而拉开了与其他近代思想家之间的距离。在这方面,致力于保存国粹的章炳麟声称,自己所提倡的国粹并非康有为所讲的孔教,并沿着古文经的思路将诸子划分为十家九流。即使是作为康有为得意弟子的梁启超也公开表示孔子之教乃教育之教,如果孔教一词成立的话,那也只表示孔子是教育家,而非宗教家;至于诸子之间的关系,梁启超再三强调老子、

---

① 《仁学》,《谭嗣同全集》,中华书局1998年版,第321页。
② 《万木草堂口说·诸子》,《康有为全集》(第二集),中国人民大学出版社2007年版,第177页。
③ 《仁学》,《谭嗣同全集》,中华书局1998年版,第333页。

孔子和墨子是中国文化的"三圣"或"三位大圣",他们学术各殊,都是中国文化不可缺少的源头。

第二节　对孔教内容的界定

康有为、谭嗣同对孔子地位的界定直接影响着对孔教及孔子之学内容的界定。无论是孔子之学的兼容并蓄还是近代背景下的全球视野都注定了两人视界中的孔教拥有最大程度的兼容性,不仅囊括了中国本土的儒家、道家、墨家及诸子百家,而且与西方文化(耶教)、印度文化(佛教)融会贯通。有鉴于此,在对孔教内容的理解上,康有为、谭嗣同注重孔教与佛教、耶教(基督教)的相通性,在断言仁是孔教、佛教和耶教共同宗旨的同时,彰显孔教的仁之主题。

一、孔教与佛教、耶教圆融无碍

梁启超说近代哲学和文化具有"不中不西即中即西"的特点,康有为、谭嗣同对孔教内容和主旨精神的界定可以视为这个评价的注脚。换言之,无论康有为还是谭嗣同视界中的孔教都不是原始意义上的儒学或儒家的单一成分,而是容纳了古今中外各种思想因素。这使两人所讲的孔教包括中国本土文化的各家思想,在外延上与中国本土文化相当。不仅如此,与对诸子百家不分流派的兼容并包如出一辙,康有为、谭嗣同突出孔教与其他异质文化的相融性,始终强调孔教、佛教与耶教(基督教)之间的一致性和相通性。

呼吁立孔教为国教的康有为在承认孔教与佛教"相反"的同时,从不同角度反复证明孔教与佛教的相互贯通。于是,他不止一次地断言:

> 佛学除人伦外,其余道理与孔子合。①
>
> 《华严经》与《四书》、"六经"比较,无不相同,但人伦一事不同耳。②

按照康有为的说法,孔教处处与佛教融通不二:第一,从教义上看,孔教

---

① 《万木草堂口说·荀子》,《康有为全集》(第二集),中国人民大学出版社2007年版,第182页。

② 《南海师承记·讲明儒学案及国朝学案》,《康有为全集》(第二集),中国人民大学出版社2007年版,第257页。

与佛教的思想除了人伦之外,在其他方面都相合。第二,从经典上看,佛教经典如《华严经》与儒家的经典四书、六经无不相同。孔教与佛教的相合预示了孔子后学的思想与佛教思想的圆融无碍,孟子、庄子和宋明理学家的思想都证明了这一点。作为孔门龙树和保罗的孟子的学说更是如此,尤其是孟子所讲的心、性善说与佛教所讲的佛、佛性别无二致,正是这种相通使孟子的性善说在宋明理学中大行其道。正是在这个意义上,他不厌其烦地宣称:

> 庄子知其无可奈何而安之,是艰苦老僧;孟子莫非命也,顺受其正,是罗汉境界;子思君子无入而不自得焉,正如佛氏地狱天堂皆成佛土,是菩萨境界;孔子天下有道,某不与易,正佛所谓我不入地狱,谁当入地狱! 此佛境界也。①
>
> 孟子则六祖之法,直指本心,即心即佛也。②
>
> 孟子性善之说所以大行者,皆由佛氏之故。盖宋时佛学大行,专言即心即佛,与孟子性善暗合,乃反求之儒家,得性善之说,极力发明之,又得《中庸》天命之谓性,故亦尊《中庸》。然既以性善立说,则性恶在所必攻,此孟所以得运二千年,荀所以失运二千年也。③
>
> 佛言性善,宋人惑之,故特提出孟子。④

更为重要的是,与容纳中西的学术胸襟相一致,康有为主张信仰自由,这使他对佛、耶都有所涉猎,进而将其中的合理成分融入孔教。对于康有为的学术经历和宗教态度,梁启超在为康有为所作的传中介绍并评价说:"先生又宗教家也。吾中国非宗教之国,故数千年来,无一宗教家。先生(指康有为——引者注)幼受孔学;及屏居西樵,潜心佛藏,大澈大悟;出游后,又读耶氏之书,故宗教思想特盛,常毅然以绍述诸圣,普度众生为己任。先生之言宗教也,主信仰自由,不专崇一家,排斥外道,常持三圣一体诸教平等之论。"⑤

---

① 《万木草堂口说·孟荀》,《康有为学术文化随笔》,中国青年出版社 1999 年版,第 36 页。
② 《万木草堂口说·荀子(兼言孟子)》,《康有为学术文化随笔》,中国青年出版社 1999 年版,第 38 页。
③ 《万木草堂口说·孟荀》,《康有为学术文化随笔》,中国青年出版社 1999 年版,第 35 页。
④ 《万木草堂口说·学术源流(四)》,《康有为学术文化随笔》,中国青年出版社 1999 年版,第 11 页。
⑤ 《南海康先生传》,《梁启超全集》(第一册),北京出版社 1999 年版,第 486 页。

特殊的学术经历和知识素养使康有为对孔教、佛教和耶教兼容并包，"不专崇一家"的态度决定了他所推崇的孔教与佛教、耶教圆融无碍，含纳了后者的思想要素。

谭嗣同声称"六经未有不与佛经合者也"①，这个说法已经没有任何限制地承认了佛教与孔教的相互贯通。在此基础上，他常常将孔教与佛教、耶教融会贯通，彰显三者的一致性。对此，谭嗣同以代表平等的朋友之道解释说："其在孔教，臣哉邻哉，与国人交，君臣朋友也；不独父其父，不独子其子，父子朋友也；夫妇者，嗣为兄弟，可合可离，故孔氏不讳出妻，夫妇朋友也；至兄弟之之为友于，更无论矣。其在耶教，明标其旨曰：'视敌如友。'故民主者，天国之义也，君臣朋友也；父子异宫异财，父子朋友也；夫妇择偶判妻，皆由两情自愿，而成婚于教堂，夫妇朋友也；至于兄弟，更无论矣。其在佛教，则尽率其君若臣与夫父母妻子兄弟眷属天亲，一一出家受戒，会于法会，是又普化彼四伦者，同为朋友矣。"②

进而言之，康有为、谭嗣同不仅坚信，孔教与佛教教、耶教三教圆融、并行不悖，而且找到了三者相通的汇合点，那就是仁。论理"以'仁'字为唯一之宗旨"的康有为坚信，仁是孔教、佛教和耶教的共同宗旨。由于康有为的这个观点，梁启超将康有为的哲学归为"博爱派"，并且提出了如下理由："以故三教可以合一，孔子也，佛也，耶稣也，其立教之条目不同，而其以仁为主则一也。"③谭嗣同断言："能为仁之元而神于无者有三：曰佛，曰孔，曰耶。"④这就是说，只有佛教、孔教和耶教才推崇仁，并在对仁的推崇中由无我而走向了平等。

需要说明的是，仁是孔教、佛教与耶教的共同点对于康有为、谭嗣同来说十分重要，不仅是孔教、佛教与耶教圆融无碍的具体表现和证据，而且是张扬孔教或建构仁学的价值依托。在康有为那里，宗教的发展分为太古、中古与后古三个阶段，其中，中古之世的宗教便以仁为"教主"："太古之圣，则以勇为教主；中古之圣，则以仁为教主；后古之圣，则以知为教主。"⑤可见，正是基于用三世、三统说对宗教递嬗轨迹的整合，他将孔子所讲的仁说成是中古宗教的核心，并且强调这个时代的各个宗教派别概莫能外——孔教如此，佛教、耶教也不例外。在谭嗣同那里，由于确信佛教、孔教和耶教圆融无

---

① 《仁学》，《谭嗣同全集》，中华书局 1998 年版，第 333 页。
② 《仁学》，《谭嗣同全集》，中华书局 1998 年版，第 350—351 页。
③ 《南海康先生传》，《梁启超全集》(第一册)，北京出版社 1999 年版，第 488 页。
④ 《仁学》，《谭嗣同全集》，中华书局 1998 年版，第 289 页。
⑤ 《日本书目志》卷三，《康有为全集》(三)，上海古籍出版社 1992 年版，第 669 页。

碍,由于认定佛学、中国文化和西方文化可以融会贯通并且以仁为合一的交汇点,他企图建立三者合一的新体系,《仁学》便是这一尝试的产物。在《仁学》一开头,谭嗣同便开宗明义地写道:"凡为仁学者,于佛书当通《华严》及心宗、相宗之书;于西书当通《新约》及算学、格致、社会学之书;于中国书当通《易》、《春秋公羊传》、《论语》、《礼记》、《孟子》、《庄子》、《墨子》、《史记》,及陶渊明、周茂叔、张横渠、陆子静、王阳明、王船山、黄梨洲之书。"①对于谭嗣同列出的这个书目单,人们往往指责其庞杂。其实,这正是基于仁是交汇点而对佛学、中学与西学的整合——在这个意义上可以说,它以庞杂的形式表达了对佛教、孔教和耶教内容整合的价值诉求。

二、仁之主题的彰显

康有为、谭嗣同不仅确信孔教与佛教、耶教相互贯通,而且声称仁是三教圆融、合一的交汇点。因此,作为三教的共性,仁也是孔教与佛教、耶教的相同点。在这个前提下,两人特别注重仁对于孔教的特殊意义和价值,进而彰显孔教的仁之主题。

推崇孔子为教主的康有为一面多次强调孔子的思想博大精深,远近大小精粗无所不包;一面强调孔子的思想一以贯之,这条贯穿始终的主线和宗旨就是仁。鉴于仁为孔子思想的核心和宗旨,他有关仁对孔子之学至关重要的认识贯彻始终。下仅举其一斑:

> 该孔子学问只一仁字。②
> 孔子之教,其宗旨在仁,故《论语》有"依于仁"一条。《吕氏春秋》言孔子贵仁,……孔教尚仁,故贵德贱刑。……孟子谓:人者,仁也。此解最直捷通达。"依于仁",圣人下一"依"字,有如衣服一般,终身不可舍。董子发仁最精。③

由于将孔子之学即孔教的宗旨归结为仁,康有为对儒家经典的阐发都是围绕着仁这个中心和宗旨而展开的。例如,他对孟子的推崇与仁相关,因为按照他的理解,孟子的思想概括起来即"良心"、"良知"、"良能",而这些

---

① 《仁学》,《谭嗣同全集》,中华书局 1998 年版,第 293 页。
② 《南海师承记·讲孝弟任恤宣教同体饥溺》,《康有为全集》(第二集),中国人民大学出版社 2007 年版,第 250 页。
③ 《南海师承记·讲仁字》,《康有为全集》(第二集),中国人民大学出版社 2007 年版,第 227 页。

都是对仁的阐发。于是,康有为不止一次地说道:

> 孟子传经最约,其大宗专言仁,甚爱民,恶贼民。全部《告子》直指本心。[1]
> 孟子提倡良心、良知、良能。[2]

　　在谭嗣同那里,仁是孔教与佛教、耶教相通的桥梁或三者相通的价值依托,正是这一理解才有了《仁学》一书及其书名的由来。不仅如此,在中国文化之内,他对墨子十分敬重,就是因为他认为墨学具有"任侠"风范,以自己的方式宣泄了仁之主题。对此,谭嗣同解释并论证说:"孔、墨诚仁之一宗也。惟其尚俭非乐,似未足进于大同。既然标兼爱之旨,则其病亦自足相消,盖兼爱则人我如一,初非如世之专以尚俭非乐苦人也。故墨之尚俭非乐,自足与其兼爱相消,犹天元代数之以正负相消,无所于爱焉。墨有两派:一曰'任侠',吾所谓仁也,在汉有党锢,在宋有永嘉,略得其一体;一曰'格致',吾所谓学也,在秦有《吕览》,在汉有《淮南》,各识其偏端。仁而学,学而仁,今之士其勿为高远哉! 盖即墨之两派,以近合孔、耶,远探佛法,亦云汰矣。"[3]

　　进而言之,鉴于孔子在中国本土文化中的至尊地位以及仁对于孔学的至关重要,康有为、谭嗣同都对仁推崇备至,将仁奉为宇宙本原,赋予仁以至高无上的绝对权威。由此,两人共同建构了中国近代心学的一个重要派别——以仁为世界万物本原的仁学派。这一点与将诸子百家归为孔子之学(孔学、孔子之教、孔教)一样也是康有为、谭嗣同两人之间的默契,同时显示了与其他戊戌启蒙思想家之间的学术分野。康有为、谭嗣同宣称"不忍人之心,仁也,电也,以太也,……为万化之海,为一切根,为一切源"和"仁为天地万物之源",以此建构其心学体系。这是以救世、慈悲之心为特征的心学形态,具有浓郁的个性风采。梁启超宣称"境者心造也",以心为百思不得其解的热度情感,这是一种情感高于理性的唯意志论哲学。严复断言可知者止于感觉,而"意物之际,常隔一尘",所以,"惟意可知,故惟意非幻"。这是否认本体可知,由不可知论走向心学的感觉主义形态。章炳麟

---

[1]　《万木草堂讲义·七月初三夜讲源流》,《康有为全集》(第二集),中国人民大学出版社2007年版,第282页。

[2]　《万木草堂讲义·七月初三夜讲源流》,《康有为全集》(第二集),中国人民大学出版社2007年版,第282页。

[3]　《仁学》,《谭嗣同全集》,中华书局1998年版,第289页。

声称"独尊法相"，是"此识是真，此物是幻"的佛学化心学。

第三节　以孔释佛与以佛释孔

鸦片战争改变了中国的历史，也改变了中国文化的命运。由于中国本土文化被突然摆在了世界面前，康有为、谭嗣同不仅需要解决孔子在中国本土文化中的地位即孔子与先秦诸子、儒家与百家之间的关系问题，而且需要说明孔子在世界文化中的位置即代表中国本土文化的孔教与代表异质文化的佛教、耶教之间的关系问题——或者说，这是一个问题的两个方面。如果说上述内容显示康有为、谭嗣同对第一个问题的回答如出一辙的话，那么，下面的内容则显示两人对第二个问题的回答迥然不同：在对世界文化的审视中，康有为依然坚持孔教立场，在孔教、佛教与耶教的排列中突出孔教的至尊地位；谭嗣同对佛教的推崇无以复加，断言佛教为首，孔教次之。对孔教与佛教位次的排列表明，两人对孔教具有不同的阐释，表现出以孔释佛与以佛释孔的分歧。

一、以孔释佛还是以佛释孔

作为中国近代屈指可数的今文经大师，康有为在秉持公羊学传统诠释孔子思想的过程中，始终坚持孔教立场不动摇——不仅以孔教传承人自居，而且坚信孔子是第一位的。对于他来说，孔子地位的优越性不仅表现在孔子在本土文化中对于诸子、百家无可比拟的独尊地位，而且表现为孔教在全球多元文化中对于异质文化的优越性。因此，在接触异族文化后，他往往将之与孔子的思想相联系，并以此凸显孔子之学的优越性。例如，在《日本书目志》中，康有为一而再、再而三地表示：

> 心学固吾孔子旧学哉！颜子三月不违，《大学》正心，《孟子》养心，宋学尤畅斯理。当晚明之季，天下无不言心学哉！故气节昌，聪明出，阳明氏之力也。……吾土自乾嘉时学者掊击心学，乃并自刬其心，则何以箸书？何以任事？呜呼！心亦可攻乎哉？亦大异矣。日人中江原、伊藤维桢本为阳明之学，其言心理学，则纯乎泰西者。①
>
> 政治之学最美者，莫如吾《六经》也。尝考泰西所以强者，皆暗合吾经义者也。泰西自强之本，在教民、养民、保民、通民气、同民乐，此

---

① 《日本书目志》卷二，《康有为全集》(第三集)，中国人民大学出版社2007年版，第293页。

《春秋》重人,《孟子》所谓"与民同欲,乐民乐,忧民忧,保民而王"也。①

《春秋》经世,先王之志,凡《六经》,皆经济书也。后之《九通》,掌故详矣。②

《春秋》者,万身之法、万国之法也。尝以泰西公法考之,同者十八九焉。盖圣人先得公理、先得我心也,推之四海而准也。③

按照康有为的理解,心理学就是心学,西方的心理学、经济学、政治学和法学等是孔学中原本就有的内容,并且孔学在这些方面是最优秀的。这样一来,接触西学(康有为认为,日本学术从西方翻译过来当属西学。这在当时是一种普遍观点,并非康有为一个人的看法)不仅没有动摇他对孔学的信心,反而坚定、增加了对孔子的服膺。

在此,值得注意的是,康有为对佛教十分喜爱,并且"尤为受用"。这使他所推崇的孔教吸收了佛教的成分。在这方面,康有为对孔子、孟子与佛教的相互比附直接地证明了孔教与佛教的内在联系。此外,他还在许多场合对孔教与佛教的直接关联予以阐发。梁启超的介绍印证了这一点:"先生于佛教,尤为受用者也。先生由阳明学以入佛学,故最得力于禅宗,而以华严宗为归宿焉。其为学也,即心是佛,无得无证。"④与对佛教的喜好和吸纳佛教融入孔教相一致,康有为"乃尽出其所学,教授弟子。以孔学、佛学、宋明学为体,以史学、西学为用"⑤。尽管如此,康有为在现实社会和救亡图存中对孔教高于佛教的认定重申了自己的孔教立场,致使佛教始终没有成为孔教内容的主旋律,更不可能掩盖孔教的光辉。这正如孔教融合了道家、墨家、法家的思想要素,却始终以儒家思想为主一样。梁启超的介绍直观地展示了康有为在对待宗教的态度上既兼采佛、耶又推尊孔教的做法:

先生于耶教,亦独有所见。以为耶教言灵魂界之事,其圆满不如佛;言人间世之事,其精备不如孔子。然其所长者,在直捷,在专纯。单标一义,深切著明,曰人类同胞也,曰人类平等也,皆上原于真理,而下切于实用,于救众生最有效焉,佛氏所谓不二法门也。虽然,先生之布教于中国也,专以孔教,不以佛、耶,非有所吐弃,实民俗历史之关系,不

---

① 《日本书目志》卷五,《康有为全集》(第三集),中国人民大学出版社 2007 年版,第 328 页。
② 《日本书目志》卷五,《康有为全集》(第三集),中国人民大学出版社 2007 年版,第 340 页。
③ 《日本书目志》卷六,《康有为全集》(第三集),中国人民大学出版社 2007 年版,第 357 页。
④ 《南海康先生传》,《梁启超全集》(第一册),北京出版社 1999 年版,第 487 页。
⑤ 《南海康先生传》,《梁启超全集》(第一册),北京出版社 1999 年版,第 483 页。

得不然也。①

　　先生谓宜立教务部,以提倡孔教。非以此为他教敌也,统一国民之精神,于是乎在。今日未到智慧平等之世,则宗教万不可缺。诸教虽各有所长,然按历史,因民性,必当以孔教治中国。②

　　正是出于推尊孔教,以孔教来保种、保国的初衷,康有为呼吁立孔教为国教,并且为建立孔教会而奔走呼号。同样是出于对孔教的推崇,他以孔释佛,对佛教进行了孔教化的改造。例如,为了与孔教之仁相沟通,康有为声称佛教的核心理念不是虚无,而是心。于是,养心便成为佛教与孟子、庄子的共同追求。同样可以想象,当佛教遭遇孔教时,康有为毫不犹豫地选择孔教而贬损佛教。正是在这个意义上,他指出:"今日风俗之败坏,清谈之故也。顾亭林所谓古之清谈在老、庄,今之清谈在孔、孟,然至今孔、孟清谈并无之耳。今日清谈,流为佛学。"③

　　谭嗣同对佛教的推崇无以复加,坚持佛教高于中西文化,孔教自然排在佛教之后。对于孔教、佛教与耶教的关系,他坚持"佛能统孔、耶"④。基于这种理解,谭嗣同对世界文化的排列是:"佛教大矣,孔次大,耶为小。"⑤在这个排列顺序中,佛教处于人类文化的最高位置,孔教低于佛教。对于这个排序,他的理由是:"六经未有不与佛经合者也,即未有能外佛经者也。"⑥在此,谭嗣同一面肯定孔教与佛教相合,一面强调孔教被佛教所含纳,即从属于佛教。沿着这个思路,佛教高于孔教之后的西学(耶教)便是顺理成章的结论了。这用他本人的话说便是:"故尝谓西学皆源于佛学。"⑦

　　对佛教的顶礼膜拜使谭嗣同的思想以佛教为主体内容和价值旨归,《仁学》中的佛教情结浓郁而深厚。对于仁学思想的构成要素,他将佛教的"《华严》及心宗、相宗之书"列在最前。在佛教情结的引导下,谭嗣同演绎出佛教化的孔教和仁学——甚至可以说,谭嗣同所推崇和提倡的宗教是佛教而非孔教。对于孔教与佛教,他曾经这样写道:"今将笼众教而合之,则为孔教者鄙外教之不纯,为外教者即笑孔教之不广,二者必无相从之势也。

① 《南海康先生传》,《梁启超全集》(第一册),北京出版社 1999 年版,第 488 页。
② 《南海康先生传》,《梁启超全集》(第一册),北京出版社 1999 年版,第 496 页。
③ 《康南海先生讲学记·古今学术源流》,《康有为全集》(第二集),中国人民大学出版社 2007 年版,第 110 页。
④ 《仁学》,《谭嗣同全集》,中华书局 1998 年版,第 289 页。
⑤ 《仁学》,《谭嗣同全集》,中华书局 1998 年版,第 333 页。
⑥ 《仁学》,《谭嗣同全集》,中华书局 1998 年版,第 333 页。
⑦ 《仁学》,《谭嗣同全集》,中华书局 1998 年版,第 317 页。

二者不相从,斯教之大权,必终授诸佛教。佛教纯者极纯,广者极广,不可为典要。惟教所适,极地球上所有群教群经诸子百家,虚如名理,实如格致,以及希夷不可闻见,为人思力所仅能到,乃至思力所必不能到,无不异量而兼容,殊条而共贯。"①更有甚者,基于对佛教的顶礼膜拜,谭嗣同提出要用佛教统一地球诸教,这实际上是用佛教吞噬了孔教。正是在这个意义上,他不止一次地声称:

　　至于教则最难言,中外各有所囿,莫能折衷,殆非佛无能统一之矣。②

　　佛教能治无量无边不可说不可说之日球星球,尽虚空界无量无边不可说不可说之微尘世界。尽虚空界,何况此区区之一地球。故言佛教,则地球之教,可合而为一。③

　　总之,康有为、谭嗣同对孔教与佛教关系的认定表明了两人对待孔教的态度具有原则区别,实质上是用孔教吸纳佛教还是用佛教吞噬孔教的问题。在这方面,如果说康有为选择了前者的话,那么,后者则是谭嗣同思想的不二归宿。

二、谁是真孔子

　　以孔释佛与以佛释孔不仅表明了康有为、谭嗣同对孔教地位的不同认定,而且决定着对孔教及孔教之仁的不同理解。具体地说,两人对仁的理解呈现出某种一致性,均赋予仁以近代价值理念,推动仁的内容转换——其中,最明显的是,都将自由、平等说成是仁的基本内涵。这使康有为、谭嗣同所讲的仁与古代思想家具有明显差异。与此同时,不可否认的是,受制于对孔教与佛教的不同侧重,两人对仁的理解呈现出孔教之仁与佛教之仁的不同,在理论意蕴和价值旨趣上相去甚远,并且由此造成了孔教思想内容和理论走向的区别。

　　就对仁之内涵的界定以及与自由、平等、博爱的关系而言,康有为、谭嗣同都承认自由、平等是仁的基本内涵,所不同的是,康有为所讲的仁最基本的内涵是博爱,而谭嗣同对仁的诠释包括墨子和基督教的兼爱,却始终没有

---

　　①　《仁学》,《谭嗣同全集》,中华书局 1998 年版,第 351—352 页。
　　②　《仁学》,《谭嗣同全集》,中华书局 1998 年版,第 354 页。
　　③　《仁学》,《谭嗣同全集》,中华书局 1998 年版,第 352 页。

儒家所讲的仁爱。一言以蔽之,在对仁的诠释上,康有为重博爱,谭嗣同重平等。由于侧重博爱,康有为所讲的仁又称"爱力"、"爱质"、"吸摄之力"和"不忍之心"等。正因为康有为所讲的仁最基本的内涵就是博爱,梁启超才断言"先生之哲学,博爱派哲学也",而其根据和理由便是"先生之论理,以'仁'字为唯一之宗旨"①。康有为对仁之内涵的诠释从理论来源上说主要是对孟子的"不忍人之心"和性善说的阐发。如果借用他本人的方式把孔门分为两大派的话,那么,康有为心目中的孔门两大派是孟子与荀子而不像谭嗣同所理解的那样是孟子与庄子。更加意味深长的是,在这两大派中,康有为一直对孟子津津乐道、大力发挥,却对荀子阐扬不多,致使发挥孟子微言大义的董仲舒的分量也远远超过了荀子。究其原因,无非是心仪孟子的"良心"、"良知"、"良能"和性善说,而反感荀子的性恶论。对此,可以作为佐证的是,被康有为推崇的董仲舒在人性论上高扬性分三品,其中的"中民之性"有善有恶,"斗筲之性"更是恶而无善。到了康有为那里,董仲舒与孟子一样成为性善说的代言人。对于康有为来说,性善不仅证明了人权天赋,而且证明了人人皆有博爱之德。谭嗣同所讲的仁侧重平等,又称慈悲。为此,他将仁与慈悲相提并论,宣称"慈悲,吾儒所谓'仁'也"②。慈悲是佛教术语,用慈悲释仁流露出谭嗣同思想的佛教情结。按照他的说法,所谓慈悲就是泯灭一切差别,破除一切对待而平等。正是在这个意义上,谭嗣同指出:"盖心力之实体,莫大于慈悲。慈悲则我视人平等,而我以无畏;人视我平等,而人亦以无畏。"③

就对仁之平等内涵的理解而言,康有为所讲的平等是人的一种天赋权利,谭嗣同所讲的平等是基于宇宙状态的存在状态。康有为基于性善说将平等与天赋人权联系起来,断言性善表明人人具有自由、平等之权,正如性善与生俱来一样,人的自由、平等权利是天赋的。谭嗣同把平等视为破除对待,通而为一的结果,进而用以太、电、力为中介阐释仁的不生不灭、微生灭。在他看来,仁是宇宙本体,"仁以通为第一义",而"通之象为平等"。如此一来,作为仁的基本内涵,平等是一种宇宙状态。人不应妄生彼此,而应在慈悲之心的感通下"通天地万物人我为一身"而臻于平等。

值得注意的是,康有为、谭嗣同均将平等说成是仁的基本内涵,对孔学内容和功能的认定却迥然不同,呈现出一立一破的差异:在康有为那里,孔

---

① 《南海康先生传》,《梁启超全集》(第一册),北京出版社1999年版,第488页。
② 《上欧阳中鹄十》,《谭嗣同全集》,中华书局1998年版,第464页。
③ 《仁学》,《谭嗣同全集》,中华书局1998年版,第357页。

学的功能是立——性善说和"不忍之心"，在谭嗣同那里，却是破——破除对待，走向一致，通而平等。在康有为通过孔子、子贡、孟子和董仲舒等一系列人物将以性善说为主导的仁爱、不忍人之心进行到底的同时，谭嗣同在对庄子、王夫之、黄宗羲等人的推崇中，突出了孔教的消解作用。与对孟子的推崇相联系，康有为所讲的仁与孟子所讲的"不忍人之心"相结合，又称"不忍之心"，性善说成为仁学的理论核心。他在对孔教内容的认定上以孟子代表的儒家人物及儒家学说为主体，尤其侧重孟子开创的性善说。与此相一致，康有为的一系列著作都围绕着一个主线——性善说，或者说，康有为从性善的角度对《春秋》、《礼记》、《中庸》、《论语》和《孟子》以及《春秋繁露》等儒家经典予以新的诠释。谭嗣同将孔学分为"畅发民主"的孟子与"痛诋"专制的庄子"两大支"，对庄子的推崇却使他始终关注孔学的"痛诋"功能而忽视其"畅发"（又称"畅宣"）功能。

　　康有为、谭嗣同对仁的不同界定和理解归根结底取决于两人所讲的孔教有别，可以还原为以孔释佛与以佛释孔的原则区别。这一原则分歧决定了康有为、谭嗣同对各种思想学说的态度和理解，致使两人视界中的孔教呈现出不同的理论走向和思想主旨。拿对佛教的认定来说，推崇孟子性善说的康有为使佛教成为性善说的佐证，更加坚定了人性善的信心。推崇庄子的谭嗣同则将佛教宣扬的流转无常与庄子的"方生方死，方死方生"混而为一，在世界的虚幻不实中推出了无我的状态。与佛教命运相似的还有庄子。对孔教的不同理解使康有为、谭嗣同对庄子的理解相去甚远，前者将庄子说成是传承孔子自由、平等、大同思想的中坚力量，后者将庄子视为破除对待、消解彼此的批判者。对孔教不同的界定和理解决定了康有为、谭嗣同对诸子思想的不同理解和取舍，这些反过来又加大、突出了两人对孔教内容的不同界定。

　　至此可见，如果说仁是孔学秘笈的话，那么，康有为、谭嗣同所理解的仁及孔教在理论意蕴和价值旨归上却相去甚远。对此，人们不禁要问：康有为与谭嗣同，谁更接近本真的孔子？早在战国末期，韩非就提出了一个千古之谜：孔子不可复生，后世者都自诩为真孔子，那么，谁才是真孔子呢？基于法家立场，他的回答是不能定孔子之真。于是，韩非写道："自孔子之死也，有子张之儒，有子思之儒，有颜氏之儒，有孟氏之儒，有漆雕氏之儒，有仲良氏之儒，有孙氏之儒，有乐正氏之儒。自墨子之死也，有相里氏之墨，有相夫氏之墨，有邓陵氏之墨。故孔、墨之后，儒分为八，墨离为三，取舍相反不同，而皆自谓真孔、墨，孔、墨不可复生，将谁使定世之学乎？孔子、墨子俱道尧、舜，而取舍不同，皆自谓真尧、舜，尧、舜不复生，将谁使定儒、墨之诚乎？殷、

周七百余岁,虞、夏二千余岁,而不能定儒、墨之真。"(《韩非子·显学》)

谭嗣同在批判中国两千年的政治、学术时,特别指出他们都在以孔子的名义欺世盗名:"故常以为两千年来之政,秦政也,皆大盗也;二千年来之学,荀学也,皆乡愿也。……二者交相资,而罔不托之于孔。被托者之大盗乡愿,而责所托之孔,又乌能知孔哉?"①同样的困惑是,谁又能保证谭嗣同本人对孔教的阐释独独恰得其真呢? 或者说,他怎么就敢保证自己没有蹈前人之复辙呢? 又凭什么说自己就比康有为更接近本真的孔子呢?

按照现代解释学的理论,文本的出现标志着作者的死亡,文本不是连接作者与读者的桥梁,而是横亘在作者与读者之间的一堵墙。这是因为,读者阅读文本的过程不是接近作者的过程,而是对文本进行重新创作的过程。从这个意义上说,文本的出现之日,就是文本的作者死亡之时。这就是说,正如任何读者都无法回到或还原文本作者创作的语境一样,接近本真的孔子根本就不可能。其实,经典或孔子思想的魅力就在于其具有可被诠释、发挥的空间,从这个意义上说,价值之真似乎比事实之真更重要。康有为、谭嗣同对孔教的诠释是孔子走向现代化的最初尝试,两人之间的分歧表明:第一,每个人的心目中都有属于自己的孔子、孔教和儒学,这使人们对经典的解读呈现出差异,这种差异的价值在于:一方面,对于古代孔子思想和经典而言,不再是古物或陈迹,而是由历史走向了现代。另一方面,对于不同的解读者而言,差异引起学术争鸣,成为推动学术进步的前提。第二,孔学具有可被广泛诠释的空间,可以与时代相对接,承载近代的时代意蕴和内涵。这是孔子思想在历尽两千年沧桑之后,依然恒提恒新的原因所在。

第四节　孔教是否是宗教

在对孔子的推崇中,康有为、谭嗣同将诸子百家皆归为孔子之学,称为孔教。作为对中国本土文化的整体审视和整合,两人的做法具有重要意义。身处全球多元文化的历史背景和文化语境中,康有为、谭嗣同考辨中国本土文化的学术源流是为了应对中西强弱对比下的中国文化重建,肩负救亡与启蒙的双重历史使命。具体地说,由于西学的大量东渐,中国文化作为人类文化的一部分而被摆在世界面前,为了突出中国本土文化的自主性、主体性,对中国本土文化进行整合和命名成为当务之急。鉴于与中国本土文化对应的异质文化以西方文化为代表,西方文化以基督教(康有为、谭嗣同称

---

① 《仁学》,《谭嗣同全集》,中华书局1998年版,第337页。

之为耶教）为主要形式,两人将包括诸子百家在内的全部中国本土文化称
为孔教。孔教作为中国文化的象征,诸子百家均被囊括其中——将全部中
国本土文化称为孔教,是为了应对西方的基督教。从这个意义上说,保教就
是保国,对孔教或孔子的态度与爱国主义和民族自尊心息息相关。康有为
称孔学为孔教有保国之意,这正如梁启超所言:"然以为生于中国,当先救
中国;欲救中国,不可不因中国人之历史习惯而利导之。又以为中国人公德
缺乏,团体涣散,将不可以立于大地;欲从而统一之,非择一举国人所同戴而
诚服者,则不足以结合其感情,而光大其本性。于是以孔教复原为第一著
手。"①谭嗣同虽然认为教无可保,反对通过保教来保国的做法,但是,他将
诸子百家皆归为孔学一家,用孔教称谓中国本土文化,以抵制耶教的做法和
初衷与康有为别无二致。

　　康有为将孔子之学乃至中国本土文化称为孔教,试图通过保教来保国
是中国历史上从未有过的现象,与明代基督教传入后以礼仪之争为表现形
式的孔耶之争不可同日而语。由于西方文化的价值主体是基督教,印度文
化是以佛教为主体的宗教文化,为了与西方和印度文化沟通,更为了与西方
文化抗衡,康有为、谭嗣同将孔学及其代表的中国本土文化称为孔教。所谓
孔教,借用康有为的话语结构即"孔子之教",泛指与非本土文化相对应的
中国本土文化。孔教的潜台词是:与西方是具有文化教养的民族一样,中国
也不是没有经过文明洗礼的蛮荒之地,中国人有自己的教化,孔子之教是中
国的国教,中国的孔教足以与西方的基督教相媲美。正因为如此,尽管对孔
子在世界文化中的定位存在分歧,康有为、谭嗣同对孔教与耶教关系的认识
却完全一致——将孔教置于耶教之上,这恰好印证了两人将孔学或中国文
化称为孔教以与西方文化相抗衡的立言宗旨。

　　同样不可否认的是,当康有为、谭嗣同用孔教称呼孔学时,在客观上突
出了其中的宗教意蕴。孔教的称谓证明,两人心目中的孔子之学就是一种
宗教。对于这一点,康有为称孔子是教主,梁启超有时称康有为是教主有时
赞扬康有为是孔教的马丁·路德即是明证。众所周知,孔子之学或儒家文
化是一种世俗的伦理文化,将之归为宗教或突出其中的宗教意蕴必然导致
宗教之教与教化之教模糊不清,随之而来的是弥合宗教文化与世俗文化的
界限。康有为、谭嗣同对孔教与佛教、耶教三者相互贯通、圆融无碍的强调
更是为此推波助澜。其实,正如将孔子之学或中国文化称为孔教一样,两人
并没有对孔教之教是宗教还是教化作出明确解释或说明。

---

　　①　《南海康先生传》,《梁启超全集》(第一册),北京出版社1999年版,第486页。

纵观其思想可以发现，康有为、谭嗣同并没有明确的宗教观念，两人的思想具有泛宗教倾向。例如，康有为给宗教下的定义是："合无量数圆首方足之民，必有聪明首出者作师以教之。崇山洪波，梯航未通，则九大洲各有开天之圣以为教主。太古之圣，则以勇为教主；中古之圣，则以仁为教主；后古之圣，则以知为教主。同是圆颅方趾则不畏敬，不畏敬而无以耸其身，则不尊信，故教必明之鬼神。故有群鬼之教，有多神之教，有合鬼神之教，有一神之教。有托之木石禽畜以为鬼神，有托之尸像以为鬼神，有托之空虚以为鬼神，此亦鬼神之三统、三世也。有专讲体魄之教，有专讲魂之教，有兼言形魂之教，此又教旨之三统也。"①在这里，康有为既没有从内涵上也没有从外延上对宗教予以界说，暴露出他的宗教观念是含糊不清甚至是矛盾的：从教是为了教民的宗旨来说，教应该属于教化即文化、文明之列；从教有教主并且以尊信不同而划分种类来说，则有专指宗教之义。谭嗣同对孔教及"教"的理解也有夸大宗教作用的泛宗教倾向，"教能包政、学"就是这一观念的产物。正是基于泛宗教理念，他多次指出：

> 教也者，求知之方也。……盖教能包政、学，而政、学不能包教。教能包无教，而无教不能包教。彼诋教者，不知教之大，为天下所不能逃，而刻意欲居于教外，实深坠入乎教中，则何其不知量之甚也！②
> 故言政言学，苟不言教，则等于无用，其政术学术，亦或反为杀人之具。③

康有为、谭嗣同——特别是康有为的宗教观念及其孔教观在当时即引起时人的讥讽和批判，从作为革命派的章炳麟到五四运动时期的陈独秀，对康有为孔教观的批判成为中国近现代思想史、文化史上不绝于耳的热门话题。这一点从梁启超对康有为的评价中即可窥其端倪："先生所以效力于国民者，以宗教事业为最伟；其所以得谤于天下者，亦以宗教事业为最多。"④那种不分学科的泛宗教理念在近代学科分类思想长足进展的映衬下更是显得不堪一击。正因为如此，梁启超、章炳麟力图纠正康有为、谭嗣同的泛宗教倾向：梁启超不再将孔子之学称为孔教而是称为儒家哲学或儒家

---

① 《日本书目志》卷三，《康有为全集》（第三集），中国人民大学出版社 2007 年版，第 297—298 页。
② 《仁学》，《谭嗣同全集》，中华书局 1998 年版，第 369 页。
③ 《仁学》，《谭嗣同全集》，中华书局 1998 年版，第 354 页。
④ 《南海康先生传》，《梁启超全集》（第一册），北京出版社 1999 年版，第 488 页。

文化,并且专门对宗教家与哲学家的长短得失予以区分。章炳麟则对宗教、文化与哲学等概念进行厘清,同时强调"先秦诸子非宗教"①。尽管如此,不容讳言的是,无论梁启超还是章炳麟对宗教的理解都存在偏颇。例如,梁启超更是为了突出佛教的特点而否定佛教是宗教,由康有为、谭嗣同对宗教的泛化走向另一个极端。之后,随着科学与玄学的论战,宗教问题成为近现代哲学的热门话题,一直延续到新儒家。

当下关于儒学是否是宗教的争论与康有为、谭嗣同的孔教概念具有某种历史关联,同时离不开对宗教概念的理解。康有为、谭嗣同推崇孔教的方式是凸显其中的宗教意蕴,孔子地位的提升离不开孔子的教主地位和孔学的宗教内涵。伴随着梁启超、章炳麟对儒学与宗教的剥离,孔子的地位每况愈下:梁启超将孔子与老子、墨子一起奉为中国的"三圣"或"三位大圣",且将老子列于孔子之前。在严复那里,老庄的分量远远超过了孔子和儒家。章炳麟在极力推崇庄子的同时,将孔子归在了老子门下。历史证明,通过康有为、谭嗣同的推崇,孔教并没有占据近代的主流地位,最终在章炳麟的国学中成为被排斥的对象,五四时期完全被放逐。

孔子或儒家在近现代的命运昭示人们:弘扬孔学的前提是对之予以恰当定位,否则,不仅达不到目的,还可能适得其反。例如,就孔子思想和儒家的地位而言,过分抬高地位必然导致其负担过重。如果像康有为、谭嗣同那样将孔教说成是中国文化的全权代表,结果必然是在使之受到追捧的同时承担中国文化造成的一切后果——包括不良后果。在近代中国落后于西方列强,中国传统文化对此难辞其咎的背景下,作为中国传统文化全权代表的孔子、孔学、孔教成为众矢之的也就可想而知了。就孔子思想和儒家的内涵而言,孔教的称谓导致孔子之学内涵和外延模糊。在中国文化的语境中,教可以指教化,也可以指宗教。康有为、谭嗣同在没有任何具体说明或界定的情况下称孔子之学为孔教,既不利于厘清儒家与道家、墨家之间的关系,也不能明确孔子之学的宗教意蕴与其他方面内容之间的关系。两人的孔教概念宽泛而笼统,基本内容界定不清,故而容易引起歧义。更为致命的是,孔教之教的宗教称谓使其在科学与宗教的论战中倍受牵连,尤其是在五四时期,当科学与民主成为众望所归时,具有教主身份的孔子和具有宗教意蕴的孔教也就在劫难逃了。如果说那时的"圣贤革命"是针对孔子的话,那么,反礼教则作为反孔教的延续矛头直指孔子之学的宗教内容。

孔学或儒学是否是宗教之所以百年之间争论不断,关键是因为争论的

---

① 《国学概论》,世纪出版集团、上海古籍出版社 2008 年版,第 3 页。

双方没有统一的标准而彼此都在自说自话。孔子之学（包括儒学）是否是宗教？这个问题涉及对孔子之学的理解，同样离不开对宗教的界定。无论回答是肯定的还是否定的，具体说明不可或缺——如果是，指什么？如果不是，指什么？如果不加具体界定或说明，而像康有为、谭嗣同那样笼统地称孔子学说为孔教，势必用其宗教意蕴阉割其他内容，结果不惟没有保住孔教，反而使孔教陷入尴尬境地。

第四章　梁启超视界中的康有为

在中国近代思想史上,康有为、梁启超合称"康梁"。两人具有师生之谊,又是戊戌变法的共同发动者和领导者。1890 年,梁启超出于好奇第一次拜见康有为,听康有为讲述了《新学伪经考》的大概内容后,便大为折服,当即遂拜康有为为师。一方面,作为康有为的学生,梁启超的思想深受康有为影响——尤其是 1898 年之前的思想带有明显的"康学"印记。另一方面,梁启超的思想屡经改弦更张,前后之间的内容、宗旨和构成均变化巨大。特别是在戊戌变法失败逃亡日本之后,梁启超大量接触西方的各种学说,学术视野和思想主张骤变,对康有为的态度也从早年"述康南海之言"时的亦步亦趋转变为"康、梁学派遂分"。

师生关系决定了康有为与梁启超关系的特殊性,集中表现为两人关系的不平等性。一个最简单的事实是,梁启超宣传、推崇康有为多,而康有为却没有对梁启超思想的公开宣传或介绍。这也是本章名为"梁启超视界中的康有为"而不名为"康有为与梁启超"的原因所在。梁启超无论是"述康南海之言",为康有为作传还是对中国近代思想的审视都不忘阐发康有为的学说。梁启超视界中的康有为既包括对康有为思想的阐发和推崇,又反映出对康有为思想的评价和定位,同时展示了梁启超与康有为思想既传承又分野的复杂关系。

第一节　对康有为的整体评价

对于康有为的地位和影响,梁启超如是说:"要之此新旧两世纪之交,中国政治界最有关系之人物谁乎?吾敢应之而不疑曰:康先生也。"①在《南海康先生传》中,梁启超对康有为包括社会影响、学术贡献和历史地位等各方面的成就进行汇总和综合,以期对康有为给出一个整体评价和历史定位。耐人寻味的是,梁启超将康有为誉为 19 世纪与 20 世纪之交"中国政治界最有关系之人物",却没有认定康有为是此时中国最著名的政治家,也没有将康有为最著名、最显赫的身份界定为政治家。既然如此,康有为凭什么成

---

① 《南海康先生传》,《梁启超全集》(第一册),北京出版社 1999 年版,第 484—485 页。

为"新旧两世纪之交,中国政治界最有关系之人物"? 回答是:凭的是宗教。
正因为如此,尽管承认康有为是教育家、政治家,梁启超最在意的还是康有
为的宗教家身份。对此,人们不禁要问:梁启超缘何对康有为的宗教思想如
此反复三致意焉? 宗教家对于康有为来说缘何如此重要? 这一切都源于梁
启超的英雄情结。以宗教思想将康有为打造成中国千载难逢的英雄,以英
雄拯救近代中国的衰微是梁启超写作《南海康先生传》的初衷,也是梁启超
凸显康有为宗教家身份和宗教思想的意图。

　　梁启超是英雄史观的狂热鼓吹者,"先时人物"和中国千载难逢的真英
雄、大英雄则不仅是他对康有为的总体评价,而且是《南海康先生传》的思
想主旨和逻辑主线。作《南海康先生传》时,梁启超正醉心于英雄史观。用
48 小时写就洋洋洒洒两万余言的《南海康先生传》,这个速度得益于他下笔
如有神的才情,与他对英雄的如饥似渴似乎关系更为密切。因此,梁启超在
该传中一如既往地表达了对英雄的膜拜和期盼,阐释了自己的英雄观。其
中,有两个观点尤为引人注目:第一,英雄分为"造时势之英雄"与"时势所
造之英雄",二者具有高下之分:"造时势之英雄"是"先时人物","时势所
造之英雄"是"应时人物";只有前者才是历史的真正创造者(梁启超称之为
"社会之原动力"),故而是真英雄、大英雄。第二,正因为造时势之真英雄、
大英雄作为"先时人物"先时而动,因为过于超前而不被世人理解,所以,他
们的言论和理想只能流于空想。对此,梁启超进一步分析说:"文明弱之国
人物少,文明盛之国人物多。虽然,文明弱之国,人物之资格易;文明盛之
国,人物之资格难。如何而后可以为真人物? 必其生平言论行事,皆影响于
全社会,一举一动,一笔一舌,而全国之人皆注目焉,甚者全世界之人皆注目
焉;其人未出现以前,与既出现以后,而社会之面目为之一变:若是者庶可谓
之人物也已。有应时之人物,有先时之人物。……先时人物者,社会之原动
力,而应时人物所从出也。质而言之,则应时人物者,时势所造之英雄;先时
人物者,造时势之英雄也。……应时者有待者也,先时者无待者也。同为人
物,而难易高下判焉矣。由此言之,凡真人物者,非为一世人所誉,则必为一
世人所毁;非为一世人所膜拜,则必为一世人所蹂躏。何以故? 或顺势而为
社会导,或逆势而与社会战。不能为社会导者,非人物也;不敢与社会战者,
非人物也。然则其战亦有胜败乎? 曰:无有。凡真人物者,必得最后之战胜
者也。是故有早岁而晚年胜者焉,有及身败而身后胜者焉。大抵其先时愈
久者,则其激战也愈甚,而其获胜也愈迟。"①引文出自梁启超为康有为所作

---

① 《南海康先生传》,《梁启超全集》(第一册),北京出版社 1999 年版,第 481 页。

的传,而不是出自梁启超专门撰写的鼓吹英雄的论作。梁启超之所以在为康有为所作的传中不厌其烦地大讲特讲英雄人物,以致给人一种三纸无"康"之感,不是因为跑题,而是因为康有为在他的眼中就是中国亟需而又奇缺的"先时人物",或者说,梁启超试图通过作传将康有为打造成英雄。事实上,梁启超就是在"先时人物"的框架下为康有为作传的,《南海康先生传》不是先对康有为进行客观描述,而是先有评价和标准,然后依此评价和定位再补充证据。正因为如此,梁启超如何理解英雄,也就如何为康有为"画像"。

透过这些介绍,康有为就是英雄再世,同时印证了佛学对康有为英雄气概的塑造。鉴于康有为常人无法企及的魄力、胆力、毅力和在诸多方面开风气之先,梁启超将康有为誉为中国千载而不一遇的"先时人物",也就是他梦寐以求、期盼膜拜的真英雄、大英雄。英雄豪杰、"先时人物"是梁启超对康有为的整体评价,也是他借《南海康先生传》呼吁英雄的根本原因。

恰恰因为先时而动,英雄人物的言论行事往往不被世人理解,备受诟病和攻击是一切英雄人物必然遭受的境遇——愈是"先时人物",思想愈是超前,境遇愈是如此。处于过渡时期的中国近代是亟需英雄的时代,也是英雄举步维艰的时代,英雄由于卓然不群而不被理解也表现得更为突出。作为"先时人物"的康有为亦不能逃脱这一"魔咒"。对此,梁启超写道:"康南海果如何之人物乎? 吾以为谓之政治家,不如谓之教育家;谓之实行者,不如谓之理想者。一言蔽之,则先生者,先时之人物也。"[1]依据梁启超的评价,康有为是理想家而非实行家,作为"先时人物",康有为的主张由于超前,并没有取得多少实效——甚至"至今未有一成者"。然而,这并不妨碍康有为的地位和影响,反倒体现了康有为的价值。对于其中的原因,梁启超解释说:"故今日中国所相需最殷者,惟先时之人物而已。……凡先时人物所最不可缺之德性有三端,一曰理想,二曰热诚,三曰胆气。三者为本,其余则皆枝叶焉耳。先时人物者,实过渡人物也。其精神专注于前途,以故其举动或失于急激,其方略或不适于用,常有不能为讳者。"[2]不难看出,梁启超"不以成败论英雄",而是强调英雄之所以成为英雄,取决于理想、至诚和胆气,而这三者正是康有为所具备的。理想、至诚和胆气是英雄本色,三者具足,其余可以不论——至于"其举动或失于急激,其方略或不适于用"完全可以忽略不计。这是梁启超衡量英雄的标准,也是他评价康有为的标准。于是,他

---

① 《南海康先生传》,《梁启超全集》(第一册),北京出版社1999年版,第496—497页。
② 《南海康先生传》,《梁启超全集》(第一册),北京出版社1999年版,第481—482页。

以戊戌维新为例,具体阐发了康有为的作用:"戊戌维新,虽时日极短,现效极少,而实20世纪新中国史开宗明义第一章也。凡物必有原动力以起其端,……惟戊戌之原动力,其气魄雄厚,其潮势壮阔,故生反动力最速而最剧,仅百日间,挫跌一无所存。而反动力之雄厚壮阔,亦与之相应,其高潮之点,极于团匪之祸,神京蹂躏,朝列为空。今者反动力之反动力又起矣。自今以往,中国革新之机,如转巨石于危崖,遏之不可遏,必达其目的地而后已。此事理所必至也。然则戊戌之役,为败乎?为成乎?君子曰:成也。……当时举国人士,能知欧美政治大原者,既无几人,且掣肘百端,求此失彼;而其主动者,亦未能游西域读西书,故其措置不能尽得其当,殆势使然,不足为讳也。若其精神,则纯以国民公利公益为主,务在养一国之才,更一国之政,采一国之意,办一国之事。盖立国之大原,于是乎在。精神既立,则形式随之而进,虽有不备,不忧其后之不改良也。此戊戌维新之真相也。吾虽不敢尽以此为先生一人之功,然其主动者在先生,又天下人所同认而无异词也。先生所以尽力于国家者,于是为不薄矣。"①沿着这个思路,尽管由于思想超前而"所为之事"无法实现,然而,康有为仍不失为中国近代名副其实的理想家、自信家和冒险家。作为千载难逢的真英雄、大英雄,康有为是中国"现今之原动力","常开人之所不敢开",为中国开创了一片新天地。这就是说,主张无法实现证明了康有为思想的超前性,印证了其作为真英雄、大英雄的"先时性"。既然这是一切"先时人物"都无法逃遁的宿命,康有为自然概莫能外。因此,康有为的价值并不在于他所为之事有何结果或实效,而在于能够"常开人之所不敢开"。

梁启超认为,过渡时代,亟需"先时人物"引领潮流。对于当时的中国来说,决不缺少大政治家、大外交家、大哲学家或大教育家,而惟独缺少自信家、冒险家和理想家。这凸显了集自信家、冒险家和理想家于一身的康有为的价值,难怪梁启超如是说:"顾吾中国不患无将来百千万亿之大政治家、大外交家、大哲学家、大教育家,而不可无前此一自信家、冒险家、理想家之康南海。"②

总之,膜拜英雄、馨祝英雄,期待以英雄拯救中国危亡的梁启超将康有为誉为中国千载难逢的真英雄、大英雄,既表达了对康有为的膜拜,又寄托着凭借康有为这个英雄化身来扭转中国风气的希望。梁启超强调:"要之世人无论如何诋先生,罪先生,敌先生,而先生固众目之的也,现今之原动力

───────────

①　《南海康先生传》,《梁启超全集》(第一册),北京出版社1999年版,第484页。

②　《南海康先生传》,《梁启超全集》(第一册),北京出版社1999年版,第497页。

也,将来之导师也。无论其他日所成就或更大与否,即以今论,则于中国政治史,世界哲学史,必能占一极重要之位置,吾敢断言也。"①议论至此,康有为是中国千载难逢的英雄已成定局。随之而来的问题是,这一英雄是如何炼成的? 答曰:宗教思想,确切地说,佛教。由此,便不难理解梁启超对康有为宗教家身份的凸显以及对佛教思想的侧重了。

第二节　对康有为思想的阐发

梁启超对康有为是真英雄、大英雄的定位道出了康有为思想无法实现,最终只能成为理想家而不能成为实行家的原因,也预示着康有为的历史功绩和作用主要是思想上的引领和风气上的开先。康有为的思想奠定了其在历史上的地位,梁启超对康有为思想的介绍、阐释是其评价康有为和对康有为予以历史定位的前提、基础。在梁启超看来,康有为对于中国近代的思想引领作用通过三部石破天惊的著作体现出来,这三部著作分别是《新学伪经考》、《孔子改制考》和《大同书》。梁启超把它们比喻为思想界的"大飓风"、"火山大喷火"和"大地震":"有为第二部著述,曰《孔子改制考》。其第三部著述,曰《大同书》。若以《新学伪经考》比飓风,则此二书者,其火山大喷火也,其大地震也。"②正是凭借这三部著作,康有为"常开人之所不敢开",鼓动了社会风潮,引领了时代风尚,最终成为中国千载难逢的真英雄、大英雄。在此基础上,梁启超逐一剖析了这三部著作的内容和影响,试图通过它们展示康有为的思想引领和历史作用。梁启超这样做既突出了康有为思想振聋发聩的启蒙价值,又彰显了康有为的英雄本色。

一、《新学伪经考》

《新学伪经考》是康有为最早的著作之一,1891 年成书并刊行,刚一问世便在思想界掀起了轩然大波。抛开这部著作引发的剽窃风波不谈,只就其内容来说,亦可谓石破天惊。梁启超将《新学伪经考》的巨大轰动比喻为"思想界之一大飓风"。他写道:"有为最初所著书曰《新学伪经考》。'伪经'者,谓《周礼》、《逸礼》、《左传》及《诗》之毛传,凡西汉末刘歆所力争立博士者。'新学'者,谓新莽之学。时清儒诵法许、郑者,自号曰'汉学'。有为以为此新代之学,非汉代之学,故更其名焉。《新学伪经考》之要点:一,

---

①　《南海康先生传》,《梁启超全集》(第一册),北京出版社 1999 年版,第 497 页。

②　《清代学术概论》,《梁启超全集》(第五册),北京出版社 1999 年版,第 3097 页。

西汉经学,并无所谓古文者,凡古文皆刘歆伪作。二,秦焚书,并未厄及六经,汉十四博士所传,皆孔门足本,并无残缺。三,孔子时所用字,即秦汉间篆书,即以'文'论,亦绝无今古之目。四,刘歆欲弥缝其作伪之迹,故校中秘书时,于一切古书多所羼乱。五,刘歆所以作伪经之故,因欲佐莽篡汉,先谋湮乱孔子之微言大义。诸所主张,是否悉当,且勿论,要之此说一出,而所生影响有二:第一,清学正统派之立脚点,根本摇动。第二,一切古书,皆须从新检查估价,此实思想界之一大飓风也。"①在这里,梁启超将《新学伪经考》的内容归结为五点。尽管他对这五个要点并不完全赞同,却没有进行反驳,只是以"诸所主张,是否悉当,且勿论"一笔带过。梁启超之所以如此处理,原因在于:相对于"事实之真",他显然更在意于"价值之大"。因此,梁启超接下来将重点放在该书的作用上,并且将之称为"思想界之一大飓风"。

　　梁启超着重指出,《新学伪经考》直接引发了两个主要后果,颠覆了中国人千百年来的正统认识,在当时发挥了巨大的启蒙作用:第一,"清学正统派之立脚点,根本摇动"。清学正统派指乾嘉时期的考据学。梁启超断言:"其全盛运动之代表人物,则惠栋、戴震、段玉裁、王念孙、王引之也,吾名之曰正统派。"②《新学伪经考》的价值在于,不是对古学某些观点或具体内容进行审视或批判,而是对几千年来被奉若神明的经典予以怀疑——由于怀疑汉代经书是伪经,直指古学的核心;更由于撼动了古文经的根基,致使作为乾嘉考据学的正统派的地位发生动摇。第二,重新审视一切古书。由于将古文经斥为伪经,说成是刘歆所篡,正统派尊奉的许慎、郑玄等经学家皆在被排斥之列,这给古文经和古文经学以致命打击。于是,梁启超写道:"康有为乃综集诸家说,严画今古文分野,谓凡东汉晚出之古文经传,皆刘歆所伪造。正统派所最尊崇之许、郑,皆在所排击。则所谓复古者,由东汉以复于西汉。"③基于这种认识,他把《新学伪经考》比喻为"思想界之一大飓风",肯定该书由对经典的怀疑导致对一切古书的怀疑,极大地促进了思想解放。与此同时,该书一扫古文经一统天下的局面,为今文经发挥微言大义扫清了道路。从这个意义上说,《新学伪经考》既是康有为引领中国学术之先的代表作,也是中国近代学术的转捩点。

　　梁启超不仅在归纳、概括《新学伪经考》内容的基础上,肯定了该书在

　　①　《清代学术概论》,《梁启超全集》(第五册),北京出版社1999年版,第3097页。
　　②　《清代学术概论》,《梁启超全集》(第五册),北京出版社1999年版,第3070页。
　　③　《清代学术概论》,《梁启超全集》(第五册),北京出版社1999年版,第3070页。

思想界引起的巨大轰动;而且提到了《新学伪经考》以及康有为的经学研究与廖平的关系。在他看来,康有为是经学研究的集大成者("集成者")而非首创者("创作者"),集大成者意味着康有为的经学思想集各家之成,受廖平思想的影响亦属正常。梁启超断言:"今文学运动之中心,曰南海康有为。然有为盖斯学之集成者,非其创作者也。有为早年,酷好《周礼》,尝贯穴之著《政学通议》,后见廖平所著书,乃尽弃其旧说。平,王闿运弟子。闿运以治《公羊》闻于时,然故文人耳,经学所造甚浅,其所著《公羊笺》,尚不逮孔广森。平受其学,著《四益馆经学丛书》十数种,颇知守今文家法。晚年受张之洞贿逼,复著书自驳。其人固不足道,然有为之思想,受其影响,不可诬也。"①事实上,康有为与廖平之间有过交往,且有学术切磋,康有为确实读过廖平的相关论述。梁启超的介绍引起歧义或令人浮想联翩的是,康有为"见廖平所著书,乃尽弃其旧说"。这个说法不单单肯定康有为的《新学伪经考》与廖平的思想有关系,而是给人这样一种感觉:廖平的思想完全改变了康有为原来的观点和学术兴趣,如康有为原先"酷好《周礼》",见廖平后才转向今文经学等。因此,梁启超所说的康有为"后见廖平所著书,乃尽弃其旧说",虽然没有直接指证《新学伪经考》系抄袭廖平而来,却给人以无限遐想。也正是由于这个原因,至今还有人把它当作康有为抄袭廖平的学术公案的证据。

顺便提及的是,如果对"笔端常带感情"的"启超体"略有了解,大可不必对梁启超所谓的"尽弃其旧说"云云过于认真。同样的情形就出现在《清代学术概论》梁启超对自己和陈千秋拜谒康有为后大为折服的描述中——"闻有为说,则尽弃其学而学焉"。事实证明,无论当时还是后来,梁启超均非如此。他接下来的介绍表明,自己一边师从康有为,一边依然我行我素——不仅保持自己原来的学术兴趣,而且对康有为讲授的内容有所选择、取舍,如对康有为所讲的佛学无动于衷等等。由此可见,梁启超对康有为讲授的内容既有赞成,又有反对。这个例子证明,与"尽弃其学而学焉"一样,"尽弃其旧说"只是梁启超的"成语",带有评价的味道,并非事实描述。在《清代学术概论》中,梁启超无论对于他本人还是对于康有为都采取了这种表达方式,这其中就包括康有为的《新学伪经考》与廖平的关系。

需要说明的是,《新学伪经考》的完成和出版有梁启超的功劳,然而,那只是在尽弟子之谊而已,并不意味着他赞同师说。恰好相反,据梁启超在《清代学术概论》中所言:"启超治《伪经考》,时复不慊于其师之武断,后遂

① 《清代学术概论》,《梁启超全集》(第五册),北京出版社 1999 年版,第 3097 页。

置不复道。其师好引纬书，以神秘性说孔子，启超亦不谓然。"①梁启超为《新学伪经考》所作的序似乎印证了这一点，现摘录如下：

　　南海先生演孔之书四，而伪经考先出世焉。问者曰：以先生之大道，而犹然与近世考据家争一日之短长，非所敢闻也。梁启超曰：不然，孔子之道堙昧久矣。孔子神圣与天地参，制作为百王法。小大精粗，其运无乎不在，自荀卿受仲弓南面之学，舍大同而言小康，舍微言而言大义，传之李斯，行教于秦，于是孔子之教一变，秦以后之学者，视孔子如君王矣。刘歆媚莽，赝为古文，搰渎乱之野文，仇口说之精义，指《春秋》为记事之史，目《大易》为卜筮之书。于是孔子之教又一变。东汉以后之学者，视孔子如史官矣。唐宋以降，鉴兹破碎束阁六经，专宗《论语》，言理则剿贩佛老以为说，言学则束身自好以为能。经世之志忽焉，大道之失益远，于是孔子之教又一变。宋以后之学者，视孔子如迂儒矣。……先生以为孔教之不立，由于孔学之不明，锄去非种，嘉谷必茂，荡涤雾雾，天日乃见，故首为是书以清芜秽，至于荀学之偏，宋学之浅，但明于大道，则支流余裔，皆入范围，非吾党之寇仇，故无取于好辩。启超闻春秋三世之议，据乱世，内其国而外诸夏；升平世，内诸夏而外夷狄；太平世，天下远近大小若一。尝试论之，秦以前据乱世也，孔教行于齐鲁，秦后迄今升平世也，孔教行于神州。自此以往，其将为太平世乎。……由斯以谈，则先生之为此书，其非与考据家争短长，宁待辩耶，演孔四书，启超所见者，曰《大义述》，曰《微言考》，并此而三，又闻之孔子作《易》、《春秋》，皆首著以元统天之义。所谓智周万物，天且弗违。呜呼！则非启超之愚所能及矣。②

　　对于《新学伪经考》的价值，梁启超指出其使堙昧已久的孔子大道重见天日，具有方法论的意义。因此，不可以仅从今文经学的角度，将之说成是与侧重考据的古文经学的意气之争。应该说，梁启超的概括符合实际，《新学伪经考》的内容大体如此。此序作于1897年，梁启超在此时并没有像在1920年作的《清代学术概论》中那样将《新学伪经考》的价值和影响抬到"思想界之大飓风"的高度。至于其中的原因，如果说成是作序时离《新学伪经考》出版时间近，该书的轰动效应尚未显露出来的话，则看似有理，实

---

① 《清代学术概论》，《梁启超全集》（第五册），北京出版社1999年版，第3099页。
② 《〈新学伪经考〉叙》，《梁启超全集》（第一册），北京出版社1999年版，第136页。

则不然:第一,在《新学伪经考》出版前,梁启超就听闻其大概内容,并且正是由于这个原因而投拜在康有为的门下。第二,序与《新学伪经考》成书、刊发相隔6年之久。如果说有影响,6年的时间已经足以证明《新学伪经考》的"大飓风"效应,而梁启超并没有如此说。除此之外,尚有一关键问题耐人寻味:《新学伪经考》1891年即成书并刊行,那时的梁启超已经是康有为的弟子,并且参与了此事。按理说,梁启超不可能不知道该书已成并刊发之事。然而,不知是何原因,他在当时没有作序,而是在6年之后才推出了此序。这是否可以视为梁启超对《新学伪经考》的怠慢?与这种态度相印证的是,梁启超在作于1901年的《南海康先生传》中也没有专门论述此书,在1920年的《清代学术概论》中却来了一个一百八十度的大转弯——在弃康有为的《孟子微》、《中庸注》、《礼运注》和《春秋笔削大义微言考》等诸多力作于不顾的情况下,对《新学伪经考》格外垂青,将之与《孔子改制考》和《大同书》一起奉为康有为的三大代表作。

需要提及的是,在《中国近三百年学术史》中,梁启超将《新学伪经考》列入"辨伪书"。他写道:"阎惠两家书(指阎若璩的《古文尚书疏证》和惠栋的《古文尚书考》——引者注),专辨东晋《伪古文尚书》及《伪孔安国传》。后来像这类书还很多,有点近于'打死老虎',不多举了。万书(指万斯大的《周官辨非》——引者注)辨《周礼》非周公作,多从制度与古书不合方面立论。孙书(指孙志祖的《家语疏证》——引者注)辨《家语》为王肃所伪撰;他还有一部《孔丛子疏证》和这书是'姊妹书',但未著成。刘书(指刘逢禄的《左氏春秋疏证》——引者注)守西汉博士'左氏不传春秋'之说,谓《左传》解经部分皆刘歆伪撰。康先生书(指《新学伪经考》——引者注)总结西汉今古文公案,对于刘歆所提倡的《周官》、《左传》、《毛诗》、《逸礼》、《古文尚书》、(非东晋晚出者)《尔雅》等书皆认为伪。王书(指王国维的《今本竹书纪年疏证》——引者注)专辨明人补撰之《竹书纪年》,用阎、惠、孙之法,一一指出其剽窃凑附之赃证。崔书(指崔适的《史记探原》——引者注)则宗康先生说,谓《史记》有一部分为刘歆所窜乱,一一指明疑点。"①在这里,梁启超阐明了《新学伪经考》在辨伪方面的特色和意义,特意指出该书旨在为《春秋》正本清源,所辨之伪在古文经,故而有别于阎若璩、惠栋、万斯大和王国维等人对《尚书》、《周礼》或《竹书纪年》的辨伪;意义在于,即使是对《春秋》正本清源,也有别于刘逢禄的《左氏春秋疏证》,不仅辨出了更多鱼目混珠的伪书,而且带动了崔适的辨伪工作。可见,梁启超在此

对《新学伪经考》的肯定始终在辨伪的范围内进行,并没有提及诸如解经方法的创新、思想的启蒙和风气的引领等。

二、《孔子改制考》

梁启超指出,如果说《新学伪经考》侧重于破的话,那么,《孔子改制考》则侧重于立;如果说《新学伪经考》通过揭露刘歆对经书的篡改,破除了古文经的权威,将刘歆之后的经典统统归入伪经之列的话,那么,《孔子改制考》则秉持公羊学的立场,将六经都说成是孔子的托古改制之作。这就是说,《孔子改制考》是《新学伪经考》的姊妹篇,二者相互印证、相得益彰:《新学伪经考》为《孔子改制考》扫除了思想障碍,《孔子改制考》则借助《新学伪经考》的思想解放,最终完成了思想大飞跃。

对于《孔子改制考》的内容和特点,梁启超总结说:

> 有为又宗公羊,立"孔子改制"说,谓六经皆孔子所作,尧舜皆孔子依托,而先秦诸子,亦罔不"托古改制"。实极大胆之论,对于数千年经籍谋一突飞的大解放,以开自由研究之门。[1]
>
> 有为之治《公羊》也,不斷斷于其书法义例之小节,专求其微言大义,即何休所谓非常异义可怪之论者。定《春秋》为孔子改制创作之书,谓文字不过其符号,如电报之密码,如乐谱之音符,非口授不能明。又不惟《春秋》而已,凡六经皆孔子所作,昔人言孔子删述者误也。孔子盖自立一宗旨而凭之以进退古人去取古籍。孔子改制,恒托于古。尧舜者,孔子所托也。其人有无不可知,即有,亦至寻常。经典中尧舜之盛德大业,皆孔子理想上所构成也。又不惟孔子而已,周秦诸子罔不改制,罔不托古。老子之托黄帝,墨子之托大禹,许行之托神农,是也。近人祖述何休以治《公羊》者,若刘逢禄、龚自珍、陈立辈,皆言改制,而有为之说,实与彼异。有为所谓改制者,则一种政治革命、社会改造的意味也,故喜言"通三统"。"三统"者,谓夏、商、周三代不同,当随时因革也。喜言"张三世"。"三世"者,谓据乱世、升平世、太平世,愈改而愈进也。有为政治上"变法维新"之主张,实本于此。[2]

依据梁启超的分析,康有为传《春秋公羊传》沿袭了董仲舒、何休的公

① 《清代学术概论》,《梁启超全集》(第五册),北京出版社1999年版,第3070页。
② 《清代学术概论》,《梁启超全集》(第五册),北京出版社1999年版,第3097页。

羊学遗风,好为何休所谓的"非常异义可怪之论"。由于只追求孔子思想的微言大义而不拘泥于书法义例,康有为通过对《春秋》的阐发得出了前所未有的结论。这些阐发和结论是借助《孔子改制考》集中表达出来的,也确定了该书对于康有为公羊学的重要地位。与此相联系,梁启超始终将《孔子改制考》视为对《春秋》的解读。正是在这个意义上,他如是说:"先生之治《春秋》也,首发明改制之义。以为孔子愍时俗之敝,思一革而新之,故进退千古,制定法律,以贻来者。《春秋》者,孔子所立宪法案也,所以导中国脱野蛮之域,而进于文明也。故曰《春秋》天子之事也。但孔子所处之时势地位,既不能为梭伦,亦不必为卢梭,故托诸记事,立其符号,传诸口说;其微言大义,则在《公羊》、《谷梁》一(二之误——引者注)传,及《春秋繁露》等书。其有未备者,可推甲以知乙,举一以反三也。先生乃著《孔子改制考》,以大畅斯旨。"①

梁启超认为,《孔子改制考》的主要内容包括如下几个方面:第一,确定《春秋》是孔子改制之书,其中的微言大义在于口授而不在于文字,其中的文字不过如电报之密码、乐谱之乐符一般的符号而已。第二,《春秋》的微言大义一言以蔽之在于托古改制,尧、舜皆孔子所托。第三,不惟《春秋》,六经皆孔子作,秉持同一宗旨,都出于改制的需要,采取的手段都是托古。第四,孔子托古改制的微言大义是宣扬三世进化,为变法维新提供理论武器。梁启超评价说,晚清(即1840年之后的近代)以来因循何休公羊学言《春秋》者都言改制,刘逢禄、龚自珍和陈立等人无不如此,康有为当然也不例外。与其他人不同的是,康有为所说的改制具有"政治革命、社会改造"之意,直接服务于维新变法。因此,康有为讲孔子改制时多言"通三统"、"张三世",以此呼吁随时变革。这就是说,康有为的《孔子改制考》不仅具有思想启蒙的意义,而且包含实践哲学、社会改革的维度和价值。

在梁启超看来,《孔子改制考》的内容奠定了其无与伦比的巨大影响,意义和价值自然不可低估。于是,他写道:

《孔子改制考》之内容,大略如此,其所及于思想界之影响,可得言焉。

一、教人读古书,不当求诸章句训诂名物制度之末,当求其义理。所谓义理者,又非言心言性,乃在古人创法立制之精意。于是汉学、宋学,皆所吐弃,为学界别辟一新殖民地。

①　《南海康先生传》,《梁启超全集》(第一册),北京出版社1999年版,第487页。

二、语孔子之所以为大,在于建设新学派(创教),鼓舞人创作精神。

三、《伪经考》既以诸经中一大部分为刘歆所伪托,《改制考》复以真经之全部分为孔子托古之作,则数千年来共认为神圣不可侵犯之经典,根本发生疑问,引起学者怀疑批评的态度。

四、虽极力推挹孔子,然既谓孔子之创学派与诸子之创学派,同一动机,同一目的,同一手段,则已夷孔子于诸子之列。所谓"别黑白定一尊"之观念,全然解放,导人以比较的研究。①

在这里,梁启超将《孔子改制考》的影响归纳、概括为四个方面:第一,对于读古书的方法独辟蹊径。《孔子改制考》一扫从前读古书时舍本逐末之恶习,具体表现为不再拘泥于章句、训诂、名物和制度之末而转求义理,为学界开创一片新天地。康有为所求之义理并非宋明理学的言心言性,而是在吐弃汉学、宋学的同时,并非执意于言心言性之义理,而是关注个人创法立制之精义。这种读书法使学问与现实对接,也使经典具有了实践意蕴和操作维度。第二,创立新学派即新教派。《孔子改制考》明确将孔子说成是托古改制的祖师爷,宣称孔子的贡献在于创教,旨在借助孔子鼓励人的创新精神。当然,《新学伪经考》也使康有为由于发明了孔教之真义,成为孔教的教主或改革孔教的马丁·路德。第三,接续《新学伪经考》的工作。《孔子改制考》作为《新学伪经考》的姊妹篇,在后者揭露大部分经典是伪经的基础上,进一步指出六经都是孔子为了托古改制而作,在客观上使学者对数千年奉若神明的经典产生怀疑。第四,引发了康有为意想不到的更大后果,对于打破包括孔子在内的权威意义非凡。康有为主观上虽然极力推挹孔子,但是,他却在对孔子与诸子学派的论述中,"已夷孔子于诸子之列"。康有为的这一做法引导人对孔子与老子、墨子等人进行比较,从而促进了人的思想解放。由此可见,这四个方面共同指向一个主题或中心,那就是:为经书研究打开自由之门,打倒偶像,破除思想束缚,因而激发了思想自由和精神解放。这用梁启超的话说就是:"对于数千年经籍谋一突飞的大解放,以开自由研究之门。"正是由于这个原因,梁启超认为,《孔子改制考》"实极大胆之论",对于思想界的引领作用不容低估。

沿着这一思路,梁启超肯定康有为的历史功绩在于打破了自董仲舒以来所形成的孔子独尊的局面,把康有为的开创之功和引领作用归结为提倡

---

① 《清代学术概论》,《梁启超全集》(第五册),北京出版社 1999 年版,第 3098 页。

怀疑精神，彰显精神自由和创新精神。对此，他解释说："挽近学界，对于孔子而试挑战者，颇不乏人。若孔子之为教主与非教主也，孔子在三千年来学界之功罪也，孔子与六家九流之优劣比较也，孔子与泰西今古尊哲之优劣比较也，莽然并起，为学界一大问题。顾无论或推尊之，或谤议之，要之其对于孔子之观念，以视十年前，划若鸿沟矣。何也？自董仲舒定一尊以来，以至康南海《孔子改制考》出世之日，学者之对于孔子，未有敢下评论者也。恰如人民对于神圣不可侵犯之君权，视为与我异位，无所容其思议，而及今乃始有研究君权之性质，拟议其长短得失者。夫至于取其性质而研究之，则不惟反对焉者之识想一变，即赞成焉者之识想亦一变矣。所谓况羁轭而得自由者，其几即在此而已。"①梁启超认为，思想界的变化印证了康有为的开创之功，而这一切都源于《新学伪经考》打破了两千年思想僵化的局面和《孔子改制考》对孔子思想、地位别开生面的界定、解读。正是这些奠定了康有为不可否认的历史地位，也印证了《新学伪经考》和《孔子改制考》无与伦比的价值。

三、《大同书》

梁启超认为，对于奠定康有为历史地位的三部著作来说，《新学伪经考》与《孔子改制考》不啻为姊妹篇，在内容上具有内在关联，都可以归结为康有为"整理旧学"的产物；《大同书》则是康有为自创的思想体系，自有其独特意义。如果说《新学伪经考》、《孔子改制考》使康有为成为今文经学之集大成者的话，那么，《大同书》则标志着康有为已经"自创一学派"。沿着这个思路，梁启超对《大同书》的创作过程和主旨如是说："右两书（指《新学伪经考》和《孔子改制考》——引者注）皆有为整理旧学之作，其自身所创作，则《大同书》也。初，有为既从学于朱次琦毕业，退而独居樵山者两年，专为深沉之思，穷极天人之故，欲自创一学派，而归于经世之用。有为以《春秋》'三世'之义说《礼运》，谓'升平世'为'小康'，'太平世'为'大同'。"②这就是说，《大同书》尽管始于康有为"穷极天人之故"的形上沉思，最终却"归于经世之用"。因此，该书寄托了康有为对现实与理想的全部设计和构想。此外，康有为擅于创新，《大同书》作为康有为的独立创造，最能展示其开创精神，意义不可小视。

---

①　《论中国学术思想变迁之大势》，《梁启超全集》（第二册），北京出版社 1999 年版，第616—617 页。

②　《清代学术概论》，《梁启超全集》（第五册），北京出版社 1999 年版，第 3098 页。

梁启超将康有为誉为"先时人物",立论的根据是康有为"开常人所未开",《大同书》无疑将康有为的开风气之先推向了极致。一个明显的证据是,即使是流质易变、见多识广,甚至"好为新奇之论"(严复评价梁启超语)的梁启超谈到《大同书》时,也不禁发出了这样的感慨:"今之青年,能译读南海所未读之新书,能受习南海所未受之学说,固也;顾其所发明,所心得,吾犹未知视南海何如。以吾所见南海所著之《大同书》,其渊眇繁赜之理想,恐尚非今之青年所能几也。(……其通于世间、出世间而斟酌不二法门,实有不可思议者存。吾未能多读西书,就所已见者,则南海之书,犹为创说也。以太骇俗,且当今日政界、学界无秩序之时,发布之必更滋流弊,故只得秘之。)"①梁启超一再以向社会流俗挑战而自居、自励,即便如此,他也不得不惊叹《大同书》"太骇俗"。《大同书》的惊世骇俗表明了康有为的"创说"与现实距离遥远,充其量只是理想。这一切在梁启超看来与其说是缺点,毋宁说恰恰证明了《大同书》以及康有为思想的超前意识和启蒙价值。

与对待康有为的思想一样,梁启超对康有为的著作前后评价相去天壤。这背后隐藏着诸多深层原因。梁启超流质易变,不同时期的思想大相径庭。特别是经过日本的"染色"之后,思想、认识简直是与从前判若两人:"脑质为之改易,思想言论与前者若出两人。"②从 20 世纪初的《南海康先生传》、《论中国学术思想变迁之大势》到 20 世纪 20 年代的《清代学术概论》和《中国近三百年学术史》,二十多年的时间距离足以使梁启超对康有为的著作形成反差极大的侧重和评价。

其一,就侧重来说,不同时期的梁启超对康有为的著作具有不同的偏袒和凸显。拿《南海康先生传》来说,一方面,该传对《大同书》表现出异乎寻常的热情,其中的"康南海之哲学"一章的第四部分"社会主义派哲学"甚至成为《大同书》的"专版"。与对《大同书》的热切关注和隆重推出形成强烈对比的是,梁启超对《新学伪经考》、《孔子改制考》皆一笔带过:

> 先生之治《春秋》也,首发明改制之义。……乃著《孔子改制考》,以大畅斯旨。③

此外先生所著书,关于孔教者,尚有《教学通议》一书,为少年之作,今已弃去。有《新学伪经考》出世最早。有《春秋公羊传注》、《孟子

---

① 《论中国学术思想变迁之大势》,《梁启超全集》(第二册),北京出版社 1999 年版,第 617页。
② 《夏威夷游记》,《梁启超全集》(第二册),北京出版社 1999 年版,第 1217 页。
③ 《南海康先生传》,《梁启超全集》(第一册),北京出版社 1999 年版,第 487 页。

大义述》、《孟子公羊相通考》、《礼运注》、《大学注》、《中庸注》等书,皆未公于世。①

其二,就态度来说,1897 年为《新学伪经考》作序之时,由于不满意康有为的"武断",梁启超对康有为的观点不满,并"屡起而驳之"。在这种情况下,序中没有驳斥就已经是礼貌之举了,更何况序中已经揭示了该书的意义,至于将意义说成像在《清代学术概论》中那样似乎太强人所难了。在为康有为作的《南海康先生传》中,梁启超亦不愿提及《新学伪经考》。与对《新学伪经考》的态度形成强烈反差的是,《南海康先生传》作于 1901 年,此时,梁启超已经不再是那个闻听康有为讲大同便喜欲狂并锐意谋宣传的学生,而是有了自己对民族主义的执着向往。与此相伴随的是,他将大同思想理解为世界主义,说成是宗教家的梦呓,故而反对康有为的大同主张。康有为非常自负,每成一书往往有序,《大同书》完成后更是题词自贺:

> 千界皆烦恼,吾来偶现身。狱囚哀浊世,饥溺为斯人。诸圣皆良药,苍天太不神。万年无进化,大地合沉沦。
> 人道只求乐,天心惟有仁。先除诸苦法,渐见太平春。一一生花界,人人现佛身。大同犹有道,吾欲度生民。
> 廿年抱宏愿,卅卷告成书。众病如其已,吾言亦可除。人天缘已矣,轮劫转空虚。悬记千秋事,医王亦有初。②

与题词的举动一样,诗中的内容表达了康有为对大同思想的自信和自负。与康有为的高调天差地别的是,梁启超并没有对《大同书》的成书有什么反映。他之所以在《南海康先生传》中对《大同书》不惜笔墨,与该传的宗旨一脉相承。《南海康先生传》是在英雄的框架内为康有为作传的,力图将传打造成英雄谱。在这个前提下,梁启超借助《大同书》凸显康有为的思想超前,用思想超前证明康有为是中国千载难逢的真英雄、大英雄。写《清代学术概论》时,梁启超的主要身份已经从热切关注自由、民权和民族主义的启蒙思想家而转向了国学家。由于经历了第一次世界大战而回归东方文化,此时的他已经放弃了与康有为的争议,甚至在远离"新思想界之陈涉"而回归东方文化的同时,与康有为越来越近,难怪《清代学术概论》将《新学

① 《南海康先生传》,《梁启超全集》(第一册),北京出版社 1999 年版,第 487 页。
② 《大同书成题词》,《康有为全集》(第十二集),中国人民大学出版社 2007 年版,第 136 页。

伪经考》《孔子改制考》《大同书》都抬到了前所未有的高度。

其三,尽管始终将《新学伪经考》、《孔子改制考》和《大同书》视为康有为的代表作,然而,梁启超对它们的整体态度并不相同。总的说来,相对于《新学伪经考》、《大同书》而言,梁启超对《孔子改制考》的态度变化不大。就《新学伪经考》和《大同书》来说,梁启超的态度形成了此消彼长的奇妙态势:对《新学伪经考》从不满到推崇,越抬越高;对《大同书》则大起大落,一波三折:从"最初得读此书者……读则大乐,锐意欲宣传其一部分"①到极力排斥大同主义,再到理性肯定《大同书》的意义。

第三节　对康有为的历史定位

诚如少年科举得志的梁启超师从没有考取功名的康有为是被康有为思想的惊世骇俗所震撼一样,梁启超对康有为的思想创新和对中国近代的风气引领深信不疑,并且推崇备至。梁启超对康有为学术贡献的介绍和评价已经反映了这一点,对清代学术演变轨迹的阶段划分更是将梁启超对康有为的评价推向了极致。这些都直观地展示了梁启超对康有为的历史定位。

总的说来,梁启超对康有为的历史定位是在清代学术的框架内进行的,与对中国近三百年思想史的理解一脉相承。换言之,正如将 1840 年之后的近代思想史纳入到清代近三百年的学术史一样,梁启超是在清代学术的框架内解读康有为的思想,进而界定康有为的历史地位的。具体地说,梁启超将整个清代学术界定为古学复兴时代,并将之与西方的文艺复兴相提并论。在此基础上,依据所复之古的具体内容,他将整个清代学术划分为四个时期:"'清代思潮'果何物耶? 简单言之,则对于宋明理学之一大反动,而以'复古'为其职志者也。其动机及其内容,皆与欧洲之'文艺复兴'绝相类。而欧洲当'文艺复兴期'经过以后所发生之新影响,则我国今日正见端焉。其盛衰之迹,恰如前节所论之四期。"②对于梁启超来说,清代学术以复古为志,即以复古的面孔抒发思想解放的诉求;由于所复之古的内容各不相同,分为四个特征明显的阶段,共同呈现出抽丝剥茧般逐步向古的过程。这用他本人的话说便是:"综观二百余年之学史,其影响及于全思想界者,一言蔽之,曰'以复古为解放'。第一步,复宋之古,对于王学而得解放。第二步,复汉唐之古,对于程朱而得解放。第三步,复西汉之古,对于许郑而得解

---

① 《清代学术概论》,《梁启超全集》(第五册),北京出版社 1999 年版,第 3099 页。
② 《清代学术概论》,《梁启超全集》(第五册),北京出版社 1999 年版,第 3069 页。

放。第四步，复先秦之古，对于一切传注而得解放。夫既已复先秦之古，则非至对于孔孟而得解放焉不止矣。"①

正是在对清代学术四个时期的具体剖析和论证中，梁启超不仅彰显了康有为的开创之功，而且界定了康有为的历史地位。为了更加简明扼要地显示清代学术四个时期之间的区别，梁启超曾作下表加以说明：

第一期	第二期	第三期	第四期
顺康间	雍乾嘉间	道咸同间	光绪间
程朱陆王问题	汉宋问题	今古文问题	孟荀问题 孔老墨问题②

在梁启超看来，清代学术的四个时期具有各不相同的争议焦点和热门话题，康有为与其中的第三、第四期直接相关，历史地位一目了然——是第三期的集大成者，更是第四期的开创者。

对于第三期，梁启超一面断言"清学分裂之导火线，则经学今古文之争也"③，一面宣称康有为是今文经的集大成者。这样一来，康有为便不仅作为今文经的集大成者参与到第三期的今古文之争中，而且由于取得了绝对胜利，使今文学再度占据了主导地位。梁启超肯定康有为的今文经学与龚自珍、魏源、张之洞和廖平等人之间具有某种关系，同时强调康有为作为这一时期的集大成者，是今文经运动的中心。在这个意义上，梁启超写道："今文学运动之中心，曰南海康有为。然有为盖斯学之集成者，非其创作者也。"④这表明，康有为是今文经学的执牛耳者，其地位和作用远非他人可以比肩。

对于第四期，梁启超将之看作是康有为的天下。如果说今古文之争时期的康有为尚是参与其中、集众人之成的话，那么，康有为在第四期则拥有了绝对的话语权。第四期是由康有为拉开序幕的，《新学伪经考》、《孔子改制考》的"火山大喷火"、"大地震"效应之一便是使孔子与诸子关系成为热点话题，这其中便囊括了作为这一期核心话题的孟荀问题和孔老墨问题。对此，梁启超论证并解释说："顺治、康熙间，承前明之遗，夏峰、梨洲、二曲

①　《清代学术概论》，《梁启超全集》（第五册），北京出版社 1999 年版，第 3071 页。
②　《论中国学术思想变迁之大势》，《梁启超全集》（第二册），北京出版社 1999 年版，第 618 页。
③　《清代学术概论》，《梁启超全集》（第五册），北京出版社 1999 年版，第 3095 页。
④　《清代学术概论》，《梁启超全集》（第五册），北京出版社 1999 年版，第 3097 页。

诸贤,尚以王学教后辈,门生弟子遍天下,则明学实占学界第一之位置。然晚明伪王学猖狂之习,已为社会所厌倦,虽极力提倡,终不可以久存,故康熙中叶遂绝迹。时则考据家言,虽始萌芽,顾未能盛。而时主所好尚,学子所崇拜者,皆言程、朱学者流也,则宋学占学界上第一之位置。顾亭林日劝学者读注疏,为汉学之先河。其时学者渐厌宋学之空疏武断,而未能悉折衷于远古,于是借陆德明、孔冲远为向导,故六朝、三唐学实占学界上第一之位置。惠、戴学行,谓汉儒去古最近,适于为圣言通辁象,一时靡其风,家称贾、马,人说许、郑,则东汉学占学界上第一之位置。庄、刘别兴,魏、邵继踵,谓晚出学说非真,而必溯源于西京博士之所传,于是标今文以自别于古,与乾、嘉极盛之学派挑战。抑不徒今文家然也,陈硕甫作《诗疏》,亦申毛黜郑,同为古学,而必右远古,郑学日见掊击。而治文字者,亦往往据鼎彝遗文以纠叔重,则西汉学占学界第一之位置。乾、嘉以还,学者多雠正先秦古籍,渐可得读。二十年来,南海言孔子改制创新教,且言周秦诸子皆改制创新教,(见南海所著《孔子改制考》卷二、卷三。)于是于孔教宗门以内,有游、夏、孟、荀异同优劣之比较,(南海尊《礼运》'大同'义,谓传自子游,其衍为子思、孟子。《荀子·非十二子》篇,其非思、孟言曰:'以为仲尼、子游,为兹厚于后世。'是其证也。子夏传经,其与荀卿之渊源,见于《汉书·艺文志》。故南海谓子游受微言以传诸孟子,子夏受大义以传诸荀子:微言为太平世大同教,大义为升平世小康教。因此导入政治问题,美孟而剧荀,发明当由专制进为立宪、共和之理。其言有伦脊,先排古文以追孔子之大义,次排荀学以追孔子之微言。……谤者或以为是康教非孔教,顾《礼运》、《孟子》、《公羊传》之言不可得削也。就令非孔教而为康所托,其托之也,则亦于社会上有绝大关系明矣。夫在今日,虽以小学校之学僮,固莫不口英、美之政体,手卢、孟之著书矣。二十年前,昌言之者谁耶? 知之者或多,昌之者惟一。或又曰:南海欲言则自言之耳,何必托于孔子? 夫南海之于孔子,固心悦诚服者。谓彼为托,彼不任受也。抑亦思今日国中,闻立宪、共和之论而却走者,尚占大多数;二十年前,不引征先圣最有力之学说以为奥援,安能树一壁垒,与二千年之勍敌抗耶? 孟子曰:知人论世。乌可以今而例昔也! 鄙人非阿其所好,顾以为今后之学界,对于南海,总当表谢意,此公言也。……非吾敬南海而欲强国人以敬南海,……顾其惠我以思想界之感化者,则乌可忘也!"①

---

① 《论中国学术思想变迁之大势》,《梁启超全集》(第二册),北京出版社 1999 年版,第617 页。

按照梁启超的这一分析,康有为不仅引发了"游、夏、孟、荀异同优劣之比较",开启了第四期的核心话题;而且在对诸子的比较中进一步以学术观照现实,福泽中国近代的学界和政界。对此,梁启超主要从以下两个方面展开了说明和论证:第一,康有为通过"先排古文以追孔子之大义,次排荀学以追孔子之微言"的层层推进,秉持三世进化,宣扬变法维新。这一点非常重要,使康有为的思想不仅拥有了无与伦比的创新性,而且拥有了鲜明的现实性,直接服务于救亡图存、变法维新的需要。第二,康有为独创一种解读经书的方法,在排斥秦后一切传注、回归先秦六经原典的过程中,极大地推动了思想自由。正是在这个意义上,梁启超写道:"畴昔治《公羊》者皆言例,南海则言义。惟牵于例,故还珠而买椟;惟究于义,故藏往而知来。以改制言《春秋》,以三世言《春秋》者,自南海也。改制之义立,则以为《春秋》者,绌君威而申人权,夷贵族而尚平等,去内竞而归统一,革习惯而尊法治。此南海之言也。畴昔吾国学子,对于法制之观念,有补苴,无更革;其对于政府之观念,有服从,有劝谏,无反抗。虽由霸者之积威,抑亦误学孔子,谓教义固如是也。南海则对于此种观念,施根本的疗治也。三世之义立,则以进化之理,释经世之志,遍读群书,而无所于阂,而导人以向后之希望,现在之义务。夫三世之义,自何邵公以来,久暗昒焉。南海之倡此,在达尔文主义未输入中国以前,不可谓非一大发明也。南海以其所怀抱,思以易天下,而知国人之思想束缚既久,不可以猝易,则以其所尊信之人为鹄,就其所能解者而导之。此南海说经之微意也。而其影响波动,则既若此。近十年来,我思想界之发达,虽由时势所造成,由欧、美科学所簸动;然谓南海经学说无丝毫之功,虽极恶南海者,犹不能违心而为斯言也。南海之功安在? 则亦解二千年来人心之缚,使之敢于怀疑,而导之以入思想自由之途径而已。"①在这里,梁启超以康有为对《春秋》的推崇为切入点,以康有为对《春秋公羊传》的解读为例指出,康有为的贡献在于从根本上颠覆了几千年来人们在言例而舍义中对《春秋》的"买椟还珠"。具体地说,由于发现了《春秋》的精华在于微言大义,康有为一改中国人几千年的传统,开始从改制、三世的角度解读《春秋》,致使《春秋》的珠宝之光昭然于天下:在改制方面,宣称《春秋》绌君权而伸民权,夷贵族而尚平等;在三世方面,以进化之理解释《春秋》乃至一切经典,在据乱世、升平世、太平世的依次进化中使人既尽现在之义务,又怀未来之希望。

---

① 《论中国学术思想变迁之大势》,《梁启超全集》(第二册),北京出版社 1999 年版,第616 页。

　　值得注意的是,梁启超特意解释说,尽管康有为的思想极富创新性,然而,康有为却采取了"托孔"的办法。正因为如此,梁启超并不反对他人对于康有为所说的孔教实质上是"康教"的认定,同时为康有为的这一做法进行辩护。在梁启超看来,康有为之所以采取托古的方式,根本原因是受当时环境的限制——"于社会上有绝大关系"。由于当时中国社会思想未开,不搬来最有力的圣贤作后盾,便不能树立坚强的壁垒,以与两千年的劲敌对抗。这就是说,正如康有为指出孔子托古改制,其实尧舜皆孔子所托一样,孔子实则康有为所托。当然,梁启超既能够理解康有为在当时的情况下采取托古的手段情非得已的苦衷,又不满意康有为依傍古人的做法——认为这是名实混淆和好依傍的心理作祟,是缺乏精神自由的表现。这些印证了梁启超关于"吾于南海之说,其不肯苟同者,固往往有焉矣"[①]的说法,同时埋下了梁启超与康有为分道扬镳的种子。

第四节　康有为与梁启超

　　康有为与梁启超既是一对师生,又是戊戌政变的共同领袖;前者表明两人的思想具有渊源关系,后者表明两人拥有相同的政治诉求。尽管如此,康有为与梁启超在学术上、政见上存在着诸多差异,分歧时有发生,甚至两人不合的传闻在坊间不胫而走。有人说梁启超的宣传和护法成就了康有为,也有人说康有为的掣肘阻碍了梁启超思想的自由发挥。胡适更是评价梁启超不得良师,直接将矛头指向康有为。于是,康有为、梁启超的关系随之成为百余年来道不尽的常新话题。梳理康有为、梁启超的思想异同,探究两人的相互关系,不仅牵涉对康有为、梁启超思想的评价,而且关涉对戊戌启蒙思想的整体把握。

一、康有为对梁启超的影响

　　梁启超关于老师——康有为对自己的影响曾经有过集中回忆和明确表述。现摘录如下:"请为学方针,先生乃教以陆王心学,而并及史学、西学之梗概。……辛卯余年十九,南海先生始讲学于广东省城长兴里之万木草堂,徇通甫与余之请也。先生为讲中国数千年来学术源流、历史政治、沿革得失,取万国以比例推断之。余与诸同学日札记其讲义,一生学问之得力,皆

① 《论中国学术思想变迁之大势》,《梁启超全集》(第二册),北京出版社 1999 年版,第617 页。

在此年。先生又常为语佛学之精奥博大,余凤根浅薄,不能多所受。"①

　　结合这段说明和梁启超的思想可以看到,康有为对梁启超的影响,从时间上说集中在戊戌变法之前,从内容上说则集中在中学方面。至于梁启超后来沉湎其中、顶礼膜拜的佛学,则不在其中。在西学方面,梁启超一面将自己界定为"新思想界之陈述",一面用"三不"来形容康有为的西学水平。显然,梁启超的西学素养不可能源于"不通西文,不解西说,不读西书"②的康有为。

　　1.在学术上,对孔子和孔教的看法

　　梁启超在戊戌政变前所作的《读书分月课程》、《论支那宗教改革》、《读〈春秋〉界说》和《读〈孟子〉界说》等都显示了康有为对梁启超的影响。《万木草堂小学学记》甚至可以看作梁启超的"听课笔记",无疑是直接演绎康有为教学内容的结果。这用梁启超本人的话说便是:"于是略依南海先生长兴学记,演其始教之言以相语也。"③具体内容如下:

　　　　立志。孔子曰:天下有道,某不与易也。佛言不普度众生,誓不成佛。伊尹思天下之民,有匹夫匹妇,不被尧舜之泽者,若己推而纳诸沟中。孟子如欲平治天下,当今之世,舍我其谁也? 其志嘐嘐,先圣所取,朱子谓惟志不立,天下无可为之事。学者当思念国之何以弱,教之何以衰,种之何以微,众生之何以苦,皆由天下之人,莫或以此自任也。我徒知责人之不任,则盍自任矣。《论语》曰:"志于仁。"又曰:"仁以为己任"。学者苟无志乎,此则凡百学问,皆无着处,先立乎其大者,则其小者不能夺。此志既定。颠扑不破,读一切书,行一切事,皆依此宗旨,自无挂碍,自无恐怖。

　　　　养心。孔子自得之学,在从心所欲。孟子自得之学,在不动心。后人言及心学,辄指为逃禅,此大误也。天下学问,不外成己成物二端。欲求成己,而不讲养心,则眼耳鼻舌身意根尘相引,习气相熏,必至堕落。欲求成物,而不讲养心,则利害毁誉称讥苦乐,随在皆足以败事。故养心者,学中第一义也。养心有二法门:一曰静坐之养心,二曰遇事之养心。学者初学多属伏案之时,遇事盖少,但能每日静坐一二小时。求其放心,常使清明在躬,志气如神,梦据不乱,宠辱不惊,他日一切成

　　①　《三十自述》,《梁启超全集》(第二册),北京出版社1999年版,第958页。
　　②　《南海康先生传》,《梁启超全集》(第一册),北京出版社1999年版,第488页。
　　③　《万木草堂小学学记》,《梁启超全集》(第一册),北京出版社1999年版,第114页。

就，皆基于此，毋曰迂远云也。

　　读书。今之方领矩步者，无不以读书自命，然下焉者溺帖括，中焉者骛词章，上焉者困考据，劳而无功，博而寡要，徒断人才，无补道术。今之读书，当扫除莽榛，标举大义，专求致用，靡取骈枝，正经正史，先秦诸子，西来群学，凡此诸端，分日讲习，定其旨趣，撷其精华，自余群书，皆供涉猎，凡有心得，以及疑难，皆为札记。①

　　值得注意的是，作为对康有为讲学内容的"复述"，《万木草堂小学学记》的具体内容自然与康有为的思想别无二致。具体地说，其中记载的内容共分八项，分别是立志、养心、读书、穷理、经世、创教、学文和卫生。同样作于1897年的《湖南时务学堂学约》分立志、养心、治身、读书、穷理、学文、乐群、摄生和经世九项，具体内容与《万木草堂小学学记》大体相同。从中可见，其中并无多少梁启超个人的心得或观点。其实，并不限于《湖南时务学堂学约》和《万木草堂小学学记》，梁启超戊戌政变之前的论作内容大都如此。下仅举其一斑：

　　学者每苦于无门径，四库之书，浩如烟海，从何处读起耶？古人经学，必首诗书，证之《论语》、《礼记》、《荀子》皆然，然自伪古文既行，今文传注，率经阙失，诗之鲁齐韩，书之欧阳二夏侯，荡劫尤甚，微言散坠，索解甚难。惟《春秋》《公羊》《谷梁》二传，岿然独存，圣人经世之大义，法后王之制度，具在于是。其礼制无一不与群经相通，故言经学，必以《春秋》为本。②

　　陆子曰："我虽不识一字，亦须还我堂堂地做个人"。启超始学于南海，即受此义，且诚之曰："识字良易，做人信难哉"。又曰："若不行仁，则不得为人，且不得为知爱同类之鸟兽"。小人持此义以学做人七年，而未敢自信也。子绝四终以无我佛说无我相闻之古之定大难、救大苦、建大业、造大福、度大众者于其一身之生死利害、毁誉苦乐，茫然若未始有觉，而惟皇皇日忧人，于人之生死利害若乐忧之如常，夫自忧其身也，是之谓仁，是之谓人。忧其亲者，谓之孝子。忧其君者，谓之忠臣。忧其国者，谓之义士。忧天下者，谓之天民。墨子谓之任士，佛谓

---

① 《万木草堂小学学记》，《梁启超全集》（第一册），北京出版社1999年版，第114页。
② 《读书分月课程》，《梁启超全集》（第一册），北京出版社1999年版，第3页。

之菩萨行。①

康有为断言,诸子百家皆孔子之学,六经皆孔子所作,六经以《春秋》为至贵,因为《春秋》隐藏着孔子思想的微言大义。孔子后学以孟子、董仲舒和陆王为正宗,如果说孟子是最早发现孔子微言大义隐藏于《春秋》这一秘密的人的话,那么,董仲舒则是通过《春秋》阐发孔子微言大义最好的人。戊戌政变之前,梁启超对于诸子百家的关系和中国传统文化的看法基本上是康有为上述思想的翻版,从根本上说超不出对康有为思想的转述。

2.在政治上,变法维新的主张

作为近代公羊学大师,康有为通过阐发《春秋》的微言大义宣扬变法维新,并将孔子奉为托古改制的祖师爷。戊戌政变前后的梁启超沿着今文经发挥微言大义的思路,通过三世的依次进化宣扬变法维新。而他谋求的拯救中国的具体出路主要受康有为影响——或者说,与康有为的观点基本一致。对此,梁启超自己亦多次予以说明:

> 启超问治天下之道于南海先生。先生曰:"以群为体,以变为用。斯二义立,虽治千万年之天下可已。"启超既略述所闻,作《变法通议》。又思发明群义,则理奥例赜,苦不克达,既乃得侯官严君复之治功《天演论》,浏阳谭君嗣同之《仁学》,读之犁然有当于其心。悼天下有志之士,希得闻南海之绪论,见二君子宏箸,或闻矣见矣,而莫之解,莫之信。乃内演师说,外依两书,发以浅言,证以实事,作《说群》十篇。②
>
> 善夫诸教之言平等也,(南海先生有孔教平等义)不平等恶乎起?起于尚力,平等恶乎起?起于尚仁,等是人也,命之曰民。则为君者从而臣妾之,命之曰女,则为男者从而奴隶之。臣妾奴隶之不已,而又必封其耳目,缚其手足,冻其脑筋,塞其学问之涂,绝其治生之路。使之不能不俯首帖耳于此强有力者之手。久而久之,安于臣妾,安于奴隶,习为固然,而不自知。于其中有人焉,稍稍自疑于为臣妾为奴隶之不当者,反群起而谯之,以故数千年来男子,无或以妇学为治天下所当有事。而数千年之妇人,益无有奋然自张其军,以提倡其同类者也,非不才也,压力使然也。③

---

① 《三先生传》,《梁启超全集》(第一册),北京出版社 1999 年版,第 77 页。
② 《〈说群〉序》,《梁启超全集》(第一册),北京出版社 1999 年版,第 93 页。
③ 《变法通议》,《梁启超全集》(第一册),北京出版社 1999 年版,第 33 页。

作为学术主张与政治主张的共同结果，梁启超一心一意地支持并且不遗余力地宣传康有为立孔教为国教，通过保教来保国、保种的主张。与此相一致，此时的梁启超即使是读西书（日本书），目的也是为了保孔教，与之后输入新思想的动机不可同日而语。他写道："购求日本书至多，为撰提要，欲吾人共通之。因汉志之例，撮其精要，剪其无用，先著简明之目，以待忧国者求焉，启超即卒业，乃正告天下曰：译书之亟亟，南海先生言之即详矣。启超愿我农夫，考其农学书，精择试用，而肥我树艺；愿我工人，读制造美术书，而精其器用；愿我商贾，读商业学，而作新其货宝贸迁；愿我人士，读生理、心理、伦理、物理、哲学、社会、神教诸书，博观而约取，深思而研精，以保我孔子之教；愿我公卿，读政治、宪法、行政学之书，习三条氏之政议，择究以返观，发愤以改政，以保我四万万神明之胄；愿我君后，读明治之维新书。"①梁启超在此表露的读日本书的这一初衷与后来由于心仪以自由为核心的思想而大力输入西学迥异其趣，与由于输入西方思想而排斥孔教相去天壤。

受严复翻译的《天演论》和西方自由思想的影响，梁启超意识到康有为思想有"未能尽"者，由此开始倾心严复。他在写给严复的信中说："书中之言，启超等昔尝有所闻于南海，而未能尽。南海曰：'若等无诧为新理，西人治此学者，不知几何家几何年矣'。及得尊著，喜幸无量。启超所闻于南海有出此书之外者，约有二事：一为出世之事，一为略依此书之义而演为条理颇繁密之事。南海亦曰：'此必西人之所已言也。'"②尽管开始倾心严复并且对严复翻译的西学大为折服，然而，梁启超此时尚没有与康有为的思想发生根本分歧，而是对康有为和严复的观点兼而采之，《变法通议》《说群》等便是这一和合的反映。不仅如此，梁启超在戊戌政变后有时还提到康有为，拿康有为的观点为自己的主张做辩护。例如，他在1899年的《论强权》一文中写道："自由云者，平等云者，非如理想家所谓天生人而人人畀以自由平等之权利云也。我辈人类与动植物同，必非天特与人以自由平等也。康南海昔为强学会序有云：天道无亲，常佑强者，至哉言乎。世界之中，只有强权，别无他力，强者常制弱者，实天演之第一大公例也。然则欲得自由权者，无他道焉，惟当先自求为强者而已。欲自由其一身，不可不先强其身，欲自由其一国，不可不先强其国。强权乎，强权乎，人人脑质中不可不印此二字也。"③尽管如此，康有为对梁启超的影响只集中在戊戌政变之前是不争

① 《读〈日本书目志〉书后》，《梁启超全集》（第一册），北京出版社1999年版，第129页。
② 《与严幼陵先生书》，《梁启超全集》（第一册），北京出版社1999年版，第73页。
③ 《自由书·论强权》，《梁启超全集》（第一册），北京出版社1999年版，第353页。

的事实,并且,即使在此时,严复的影响亦不容忽视。在戊戌政变之后,梁启超对康有为思想的步趋和宣传戛然而止,提及康有为的次数越来越少,并且大多不是推崇而是表明自己与康有为的分歧。

二、康有为与梁启超思想的分歧

在戊戌政变失败逃亡日本——特别是接触到大量西方学说之后,梁启超的思想发生巨大转变,转变的直接后果之一便是在平等、自由和宗教等一系列重大问题上与康有为产生差异,甚至发生激烈冲突。梁启超在《清代学术概论》中对此毫不隐讳,并且说明了其中的原因:"启超既日倡革命排满共和之论,而其师康有为深不谓然,屡责备之,继以婉劝,两年间函札数万言。……启超自三十以后,已绝口不谈'伪经',亦不复谈'改制'。而其师康有为大倡设孔教会定国教祀天配孔诸义,国中附和不乏。启超不谓然,屡起而驳之。"①引文的前半段记载了康有为对梁启超的训斥,透露出由于梁启超日倡革命排满共和,主张兴民权,导致与康有为在关于自由与服从、"开民智"与"兴民权"等问题上的分歧;引文的后半段记述了梁启超对康有为思想的反驳,表明此时的梁启超已经放弃了早期"述康南海之言"时对孔教和诸子百家关系的认识,由于找到了自由和其他西方思想作为武器,不再像康有为那样假借孔子托古改制而倡言社会改良——随之而来的是,梁启超不再像从前那样极力为康有为的这些主张摇旗呐喊,而是屡次奋起予以驳斥。

无论是康有为对梁启超的"屡责备之"还是梁启超对康有为的"屡起而驳之"都可以想象两人之间冲突甚多,争议不断。其中,最本质的分歧简言之都可以归结为自由问题。对此,梁启超写道:"中国思想之痼疾,确在'好依傍'与'名实混淆'。若援佛入儒也,若好造伪书也,皆原本于此等精神。……康有为之大同,空前创获,而必自谓出孔子。及至孔子之改制,何为必托古? 诸子何为皆托古? 则亦依傍混淆也已。此病根不拔,则思想终无独立自由之望,启超盖于此三致意焉。然持论既屡与其师不合,康、梁学派遂分。"②在梁启超看来,康有为将孔子包装成托古改制的祖师爷和孔教的教主,使孔子带有"神秘性",无异于在打倒一个权威的同时,又别立一个权威,是对自由的蔑视;更何况康有为所讲的孔教实质上则是"康教",既然离孔子思想甚远,却又依傍孔子的权威,是缺少独立和自由精神的表现。这

① 《清代学术概论》,《梁启超全集》(第五册),北京出版社 1999 年版,第 3100 页。
② 《清代学术概论》,《梁启超全集》(第五册),北京出版社 1999 年版,第 3101 页。

些做法都是对精神自由如饥似渴的梁启超所无法容忍的。于是,梁启超对康有为的思想发生怀疑和动摇,开始别求他途,转而输入西学。这用梁启超本人的话说便是:"启超以教授著述,大弘其(指康有为——引者注)学。然启超与正统派因缘较深,时时不慊于其师之武断,故末流多有异同。有为、启超皆抱启蒙期'致用'的观念,借经术以文饰其政论,颇失'为经学而治经学'之本意,故其业不昌,而转成为欧西思想输入之导引。"①由于输入欧西之学,梁启超持论屡屡与老师不合便在预料之中,由此而来的"康、梁学派遂分"也就是或早或晚的事了。

进而言之,梁启超与康有为的思想之所以产生分歧乃至最终分道扬镳,原因是多方面的。深入探究其中的原因,有助于理解两人的关系,对于把握其间的思想分歧也是十分必要的。

1.中国近代社会政治局势的波谲云诡

康有为、梁启超的思想分歧与中国近代政治局势的极端复杂、变幻莫测密不可分。可以看到,两人的分歧始终围绕着对现实问题的审视和中国出路的思考展开。换言之,中国近代救亡图存的历史使命、政治环境和现实需要决定了康有为、梁启超的学术观点与政治主张密切相关,两人思想的分歧直接牵涉到对改造中国的具体方案和操作途径的选择。无论是内忧外患的艰难处境还是启蒙与救亡的双重使命都增加了中国近代社会的复杂性和多变性,也给问题的解决带来了诸多突如其来的变数和始料未及的难度。在这个现实问题上,康有为、梁启超的设想沿着不同的致思方向、着眼于不同的立足点展开:康有为旨在全球规划,主张取消国界,在推行平等中臻于大同;梁启超立足于中国实际,主张赋予国民以自由之权,通过"新民"和"道德革命",以民族主义和国家主义来拯救中国。

康有为、梁启超对《大同书》的态度直观地反映了两人关于大同主义与民族主义的分歧。《大同书》是康有为的代表作,凝聚了康有为对中国、对世界的未来设想,表明他将解决中国问题的希望寄托于消灭国家、取消国界的大同社会。一方面,梁启超对《大同书》的启蒙意义给予了高度评价,誉之为思想界的"火山大喷火"、"大地震"。另一方面,梁启超对于康有为提出的通往大同的步骤——梁启超称之为"毁灭家族",并且随着家族的毁灭而取消国界、消灭国家等设想不能苟同。对此,梁启超的评价是:"《大同书》……全书数十万言,于人生苦乐之根原,善恶之标准,言之极详辩,然后说明其立法之理由。其最要关键,在毁灭家族。……若夫国家,则又随家族

---

① 《清代学术概论》,《梁启超全集》(第五册),北京出版社1999年版,第3070页。

而消灭者也。有为悬此鹄为人类进化之极轨,至其当由何道乃能致此? 则未尝言。其第一眼目所谓男女同栖当立期限者,是否适于人性,则亦未甚能自完其说。"①从中可见,梁启超既认为康有为提出的取消家庭的方案有悖人性,又反对康有为通过点滴改良来进入大同的渐进路线。大同社会作为康有为的理想,是千百万年之后的事。由于恪守时之未至,不能躐等,康有为对大同社会惊世骇俗的遐想并不影响他在现实社会维持现状。据梁启超披露,康有为完成《大同书》后,一直"秘不以示人,亦从不以此义教学者,谓今方为'据乱'之世,只能言小康,不能言大同,言则陷天下于洪水猛兽。……而有为始终谓当以小康义救今世,对于政治问题,对于社会道德问题,皆以维持旧状为职志"②。康有为认为现实与理想并行不悖,主张点滴改良,因而将三世进一步划分为九世、八十一世以至无穷世,这是梁启超所反对的。与康有为相比,梁启超的思想显然要激进得多。因此,他并不满意康有为试图通过点滴改良来解决中国的现实问题,而是呼吁排满,甚至提倡暗杀,以此作为拯救中国的"捷径"。

2.迥然相异的学术兴趣

梁启超对于自己的学术经历有过一段较为集中的表述,其中涉及师从康有为的过程以及与康有为思想的异同。据此,可以发现梁启超与康有为的思想大不相同的诸多蛛丝马迹,从而更深切地理解两人思想的分歧:"对于'今文学派'为猛烈的宣传运动者,则新会梁启超也。启超年十三,与其友陈千秋同学于学海堂,治戴、段、王之学。千秋所以辅益之者良厚。越三年,而康有为以布衣上书被放归,举国目为怪。千秋、启超好奇,相将谒之,一见大服,遂执业为弟子,共请康开馆讲学,则所谓万木草堂是也。二人者学数月,则以其所闻昌言于学海堂,大诋诃旧学,与长老侪辈辩诘无虚日。有为不轻以所学授人。草堂常课,除《公羊传》外,则点读《资治通鉴》、《宋元学案》、《朱子语类》等,又时时习古礼。千秋、启超弗嗜也,则相与治周秦诸子及佛典,亦涉猎清儒经济书及译本西籍,皆就有为决疑滞。居一年,乃闻所谓'大同义'者,喜欲狂,锐意谋宣传。有为谓非其时,然不能禁也。又二年,而千秋卒(年二十二),启超益独力自任。启超治《伪经考》,时复不慊于其师之武断,后遂置不复道。其师好引纬书,以神秘性说孔子,启超亦不谓然。启超谓孔门之学,后衍为孟子、荀卿两派,荀传小康,孟传大同。汉代经师,不问为今文家古文家,皆出荀卿(汪中说)。二千年间,宗派屡变,壹

---

① 《清代学术概论》,《梁启超全集》(第五册),北京出版社1999年版,第3098—3099页。
② 《清代学术概论》,《梁启超全集》(第五册),北京出版社1999年版,第3099页。

皆盘旋荀学肘下,孟学绝而孔学亦衰。于是专以绌荀申孟为标帜,引《孟子》中诛责'民贼'、'独夫'、'善战服上刑'、'授田制产'诸义,谓为大同精意所寄,日倡道之,又好《墨子》,诵说其'兼爱'、'非攻'诸论。启超屡游京师,渐交当世士大夫,而其讲学最契之友,曰夏曾佑、谭嗣同。……此可想见当时彼辈'排荀'运动,实有一种元气淋漓景象。嗣同方治王夫之之学,喜谈名理,谈经济,及交启超,亦盛言大同,运动尤烈。(详次节)而启超之学,受夏、谭影响亦至巨。"①

　　这个回忆和介绍淋漓尽致地再现了梁启超思想的多变性和驳杂性,也从一个侧面为人们理解梁启超与康有为思想的差异乃至分歧提供了难得的第一手材料。据此,可以得出如下几点认识:第一,梁启超对康有为传授的思想并不是照单全收,而是具有自己的选择和取舍。例如,从对康有为讲宋学、古礼的"弗嗜也"到闻听康有为讲大同时的"喜欲狂,锐意谋宣传",反差强烈,其中贯穿着梁启超自己的好恶。第二,梁启超对于康有为的观点有认同,也有反对。例如,梁启超接受了康有为《新学伪经考》的大体内容,以至于正是由于这方面的原因而归服康有为;然而,他并不满意康有为的"武断",特别是无法容忍康有为援引纬书将孔子神秘化的做法。第三,梁启超"好《墨子》",具有迥异于康有为的学术兴趣和好恶。事实证明,梁启超有别于康有为的学术兴趣不止于此,并且随着学识、阅历的增加而日益表现出来,与康有为思想的不同也随之日益凸显。第四,由于喜欢交友、"'学问欲'极炽"等诸多原因,梁启超的思想受众多人的影响,来源繁多而驳杂。换言之,作为老师的康有为并不是梁启超思想的唯一来源,甚至不是最主要的来源。可以看到,除了康有为之外,梁启超的思想深受谭嗣同、夏曾佑的影响。后来,严复、欧阳竟无等人的影响有目共睹。再后来,梁启超所涉猎、吸收的西学,更是人物和学说众多。

　　对于康有为与梁启超思想的关系而言,如果说前两点只是表明了梁启超与康有为思想的差异,并且这些差异充其量只是大同中的小异,所以,梁启超才为康有为的思想摇旗呐喊,最终成为"'今文学派'为猛烈的宣传运动者"的话,那么,后两点却直接导致了梁启超与康有为思想的分歧,为之后两人思想的分道扬镳埋下了伏笔。

　　3.守成与易变的悬殊做派

　　康有为"武断"而一成不变,梁启超"太无成见"而屡次更张,悬殊的做派为两人的思想差异乃至分歧推波助澜。梁启超多次提到自己与康有为思

---

　　① 《清代学术概论》,《梁启超全集》(第五册),北京出版社1999年版,第3099—3100页。

想的关系,既承认康有为对自己的影响,又流露出对康有为思想的不满。对于自己与康有为思想分歧的原因,或者说,对于自己对康有为思想不满的原因,梁启超的下列说法似乎给出了答案:

> 有为弟子有陈千秋、梁启超者,并夙治考证学,陈尤精洽,闻有为说(指《新学伪经考》的内容——引者注),则尽弃其学而学焉。《伪经考》之著,二人者多所参与,亦时时病其师之武断,然卒莫能夺也。实则此书大体皆精当,其可议处乃在小节目。乃至谓《史记》、《楚辞》经刘歆羼入者数十条,出土之钟鼎彝器,皆刘歆私铸埋藏以欺后世。此实为事理之万不可通者,而有为必力持之。实则其主张之要点,并不必借重于此等枝词强辩而始成立,而有为以好博好异之故,往往不惜抹杀证据或曲解证据,以犯科学家之大忌,此其所短也。有为之为人也,万事纯任主观,自信力极强,而持之极毅。其对于客观的事实,或竟蔑视,或必欲强之以从我。其在事业上也有然,其在学问上也亦有然;其所以自成家数崛起一时者以此,其所以不能立健实之基础者亦以此;读《新学伪经考》而可见也。①

> 有为谓孔子之改制,上掩百世,下掩百世,故尊之为教主;误认欧洲之尊景教为治强之本,故恒欲侪孔子于基督,乃杂引谶纬之言以实之;于是有为心目中之孔子,又带有"神秘性"矣。②

从梁启超的论述中,可以寻找到导致两人思想分歧的大致脉络和根源。除了宗教、孔教以及由此引发的自由问题之外,梁启超屡次批评老师的思想"武断"、"纯任主观"——一旦有所观点,便笃然恪守;即使有新材料出现也"往往不惜抹杀证据或曲解证据"。由此,不满康有为的"武断"成为梁启超与其师决裂的公开理由,梁启超将康有为的这一做派称为"太有成见"。问题的关键在于,与康有为的守成不变截然相反,梁启超"太无成见"。于是,一边是"太有成见"的老师,一边是"太无成见"的学生,截然相反的为人做派和行事风格不仅无法弥合康有为、梁启超的思想差异,反而使差异进一步加大,最终演变为分歧或对立。正如梁启超所言:"启超与康有为最相反之一点,有为太有成见,启超太无成见。其应事也有然,其治学也亦有然。有为常言:'吾学三十岁已成,此后不复有进,亦不必求进。'启超不然,常自觉

---

① 《清代学术概论》,《梁启超全集》(第五册),北京出版社1999年版,第3097页。

② 《清代学术概论》,《梁启超全集》(第五册),北京出版社1999年版,第3097—3098页。

其学未成,且忧其不成,数十年日在旁皇求索中。故有为之学,在今日可以论定;启超之学,则未能论定。然启超以太无成见之故,往往徇物而夺其所守,其创造力不逮有为,殆可断言矣。启超'学问欲'极炽,其所嗜之种类亦繁杂,每治一业,则沉溺焉,集中精力,尽抛其他;历若干时日,移于他业,则又抛其前所治者。以集中精力故,故常有所得;以移时而抛故,故入焉而不深。"①

本来,梁启超就表现出与康有为迥异的学术兴趣,加之"太无成见"和"'学问欲'极炽",每见新学便沉潜其中,尽抛旧学,这使梁启超在"移时而抛故"中与自己从前的思想都难免相互矛盾,离一直守成不变的康有为越来越远是再合逻辑不过的事了。从这个意义上说,康有为与梁启超思想的分歧与梁启超思想的屡变有关,康有为的守成不变与梁启超的见异思迁是重要原因。值得注意的是,梁启超一面指出康有为"太有成见",一面指出自己"太无成见",以此作为两人思想分歧乃至分道扬镳的证据。在此过程中,正如对康有为的"太有成见"并非加以肯定,而是指责其"纯任主观",强物就我,犯科学之大忌一样,梁启超对自己的"太无成见"并没有决然否定。正因为如此,尽管包括康有为在内的诸多师友对梁启超的这一特点屡加诟病和训教,然而,梁启超对此却一再承认,而又一再重犯。对成见截然相反的态度预示了康有为、梁启超冲突的必然性,梁启超"学问欲"的膨胀以及对学问的"移情别恋"则注定了与康有为思想的渐行渐远。

4.梁启超的西学情结

梁启超对新学兴趣盎然,新学在他那里主要指从日本转译的西学,可以称为"日"记西学,与严复直接从西方翻译和输入的新学大不相同。在逃亡日本后,梁启超有机会深入接触和了解日本学术。自此开始,由于青睐日本翻译的西方学说,梁启超的思想也为之大变。鉴于"日"记西学对自己的影响和塑造,梁启超将日本誉为自己的"第二个故乡"。他曾经动情地回忆说:"吾于日本,真有第二个故乡之感。盖故乡云者,不必其生长之地为然耳。生长之地所以为故乡者何?以其于己身有密切之关系,有许多之习惯印于脑中,欲忘而不能忘者也。然则凡地之于己身有密切之关系,有许多之习惯印于脑中,欲忘而不能忘者,皆可作故乡观也。吾自中日战事以来,即为浪游,……又自居东以来,广搜日本书而读之。若行山阴道上,应接不暇,脑质为之改易,思想言论与前者若出两人。每日阅日本报纸,于日本政界、学界之事,相习相忘,几于如己国然。盖吾之于日本,真所谓有密切之关系,

---

① 《清代学术概论》,《梁启超全集》(第五册),北京出版社1999年版,第3102页。

有许多之习惯印于脑中,欲忘而不能忘者在也。"①梁启超明言,故乡不以出生或生长的地域言,而以与自身的密切关系言。以此观之,日本是自己的精神故乡,因为自己的许多习惯在日本形成,并且已经印在脑中,欲忘而不能。日本翻译的西书和日本报纸、杂志所刊载的政界、学界之事更是给自己以决定性影响,改变了自己的脑质,使自己"思想言论与前者若出两人"。更为重要的是,梁启超对日本是自己"第二个故乡"的认定不仅是事实式的,而且是价值式的。换言之,他不仅看到了日本给自己以决定性的影响这一事实,而且对此乐在其中,是认可的,甚至是感恩的。作为这种认同的结果,他对西学的理解和接受以及对西学术语的翻译大都取法日本。可以毫不夸张地说,日本思想对于梁启超具有"再造"之功,作为主要的理论来源,影响着梁启超的思想内容、思维方式和价值取向。日本的"洗脑"使梁启超成为"日"记的西学家,而此时的康有为仍然是原来的那个大声疾呼孔教为国教的中学家。由此不难想象,梁启超对"日"记西学的输入和热衷把自己与康有为的分歧推向了顶点。

梁启超的"学问欲"以及与康有为不同的学问兴趣和思想理念明显地表现在对新学的输入上。对此,梁启超不止一次地写道:

> 康有为、梁启超、谭嗣同辈,即生育于此种"学问饥荒"之环境中,冥思枯索,欲以构成一种"不中不西即中即西"之新学派,而已为时代所不容。盖固有之旧思想,既深根固蒂,而外来之新思想,又来源浅觳,汲而易竭,其支绌灭裂,固宜然矣。……壬寅、癸卯间,……新思想之输入,如火如荼矣。然皆所谓"梁启超式"的输入,无组织,无选择,本末不具,派别不明,惟以多为贵,而社会亦欢迎之。盖如久处灾区之民,草根木皮,冻雀腐鼠,罔不甘之,朵颐大嚼,其能消化与否不问,能无召病与否更不问也,而亦实无卫生良品足以为代。②
>
> 启超之在思想界,其破坏力确不小,而建设则未有闻。晚清思想界之粗率浅薄,启超与有罪焉。……启超务广而荒,每一学稍涉其樊,便加论列,故其所述著,多模糊影响笼统之谈,甚者纯然错误,及其自发现而自谋矫正,则已前后矛盾矣。平心论之,以二十年前思想界之闭塞萎靡,非用此种卤莽疏阔手段,不能烈山泽以辟新局。就此点论,梁启超

---

① 《夏威夷游记》,《梁启超全集》(第二册),北京出版社 1999 年版,第 1217 页。
② 《清代学术概论》,《梁启超全集》(第五册),北京出版社 1999 年版,第 3104—3105 页。

可谓新思想界之陈涉。①

对西学的输入使梁启超与康有为的思想相去甚远,正是在一边是康有为对"整理旧学"的锲而不舍,一边是梁启超对"新思想之输入"的乐此不疲中,两人的思想来源、理论建构呈现出越来越大的差异乃至对立。具体地说,由于对西学的输入——特别是对西学的热衷和接受,梁启超在思想来源、理论构成、思维方式和价值诉求等各方面都拉开了与康有为的距离。

与输入西学相一致,梁启超将自己界定为"新思想界之陈涉",蔡元培更是以"宣传欧化"总结梁启超一生的学术追求。② 在梁启超一步步转向西学家的过程中,康有为始终保持着中学家的身份,依然故我地在中学中寻找救亡图存的武器,一如既往地试图凭借孔教来保国、保种。结果不难想象,康有为、梁启超的思想由此分歧不断乃至冲突日显,最终学派"遂分"。

三、道不尽的康有为与梁启超

在由严复、康有为、谭嗣同和梁启超组成的戊戌启蒙四大家中,康有为与梁启超的关系是亲近的,无论是师生之谊还是同领戊戌都证明了这一点;两人的关系又是疏远的,无论是康有为对梁启超的屡次训责还是梁启超对康有为的屡次反驳甚至公开叫板都是如此。就前一点而言,康有为与梁启超的关系不惟严复不能比拟,即使是与康有为思想"十同八九"的谭嗣同也不可企及;就后一点而言,即使是与严复的分歧也没有达到如此程度——至少梁启超没有公开反驳过严复,而他却公开表示自己与康有为的思想对立不可调和,故而各奔东西。这种情况表明康有为、梁启超的关系异常复杂,在梳理近代思想发展轨迹时厘清自己与康有为的关系也成为梁启超必须面对而又最棘手的问题。

① 《清代学术概论》,《梁启超全集》(第五册),北京出版社 1999 年版,第 3101 页。
② 1929 年 1 月 29 日,梁启超辞世。1929 年 2 月 27 日,北京各界五百多人在广惠寺举行公祭,同日上海举行梁启超追悼会,蔡元培等百余人到场。蔡元培的挽联是:"保障共和,应与松坡同不朽;宣传欧化,宁辞五就比阿衡。"(《挽梁启超联》,《蔡元培全集》(第六卷),浙江教育出版社 1997 年版,第 346 页)松坡是蔡锷的字。蔡锷是近代军事家,梁启超的学生,1915 年与梁启超策划反袁,12 月在云南组织护国军起兵讨袁。蔡元培以梁启超比蔡锷,是称赞梁启超与蔡锷一样是反袁护国、保障共和的英雄。阿衡是商代伊尹的尊号,"五就"原指伊尹五次归汤,后引申为勤劳治国的贤臣。蔡元培以梁启超比伊尹,是称赞梁启超的爱国情怀,矢志不渝传播西方思想。挽联的上句侧重行为、政治,下句侧重思想、学术。值得注意的是,蔡元培没有称赞梁启超的国学,而是将梁启超的思想概括为"宣传欧化"。据此可见,蔡元培给梁启超的盖棺定论是"宣传欧化"的西学家。

诚然，梁启超在对中国近代思想进行划分时，并非没有将自己与康有为同时归为一期的情况。例如，在《清代学术概论》中，他对从明末清初到近代这近三百年的思想进行梳理，划分为四期，并将自己与康有为归为同一期之中。对于这四期的代表人物，梁启超写道："其一，颜元、李塨一派。……其二，黄宗羲、万斯同一派。……其三，王锡阐、梅文鼎一派。……其全盛运动之代表人物，则惠栋、戴震、段玉裁、王念孙、王引之也，吾名之曰正统派。……其蜕分期运动之代表人物，则康有为、梁启超也。"①在这个划分中，康有为与梁启超属于同一期，也就是"蜕分期"。不仅如此，由于"清学之蜕分期，同时即其衰落期也"②，作为蜕分期代表人物的康有为、梁启超自然成为衰落期的代表。这就是说，作为蜕分期和衰落期两期的代表人物都只有康有为和梁启超两个人，不惟没有严复等人的影子，谭嗣同也不在其中。问题的关键是，梁启超这样做目的是什么？究竟是为了凸显康有为、梁启超两人之间思想的相同，还是另有玄机？

此外，梁启超在《五十年中国进化概论》中同样将自己与康有为归入同一期之中。他对当时中国思想界的状况概括如下："近五十年来，中国人渐渐知道自己的不足了。……第一期，先从器物上感觉不足，……第二期，是从制度上感觉不足，……所以拿'变法维新'做一面大旗，在社会上开始运动，那急先锋就是康有为梁启超一班人。这班人中国学问是有底子的，外国文却一字不懂。他们不能告诉人'外国学问是什么？应该怎么学法？'只会日日大声疾呼，说'中国旧东西是不够的，外国人许多好处是要学的'。这些话虽然象是囫囵，在当时却发生很大的效力。他们的政治运动，是完全失败，只剩下前文说的废科举那件事，算是成功了。这件事的确能够替后来打开一个新局面，国内许多学堂，国外许多留学生，在这期内蓬蓬勃勃发生，第三期新运动的种子，也可以说是从这一期播殖下来。这一期学问上最有价值的出品，要推严复翻译的几部书，算是把 19 世纪主要思潮的一部分介绍进来。可惜国里的人能够领略的太少了。第三期，便是从文化根本上感觉不足。第二期所经过时间，比较的很长——从甲午战役起到民国六七年间止。约二十年的中间，政治界虽变迁很大，思想界只能算同一个色彩。简单说：这二十年间，都是觉得我们政治法律等等，远不如人，恨不得把人家的组织形式，一件件搬进来，以为但能够这样，万事都有办法了。革命成功将近十年，所希望的件件都落空，渐渐有点废然思返。觉得社会文化是整套的，

① 《清代学术概论》，《梁启超全集》（第五册），北京出版社 1999 年版，第 3069—3070 页。
② 《清代学术概论》，《梁启超全集》（第五册），北京出版社 1999 年版，第 3070 页。

要拿旧心理运用新制度,决然不可能,渐渐要求全人格的觉悟。"①

　　梁启超在此所说的"近五十年"指从鸦片战争之后的洋务运动到五四新文化运动时期,大体相当于近代阶段。在这里,他依据中国人"知道自己的不足"和学习西方的内容,将这一时期具体划分为三个阶段,并将自己与康有为一起归入第二期之中。梁启超此处的观点从将自己与康有为归入同一期来说与《清代学术概论》是一致的,其间的不同是,此处作为第二期的代表人物不只是康有为和梁启超两个人,而是多了一个严复。意味深长的是,梁启超对自己、康有为与严复三人关系的表述颇为微妙——既想拉近自己与康有为的距离,又想保持自己与严复的距离:第一,在梁启超的视界中,第二期的主力是"不懂外国话的西学家",这些人"外国文却一字不懂",严复显然不属于这种情况。第二,梁启超在论及戊戌维新前后的情形时,只提到了自己与康有为,并无严复的影子:"到'戊戌维新'前后,当时所谓新党如康有为梁启超一派,可以说是用全副精力对于科举制度施行总攻击。前后约十年间,经了好几次波折,到底算把这件文化障碍物打破了。"②第三,更有甚者,梁启超直接指明戊戌维新的"急先锋就是康有为梁启超一班人",而并没有提到严复。不仅如此,为了显示自己与康有为、严复的不同关系,梁启超在行文中采取了康有为、梁启超并列,而与严复分别叙述的办法。

　　既然如此,人们不禁要问:梁启超为什么不将严复别列一派?而是将严复与自己和康有为一起归入第二期?接着往下读便会恍然大悟,原来第二期是与第一、第三期相比较而言的:"这三期间思想的进步,试把前后期的人物做个尺度来量他一下,便很明白。第一期,如郭嵩焘张佩纶张之洞等辈,算是很新很新的怪物。到第二期时,嵩焘佩纶辈已死去,之洞却还在。之洞在第二期前半,依然算是提倡风气的一个人,到了后半,居然成了老朽思想的代表了。在第二期,康有为梁启超章炳麟严复等辈,都是新思想界勇士,立在阵头最前的一排。到第三期时,许多新青年跑上前线,这些人一趟一趟被挤落后,甚至已经全然退伍了。"③由此可见,梁启超对于第二期的划分及其代表人物的选择是以洋务派、新文化运动者为参照的,或者说,是与他们相比较——"做个尺度来量"而言的。正因为如此,先维新后转向革命的章炳麟尚在其中,将严复归入第二期亦在情理之中,甚至成了唯一"正

①　《五十年中国进化概论》,《梁启超全集》(第七册),北京出版社1999年版,第4030—4031页。

②　《五十年中国进化概论》,《梁启超全集》(第七册),北京出版社1999年版,第4030页。

③　《五十年中国进化概论》,《梁启超全集》(第七册),北京出版社1999年版,第4031页。

确"的选择。在将严复归入第二期的前提下,梁启超之所以对严复"另算",既暗示了自己与严复思想的距离,又拉近了自己与康有为的关系。由此可以想象,如果对第二期加以细分的话,那么,梁启超可能将自己与康有为归为同一期,而将严复归为另一期。

至此,可以得出结论,当康有为、梁启超与严复相遇时,梁启超选择将自己与康有为归为一派,而与严复保持距离。这突出了梁启超与康有为思想的一致性。问题的关键是,如果面对的是谭嗣同而不是严复,情况又如何呢?稍加留意即可发现,在《五十年中国进化概论》的第二期中,没有谭嗣同。不仅如此,梁启超在将自己与康有为归为同一期时,都是在谭嗣同"不在场"的情况下,上面提到的《清代学术概论》也属于这种情况。综观梁启超的思想可以发现,梁启超有时将谭嗣同与康有为归为一派,有时将自己与康有为归为一派,有时又刻意强调自己与谭嗣同的思想相同——如排荀、提倡民权等,甚至肯定两人思想相同而与康有为思想不同,当然也有"康有为、梁启超、谭嗣同辈"之类的表述,凡此种种,不一而足,让人对梁启超对于三人关系的看法捉摸不定。可以肯定的是,梁启超惟独没有像对待严复那样对待谭嗣同——将自己与康有为归为一派或一期,而将谭嗣同单独"另算"。恰好相反,梁启超往往更直白地凸显谭嗣同与康有为思想的一致性,甚至干脆直接把谭嗣同的思想说成是对康有为思想的继承和发挥。他写道:"南海之功安在?则亦解二千年来人心之缚,使之敢于怀疑,而导之以入思想自由之途径而已。自兹以还,浏阳谭壮飞(嗣同)著《仁学》,乃举其冥想所得、实验所得、听受所得者,尽发之而无余,而思想界遂起一大革命。"[1]不仅如此,梁启超在《〈仁学〉序》和《谭嗣同传》中对谭嗣同思想的介绍同样秉持这一套路。回过头来反观梁启超对自己思想的介绍和概括,却找不到直接发挥康有为思想的说法。梁启超早期声明自己"述康南海之言","述"表明那是作为学生对老师思想的宣传,其中更多的是弟子的义务,而非完全心悦诚服。拿他对《新学伪经考》的宣传来说,即存在着不满意之处。后来的梁启超更多的则是彰显自己与康有为思想的分歧,并且不厌其烦地通过陈述其中的原因为自己辩护。

与既传师说又嬗师说的态度相一致,在对中国近代思想的梳理中,梁启超不仅将自己与康有为归为一派,而且更多的是将谭嗣同与康有为归为一派:第一,一方面,对于自己,梁启超或者肯定自己对康有为思想的宣传有

---

[1]　《论中国学术思想变迁之大势》,《梁启超全集》(第二册),北京出版社 1999 年版,第 616 页。

功,或者力陈与康有为思想分歧的原因,总之从未承认自己的思想是对康有为思想的继承发挥甚至完全相同。另一方面,梁启超强调谭嗣同思想与康有为相同,乃至是对康有为思想的最佳发挥。第二,在对近代学术思想史进行追溯或梳理、分段时,梁启超将康有为、谭嗣同归为同一期,自己则不在场。在《论中国学术思想变迁之大势》中,梁启超就采取了这种做法。梁启超的这种做法是对康有为、梁启超思想分歧的真实流露,却使康有为、谭嗣同与梁启超三人之间的关系变得复杂、微妙起来。

在评价康有为与梁启超的关系时,既要看到康有为对梁启超的影响以及两人思想的相同性,又要重视梁启超对康有为思想的态度变化以及两人思想的差异性乃至分歧。梁启超不仅是一位好学生,大力宣传老师的思想学说,与老师共同组织变革中国的政治运动;而且是一位崇尚自由的思想家和政治家,具有自己的学术兴趣和独立见解,并且提出了一套拯救中国的救亡纲领。中国近代是政治局势波谲云诡的时代,也是各种思潮风起云涌、令人目不暇接的时代。康有为与梁启超之间15年的年龄差距,在这样的背景和时代足以形成巨大而无法弥合的"代沟"。有感于时势之变迁,出于"极炽"之"学问欲",梁启超自然在流质易变中与"守成不变"的康有为渐行渐远。在这方面,年龄上与康有为更接近的谭嗣同(与康有为相差7岁)与康有为思想的诸多相同之处证明了两人拥有更多的"共同语言",也从一个侧面为康有为与梁启超的思想差异乃至分歧提供了佐证。

第五章 康有为、梁启超思想比较

在戊戌启蒙思想家乃至近现代思想家中,名字常常被连在一起的,首推康有为和梁启超。梁启超是康有为的得意弟子,并且与康有为一起发动了戊戌变法。从19世纪末的戊戌维新开始,两人便被合称为"康梁"。之后,这一称谓一直沿用至今。

需要说明的是,"康梁"的称谓并不代表也不意味着梁启超的思想与康有为相同。如果因为梁启超是康有为的学生,思想受康有为的影响,便断定"康梁"称谓指康有为、梁启超思想相同,这是不能接受的。从实际情况来看,梁启超本人的思想以多变著称于世,就一般逻辑而言,不可能变前变后均与康有为相同;梁启超在戊戌政变之前秉持师说,后来尤其是逃亡日本、接触大量的西方思想后则与康有为的思想渐行渐远,乃至分道扬镳。这借用梁启超本人的话说便是:"康、梁学派遂分"。康有为作为老师对梁启超的影响是毋庸置疑的,然而,一个不争的事实是,即使是对于梁启超的早期思想,康有为的思想也并非唯一来源,"'学问欲'极炽"的梁启超涉猎广泛,无论是戊戌维新之前兼受严复、谭嗣同和夏曾佑等人的影响还是逃亡日本之后深受西方思想浸染,都预示着梁启超与康有为思想的差异成为不可回避的重要方面。综合考察两人的思想可以发现,康有为、梁启超的思想既有相同点,又有不同点。这使比较、探究康有为与梁启超思想的异同成为研究两人思想的重要切入点。反过来,通过对康有为、梁启超思想异同的审视和比较,可以更直观地把握、理解"康梁"称谓的涵义以及戊戌启蒙思潮的内部分歧。

第一节 孔学与国学

中国近代是西学大量东渐的时代,也是第一次以西学为参照而全面审视中国本土文化的时代。这使诸子百家之间的关系倍受关注,对中国本土文化的整合随之成为不可回避的热点话题。康有为、梁启超对中国文化的理解迥然相异,无论是对诸子百家关系的认定还是对中国本土文化的整合都相去甚远。

一、"孔子之学"与"三位大圣"

在对中国本土文化的追溯和审视中,不可回避其至最先遇到的便是诸子百家之间的关系问题。在这个问题上,康有为宣称"百家皆孔子之学",致使先秦时期相互争鸣的诸子百家最终都还原为"孔子之学"一家;梁启超坚持孔子、老子和墨子是中国文化不可或缺的"三圣"、"三位大圣",三人分别创立的儒家、道家和墨家是中国文化的主干,也是诸子百家的共同源头。

1.康有为:"百家皆孔子之学"

在戊戌政变之前的十多年间,康有为有一段相对平静的学术研究时间,专心致力于考辨中国本土文化的"学术源流"。通过考辨,他得出的结论是:"'六经'皆孔子作,百家皆孔子之学。"①至此,康有为将诸子百家都还原为"孔子之学"一家:第一,从经典上看,《诗》《书》《礼》《乐》《周易》和《春秋》皆孔子作,先秦诸子皆传承孔子的六经而来,都是孔子后学。按照通常说法,老子与孔子同为春秋时人,墨子则生活于春秋战国之际。为了证明两人是孔子后学,康有为不仅让两人在时间上晚于孔子,而且从经典上找到了两人是孔子后学的"证据":老子思想出于《周易》,墨子思想出于《春秋》。在将老子、墨子都归到孔子麾下之后,其他人相对来说也就容易了——总之,皆从孔子所作的六经而来:孟子以传承孔子作的《春秋》为主,同时传《诗》《书》;庄子传《周易》;荀子以《礼》为主,同时传《乐》《诗》、《书》等;惠施、公孙龙等传孔子的正名思想;韩非是老子后学,从《老子》的"天地不仁,以万物为刍狗;圣人不仁,以百姓为刍狗"而来,是对《周易》的歪解。第二,传承六经不仅证明了"百家皆孔子之学"此言不虚,而且决定了诸子思想的内容侧重和在孔子之学中的地位。按照康有为的说法,六经尽管皆出自孔子之手,内容和地位却大不相同。其中,《诗》《书》《礼》和《乐》是孔子早年所作,属于粗浅之学,故而被孔子拿来"日以教人";《周易》、《春秋》是孔子晚年所作,属于高深之学,故而"择人而传"。例如,老子、庄子皆传孔子之《周易》,老子由于"偷得半部《易经》",只讲柔而不讲刚,充其量只得孔子之学的"一体"或"一端";庄子却得孔子大同之学,和孟子一样成为孔子高级之学的传人,与老子的地位截然不同。再如,孟子、荀子同是孔门战国时期的"二伯",由于孟子传《春秋》,思想以仁为主,属大同之学;荀子传《礼》,思想以礼为主,属小康之学。《春秋》与《礼》的不同文

① 《万木草堂口说·学术源流》,《康有为全集》(第二集),中国人民大学出版社 2007 年版,第 145 页。

本决定了孟子、荀子思想的不同侧重以及在孔子后学中的悬殊地位。

　　将百家还原为"孔子之学"一家表明了康有为对孔子的特殊尊奉,也奠定了立孔教为国教的基础。对诸子百家的这一认定进一步决定了他的著作以阐发孔子及其正统传人的思想为主,从《孔子改制考》、《新学伪经考》、《春秋董氏学》、《孟子微》、《论语注》、《中庸注》、《礼运注》到《春秋笔削大义微言考》均侧重对孔子及孔学正宗传人思想的阐释和发微。不仅如此,康有为思想的主要来源侧重中学,主要也集中在孔子及其正统传人孟子、董仲舒、陆九渊和王守仁等人。

　　2.梁启超:孔子、老子和墨子是"三位大圣"

　　在对中国文化源头的追溯中,梁启超指出,孔子、老子和墨子作为春秋时期的三位思想家都是中国哲学和文化的始祖,作为中国文化的"三圣"或"三位大圣",孔子、老子和墨子创立的儒家、道家和墨家尽管学派各殊、思想迥异,却秉持相同的学术宗旨和归宿,共同成为中国文化的活水源头,后来的学派都是从这"三圣"、"三位大圣"的思想中衍生出来的。正是在这个意义上,他写道:"孔、老、墨三位大圣,虽然学派各殊,'求理想与实用一致',却是他们共同的归着点。如孔子的'尽性赞化','自强不息',老子的'各归其根',墨子的'上同于天',都是看出个'大的自我'、'灵的自我'和这'小的自我'、'肉的自我'同体,想要因小通大,推肉合灵。我们若是跟着三圣所走的路,求'现代的理想与实用一致',我想不知有多少境界可以辟得出来哩。"①

　　与这个评价相一致,梁启超分别从不同角度将人数众多的先秦诸子编排到孔子、老子和墨子创立的学派之中,一面证明"三圣"势均力敌,共同组成了中国文化的源头,一面突出三家迥然相异的学术主张和理论特色。为此,他将地理环境决定论运用到对先秦思想的解读中,从地理环境的角度分析儒、道、墨各家的主张,将儒家和墨家视为北方文化的代表,将老子创立的道家说成是南方文化的精英。循着这个思路,梁启超得出了儒、墨重人道,道家重天道;儒、墨重实用,道家重理想等结论。这种区分和阐释成为梁启超解读中国本土文化的特点和亮点。

　　进而言之,梁启超对诸子百家关系的厘定承认孔子对于中国本土文化的巨大贡献,却不像康有为那样将诸子百家组成的全部中国本土文化都归为孔子之学。伴随着这一变化而来的是,梁启超对先秦学术概况有别于康有为的描述:第一,先秦文化分为孔子创立的儒家、老子创立的道家和墨子

――――――――

　　①　《游欧心影录》,《梁启超全集》(第五册),北京出版社1999年版,第2986页。

创立的墨家三大学派,孔子与老子、墨子被并尊为"三位大圣"或"三圣"。第二,为了防止孔子之学的歧义丛生,梁启超刻意回避或不再使用孔教一词,而是采用儒家文化或儒家等概念与道家、墨家对举。由此可见,他将中国本土文化主要归结为儒、道、墨三家,肯定孔子和儒学在中国文化中的作用,却不再独尊孔子,孔子之学也不再是中国文化的基本形态。

　　由此,梁启超确定了儒家、道家与墨家在中国本土文化中三足鼎立的格局。这一观点成为他审视中国传统文化的基本思路,贯穿于对中国古代政治、法律、哲学和思想史的研究。例如,梁启超在《中国法理学发达史论》中专列《旧学派关于法之观念》一章,其中的第一节是儒家,第二节是道家,第三节是墨家。再如,在《先秦政治思想史》中,他称孔子学派为"儒家思想",与"道家思想"、"墨家思想"和"法家思想"相对应。这些都表明,孔子与老子、墨子是并列关系,三人创立的学派也是彼此独立而并列的,其间并无交叉或重合关系——质言之,老子、墨子学派并非从孔子学派而来,压根就不存在康有为所讲的包括道家、墨家在内的百家皆孔子之学的情况。尽管《先秦政治思想史》由于"法家思想"的出现打破了梁启超先前构筑的儒、道、墨三足鼎立的格局,却没有改变老子、孔子和墨子是"三位大圣",三人创立的道、儒、墨是中国文化三大流派的观点,因为法家是三家思想的和合。更为重要的是,无论梁启超是否将法家单独列出,有一点是相同的,那就是:孔子创立的儒家不再是唯一学派——甚至可以说,孔子及儒家不再具有道家、墨家无可比拟的优越性。以《老孔墨以后学派概观》为例,"第三节孔子所衍生之学派"只将孟子列入其中,与康有为、谭嗣同视野中孔子后学的人物众多、流派纷呈形成强烈反差。并且,从题目可以看出,孔子不再是中国文化唯一的始祖或最高代表,老子甚至被置于孔子之前。其实,梁启超将孔子与老子、墨子并称为中国文化的"三位大圣",也就意味着孔子创立的学说不再是代表中国文化的孔子之学或孔教,将之称为儒家就是为了与老子创立的道家、墨子创立的墨家相对应。

　　接下来的问题是,由于认定孔子、老子、墨子同为"三位大圣",梁启超在重视孔子及儒家的同时,也关注老子代表的道家和墨子创立的墨家。除了在《先秦政治思想史》中将道家、墨家与儒家一样纳入研究视野之外,他十分重视老子和墨子思想的研究,特别是其墨学研究思想阐发与文本考释双管齐下,由《子墨子学说》、《墨经校释》和《墨子学案》组成的三部曲掀起了近代墨学的复兴,之后引起胡适、冯友兰等人对墨子的关注。

　　需要说明的是,梁启超反对的是康有为将孔子神秘化,并不怀疑孔子思想的价值和在历史上及其当下的作用。有鉴于此,在由于保教问题与康有为分道扬镳——用他本人的话说即"于数年前保教之迷信,固亦弃掷之"之后,梁启超依然为康有为提升孔子地位的做法进行辩护,肯定孔子在历史上"支配二千年人心",在中国近代推崇孔子对于凝聚人心、重拾信仰具有重要意义。于是,他写道:"又近世新学者流,动辄以排孔为能。夫以支配二千年人心之一巨体,一旦开其思想自由之路,则其对之也,有矫枉过直之评,是诚所难免。即鄙人于数年前保教之迷信,固亦弃掷之矣。虽然,日日掊击孔子,试问于学界前途果有益乎?夫今后国人之思想,其必不能复以二千年之古籍束缚之也,洞若观火矣。然则孔子学说,无论如何,断不能为今后进步之障,而攻之者岂复有所不得已者存也?彼狂妄少年,肆口嫚骂者,无伤于日月不足道也;而一二魁儒之必与孔子为难者,则于旧伦理有所不满意。谓孔教以家族为单位,使我国久困宗法社会,不能入国民社会者孔子也;谓孔子假君主以威权,使二千年民贼得利用之以为护符者孔子也。斯固然也,曾亦思:'天下为公,选贤与能','不独亲其亲,不独子其子',非孔子之言耶?在排孔者曷尝忘诸,顾隐而不言,而惟举其可难者以相难,则或有所为而亢世子法于伯禽,或侈其辨以为名高耳。夫二千年来之伦理,固一出于孔子小康教范围之内。而孔子著述言论,其属于小康范围者,十而八九,此无容讳者也。然谓此为孔子独一无二之教指,宁可谓平?《春秋》必立三世,则何以故也?《礼运》岂不明言丘未之逮而有志也?试思孔子当日之社会,群雄角立,同族相竞,非希望得一强大之中央政府何以为治?而社会结合力薄弱之时,家族制度又安可阙也?孔子不欲导民进化则已耳,苟其欲之,则安能蹰小康之一阶级?故大同之义,只能微言之,虚悬以俟后圣,是得为孔子罪矣乎?我辈今日若以为小康之统既积久而敝,不适于今也,则发其微言可耳。计不出此,而以国人最信仰之人物资敌,使民贼得盾焉,以号召中立党而弱我,吾未见其利,而先睹其害耳。且一民族之心理,必有所系然后能结合而为有秩序之进步。今当青黄不接之交,学者方伥伥无适从,而先取一最有价值之人物而蹐之,在立言者之意,曷尝不欲补偏救弊,弃短取长?其奈和之者必变本加厉,一啸而百吟,一趋而百奔,乃将曰:彼号为圣人百世师者,其学识乃尚不及我,其训言安足信?其所谓道德之责任安足守?圣人百世师且然,他更何论矣!呜呼!是岂不举天下而洪水猛兽之也。"①正是对孔子的尊崇为梁启超后来在"德性学"中大力提倡孔子和儒家的人生哲学奠定了基础。

---

① 《论中国学术思想变迁之大势》,《梁启超全集》(第二册),北京出版社 1999 年版,第617—618 页。

　　必须提及的是,1918 年第一次世界大战后,梁启超考察欧洲。战后欧洲的物质萧条——特别是人失去物质文明之后的精神空虚给他以极大的刺激和震动,促成了梁启超有生以来最后一次思想大变动。此时的他开始由热情洋溢地输入西学转向回归东方文化,而梁启超所推崇的东方文化则主要是孔子代表的中国文化和印度的佛教文化。尽管如此,在讲儒家文化时,他并没有将儒家与老子创立的道家或墨子创立的墨家思想对立起来,"三圣"的称谓就出现在记录、反思欧洲之旅的《游欧心影录》中。事实上,梁启超在讲东方文化时,不仅将孔子的思想与佛教相互诠释,而且将孔子、孟子和王守仁等人的思想与老子、庄子和墨子等人的思想相提并论,只不过由于孔子代表的儒家更注重人生哲学,故而为梁启超所津津乐道而已。

二、孔教与国学

　　与古代将官学称为国学,以与民间的私学相对举不同,近代意义上的国学最基本的含义是一国固有之学,与外学相对应。这使近代国学具有了面对西学大量东渐,进行中华民族文化认同的文化背景和历史使命。与此相一致,中国近代的国学概念涉及对诸子百家源流的看法,更主要的还是对中国本土文化的整合,特别是在外来之学——西学映衬下凸显中国文化的民族性、历史性、地域性和特殊性。这就是说,康有为、梁启超在对中国本土文化的审视中,既需要考辨诸子百家之间的源流关系,又需要对诸子百家共同组成的中国本土文化予以整合;在某种程度上甚至可以说,后者更为重要——因为中国本土文化是作为一个整体与西学相对的。中国近代特殊的历史背景、文化语境和现实需要决定了包括康有为、梁启超在内的近代思想家对中国传统文化的探究并非出于纯粹的学术兴趣,而是迫于救亡图存的政治斗争和现实需要。因此,对于他们来说,不仅要回答中国本土文化内部诸子百家之间的关系问题,而且要回答中学与西学的关系问题。相比较而言,对后一问题的回答更为重要——既关涉中国人的民族认同、文化认同和身份认同,也成为借此鼓舞中国人自尊心、自信心,从而同仇敌忾的精神支柱和理论武器。换言之,对中国本土文化予以整合,彰显中国本土文化的整体性不仅是一个理论问题,而且是一个刻不容缓的现实课题。在这个问题上,康有为、梁启超对诸子百家"学术源流"的梳理关系到对中国本土文化的整合,更体现着不同的国学理念。"孔子之学"与"三位大圣"的认识使康有为、梁启超的国学理念大不相同,这一点从两人对国学的不同称谓上即可一目了然:康有为将中学称为孔教,梁启超则将中学称为国粹、国学。

1.康有为的孔教时代

康有为声称"百家皆孔子之学",致使孔子之学成为对包括诸子百家在内的全部中国本土文化的整体称谓。在他那里,孔子之学又可以称为孔学、孔子之教或孔教,四者异名而同实。出于推崇孔子之学的需要,康有为推崇孔教。于是,他呼吁立孔教为国教,不仅认定孔子的思想是宗教,而且奉孔子为中国的教主。在一般意义上——或者说,按照通常的理解,孔子之学有侧重学术、思想之义,孔教则突出孔子思想的宗教意蕴。在康有为那里,却不存在这种区别。因为他是教学相混的,所以,孔学与孔教之间并无本质区别,可以视为一个概念。正是鉴于孔学在中国文化中的至尊地位,康有为大声疾呼立孔教为国教。

进而言之,康有为用以称谓中国本土文化的孔教概念具有两层含义,由此流露出立孔教为国教的双重动机:第一,孔子是中国的教主,孔教是中国文化的基本形态,代表全部中国本土文化,理所当然地成为与外人之学相对应的国学。第二,中国作为孔子之教的沐浴地,是一个有文明教化的国度,中国的孔教不仅与西方的基督教(耶教)一样是宗教,而且高于后者。

康有为用孔教整合中国本土文化不仅注定了国学的基本内容,而且决定了国学以宗教为基本形态。诚然,《论语》中就有儒的概念,儒作为一种职业则出现更早。将孔子开创的学说称为儒以区别于其他学派早已有之,这一点从先秦经典——《墨子》、《韩非子》中即可见其一斑。尽管如此,凸显儒学宗教意蕴的儒教一词在东汉时才出现。东汉文学家蔡邕(132—192)在为汉桓帝朝太尉杨秉撰写的碑文中赞扬杨秉"公承凤绪,世笃儒教"(《全后汉文》卷七十五),成为目前发现的儒教一词的最早记载。魏晋南北朝以后,儒教一词广为流行。儒教称谓是相对于"佛教"、"道教"而言的,是儒教在与佛、道二教的比较中产生的一种称谓,因此才出现在佛教传入、道教创立之后的东汉末年。儒教出现后,才有三教之称。三教的出现既表明儒教与道教、佛教一样属于宗教,又表明其与后两教有别,三者处于相互争教的态势之中。正如儒教称谓的出现肩负着应对佛教、道教等非儒文化,彰显自身价值诉求的使命一样,康有为以孔教称谓中国本土文化是为了应对有别于中国本土文化的异质文化。尽管康有为的思想以儒学为主,面对西学的入侵,他是为中学而不是为儒学代言的。对于这一点,他主张立孔教为国教而不是立儒教为国教便是明证。

在康有为那里,孔教与儒教之间的区别不仅在于孔教中包括儒教(儒学),同时兼容了道家、墨家、道教和佛教等非儒因素;而且在于孔教的称谓彰显教主之名,旨在以孔子与耶稣对举,可以更好地服务于以教治教的目的。在中国近代肆意横行的基督教是明末传入中国的耶稣教，以信仰耶稣为宗旨。近代中国人对于基督教有多种称谓，如基督教、西教、洋教、耶稣教等，凡此种种，不一而足。在这种情况下，康有为在众多称谓中选择耶教称谓基督教，是含有深意的：耶教以教主命名，而不是以教宗或地域命名——既没有像唐代初传时那样称为景教或者像明末那样称为天主教，也没有像严复、章炳麟那样以地域称为洋教或西教。显而易见，康有为在将基督教乃至西方文化称为耶教的前提下，将中国本土文化统称为孔教无疑更有针对性。在这个前提下，他主张立孔教为国教，目的在于以孔子对抗耶稣，以孔教代表的中国文化应对以耶教为代表的西方文化。如此看来，正如韩愈为了抵制佛教入侵后儒学日益式微而搬出儒家的道统说一样，康有为身处全球化的文化语境中，将国学界定为孔子之学即孔教，以此重谈孔子之学的传承谱系，是为了应对西方宗教的强势涌入，重拾中国人的文化认同，肩负着救亡与启蒙的双重文化动机和历史使命。

正是由于这个原因，康有为对孔子创立的学说和传承谱系的探索以及对中国本土文化的审视、梳理具有不同以往的特征和意义：第一，由于西学的强势传入，特别是由于信仰基督教而引起的中国人的信仰危机，中国本土文化遭遇了前所未有的威胁。与此同时，由于中国闭关锁国的大门被突然打开，中国被强行抛入到全球化的世界历史进程，中国文化作为人类文化的一部分被摆在世界面前。突如其来的变故改变了中国人的生存状态，也改变了中国历史和中国文化的命运。与西学相对应，国学彰显中国本土文化的主体性、自主性和民族性。在这方面，梁启超直接使用国学概念如此，康有为所使用的整合诸子百家、以与西学分庭抗礼的孔教概念也不例外。在康有为那里，由于孔教是作为中国本土文化的整体、孔子是作为中国文化的象征出现的，因此，对孔教或孔子的态度与爱国主义和民族自尊心息息相关。孔学就是中国文化的象征，包罗万象，诸子百家均被囊括其中，是中国几千年教化传承的精神血脉，也可以称为孔教。康有为所使用的孔教概念与梁启超使用的国学概念在立言宗旨和救亡图存的现实需要上如出一辙，与后者不同的是，康有为着眼于西方文化的主体是宗教（耶教），为了与之抗衡而以教治教，以孔教称谓、整合中国本土文化，具有彰显其宗教意蕴的意图。这是中国历史上从未有过的现象，与明代基督教大量传入后以礼仪之争为表现形式的孔耶之争不可同日而语。在康有为的视界中，西方文化的价值主体是基督教代表的宗教文化。为了与之抗衡，也为了与世界文化接轨，他用孔教称谓、代表中国本土文化。所谓孔教，借用康有为的话语结构即"孔子之教"，泛指与异质文化相对应的中国本土文化。这种界定的目的旨在以孔子作为中国本土文化的象征,与耶稣代表的西方文化分庭抗礼。第二,中国哲学重综合,与西方重分析的学术传统明显不同,更与西方近代自然科学的分门别类迥异其趣。康有为试图按照西方近代的学科系统取代中国原有的经、史、子、集的分类标准,以此重新审视、梳理中国本土文化的学术源流,考辨诸子百家之间的关系。孔教便是以西学为参照,对中国本土文化的整合和对诸子百家关系的厘定。作为一种全新的尝试并且是最初阶段,康有为的开创之功不可抹杀。

2.梁启超的国学时代

基于对孔子与老子、墨子关系的认定,梁启超不再像康有为那样将孔子之学及其代表的全部中国本土文化统称为孔教或孔子之学,而是在以儒学取代康有为孔教概念的同时,以国粹、国学指称中国本土文化。第一,就称谓而言,梁启超是继黄遵宪之后较早使用国学一词的近代思想家,在1902年的《论中国学术思想变迁之大势》中多次用国学概念代表中国的学术思想,以此与西方文化以及西方各国的学术思想相对举。此外,早在1901年的《中国史叙论》中,他就最先使用国粹一词标志中国本土文化。第二,就内容而言,梁启超强调治国学要走“两条大路”:一条是以历史学为核心的“文献学”之路,一条是以儒学和佛学为主体的“德性学”(他又称之为人生哲学)之路;前者侧重文献、古籍的整理、考据和辨伪,后者侧重思想的诠释、阐发和应用。正如梁启超本人所言,前者的工作是时人已经开始的,章炳麟等人的“整理国故”即属此类;后者则是被人忽视乃至遗忘的,却是更为重要的。治国学要走“两条大路”不仅反映了梁启超有别于康有为、章炳麟的国学理念,而且表明梁启超对国学的研究和关注独辟蹊径,极大地拓展了国学的视野和内容。

早年的梁启超曾经使用中学称谓中国本土文化,同时大力提倡西学。在他看来,中学与西学相互作用,对于中国文化的重建和救亡图存来说缺一不可:“要之舍西学而言中学者,其中学必为无用;舍中学而言西学者,其西学必为无本。无用无本,皆不足以治天下。”①基于这一认识,梁启超在跟随康有为一起阐扬中国本土文化的同时,热情洋溢地欢迎西方文化。事实上,梁启超不仅对自己输入西学、启蒙民众的做法和功劳洋洋得意,而且将自己誉为“新思想界之陈涉”。这一定位从一个侧面表明了梁启超对西学的偏袒——至少在学术贡献或在与康有为思想的差异上如此。后来,特别是第一次世界大战之后,梁启超开始由早年主张中西文化本用互补转向偏袒东

---

① 《〈西学书目表〉后序》,《梁启超全集》(第一册),北京出版社1999年版,第86页。

方文化。第一次世界大战后的欧洲之行使梁启超完全放弃了西方文化而力挺东方文化,以至于有人将梁启超归为东方文化派。姑且不论对梁启超思想的这种学术归属是否合适,有一点是可以肯定的,那就是:这一时期的梁启超在价值上坚定不移地恪守以精神文化为核心的东方文化,使用国粹、国学来称谓中国本土文化,旨在与外学相对应,突出中国文化的历史传统和薪火相传。在梁启超对中国本土文化的国学称谓中,国学为中国所固有,作为几千年一脉相承的历史积淀和结晶,是中国文化的精华即国粹。换言之,中国文化具有自身的独特价值,作为中国人世代沿袭的传统,是中国人安身立命的生活方式和价值皈依。

一言以蔽之,康有为的孔教概念旨在强调孔教是中国本土文化的基本形态,它的潜台词是:西方是有教化的民族,中国也是;西方文化以宗教(耶教)为主体,中国文化(孔教)也是如此。由此可见,康有为始终侧重中西文化之同,故而将仁说成是孔教、佛教与耶教的共同宗旨。这表明,康有为在文化理念上秉持世界主义,世界主义也是他主张大同社会同一文化、取消汉字的理论前提。与此不同,梁启超对国粹、国学的理解和界定彰显了中国本土文化的民族性和历史性,是一种不同于文化绝对主义或文化进化主义的文化相对主义理念。

与其积极意义同样不可否认的是,从出现之日起,康有为的孔教概念就倍受争议。抛开政治因素以及与其他人思想的差异不论,仅就康有为本人的思想而言,其消极影响也是显而易见的:第一,就孔子与诸子之间的关系来说,孔教概念本身带有致命的模糊性和不确定性,用之梳理诸子百家之间的关系难免自相矛盾。例如,康有为对孔教(孔子之学)的界定造成了老子、墨子的尴尬身份和矛盾归属——一会儿将老子、墨子一起归入孔子后学,一会儿将两人逐出孔学而让其另立门户。以老子为例,当孔教作为全部中国本土文化的代名词时,包罗诸子和百家,老子概莫能外;当孔教在内容上侧重孔子创立的儒家学说时,老子便被排除在外,与庄子以及列子、韩非等人构成了有别于儒学的道家学说,并且与墨子一样成为与孔子争教最盛者。在康有为那里,老子、墨子及庄子等人的尴尬身份是不可避免的,因为这一切归根结底都是由孔教概念的模糊性引起的,故而与孔教与生俱来,是无法克服的。进而言之,康有为孔教概念的模糊性在于,一面以孔教代表全部中国本土文化,一面在内容上侧重儒家文化;二者之间的张力使他所讲的孔教具有广义与狭义之分:一方面,康有为断言"百家皆孔子之学",在这个意义上,孔教代表全部中国本土文化。另一方面,康有为有时用儒学与老学、墨学相对举,在这个意义上,孔教、老教(老子之教)和墨教(墨子之教)

是彼此独立的。前者是包括儒、道、墨在内的全部中国本土文化,后者相当于与道、墨相对的儒学或儒家概念。问题的关键是,康有为本人没有对孔教与儒家的关系进行厘定,乃至没有关于孔教的广狭之分,由此造成的矛盾在所难免。与康有为相比,梁启超将诸子百家归结为孔子、老子、墨子分别创立的儒、道、墨三家,将其他学派说成是三派的后学,由于从源头上厘清了孔子与老子、墨子之间的关系,对于纠正康有为孔教概念引起的孔子与老子、墨子代表的诸子关系的混乱具有一定作用。第二,就客观后果来说,无论康有为本人的初衷如何,有一点是不争的事实:虽然康有为所使用的孔教概念和称谓并非专指宗教,也不特意凸显儒家或中国本土文化的宗教思想,但是,它还是模糊了宗教文化与世俗文化的界限。在他的表述中,孔子是孔教的教主:"孔子为教主,为神明圣王,配天地,育万物,无人、无事、无义不围范于孔子大道中,乃所以为生民未有之大成至圣也!"①这样一来,当康有为用孔教称谓中国本土文化时,不可避免地用宗教遮蔽儒学乃至中国文化其他方面的内容。

在这种背景下,梁启超以国粹、国学称谓中国本土文化不仅消解了康有为孔教概念导致的以宗教遮蔽中国本土文化的其他内容之虞,而且在对历史的重视中充分彰显了中国文化的地域性、民族性和特殊性。梁启超是中国近代的国学大家,对于国学的贡献不仅是在 1901 年的《中国史叙论》中首先使用国粹概念,并在 1902 年写的《论中国学术思想变迁之大势》中多次使用近代意义上的国学一词与西方各国的学术相对举,而且在于其独特的国学理念和成果骄人的国学研究。正是由于这些原因,梁启超在生前就已经是公认的国学大师。进而言之,梁启超国学理念的非常意义在于:不再像康有为那样从宗教的角度框定国学的基本形态和主体内容,而是在文化传承和历史沿革中,彰显中国本土文化的主体性、民族性和特殊性。这一视角和宗旨促使梁启超极为重视中华民族发轫、演变和传承的历史,进而将历史学视为国学的核心内容之一,整理古代遗留的历史文献也随之成为治国学的两条大路中的一条。卡尔·贝克的解释印证了梁启超重视历史对于国学研究的重要意义。卡尔·贝克说:"每个普通人如果不回忆过去的事件,就不能做他需要或想要去做的事情;如果不把过去的事件在某种微妙的形式上,同他需要或想要做的事情联系起来,他就不会回忆它们。这是历史的自然作用,也是历史被简化到最后一层意义上、成为所谓说过做过事情的记

---

① 《孔子改制考》卷十,《康有为全集》(第三集),中国人民大学出版社 2007 年版,第 127 页。

忆的自然作用。"①循着这个思路,在中国产生、传延几千年的本土文化是中国人的精神家园,历史则是中国人的根。只有在对中国历史的解读中,才能弄清楚作为中国人的我是谁,我从哪里来,要到哪里去。由此可以想象,离开历史的国学是残缺的。正因为如此,与康有为对宗教的过度热情截然不同,梁启超力图突出历史在国学中的地位,将历史传承注入国学之中,乃至奉为国学的基本内容。正是凭借历史和文化传统彰显中国本土文化的民族性和特殊性,以此激发中华民族的身份认同、文化认同、民族认同的致思方向和价值旨趣使梁启超坚守民族主义,在拯救中国的路径问题上与康有为的世界主义渐行渐远。

　　上述内容显示,康有为、梁启超对国学的不同称谓传递着对中国本土文化的不同理解和定位,流露出对诸子百家的不同侧重和取舍。尽管两人所使用的孔学、孔教与中学、国学等概念在内涵和外延上存在某些交叉的地方,却不是完全重合的。在康有为那里,国学是孔子之学,也可以称为孔教。从这个意义上说,孔教等同于国学——或者说,国学就是孔子之学、就是孔教。与此同时,孔教并不等同于儒学,因为孔教虽然由于对孔子及其正宗传人思想的重视而侧重儒家,甚至有时二者相混,但是,康有为有时以"儒"专指儒家思想,与道家、墨家相对,这时的"儒"显然是孔教的一部分。直接使用国学概念的梁启超将国学分为"文献学"与"德性学"两部分,就诸子百家的关系——特别是孔子与老子、墨子的关系而言,三人并称为"三圣",将孔子、老子和墨子分别创立的儒家、道家、墨家对举。这使梁启超所讲的国学包括康有为视界中狭义的孔子之学即儒学,却并不专指儒学。除了儒家思想之外,梁启超所讲的国学中还有老子创立的道家思想和墨子创立的墨家思想,同时包括以华严宗、唯识宗和禅宗为代表的佛学。这表明,在梁启超那里,尽管儒学不再等同于国学,却是国学——尤其是"德性学"中不可或缺的组成部分。此外,如果说梁启超使用的中学概念与康有为的孔教概念一样还是中学与西学对举的话,那么,他的国粹、国学概念则是具有强烈中国主体意识的称谓。

　　进而言之,孔教与国学称谓不仅浓缩着康有为、梁启超对中国本土文化的整合和定位,而且具有不同的理论内涵和思想侧重,标志着不同的文化形态。近代国学作为对中国本土文化的第一次全面审视和梳理,内涵着两个关系维度,而这两个关系维度恰恰直观地展示了康有为、梁启超不同的西学观和中学观:第一,中学与西学的关系。相比较而言,康有为的思想以中学

① 转引自何晓明的《走出"历史知识社会化"的误区》,载《光明日报》2011年1月12日。

为主,梁启超称之为"天禀"哲学似乎印证了这一点,因为梁启超立论的依据是:康有为"不通西文,不解西说,不读西书,而惟以其聪明思想之所及,出乎天天,入乎人人,无所凭藉,无所袭取,以自成一家之哲学,而往往与泰西诸哲相暗合"①。梁启超是西学的热情宣传家,其西儒学案以人物为线索介绍西学,对于中国人了解西方的政治、经济、法律和哲学思想发挥了不可忽视的启蒙作用。对于这一点,梁启超对自己"新思想界之陈涉"的定位是最好的注脚。第二,中国本土文化中儒、释、道以及诸子百家之间的关系。在康有为那里,一方面,孔教是对中国本土文化的整体称谓。另一方面,孔教以孔子、孟子和董仲舒等儒家人物为主。这也是康有为被称为近代新儒家的原因所在,更是导致有人将康有为的立孔教为国教理解为立儒教为国教的根源所在。与康有为突出儒家在中国本土文化中的一枝独秀迥异其趣,梁启超视界中的中国本土文化有三个源头,道家、墨家与儒家一样构成了中国文化的主干,正如老子、墨子与孔子一起是中国文化的"三位大圣"一样。当然,康有为、梁启超对待诸子百家的认识均有整合意味,与章炳麟秉持古文经立场,沿袭刘歆等人的思路,将诸子百家归结为九流十家差若云泥。

第二节 孔教与佛教

康有为、梁启超对中国本土文化的审视流露出不同的文化理念和价值诉求,既彰显出两人对中国文化的不同态度,又展示了对中国本土文化的不同取舍。就文化态度和思想内容而言,如果说康有为的理论来源主体是中学的话,那么,梁启超则是中西参半。进而言之,不同的理论来源和取舍既表现了两人不同的学术兴趣和思想侧重,又进一步导致不同的理论建构。这一点通过康有为始终如一的孔教情结与梁启超对宗教态度的变奏生动而直观地表现出来。

一、康有为的孔教情结

在康有为那里,无论将孔子奉为宗教家还是呼吁立孔教为国教来抵制西方传入的耶教(基督教),无一不是对孔教情结的流露和表达。正由于有了这一前提,他以中国的孔教对抗西方的耶教,并且将孔教置于耶教之上。

康有为视界中的孔子是宗教家,之所以将孔子之学称为孔教,寓意有

① 《南海康先生传》,《梁启超全集》(第一册),北京出版社1999年版,第488页。

二:第一,孔子是中国的教主,孔子的思想是宗教。第二,康有为并没有对教与学予以区分,乃至教、学相混。在这个前提下将孔子之学称为孔教,借用他本人的话语结构或表达方式即"孔子之教"。教在中国本土文化语境中指教化,在基督教为主体的西方文化语境中指宗教。

教在中西文化语境中的歧义性使康有为本来就模糊的孔教概念更加含糊不清,并且在外延和内涵两个方面表露出来:第一,从外延上看,孔子之学具有广狭两套系统,这两套孔子之学(孔教)与外来文化相遇时,造成了更大的混乱。例如,康有为的孔教概念具有宗教含义,在中国本土文化中——尤其在康有为泛宗教化的观念中与老教、墨教相对应,三者具有不同的称谓和宗旨:孔教以仁为宗旨,名儒;老教以不仁为宗旨,名道;墨教以仁为宗旨,名侠。不同的宗旨致使孔教与老教、墨教处于争教之中,这用康有为的话说便是:"战国与孔子争教盛者,老、墨二家,孟子不攻老,因当时杨学盛行,攻其弟子即攻其师也。"①这里的孔教是狭义的,不是指包括老子、墨子思想在内的全部中国本土文化,而是指儒学或儒教,在外延上与孔、佛、耶对举中的广义的孔教显然并不重合。稍加留意即可发现,他用以指称代表老子之教的杨朱之教的概念是"杨学"而非"杨教"。这从一个侧面暴露了康有为宗教概念的随意性,同时印证了他的泛宗教倾向。第二,从内涵上看,孔教具有双重性,既有宗教意蕴,又泛指包括宗教、哲学、教化在内的所有文化:一方面,孔教之教有宗教之义,旨在证明中国历史上一脉相承且源远流长的孔教是一种宗教,孔子便是孔教的教主。正是在这个意义上,康有为不止一次地明确指出:

> 儒教,孔子特立。传道立教,皆谓之儒。老之教曰道,墨之教曰侠。近耶教藉罗马之力,十二弟子传教,专在教人,创为天堂地狱之说。马虾默德谓之回,其教极悍。释迦牟尼谓之佛,其教专以虚无寂灭,亦藉天王之力。②

> 老子之学,分为二派:清虚一派,杨朱之徒也,弊犹浅;刻薄一派,申、韩之徒也,其与儒教异处,在仁与暴,私与公。儒教最仁,老教最暴。故儒教专言德,老教专言力。儒教最公,老教最私。儒教专言民,老教专言国。言力言国,故重刑法,而战国之祸烈矣。清虚一派,盛行于晋,

---

① 《万木草堂口说·诸子》,《康有为全集》(第二集),中国人民大学出版社2007年版,第176页。
② 《康南海先生讲学记·古今学术源流》,《康有为全集》(第二集),中国人民大学出版社2007年版,第108页。

流于六朝,清谈黄老,高说元妙。刻薄一派,即刑也,流毒至今日,重君权、薄民命,以法绳人,故泰西言中国最残暴。①

在上述引文中,儒教显然不是指包括老子之教、墨子之教在内的孔教,而是与后者并列的,应属儒教或狭义的孔教;然而,它又是与基督教、佛教等宗教对举的,暴露了两套孔教之间在内涵和外延上的冲突。更为重要的是,康有为在此所举的西方或印度文化是以宗教为主体的,从这个意义上说,孔教在内涵上应专指宗教。然而,在话语结构和表达方式上,他依然学与教互用,第二段引文以"老子之学"与"儒教"对举,甚至"老子之学"与"老教"同时出现,其概念之混乱可见一斑。另一方面,孔教代表国学,泛指中国本土文化的方方面面。康有为所讲的宗教是宽泛的,与现代意义上从属于哲学的宗教哲学或与世俗文化相对应的宗教文化不是同一层次的范畴。在《日本书目志》中,他借鉴西方学科分类方法对所翻译的日本书目进行分类,归分为生理门、理学门、宗教门、图史门、政治门、法律门、农业门、工业门、商业门、教育门、文学门、文字语言门、美术门、小说门和兵书门,共计十五门。在这十五门大学科中,宗教位列其中,属于独立于哲学并与政治、法律、文学等门并列的"一级学科",哲学则与物理、化学等自然科学一起被归为"理学门"。除了哲学之外,"理学门"中尚有心理学、伦理学、人类学、动物学和植物学等。这个分科表明,康有为并不能较为合理地厘定哲学与宗教的关系,同时对哲学重视不够,故而将之与心理学、伦理学等学科等量齐观,乃至与动物学、植物学归在同一门之中。这种情况的出现与其说源于康有为对哲学的有意怠慢,不如说是因为他对哲学和宗教都缺少应有的认识——只不过是与将哲学随意降低相反,对宗教任意拔高而已。中国近代历史背景和文化语境中的宗教是西方的舶来品,与中国文化传统中的教化不可同日而语。无论是教、学相混,还是宗、教相分,都暴露出康有为对西方宗教认识的阙如,故而没有像严复那样主张教学分途、政教分离。从另一个角度看,正是由于康有为的教学相混,才可能使教涵盖文化的各个领域,进而成为文化的核心内容乃至基本形态。于是,才有了以具有宗教意蕴的孔教称谓全部中国本土文化,以耶教称谓西方文化的可能性和正当性。

翻检、综观其思想可以看到,康有为具有泛宗教倾向,总是有意无意地扩大宗教的范围,夸大宗教的作用。道理很简单:第一,从作用上看,宗教的

---

① 《康南海先生讲学记·古今学术源流》,《康有为全集》(第二集),中国人民大学出版社2007年版,第108页。

作用越大,越能够通过宗教(孔教)达到保国、保种的目的。第二,从学科上看,宗教与哲学、心理学和伦理学等学科并无必然的内在关联,故而成为独立的"一级学科"。

与泛宗教倾向相一致,康有为给宗教下了这样一个定义:"合无量数圆首方足之民,必有聪明首出者作师以教之。崇山洪波,梯航未通,则九大洲各有开天之圣以为教主。太古之圣,则以勇为教主;中古之圣,则以仁为教主;后古之圣,则以知为教主。同是圆颅方趾则不畏敬,不畏敬而无以耸其身,则不尊信,故教必明之鬼神。故有群鬼之教,有多神之教,有合鬼神之教,有一神之教。有托之木石禽畜以为鬼神,有托之尸像以为鬼神,有托之空虚以为鬼神,此亦鬼神之三统、三世也。有专讲体魄之教,有专讲魂之教,有兼言形魂之教,此又教旨之三统也。老氏但倡不神之说,阮瞻为无鬼之论,宋贤误释为二气良能,而孔子《六经》、《六纬》之言鬼神者晦,而孔子之道微。岂知精气为物,游魂为变,《诗纬》以魂为物本,魂灵固孔子之道。而大地诸教乃独专之,此亦宋贤不穷理而误割地哉!"①根据这一界定,宗教的本质是敬畏,由于信仰对象的不同,而遵循三世、三统的程序进化。就宗教的三世进化程序而言,孔子的思想以仁为宗旨,属于中古宗教,对于近代中国社会来说恰逢其时;就宗教的三统而言,孔教既尊神又敬鬼,并且魂魄兼养。

与此同时,康有为断言,宗教具有阳教与阴教之分:"天地之理,惟有阴阳之义无不尽也,治教亦然。今天下之教多矣:于中国有孔教,二帝、三皇所传之教也;于印度有佛教,自创之教也;于欧洲有耶稣;于回部有马哈麻,自余旁通异教,不可悉数。然余谓教有二而已。其立国家,治人民,皆有君臣、父子、夫妇、兄弟之伦,士、农、工、商之业,鬼、神、巫、祝之俗,诗、书、礼、乐之教,蔬、果、鱼、肉之食,皆孔氏之教也,伏羲、神农、黄帝、尧、舜所传也。凡地球内之国,靡能外之。其戒肉不食,戒妻不娶,朝夕膜拜其教祖,绝四民之业,拒四术之学,去鬼神之治,出乎人情者,皆佛氏之教也。耶稣、马哈麻、一切杂教皆从此出也。圣人之教,顺人之情,阳教也;佛氏之教,逆人之情,阴教也。故曰:理惟有阴阳而已。"②由此看来,对于教分阴阳来说,孔教顺人之情,属阳教,与逆人之情的佛教对立;属于阳教的孔教是人道教,孔教的具体内容与"立国家,治人民"相对应,从"君臣、父子、夫妇、兄弟之伦,士、农、

---

① 《日本书目志》卷三,《康有为全集》(第三集),中国人民大学出版社 2007 年版,第 297—298 页。

② 《康子内外篇》,《康有为全集》(第一集),中国人民大学出版社 2007 年版,第 103 页。

工、商之业"到"诗、书、礼、乐之教,蔬、果、鱼、肉之食"皆在其中。对孔教内容的界定将康有为的泛宗教倾向推向了极致,他所讲的孔教不仅包括"鬼、神、巫、祝之俗"等宗教方面的内容,而且包括伦理、政治、经济和教育等多种内容,可谓是文化的泛称。

不难看出,康有为对宗教概念的界定、理解和阐发与其孔教观息息相关,正如用孔教称谓孔子之学就是为了彰显其宗教意蕴一样,孔教的称谓证明他心目中的孔子之学就是一种宗教。对于这一点,康有为称孔子是教主,梁启超有时尊称康有为是孔教的教主,有时赞扬康有为是孔教的马丁·路德即是明证。康有为提议立孔教为国教,这时的孔教即属宗教——不仅具有宗教信仰,而且具有宗教仪式或教阶制度,宗教的要件一应俱全。可以作为佐证的还有,鉴于康有为的宗教热情以及对宗教的研究,梁启超称康有为是宗教家;在为康有为作传时专门辟《宗教家之康南海》一章,对康有为的宗教思想予以介绍。对于自己这样做的理由,梁启超给出的解释是:"先生又宗教家也。吾中国非宗教之国,故数千年来,无一宗教家。"①这个说法明确认定康有为是宗教家,也反过来证明了康有为的孔教概念是在宗教的意义上使用的。

值得注意的是,与泛宗教倾向密切相关,康有为所使用的孔教概念具有宗教内涵却并不专指宗教,也不特指孔子创立的儒家思想即儒教,而是泛指全部中国传统文化。可以看到,他将全部中国本土文化称为孔教,以与佛教代表的印度文化和基督教代表的西方文化相对应,如"印度以佛纪年,欧洲以耶稣纪年,中国纪元起于孔子"②等。正由于孔教是作为全部中国本土文化出现的,所以,孔教之"教"具有宗教之教的意蕴却不限于宗教之教,而是与当下通用的文化概念大致相当。尽管如此,由于康有为以孔教称谓全部中国本土文化,致使其宗教意蕴急剧凸显,最终导致泛宗教倾向。

二、梁启超的由孔教而佛教

梁启超的思想以多变著称于世,善变特征在他对宗教的选择和对宗教的态度上充分体现出来,他对于孔教和宗教的看法也不例外。有一点可以肯定的是,梁启超关注历史学和人生哲学,致使宗教没有了统领全部文化或成为文化基本形态的可能性。大致说来,梁启超经历了一个先跟随康有为

①　《南海康先生传》,《梁启超全集》(第一册),北京出版社1999年版,第486页。
②　《万木草堂口说·诸子》,《康有为全集》(第二集),中国人民大学出版社2007年版,第177页。

信奉孔教,而后反思宗教,最后皈依佛教的嬗变历程;这一心路历程反映到对待宗教的态度上便是:先以宗教塑造中国人的脑质,激发信仰;后来转而指责宗教禁锢人之精神,与自由相悖;最后宣称佛教以最缜密的认识,寻求人的精神解放和自由。

戊戌维新前后的梁启超秉持师说,认同康有为将孔子之学称为孔教,凭借保教(孔教)来保国、保种的做法。这一时期,梁启超不仅坚信康有为宣扬的孔教是孔子之真教——而不像后来那样与其他人一起指责康有为的孔教是"康教",而且坚信通过保教(孔教)能够达到保国、保种的目的。有鉴于此,梁启超对康有为的孔教主张亦步亦趋,在公开场合申明自己"述康南海之言"。正是在这个意义上,他宣称:"凡一国之强弱兴废,全系乎国民之智识与能力,而智识能力之进退增减,全系乎国民之思想。思想之高下通塞,全系乎国民之所习惯与所信仰,然则欲国家之独立,不可不谋增进国民之识力,欲增进国民之识力,不可不谋转变国民之思想。而欲转变国民之思想,不可不于其所习惯所信仰者。为之除其旧而布其新,此天下之公言也。泰西所以有今日之文明者,由于宗教革命,而古学复兴也。盖宗教者,铸造国民脑质之药料也。我支那当周秦之间,思想勃兴,才智云涌,不让西方之希腊。而自汉以后,二千余年,每下愈况,至于今日,而衰萎愈甚。远出西国之下者,由于误六经之精意,失孔教之本旨,贱儒务曲学以阿世,君相托教旨以愚民,遂使二千年来孔子之真面目湮而不见,此实东方之厄运也。故今欲振兴东方,不可不发明孔子之真教旨,而南海先生所发明者,则孔子之教旨。"①由此可见,这时的梁启超是从积极意义上评价宗教的,故而将"铸造国民脑质",激发中国人的信仰和情感,以此凝聚民族精神的全部希望统统寄托于宗教,而他所信凭的宗教就是康有为发明的孔教。

在这一时期,梁启超不仅以发明孔子之真教旨为己任,而且将这一宗旨贯彻到一切学术之中。他说:"吾请语学者以经学:一当知孔子之为教主;二当知六经皆孔子所作;三当知孔子以前有旧教(如佛以前之婆罗门;)四当知六经皆孔子改定制度以治百世之书;五当知七十子后学,皆以传教为事;六当知秦汉以后,皆行荀卿之学,为孔教之孽派;七当知孔子口说,皆在传记,汉儒治经,皆以经世;八当知东汉古文经,刘歆所伪造;九当知伪经多摭拾旧教遗文;十当知伪经既出,儒者始不以教主待孔子;十一当知训诂名物,为二千年经学之大蠹,其源皆出于刘歆;十二当知宋学末流,束身自好,有乖孔子兼善天下之义。请言读子:一当知周秦诸子有二派,曰孔教,曰非

---

① 《论支那宗教改革》,《梁启超全集》(第一册),北京出版社1999年版,第263页。

孔教；二当知非孔教之诸子，皆欲改制创教；三当知非孔教之诸子，其学派实皆本于六经。四当知老子、墨子为两大宗；五当知今之西学，周秦诸子多能道之；六当知诸子弟子，各传其教，与孔教同。七当知孔教之独行，由于汉武之表章六艺，罢黜百家。……请言史学：一当知太史公为孔教嫡派；二当知二千年政治沿革，何者为行孔子之制，何者为非孔子之制；三当知历代制度皆为保王者一家而设，非为保天下而设，与孔孟之义大悖。"①在这里，无论是梁启超对孔教的态度还是对孔教的认定都与康有为如出一辙——"一当知孔子之为教主；二当知六经皆孔子所作"等更是对康有为思想的直接转述。

戊戌政变失败逃亡日本之后，梁启超接触到大量西方的社会、政治学说，思想发生巨大转变。思想巨变之后的他对康有为的思想不再是先前亦步亦趋的转述和阐发，而是与康有为的思想分歧日显；随之而来的是对宗教的态度发生巨大变化，由先前的倚重宗教而开始批判宗教。此时的梁启超一改往日对宗教的态度，转而指责宗教禁锢人心，与自由背道而驰。基于这种认识，梁启超非但不再支持康有为通过保孔教来保国、保种的做法，反倒对之极力反驳。例如，他在写给老师——康有为的信中一针见血地指出："至先生谓各国皆以保教，而教强国强。以弟子观之，则正相反。保教而教强，固有之矣，然教强非国之利也。欧洲拉丁民族保教力最强，而人皆退化，国皆日衰，西班牙、葡萄牙、意大利是也。条顿民族如英、美、德各国，皆政教分离，而国乃强。今欧洲之言保教者，皆下愚之人耳，或凭借教令为衣食者耳。实则耶教今日亦何尝能强，其渐灭可立而待矣。哲学家攻之，格致学攻之，身无完肤，屡变其说，以趋时势，仅延残喘，穷遁狼狈之状，可笑已甚，我何必更尤而效之。且弟子实见夫欧洲所以有今日者，皆由脱教主之羁轭得来，盖非是则思想不自由，而民智终不得开也。倍根、笛卡儿、赫胥黎、达尔文、斯宾塞等，轰轰大名，皆以攻耶稣教著也，而其大有造于欧洲，实亦不可诬也。"②按照梁启超的说法，由于压制人的自由，禁锢人的思想，宗教已经成为当今世界哲学家、科学家共同鸣鼓而击之的对象。宗教的尴尬境地表明，通过保教来保国、保种的设想是行不通的，西班牙、葡萄牙和意大利等拉丁国家的境遇便是明证；相反，只有政教分离，国家才能富强，英国、美国和德国便是学习的榜样。

基于这种认识，梁启超对于中国的规划沿着与康有为不同的方向展开，

---

① 《〈西学书目表〉后序》，《梁启超全集》（第一册），北京出版社 1999 年版，第 86 页。
② 《致康有为》，《梁启超全集》（第十册），北京出版社 1999 年版，第 5936 页。

基本宗旨和具体办法则是推崇自由,"揭孔教之缺点"。他写道:"弟子以为欲救今日之中国,莫急于以新学说变其思想(欧洲之兴全在此),然初时不可不有所破坏。孔学之不适于新世界者多矣,而更提倡保之,是北行南辕也。先生所示自由服从二义,弟子以为行事当兼二者,而思想则惟有自由耳。思想不自由,民智更无进步之望矣。先生谓弟子故为立异,以避服从之义,实则不然也。其有所见,自认为如此,然后有利益于国民,则固不可为违心之论也。……弟子意欲以抉破罗网,造出新思想自任,故极思冲决此范围,明知非中正之言,然今后必有起而矫之者,矫之而适得其正,则道进矣。即如日本当明治初元,亦以破坏为事,至近年然后保存国粹之议起。国粹说在今日固大善,然使二十年前而昌之,则民智终不可得开而已。此意弟子怀之已数年,前在庇能时与先生言之,先生所面责者,当时虽无以难,而此志今不能改也。顷与树园、慧儒、觉顿、默厂(树园番禺人,名文举即扪虱谈虎客。慧儒名奎,新会人。汤觉顿、陈默厂四人皆万木草堂弟子——原初稿批注。)等思以数年之功著一大书,揭孔教之缺点,而是正之,知先生必不以为然矣。"[①]在此,梁启超提出的拯救中国的方案是以新学改变中国人的旧思想,而不是保守中国固有的孔教或旧思想。而他所讲的新思想以自由为核心和宗旨,理由是:思想上不自由,民智便无法进步。沿着这个思路,梁启超针对康有为基于服从与自由的张力而对自由的排斥特意强调,自由与服从并行不悖,行动上固然应该自由与服从兼顾,思想上则惟有自由。更有甚者,为了提倡精神自由,涤荡中国人的旧思想、旧观念,梁启超不惜以破坏为手段,"明知非中正之言"还大力鼓吹,是因为"意欲以抉破罗网,造出新思想自任";至于其中的不正之处无暇自顾,只能期待后来者"起而矫之"。这是梁启超所执往往前后矛盾的原因,并为康有为、严复所诟病,却从一个侧面反映了梁启超当时宣传自由的心情之迫切和态度之决绝。在这个前提下,梁启超对孔教的热情急剧减弱,甚至开始公开反对康有为立孔教为国教的做法。

　　作为思想转变的直接后果和集中反映,此时的梁启超不认同康有为以孔教来整合中国本土文化的做法,也不同意康有为将孔子之教称为宗教。尽管如此,梁启超并不反对宗教本身,或者说,并没有因而彻底与宗教隔绝。事实上,此时的梁启超舍弃了原先心仪的孔教,却找到了佛教。结合梁启超后来的思想可以看到,他对宗教采取了两条相应措施:一是为孔子和孔教祛魅,一是推尊佛教。

---

　　①　《致康有为》,《梁启超全集》(第十册),北京出版社1999年版,第5936页。

　　出于为孔教祛魅的目的,梁启超将孔子思想与宗教剥离。为此,他一面作《评非宗教同盟》、《论佛教与群治之关系》、《论宗教家与哲学家之长短得失》和《保教非所以尊孔论》等专题性文章,通过界定宗教概念的内涵和区分宗教家与哲学家的不同作用,双管齐下,以期划清宗教与哲学之间的界限;一面从教育思想、人生哲学等不同角度诠释孔子思想,撇清孔子思想与宗教的关系。在此过程中,针对康有为孔教概念的宽泛、模糊所带来的对孔学及儒家思想的误导,梁启超代之以儒学、儒家道术、儒家哲学或儒家文化等概念,试图将儒学、孔学与宗教分别开来。伴随着这些概念而来的是,梁启超视界中的孔子与释迦牟尼、华盛顿等或宗教家或政治家相提并论,主要身份却不再是宗教(孔教)的教主,当然也不再被独尊。为了将儒学、孔学与宗教相剥离,梁启超甚至宣称孔教之教不是教化之教,更不是宗教之教,而是专指教育之教。因此,孔子不是宗教家,也不是哲学家,而是专门的教育家。

　　在否定孔子思想是宗教的前提下,梁启超对佛教投入了极大的热情。出于对佛教的推崇备至、顶礼膜拜,梁启超推出了一大批佛教研究成果:《中国佛法兴衰沿革说略》、《佛教之初输入》、《印度佛教概观》、《佛陀时代及原始佛教教理纲要》、《佛教与西域》、《又佛教与西域》、《中国印度之交通》、《佛教教理在中国之发展》、《翻译文学与佛典》、《佛典之翻译》、《读异部宗轮论述记》、《说四阿含》、《说〈六足〉〈发智〉》、《说大毗婆沙》、《读修行道地经》、《那先比丘经书》、《佛家经录在中国目录学之位置》、《见于高僧传中之支那著述》、《大乘起信论考证序》、《佛教心理学浅测》、《支那内学院精校本玄奘传书后》和《大宝积经迦叶品梵藏汉文六种合刻序》,凡此等等,不一而足。这些成果既有对佛教历史的钩沉索隐,也有对佛教经典的考证、整理和解读。除此之外,梁启超对佛教教义的诠释或发挥更是比比皆是,最著名的有:《论佛教与群治之关系》、《说无我》、《说希望》、《论宗教家与哲学家之长短得失》、《余之死生观》和《国家运命论》等等。

　　自从推崇佛教后,梁启超对佛教的提倡、宣传可谓不遗余力。从根本上说,他对佛教的热衷有个人情感方面的原因,更主要的则是出于救亡图存的动机。必须说明的是,对佛教的推崇出于救亡图存的现实需要和宗旨是近代思想家的一致性,为此,他们都强调佛教的入世性,梁启超也不例外。在这方面,他把“入世而非出世”说成是佛教信仰的基本特征,就是为了利用佛教达到入世、治世和救世的目的。为了将佛教的治事功能发挥到极致,梁启超从不同角度对佛教教义予以诠释和改造。其中,最为引人注目的是,他利用佛教寻求精神自由,使佛教兼具救亡与启蒙的双重功能。梁启超评价他的老师说:"康有为本好言宗教,往往以己意进退佛说。"①其实,这不是康有为一个人的态度和做法,而是代表了近代崇佛者共同的学术导向,其中的典型代表便是梁启超本人。梁启超崇佛,重要的一条就是认为佛教信仰"智信而非迷信"。基于对佛教的这种理解,他凭着好恶、随着需要对佛教的众多派别自由出入。与此相联系,梁启超不再遵循固定不变的佛教经典,而是根据自己的好恶和现实斗争的需要对佛教理论各取所需;不仅不再拘泥于佛教的经典及佛教理论的原初本意,而且对之进行大胆的取便发挥。

梁启超认为,佛教是建立在极其缜密的认识论之上的,其全部宗旨就是要人通过悟信,进而求"最大之自由解放"。对此,他论证并解释说:"况释迦之为教,与一般宗教不同,一般宗教,大率建设于迷信的基础之上。佛教不然,要'解信'、'要悟信',(因解得信因悟得信)释迦唯一目的在替众生治病。但决不是靠神符圣水来治,决不是靠《汤头歌诀》来治,他是以实际的医学为基础,生理解剖,病理……等等一切都经过科学的严密考察、分析、批评。……就这一点论,释迦很有点像康德,一面提倡实践哲学,一面提倡批判哲学,所以也可以名佛教为'哲学的宗教'。……质而言之,佛教是建设在极严密极忠实的认识论之上。用巧妙的分析法解剖宇宙及人生成立之要素及其活动方式,更进而评判其价值,因以求得最大之自由解放而达人生最高之目的者也。"②至此,梁启超得出结论,佛教以自由为宗旨。于是,信凭佛教寻求自由成为梁启超的毕生追求。

进而言之,康有为、梁启超对于宗教的不同界定和态度分歧与新的学科分类有关:一方面,宗教、文化、哲学等西方学科分类框架内的新学科刚刚传入,内涵和外延尚不明确。这些新学科、新概念作为舶来品对于中国人来说既新鲜,又陌生。另一方面,由于中国原有的经、史、子、集的划分系统中找不到与宗教、哲学等相对应的学科,这些学科的位置成为悬而未决的问题,产生分歧在所难免。与此同时,教在中西文化语境中的内涵迥然相异,这更增加了问题的复杂性:在中国本土文化中,教指教化,涵盖伦理、政治、教育等诸多社会科学和人文科学领域,与西方文化中的宗教概念或学科不可同日而语。然而,不论是对西方文化的陌生还是新的学科分类的引入都使康有为、梁启超尚无法对中西语境中的教予以准确区分,故而导致宗教概念的混乱,或者对宗教的态度不稳定。

---

① 《清代学术概论》,《梁启超全集》(第五册),北京出版社 1999 年版,第 3105 页。
② 《佛陀时代及原始佛教教理纲要》,《梁启超全集》(第七册),北京出版社 1999 年版,第3744 页。

康有为、梁启超所讲的宗教除了对于宗教的"抽象"界定和理解外,还包括对各种宗教形态的态度;其中,不仅牵涉孔教、基督教,而且包含佛教。除了在基督教问题上并无分歧之外,康有为、梁启超宗教思想的分歧不仅表现在对孔教的理解和态度上,而且体现在对佛教的认识和态度上。诚然,正如康有为所讲的孔教中容纳了佛教的思想要素一样,梁启超所讲的国学中包含有佛教的内容,佛教甚至与儒家思想一样成为"德性学"的主干内容。必须注意的是,尽管两人都利用、吸收佛教的思想内容,对佛教的态度却相去甚远:主张立孔教为国教的康有为宣称孔教与佛教"相反",却在大同社会让佛教大行其道;与康有为的矛盾态度迥异其趣,梁启超声称"佛教是全世界文化的最高产品"①。这使佛教成为宣传自由的理论武器,也成为国学的基本内容。按照他的说法,佛教传入中国后与中国本土文化相和合,已经成为中国固有文化的一部分,理所当然地属于中国固有之学,故而是国学。为了说明佛教是国学的一部分,属于中国本土文化,梁启超特意指出,佛教产生于印度,却发达、鼎盛于中国,华严宗、天台宗、唯识宗和禅宗等佛教的著名宗派无一不是中国人的发明。因此,佛教就是中国的国学。为了凸显这一点,梁启超尤为喜欢将禅宗称为"我们的禅宗"。

问题的关键是,宗教概念的歧义丛生不仅影响了康有为、梁启超对孔教的理解和态度,而且影响着两人对于佛教的定位和态度。在对待佛教的态度上,康有为、梁启超都是矛盾的,矛盾的具体表现却各不相同:康有为一面出于立孔教为国教的现实考量和政治需要肯定孔教与佛教"相反",一面难以按捺对佛教的好感,乃至大同社会中孔教当舍,而佛教可以大行其道。梁启超的矛盾在于:一面断言宗教与人的自由相悖,禁锢民智而排斥宗教;一面推崇佛教,并借助佛教鼓吹精神自由。对此,人们不禁要问:佛教是否是宗教? 为此,梁启超特意作《论佛教与群治之关系》,文中明确认定佛教信仰具有其他宗教所没有的六大优点,这些优点分别是:"智信而非迷信"、"兼善而非独善"、"入世而非厌世"、"无量而非有限"、"平等而非差别"和"自力而非他力"②。在梁启超所对举的特点中,如果说前者是佛教的特性的话,那么,后者则是宗教的特性。佛教区别于其他宗教的这些特点共同证明了佛教不是宗教——至少不可以将佛教与一般宗教等量齐观。更有甚者,为了以示佛教与宗教的区别,梁启超在某些场合称佛教为佛法。

①　《治国学的两条大路》,《梁启超全集》(第七册),北京出版社 1999 年版,第 4071 页。
②　《论佛教与群治之关系》,《梁启超全集》(第二册),北京出版社 1999 年版,第 906 —909 页。

　　至此,戏剧性的一幕出现了:原本在中国传承了几千年、并非专以宗教面目示人的孔教在康有为的视界中成了宗教,从一开始在中国出现就是专门宗教的佛教在梁启超的论证中却不是宗教——至少不可与一般宗教等量齐观。这淋漓尽致地暴露了两人判定宗教的随意性以及随之而来的宗教概念的随意性,也预示了宗教概念的歧义丛生和聚讼纷纭。救亡图存的现实性和理解诠释的随意性是康有为、梁启超界定、理解宗教的共同点,与之相伴的是两人的泛宗教倾向。之所以如此,最根本的原因则在于梁启超剪不断理还乱的宗教情结:一方面,为了反对基督教,也出于对宗教与科学、宗教与自由相悖的认识,梁启超对宗教含有微词,而不像康有为那样由始至终对宗教寄予厚望,顶礼膜拜。从这个意义上说,梁启超对宗教的微词乃至排斥与康有为矢志不渝的宗教情结迥异其趣。另一方面,无论是梁启超指责宗教与科学相左还是宗教与自由相悖,理由都是宗教的本质是信仰,禁锢人的智识和自由。问题的纠结之处恰恰在于,宗教与人的情感好恶和价值取向等信仰问题密切相关,梁启超对宗教怀有本能的好感,将鼓动爱国热情、激发热度情感的希望寄托于宗教。受制于对宗教的这种矛盾心态,他一面在前门反对作为宗教的基督教,一面从后门请出了作为宗教的佛教;一面在基督教——包括早先推崇的孔教是宗教的前提下,抨击其与科学、自由相悖,一面在淡化佛教的宗教性的前提下,借助其净化人心,倡导精神自由。于是,尽管不同意康有为借助孔教而将宗教视为国学的基本形态和主体内容,梁启超却在国学中为佛教留下了重要一席,对佛教推崇备至表明了他对宗教难以抑制的好感乃至膜拜。

　　由于中国近代的第一个国学称谓是孔教,国学一出现就与宗教纠缠在一起。康有为以孔教作为国学的称谓如此,反对将国学内容归结为孔教的梁启超也是如此。康有为、梁启超关于国学与宗教关系的争议在三个向度展开:其一,国学的基本形态或主体内容是否是宗教? 对于这个问题,康有为的回答是肯定的,梁启超却作出了否定回答。其二,孔子之学即孔教是否是宗教? 与对第一个问题的看法一脉相承,康有为以孔教称谓中国本土文化,意味着孔教(宗教)是国学的基本形态和内容。梁启超否认国学的基本形态是宗教,对孔子之学是否是宗教的看法前后之间大相径庭:虽然梁启超在戊戌维新前后与康有为一样承认孔教是宗教,但是,梁启超不同意康有为以孔子之学称谓全部中国本土文化而代表国学的做法;后来,梁启超在承认孔子思想是宗教、孔子是宗教家的前提下,强调宗教家不足以言孔子。其三,如何理解宗教的定义和作用? 康有为肯定孔子之学是宗教,迫于西方基督教的强势入侵,出于以教治教的目的。这种历史背景、文化语境和立言宗旨决定了他是在肯定的意义上断言孔教是宗教的,所看中的是宗教凝聚人心的作用,并不十分在意宗教的内涵。梁启超在厘清宗教内涵的基础上反对立孔教为国教,对宗教的界定却与康有为异曲同工,即与康有为一样将信仰与宗教相提并论。对于宗教,梁启超给出的定义是:"'宗教是各个人信仰的对象。'……对象有种种色色,或人,或非人,或超人,或主义,或事情。只要为某人信仰所寄,便是某人的信仰对象。……信仰有两种特征:第一,信仰是情感的产物,不是理性的产物。第二,信仰是目的,不是手段;只有为信仰牺牲别的,断不肯为别的牺牲信仰。……从最下等的崇拜无生物、崇拜动物起,直登最高等的如一神论,无神论,都是宗教。他们信仰的对象,或属'非人',如蛇、如火、如生殖器等等;或属'超人',如上帝、天堂、净土等等;或属'人',如吕祖、关公、摩诃末、耶稣基督、释迦牟尼等。不惟如此,凡对于一种主义有绝对信仰,那主义便成了这个人的宗教。"①由此可见,尽管梁启超对宗教的具体理解与康有为有别,却与康有为一样归一切信仰于宗教,最终对宗教持肯定态度,故而导致信仰与宗教相混。更有甚者,梁启超在这方面比康有为走得更远,以至于将人列为信仰对象,声称对于恋爱的人来说,恋爱的对象就是彼此的宗教。对于宗教的作用,康有为始终在肯定的意义上理解宗教,终身为立孔教为国教而奔走呼号,并且期待通过保教来保国、保种;梁启超看到了宗教与信仰的密切相关,更多的则是突出宗教对人心智、自由的束缚和禁锢。换言之,对宗教作用的认识是康有为具有宗教情结,以宗教言国学,教学相混的原因;也是梁启超提倡自由,讲国学时呼吁走以历史为主的"文献学"和以人生哲学为主的"德性学"两条大路的原因所在。

第三节　世界蓝图与中国策略

如果说孔教与国学的关系和对宗教的不同态度尚侧重于理论层面的话,那么,康有为、梁启超救亡图存的具体方案则直接指向现实领域和实践层面。对这一问题的设想不仅展示了两人不同的价值旨趣和政治主张,而且暴露了戊戌变法领导层内部的分歧。

一、平等与自由

自由、平等是中国近代的价值追求和时代风尚,康有为、梁启超在这方

---

① 《评非宗教同盟》,《梁启超全集》(第七册),北京出版社1999年版,第3966—3967页。

面与其他近代思想家是一致的。在这个前提下尚须进一步澄清的是,两人的行为追求和价值旨趣呈现出明显差异,对自由、平等具有不同侧重。一言以蔽之,康有为推崇平等,将平等提升为宇宙本原,断言平等是放之四海而皆准的普遍法则;梁启超则崇尚自由,宣称自由是人与生俱来的天赋之权,神圣而不可侵犯。

1.康有为的平等路径

作为中国近代著名的启蒙思想家,康有为开创了平等的启蒙路径;这一理论视界和政治抉择拉近了康有为与谭嗣同之间的思想距离,却显示出与同为戊戌启蒙四大家的严复、梁启超之间的学术分歧。

首先,康有为对平等倍加推崇。为了提升平等的地位和权威,康有为将平等与世界本原——仁联系起来,致使平等成为宇宙法则。在这方面,他的具体做法分两步走:第一步,宣称仁为天地万物的本原。康有为宣布:"仁也,电也,以太也,人人皆有之,……为万化之海,为一切根,为一切源。"①这就是说,仁是"万化之海",作为推动世界运动、变化的总根源,是宇宙的真正主宰;仁"为一切根,为一切源",是世界万殊乃至人类的最终本原。第二步,断言平等是仁的题中应有之义。被康有为奉为世界本原的仁被注入了近代的价值诉求和时代气息,最明显的表现是仁的基本内涵是平等。为此,他沿袭汉儒的训诂方法凸显仁的相偶之义,指出仁在本质上不是"私德"而是"公德",是标志人与人关系的范畴。对于仁的内涵是平等,康有为不止一次地声明:

> 仁之极,所谓平等者。②
> 至平无差等,乃太平之礼,至仁之义。③

其次,鉴于仁的本原地位,康有为对平等格外关注,成为中国近代重平等的启蒙思想家。更为重要的是,康有为提升平等的地位和价值并不只是基于理论兴趣,而是为了解决中国近代社会的现实问题,为中国寻求救亡图存的出路。循着平等的思路和逻辑,他对中国社会内部上下隔绝的现实状况多有关注并且深恶痛绝,同时将中国近代的贫困衰微归结为中国社会内部的等级森严以及由此导致的严重不平等。对此,康有为一再揭露说:

---

① 《孟子微》,《康有为全集》(第五集),中国人民大学出版社 2007 年版,第 414 页。
② 《南海师承记·讲仁字》,《康有为全集》(第二集),中国人民大学出版社 2007 年版,第 227 页。
③ 《礼运注》,《康有为全集》(第五集),中国人民大学出版社 2007 年版,第 554 页。

故君与臣隔绝,官与民隔绝,大臣小臣又相隔绝,如浮屠百级,级级难通,广厦千间,重重并隔。①

考中国败弱之由,百弊丛积,皆由体制尊隔之故。……如浮屠十级,级级难通;广厦千间,重重并隔。譬咽喉上塞,胸膈下滞,血脉不通,病危立至固也。②

可以看到,上下隔绝、严重不平等是康有为对中国社会的现实审视,也是他变法维新最先要解决的问题,所以在上光绪帝的奏折中反复提及。与侧重从上下隔绝的角度审视中国社会的现实状况、剖析中国衰微的根源一脉相承,他将中国现实的苦难归结为不平等,断言消除各种不平等而臻于平等是拯救中国的必由之路。这用康有为本人的话说便是:"吾救苦之道,即在破除九界而已。"③"九界"是他对现实社会中存在的各种等级和不平等状况的概括,具体包括国界、种界、形界、类界、级界、家界、业界、乱界和苦界。按照康有为的说法,"九界"造成了中国与外国的不平等和中国社会内部的上下隔绝,铲除"九界"是中国的唯一出路。确立了这个方向之后,他具体设计了通往平等的具体步骤和方案,将"男女平等各自独立"视为平等的第一步和解决中国问题的切入点,详细规划了通过解除婚姻、男女平等而"毁灭家族",彻底废除私有制,最终进入绝对平等、毫无差别的大同社会的操作步骤。康有为所追求的平等是消除各种差异的绝对平均,这使消灭家庭、取消国家的大同社会成为平等的最高境界。

再次,由于将男女平等视为平等的第一步,或者说,由于对男女平等极为关注,康有为对男女平等的大声疾呼令人注目。在他那里,男女平等不仅关涉男女之间的平等问题本身,而且承载着通过"毁灭家族"、取消国界而进入大同世界的多重意义和使命。这些都预示着男女平等的至关重要和不容忽视,同时表明康有为所讲的平等并不限于中国内部,而注定是全球性的。正是在这个意义上,他宣称:"故全世界人欲去家界之累乎,在明男女平等各有独立之权始矣,此天予人之权也;全世界人欲去私产之害乎,在明男女平等各自独立始矣,此天予人之权也;全世界人欲去种界之争乎,在明男女平等各自独立始矣,此天予人之权也;全世界人欲致大同之世、太平之境乎,在明男女平等各自独立始矣,此天予人之权也;全世界人欲致极乐之

---

① 《上清帝第二书》,《康有为全集》(第二集),中国人民大学出版社 2007 年版,第 44 页。
② 《上清帝第七书》,《康有为全集》(第四集),中国人民大学出版社 2007 年版,第 29 — 30 页。
③ 《大同书》,中州古籍出版社 1998 年版,第 86 页。

世、长生之道乎,在明男女平等各自独立始矣,此天予人之权也;全世界人欲炼魂养神、不生、不灭、不增、不减乎,在明男女平等各自独立始矣,此天予人之权也;欲神气遨游、行出诸天、不穷、不尽、无量、无极乎,在明男女平等各自独立始矣,此天予人之权。吾采得大同、太平、极乐、长生、不生、不灭、行游诸天、无量、无极之术,欲以度我全世界之同胞而永救其疾苦焉,其惟天予人权、平等独立哉,其惟天予人权、平等独立哉!"①由此可见,康有为所讲的平等以男女平等始,以全球平等终。他本人将之称为始于男女平等、终于众生平等的"大平等"。有鉴于此,即使不否认康有为呼吁平等有出于救亡图存的动机,有一点同样是不可否认的,那就是:他所规划的平等是一幅世界蓝图,是为"全世界人"谋划的。

与此同时,在康有为那里,平等包括中外平等、种族平等、政治平等、经济平等和男女平等诸多方面的内容。对男女平等的大声疾呼使康有为成为近代男女平等的代言人,也从一个侧面反映了他对三纲的批判集中于"夫为妻纲",而放松了对直指现实的"君为臣纲"的批判。对此,梁启超给出了这样的解释和理由:"中国倡民权者以先生为首,(知之者虽或多,而倡之者殆首先生)然其言实施政策,则注重君权。以为中国积数千年之习惯,且民智未开,骤予以权,固自不易;况以君权积久如许之势力,苟得贤君相,因而用之,风行雷厉,以治百事,必有事半而功倍者。故先生之议,谓当以君主之法,行民权之意。若夫民主制度,其期期以为不可。盖独有所见,非徒感今上之恩而已。"②

2.梁启超的自由路径

与康有为对平等的大声疾呼相映成趣,梁启超对自由如饥似渴,对自由的宣传、鼓吹和讴歌不遗余力。由此,梁启超成为推崇自由的戊戌启蒙思想家。

首先,梁启超宣称自由是人与生俱来的天赋权利,热情赞美自由的意义和价值,以此彰显自由的神圣性和正当性。在他看来,自由是人不可缺少的精神生命,对于人至关重要;作为"权利之表证",自由是人之所以为人的构成要件。正是在这个意义上,梁启超一再断言:

　　自由者,天下之公理,人生之要具,无往而不适用者也。③

① 《大同书》,中州古籍出版社1998年版,第303页。
② 《南海康先生传》,《梁启超全集》(第一册),北京出版社1999年版,第495—496页。
③ 《新民说》,《梁启超全集》(第二册),北京出版社1999年版,第675页。

自由者,权利之表证也。凡人所以为人者有二大要件:一曰生命,二曰权利,二者缺一,时乃非人。故自由者亦精神界之生命也。①

基于这种认识,梁启超强调,自由对于人与生俱来,是人不可侵犯的天赋权利;丧失自由,人便不成为人。不仅如此,出于对自由的推崇和渴望,他从不同角度对自由予以界定,划分了自由的种类,介绍了西方的各种自由学说以及与自由相关的社会、政治思想;并且围绕着救亡图存的宗旨,反复申辩自由与民主、权利、义务、责任和服从之间的关系。

其次,梁启超将自由奉为救亡图存的不二法门。在他看来,正如生物有机体的强弱取决于细胞的优劣一样,中国的衰亡是由于中国人的素质低下,国民无权。个人是构成社会的细胞,国民没有自由,国家便没有自由。循着这个思路,要使国家独立,拥有国权,必须让国民先享有民权。于是,梁启超宣称:"欲使吾国之国权与他国之国权平等,必先使吾国中人人固有之权皆平等,必先使吾国民在我国所享之权利与他国民在彼国所享之权利相平等。若是者国庶有瘳,若是者国庶有瘳。"②

再次,与康有为在平等中寻求解决中国问题的出路迥异其趣,梁启超在对自由的希冀中拯救中国,将中国衰落的原因归结为国民素质低下,更将通过提高国民的自治能力,赋予国民自由之权奉为改造中国的基本纲领。这用梁启超本人的话说便是:"新民为今日中国第一急务。"③

在将提倡自由、塑造"新民"视为改造中国的不二法门的基础上,梁启超呼吁道德上的"新民",将自由理解为精神独立而破除"心奴"或"心奴隶",断言拥有独立人格、自由精神、进取冒险和自治能力是"新民"必备的道德,进而提倡人格独立、公德观念、国家思想和民族主义。梁启超在自由的名义下为了"新民"的需要而提倡公德意识、群体观念和国家思想,成为中国近代道德启蒙的杰出代表,也成为"道德革命"的倡导者。尽管如此,鉴于自由与权利、义务的密切相关,他重视国民的资格问题,从而关注个人与群体的关系。为了使中国人能够更好地行使自己的自由之权,梁启超与严复一样呼吁提高中国人的素质和自治能力。由此,个人与国家、国民与政府成为梁启超的基本视域,这使他的自由主张基本上属于中国策略,而非世界蓝图或全球规划。

---

① 《十种德性相反相成义》,《梁启超全集》(第一册),北京出版社 1999 年版,第 429 页。
② 《新民说》,《梁启超全集》(第二册),北京出版社 1999 年版,第 675 页。
③ 《新民说》,《梁启超全集》(第二册),北京出版社 1999 年版,第 655 页。

　　对自由、平等的宣传构成了戊戌启蒙乃至中国近代启蒙思想的主体内容，也奠定了康有为、梁启超在中国近代启蒙思想中不同的学术身份和地位。上述内容显示，康有为的启蒙思想可以归结为平等派，平等贯彻在他的启蒙思想的方方面面；梁启超的启蒙思想可以归结为自由派，对自由的宣传、推崇成为近代启蒙思想中最亮丽的风景。问题的关键是，平等与自由之间的分歧决定着康有为、梁启超对现实社会的不同审视和政治局势的分析，更决定着两人对中国出路的不同思考和选择。换言之，康有为、梁启超是出于救亡图存的迫切需要寻求平等、自由的，反过来，对平等、自由的不同侧重不仅在两人思想的各个领域得以贯彻，而且作为思维方式和价值旨趣决定着两人对现实社会的审视以及对改造中国方案的选择。可以看到，与理论上对平等、自由的不同侧重息息相通，在对现实社会的审视和改造中国的实践中，康有为、梁启超推出了两条不同的启蒙路径和救亡方案：第一，对中国落后原因的追问结果迥然相异。在对中国衰落原因的剖析中，尽管康有为、梁启超都触及到了三纲以及社会体制问题，彼此之间的具体看法却大相径庭：康有为将中国衰落的原因归结为上下隔绝、严重的不平等，断言不能通下情是阻碍中国富强的瓶颈；梁启超则认定中国人处于没有权利的奴隶地位，不能将自己与国家的命运联系起来，国民没有自由以及由此导致的爱国心缺乏是中国积贫积弱的根源。第二，对中国出路的选择相去甚远。不同的视界和分析决定了并且最终演绎为对不同出路的选择：正如康有为的世界主义、大同情结是他的平等路径的极致表达一样，梁启超的"兴民权"和民族主义都是自由主旨的具体贯彻。

二、"开民智"与"兴民权"

　　问题的发现与问题的解决密切相关，发现问题的方法在某种程度上决定着对问题的发现，以何种方式发现问题、发现何种问题又在某种程度上决定着以何种方式解决问题。对中国社会的分析和改造中国的方案进一步加大了康有为与梁启超之间的分歧，导致两人改造中国的基本纲领和秉持的价值理念渐行渐远。在改造中国的具体方案上，康有为侧重"开民智"，梁启超则呼吁"兴民权"。

　　必须明确的是，近代启蒙思想家——特别是戊戌启蒙四大家都主张"开民智"，在这个问题上，将"开民智"奉为改造中国三大纲领之一的严复自不待言，康有为也是如此。正是出于"开民智"的需要，康有为从日本转译西书，广泛引进西方的各种学说。不仅如此，康有为还将智（康有为有时写作知）说成是人与禽兽的区别，故而将智视为人之本质。在对人性内容的具体界定上,他特意强调,智是人类的独特性,仁甚至包括义、礼在内则是一切生物的共性。从这个意义上说,智对于人更为重要,因为只有以智言仁,才是人间正道。在这方面,老子取巧,智而不仁固然不对;墨子仁而不智,同样贻害匪浅。以慈悲言仁的佛教,更是将离智言仁的危害推向了极致。正是由于这个原因,孔子在大多数情况下都仁智并举,而非仁义并举。康有为对于这个问题极为重视,不止一次地论证并解释说:

> 物皆有仁、义、礼,非独人也。鸟之反哺,羊之跪乳,仁也;即牛、马之大,未尝噬人,亦仁也;鹿之相呼,蚁之行列,礼也;犬之卫主,义也,惟无智,故安于禽兽耳。人惟有智,能造作饮食、宫室、饮食、衣服,饰之以礼乐、政事、文章,条之以伦常,精之以义理,皆智来也。苟使禽兽有智,彼亦能造作、宫室、衣服,饰之以伦常、政事、礼乐、文章,彼亦自有其义理矣。故惟智能生万理。或谓仁统四端,兼万善,非也。吾昔亦谓仁统义、礼、智、信,与朱子言"义者,仁之断制;礼者,仁之节文;信者仁之诚实;智者,仁之分别"同。既乃知人道之异于禽兽者,全在智。惟其智者,故能慈爱以为仁,断制以为义,节文以为礼,诚实以为信。夫约以人而言,有智而后仁、义、礼、信有所呈,而义、礼、信、智以之所为,亦以成其仁,故仁与智所以成终成始者也。昔夫子鲜以仁、义对举,多以仁、智对举。①

> 孔子多言仁智,孟子多言仁义,然禽兽所以异于人者,为其不智也,故莫急哉!然知而不仁,则不肯下手,如老氏之取巧。仁而不知,则慈悲舍身,如佛氏之众生平等。二言管天下之道术矣。孔子之仁,专以爱人类为主;其智,专以除人害为先。此孔子大道之管辖也。②

与对智的崇尚以及智对于人的至关重要的认识密切相关,康有为多次在给光绪帝的上书中提出中国的弊政是上下隔绝、不通外情,并且对症下药,提出了"开民智"的药方。这就是说,"开民智"、通外情是康有为始终关注的问题,也是他借此拯救中国危难、通往平等的关键所在。

如果说康有为将"开民智"奉为拯救中国的必由之路的话,那么,梁启超则在对"开民智"寄予厚望的同时,呼吁"兴民权",甚至将"开民智"理解为"兴民权"的需要。这就是说,对于"开民智",梁启超与康有为之间的认

① 《康子内外篇》,《康有为全集》(第一集),中国人民大学出版社2007年版,第108页。
② 《春秋董氏学》卷六,《康有为全集》(第二集),中国人民大学出版社2007年版,第393页。

识是一致的；是否"兴民权"则体现了梁启超在拯救中国这一现实问题上与康有为的根本分歧，也是两人争论的焦点。

如上所述，梁启超对自由心驰神往，自由与权利具有内在关联。因此，与康有为始终将目光聚焦在"开民智"上不同，梁启超在主张"开民智"的同时，大声疾呼"兴民权"，致使"兴民权"成为自由的一部分。对于"兴民权"，梁启超与严复一样看到了民权与民智之间的内在联系，却由于侧重从精神上讲自由，而从另一个角度最终将"广民智"而非"伸民权"奉为"第一义"。从这个意义上说，与严复侧重从个人与政府的权限来界定自由，故而将自由界定为法律上赋予的行动自由、政治自由相比，梁启超的思想较为温和，向康有为靠近了一大步。尽管如此，梁启超在"兴民权"的问题上与其师康有为是有原则分歧的，两人也因此发生激烈的争执乃至思想交锋。这一点通过梁启超写给老师的回信清楚地展示出来，信中说："夫子谓今日'但当言开民智，不当言兴民权'，弟子见此二语，不禁讶其与张之洞之言，甚相类也。夫不兴民权则民智乌可得开哉。其脑质之思想，受数千年古学所束缚，曾不敢有一线之走开，虽尽授以外国学问，一切普通学皆充入其记性之中，终不过如机器切成之人形，毫无发生气象。试观现时世界之奉耶稣新教之国民，皆智而富；奉天主旧教之国民，皆愚而弱；（法国如路梭之辈，皆不为旧教所囿者，法人喜动，其国人之性质使然也。）无他，亦自由与不自由之分而已。（法国今虽民主，然绝不能自由。）故今日而知民智之为急，则舍自由无他道矣。……故有自治似颇善矣——而所谓不受治于他人者，非谓不受治于法律也。英人常自夸谓全国皆治人者，全国皆治于人者，盖公定法律而公守之，即自定法律而自守之也。实则仍受治于己而已。盖法律者，所以保护各人之自由，而不使互侵也。此自由之极则，即法律之精意也。抑以法国革命而谤自由，尤有不可者；盖自由二字，非法国之土产也。英之弥儿，德之康得，皆近世大儒，全球所仰，其言自由，真可谓博深切明矣。……实觉其为今日救时之良药，不二之法门耳。……又自由与服从二者相反而相成，凡真自由未有不服从者。英人所谓人人皆治人，人人皆治于人，是也。但使有丝毫不服从法律，则必侵人自由。盖法律者，除保护人自由权之外，无他掌也。而侵人自由者，自由界说中所大戒也。故真自由者，必服从。"①

信中内容显示，梁启超与康有为争论的焦点在于"兴民权"，对于"开民智"，两人的观点是一致的；争端在于，康有为只讲"开民智"而不讲"兴民权"，用梁启超所援引的话说就是"但当言开民智，不当言兴民权"。与康有

---

① 《致康有为》，《梁启超全集》（第十册），北京出版社 1999 年版，第 5932 页。

为的做法不同,梁启超既讲"开民智",又讲"兴民权"——甚至二相比较,更重视"兴民权"。按照梁启超的理解,不先"兴民权",便无法"开民智",因为中国民众受几千年古学束缚,在这种情况下,纵然输入西学,亦人云亦云,毫无创新;只有提倡自由,养成独立思考的自由精神,才可使民智大开。由此,他的结论是:"近日而知民智之为急,则舍自由无他道矣。"梁启超必先"兴民权"、才可"开民智"的主张与康有为具有本质区别,也使"兴民权"成为两人思想分歧的焦点。这一分歧表面上呈现为"开民智"与"兴民权"的分歧,实质上则是以平等还是以自由来拯救中国分歧的延伸。

三、世界主义与民族主义

近代中国的民族主义思想本属一种舶来品,康有为、梁启超的引介之功不可忽视。康有为在 1898 年提出过效法德国兴办"国民学",教授国人所以为国民之道的主张。尽管如此,他的救亡之路归根结底不是民族主义,而是世界主义、大同主义。与康有为相比,梁启超对大同主义、世界主义不以为然,却对民族主义津津乐道、情有独钟。这使大同主义与民族主义成为两人分歧的焦点之一。

康有为与梁启超的分歧表现在价值理念上便是:前者秉持大同主义、世界主义,后者坚守民族主义、国家主义。康有为将平等的实现寄托于取消国界、全球同一的大同社会,这使取消国家成为进入大同的必经阶段和实现平等的前提条件。他之所以主张取消国界,是认为国家与家庭一样是产生各种忧患和苦难的根源,人只有摆脱国家的束缚而"直隶于天",才能真正享受自主、平等,从而使人生与乐俱来。循着这个逻辑,康有为号召人不做"家人"而做"天人",不做"国民"而做"天民"。为此,他作《诸天讲》,目的就是让人在明白共生地球的基础上,了解地球只是无数星球中的一颗普通星球,人不应该囿于国家或民族。只有摆脱国家、家庭的拖累而做"天民",才能成就快乐的人生;反之,做"地上人"与做"家人"或"国民"一样都是痛苦之源。

世界主义与国家主义是康有为与梁启超的重要分歧。正如梁启超宣传自由的初衷是基于社会有机体论而为中国争取自由一样,国家主义、民族主义是梁启超的价值核心之一。面对民族危机的日益严重,他强调,个人与国家密不可分,二者之间是一而二、二而一的关系:如果说个人是小我的话,那么,民族、国家则是大我。从这个意义上说,爱国、利群就是爱己和利己。对此,梁启超解释说:"一人与一人交涉,则内吾身而外他人,是之谓一身之我;此群与彼群交涉,则内吾群而外他群,是之谓一群之我。同是我也,而有大我小我之别焉。有我则必有我之友与我之敌。既曰群矣,则群中皆吾友也。故善为群者,既认有一群外之公敌,则必不认有一群内之私敌。"①

基于这种理解,梁启超将国家思想视为国民资格的第一要义,断言"有国家思想"是国民区别于部民的标志。他说道:"部民与国民之异安在?曰:群族而居,自成风俗者,谓之部民;有国家思想,能自布政治者,谓之国民。天下未有无国民而可以成国者也。国家思想者何?一曰对于一身而知有国家,二曰对于朝廷而知有国家,三曰对于外族而知有国家,四曰对于世界而知有国家。"②可见,所谓国家思想,"一曰对于一身而知有国家",这一点与康有为鼓吹做"天民"而不做国民的"个人的精神"是背道而驰的;"四曰对于世界而知有国家",这一点与康有为取消国家的大同理想是针锋相对的;"三曰对于外族而知有国家",更是在突出中国近代救亡图存的历史使命的同时,高扬了民族主义立场。"民族主义者何?各地同种族、同言语、同宗教、同习俗之人,相视如同胞,务独立自治,组织完备之政府,以谋公益而御他族是也。"③可见,梁启超所恪守的民族主义就是秉持本民族的价值立场,坚守本民族的种族、语言、宗教和习俗,这与康有为所讲的大同社会同一人种、同一语言和同一文化截然相反。遵循民族主义和国家主义的基本原则,梁启超在宣传西方社会、政治学说的过程中,有意突出群体意识、公德观念、国家思想和民族主义。他所发起的"道德革命",就是针对中国人束身寡过、独善其身和洁身自好——私德发达而公德缺失的实际情况有感而发的。因此,以国家主义、民族主义、公德意识和群体观念为核心的公德成为梁启超提倡的新道德的主体内容和灵魂所在。

梁启超的上述言论和做法与康有为心仪大同社会,呼吁取消国界、全球一体的世界主义南辕北辙。有鉴于此,对于康有为的世界主义和大同理想,梁启超批评说:"先生教育之大段,固可以施诸中国,但其最缺点者有一事,则国家主义是也。先生教育之所重,曰个人的精神,曰世界的理想。斯二者非不要,然以施诸今日之中国,未能操练国民以战胜于竞争界也。"④在梁启超看来,康有为倚重的"个人的精神"和"世界的理想"都是缺乏国家主义、民族主义的体现,说到底无非是只知有个人之小我,而不知有国家、民族之大我的表现。正因为如此,秉持民族主义和国家主义的价值诉求,梁启超指出,个人由国而自保,爱国、利群是个人自私、爱己的变相,是博爱的极致。

① 《新民说》,《梁启超全集》(第二册),北京出版社1999年版,第694页。
② 《新民说》,《梁启超全集》(第二册),北京出版社1999年版,第663页。
③ 《新民说》,《梁启超全集》(第二册),北京出版社1999年版,第656页。
④ 《南海康先生传》,《梁启超全集》(第一册),北京出版社1999年版,第486页。

只知爱己而不知爱国是野蛮的表现,超越国界而奢谈博爱同样流于野蛮。

基于这种认识,梁启超批判康有为的世界主义和大同理想充其量只是宗教家的幻想,并不适于身处生存竞争之中而自身难保的中国;对于深陷民族危机之中的中国人来说,"对于世界而知有国家"的国民素质、国家思想尤为重要。对此,他如是说:"所谓对于世界而知有国家者何也? 宗教家之论,动言天国,言大同,言一切众生。所谓博爱主义、世界主义,抑岂不至德而深仁也哉。虽然,此等主义,其脱离理想界而入于现实界也,果可期乎? 此其事或待至万数千年后,吾不敢知,若今日将安取之? 夫竞争者,文明之母也。竞争一日停,则文明之进步立止。由一人之竞争而为一家,由一家而为一乡族,由一乡族而为一国。一国者,团体之最大圈,而竞争之最高潮也。若曰并国界而破之,无论其事之不可成,即成矣,而竞争绝,毋乃文明亦与之俱绝乎! 况人之性非能终无竞争者也,然则大同以后,不转瞬而必复以他事起竞争于天国中。而彼时则已返为部民之竞争,而非复国民之竞争,是率天下人而复归于野蛮也。今世学者,非不知此主义之为美也。然以其为心界之美,而非历史上之美。故定案以国家为最上之团体,而不以世界为最上之团体,盖有由也。然则言博爱者,杀其一身之私以爱一家可也,杀其一家之私以爱一乡族可也,杀其一身一家一乡族以爱一国可也。国也者,私爱之本位,而博爱之极点,不及焉者野蛮也,过焉者亦野蛮也。"①

上述内容显示,尽管康有为、梁启超的思想异同俱见,大致说来,以异为主。两人的思想之所以呈现出众多差异乃至分歧,有性格或表述方面的原因。在这方面,康有为的老成不变与梁启超的流质易变恰成强烈对比。正如梁启超在《清代学术概论》中所言:"有为太有成见,启超太无成见。"②这种差别成为康有为、梁启超思想分歧的潜在原因:一边是康有为一再对梁启超的流质易变提出警告和劝戒,一边是梁启超一面坦白承认、检讨,一面依旧我行我素,以至于养成终身特质。对此,梁启超自我剖析说:"吾生性之长短,吾最自知之,吾亦与天下人共见之。要之,鄙人之言其心中之所怀抱,而不能一毫有所自隐蔽,(非直不欲,实不能也。)此则其一贯者也。辛壬之间,师友所以督责之者甚至,而吾终不能改。及一旦霍然自见其非,虽欲自无言焉,亦不可得。吾亦不知其何以如是也,故自认为真理者,则舍己以从;自认为谬误者,则不远而复。'如恶恶臭,如好好色',此吾生之所长也。若其见理不定,屡变屡迁,此吾生之所最短也。南海先生十年前即以流质相

①　《新民说》,《梁启超全集》(第二册),北京出版社 1999 年版,第 663—664 页。
②　《清代学术概论》,《梁启超全集》(第五册),北京出版社 1999 年版,第 3102 页。

戒,诸畏友中,亦频以为规焉。此性质实为吾生进德修业之大魔障,吾之所以不能抗希古人,弊皆坐是,此决不敢自讳。且日思自克,而竟无一进者,生平遗憾,莫此为甚。"①在这里,梁启超对于自己的流质易变不是一味地检讨,而是振振有词,其态度可见一斑。无论梁启超如何为自己辩解,可以肯定的是,不管出于何种原因,流质易变使梁启超的观点和思想变易甚大,以至于前后相互矛盾。于是,由早年"述康南海之言"与康有为思想如出一辙到后来与康有为的思想渐行渐远,亦在预料之中。然而,从根本上说,康有为、梁启超思想的差异源于对中国社会的现实审视以及对中国出路的思考和抉择,与两人不同的思想来源相关,更多的则由于秉持不同的致思方向和价值旨趣所致。

　　不同的理论来源和价值旨趣决定了康有为、梁启超思想的不同内容,从这个角度说,两人思想的差异乃至分歧是必然的。不仅如此,理论侧重和学术兴趣的差异又进一步导致了康有为、梁启超不同的理论建构和学术贡献,"康、梁学派遂分"似乎不可避免。就历史定位来看,如果说康有为执著于阐发以《春秋》为核心的六经的微言大义,是经学大师的话,那么,梁启超则乐于介绍西方新学,是对西学兴趣盎然的宣传大家。正是由于这个原因,学术界通常将康有为界定为近代公羊学大师,梁启超对自己的定位则是"新思想界之陈涉",一中一西恰好印证了两人迥异其趣的思想来源和学术兴趣。康有为与梁启超之间的思想差异、分歧和不同的历史定位表明,"康梁"的称谓只限于政治领域,意指两人在戊戌政变时期的共同主张和维新诉求,不可将这一称谓扩展到其他领域或其他时期。如果不加限制地将"康梁"称谓用以指称康有为、梁启超的思想,势必遮蔽康有为、梁启超思想的差异性,不利于深入了解、把握两人各自思想的特殊性和独创性。

---

① 《答和事人》,《梁启超全集》(第二册),北京出版社1999年版,第975—976页。

第六章　严复视界中的康有为

康有为与严复既在戊戌启蒙思想中占有举足轻重的地位,又构成微妙的关系。就社会影响而言,如果说康有为是政治领袖的话,那么,严复则是精神导师;就思想建构而言,如果说康有为侧重中学的话,那么,严复则是宣传西学的第一人。由此不难看出,无论是就个人关系还是学术交往而言,康有为与严复均无"正面接触"或直接联系,两人的关系远没有康有为与谭嗣同、梁启超之间那样密切或复杂;严复对康有为的关注或攻击远没有达到像对待梁启超那样的怒不可遏。就康有为与严复的相互评价来说,康有为对严复的评价主要集中为一句话:"严复者,……译《天演论》,为中国西学第一者也。"①这个评价不可谓不高,却非过誉之辞,与梁启超、蔡元培和胡适等人给予严复的"清季输入欧化之第一人"或"侯官严复为第一"等评价可谓如出一辙。必须提及的是,康有为自视甚高,对他人的赞誉并不多见,更何况康有为的这句话甚至成为严复是中国近代西学第一人之滥觞。相对于康有为对严复的"漠视",严复对康有为的关注要密切得多,评价自然也相对多了起来。鉴于上述情况,本章与其名为《康有为与严复的相互评价》,不如叫作《严复视界中的康有为》更为贴切。可以看到,从康有为1898年公开打出立孔教为国教的救亡旗帜开始,严复就把康有为纳入批判视野,从此以后直到暮年,康有为一直没有淡出严复的视野。随着戊戌政变的失败,严复在对中国政局的反思中将矛头对准康有为、梁启超,无论是对两人在海外所作所为的抨击还是对其回国给中国造成危害的担忧都流露出对康有为的不满乃至敌意。步入晚年的严复在对群经和孔子的推崇上与康有为汇合了,此时的严复由衷叹服康有为的观点。

第一节　戊戌政变前反对康有为的孔教思想

1898年6月,康有为在北京成立保国会,提出保国、保教和保种的三大纲领。严复连续作《有如三保》、《保教余义》和《保种余义》等系列论文,从不同角度反复申辨、厘清保国与保教、保种之间的关系。严复反对通过保教

---

① 《与张之洞书》,《康有为全集》(第五集),中国人民大学出版社2007年版,第314页。

来保国、保种,就是针对康有为提出的立孔教为国教,试图通过保教(孔教)来保国、保种的主张。严复写道:"今日更有可怪者,是一种自鸣孔教之人,其持孔教也,大抵于〔与〕耶稣、谟罕争衡,以逞一时之意气门户而已。不知保教之道,言后行先则教存,言是行非则教废。诸公之所以尊孔教而目余教为邪者,非以其理道胜而有当于人心多耶?然天下无论何教,既明天人相与之际矣,皆必以不杀、不盗、不淫、不妄语、不贪他财为首事。而吾党试自省此五者,果无犯否,而后更课其精,如是乃为真保教。不然,则孔教自存,灭之者正公等耳,虽日打锣伐鼓无益也。且孔子当日,其拳拳宗国之爱为何如?设其时秦、楚、吴、越有分东鲁之说,吾意孔子当另有事在,必不率其门弟子,如由、求、予、赐诸人,向三家求差谋保;而洙、泗之间,弦歌自若,一若漠不相关也者;又不至推六经诸纬,委为天心国运可知。且《记》〔《语》〕称'毋意,毋必,毋固,毋我',则必不因四国为夷狄,而绝不考其行事,而谋所以应付之方。然则以孔子之道律今人,乃无一事是皈依孔子。以此而云保教,恐孔子有知,不以公等为功臣也。且外人常谓以中土士夫今日之居心行事而言,则三千年教泽,结果不过如是,自然其教有受弊根苗,所以衍成今日之世道。然则累孔教,废孔教,正是我辈。只须我辈砥节砺行,孔教固不必保而自保矣。"①严复在文中批判的"自鸣孔教之人"就是指康有为,并且认为康有为提倡孔教是出于与耶稣争衡。众所周知,康有为多次自我表白,之所以提议立孔教为国教,是出于以教治教的目的——面对国人精神涣散、信仰迷失而投靠基督教(康有为称为耶教),试图以孔教重拾中国人的信仰,凝聚中国人的自信心和自尊心。对此,严复针锋相对地指出,立孔教为国教不仅不能保教,达不到通过保教来保国和保种的目的;反而造成不良后果——使外国人误以为中国是无教之国,中国人是没有经过文明教化的野蛮人。

　　归纳起来,戊戌政变之前的严复之所以反对康有为立孔教为国教,通过保教来保国的做法,主要出于两点考虑:第一,从保国、保种的角度看,生存竞争是一切生物的生存法则;人作为"天演中之一境",同样无法逃遁生存竞争、优胜劣汰的命运。在种族与种族、国家与国家之间的相互竞争中,只有德、智、体各方面素质皆优者才能获胜,否则将被淘汰。沿着这个思路,严复确立了"自强保种"而非凭借保教来保国、保种的救亡路线,将"鼓民力"、"开民智"和"新民德"奉为改造中国的三大纲领。在必须自强而非保教来保国、保种的维度上,任何宗教对于保国、保种均无能为力,孔教如此,其他

---

① 《有如三保》,《严复集》(第一册),中华书局1986年版,第82页。

宗教也不例外——在这方面,孔教与其他宗教无异。第二,从保教的角度看,孔教不是中国宗教的主流,即使保教也不该保孔教。严复承认孔教是宗教,却不认为孔教是中国宗教的主流,即不认同孔教是中国的国教。对此,严复的依据是:"往见西人地图,每地各以色为标识,表明各教所行之地。一种以支那与蒙古、西藏、暹罗同色,谓行佛教。又一种以支那、悉毕尔与非洲、澳洲之腹地同色,谓行土教。问其何以为佛教? 曰:验人之信何教,当观其妇人孺子,不在贤士大夫也;当观其穷乡僻壤,不在通都大邑也;当观其闾阎日用,不在朝聘会同也。今支那之妇女孺子,则天堂、地狱、菩萨、阎王之说,无不知之,而问以颜渊、子路、子游、子张为何如人,则不知矣。支那之穷乡僻壤,苟有人迹,则必有佛寺尼庵,岁时伏腊,匍匐呼吁,则必在是,无有祈祷孔子者矣。至于闾阎日用,则言语之所称用,风俗之所习惯,尤多与佛教相连缀者,指不胜屈焉。据此三者,尚得谓之非佛教乎! 问其何以为土教?则曰:遍地球不文明之国所行土教,有二大例:一曰多鬼神,二曰不平等。支那名山大川,风雷雨露,一村一社各有神。东南各省则拜蛙以为神,河工之官则拜蛇以为神,载之祀典,不以为诞。时宪书者,国家之正朔也。吉神凶神,罗列其上,亦不以为诞。此非多鬼神而何? 官役民若奴隶,男役女若奴隶,盖律例如此也,此非不平等而何? 据此二者,尚得谓之非土教乎! 是二说也,欧人所云然,支那人即欲辨之。恶得而辨之? 平心思之,则实有尸之者矣!"①根据这种分析和思考,判断一个地区流行何种宗教,主要是看普及程度和对人们日常生活的影响。中国流行的非土教即佛教,总之不是孔教。由此,严复得出结论:即使保教也轮不上保孔教,孔教在中国只是士大夫阶层的一种信仰,远没有普及到普通民众的日常生活之中,不能代表大多数人的信仰。更为致命的是,孔教在中国历史上屡经变更,却皆称得孔子之真;由此不难想象,如果以孔教为国教,必然是让人无所适从。他指出:"中国孔子以前之古教,不可考矣。自秦以后,乃有信史。据史以观,则知历代同奉孔教以为国教。然二千年来,改变极多。西汉之孔教,异于周季之孔教;东汉后之孔教,异于西汉之孔教;宋后之孔教,异于宋前之孔教。国朝之孔教,则又各人异议,而大要皆不出于前数家。故古今以来,虽支派不同,异若黑白,而家家自以为得孔子之真也。夫孔教之行于中国,为时若此之久,为力若此之专,即中国人之斤斤与外人相持,亦均以新法之有碍孔教为辞,若欲以国殉之者。旅顺、威海、胶州之割,关税、厘金、铁路、矿产之约,举国视之不甚措意,偶有言及者,如秦人道越人之肥瘠。独至春间,独逸营兵狼藉

① 《保教余义》,《严复集》(第一册),中华书局1986年版,第84—85页。

即墨孔庙之事,乃大哗愤。士夫固然,商贾行旅之徒,亦颇汹汹。欧人视之,相与骇笑,以为此与印度当日屈伏于英,曾不为耻,忽闻营中所给火药中有豕膏,以为此即破其教门,乃相率而叛,其情节正同也。虽然,西人即作是言,亦因此可以见支那信教之深,于国于种,未尝无益。且其言果确,则西人亦安得视我为无教之人,而夷之于非、澳之土族哉!"①

与此同时,严复不同意康有为"百家皆孔子之学"的观点以及对孔子的推崇和对老子的抨击。康有为基于孔子以仁为宗旨,老子的思想以不仁为宗旨,仁的内涵是自由、平等、民主的思路,指出老子不仁,崇尚暴力、专制,开出法家而对老子大力贬损和鞭挞。严复的国学研究以老子和庄子代表的道家为主,不遗余力地彰显老子思想的自由、平等内涵,将老子奉为中国民主思想的先驱。为了给老子正名,严复不仅在《法意》等西学译著中将老子的思想与孟德斯鸠、卢梭等人的民主思想相提并论,而且作《〈老子〉评语》,竭力伸张老子的民主思想。下仅举其一斑:

> 取天下者,民主之政也。(此批在"以正治国,以奇用兵,以无事取天下"句上。)②
> 取天下者,民主之政也。(此批在"圣人不积,既以为人己愈有,既以与人己愈多。天之道,利而不害。圣人之道,为而不争"数句上。)③
> 老之为术,至如此数章,可谓吐露无余者矣。其所为,若与"物反",而其实以至"大顺"。而世之读《老》者,尚以愚民訾老子,真痴人前不得说梦也。(此批在"古之善为道者,非以明民,将以愚之。民之难治,以其智多。故以智治国,国之贼;不以智治国,国之福。知此两者,……是谓玄德。玄德深矣远矣,与物反矣,乃至大顺"句上。)④

"道不同不相为谋"。上述内容显示,戊戌维新之前的严复与康有为不仅有政见分歧,而且有学术分歧。一言以蔽之,即对于孔教的态度问题。这是两人对于变革中国采取各不相同的方式进行的原因。概括地说,在戊戌维新之前的这一时期,如果说康有为在授徒讲学外以公车上书、戊戌政变等一系列政治运动为主的话,那么,严复则以宣传西方学术的思想启蒙为主。

---

① 《保教余义》,《严复集》(第一册),中华书局1986年版,第83—84页。
② 《〈老子〉评语》,《严复集》(第四册),中华书局1986年版,第1097页。
③ 《〈老子〉评语》,《严复集》(第四册),中华书局1986年版,第1099页。
④ 《〈老子〉评语》,《严复集》(第四册),中华书局1986年版,第1097页。

第二节 戊戌政变后反对康有为的政治主张

如果说1898年9月政变之前，严复与康有为的分歧尚限于思想层面的话，那么，随着戊戌变法拉开序幕，严复与康有为的分歧——准确地说，严复对康有为的不满从理论上的分歧扩大、演变为行动上、实践上的分歧。面对"百日维新"的昙花一现和数十人由此获罪乃至献出生命以及光绪帝被幽禁的政治残局，严复将这一切都归咎于康有为和梁启超的莽撞行事。从此开始，严复对康有为的不满变成了攻击和谩骂——对于戊戌政变后康有为逃亡海外的所作所为极为不满，对于康有为回国后可能给中国局势带来的破坏更是充满担忧。这些都在严复写给熊纯如的信中淋漓尽致地反映出来："嗟嗟！吾国自甲午、戊戌以来，变故为不少矣。而海内所奉为导师，以为趋向标准者，首屈康、梁师弟。顾众人视之，则以为福首，而自仆视之，则以为祸魁。何则？政治变革之事，蓄变至多，往往见其是矣，而其效或非；群谓善矣，而收果转恶，是故深识远览之士，愀然恒以为难，不敢轻心掉之，而无予智之习，而彼康、梁则何如，于道徒见其一偏，而由言甚易。南海高年，已成固性。至于任公，妙才下笔，不能自休。……今夫亡有清二百六十年社稷者，非他，康、梁也。何以言之？德宗固有意向之人君，向使无康、梁，其母子固未必生衅，西太后天年易尽，俟其百年，政权独揽，徐起更张，此不独其祖宗之所式凭，而亦四百兆人民之洪福。而康乃踵商君故智，卒然得君，不察其所处之地位为何如，所当之沮力为何等，卤莽灭裂，轻易猖狂，驯至于幽其君而杀其友，已则逍遥海外，立名目以敛人财，恬然不以为耻。夫曰'保皇'，试问其所保者今安在耶！必谓其有意误君，固为太过，而狂谬妄发，自许太过，祸人家国而不自知非，则虽百仪、秦不能为南海作辩护也。……至于今日，事已往矣，师弟翩然返国，复睹乡枌，强健长存，仍享大名，而为海内之巨子，一词一令，依然左右群伦，而有清之社，则已屋矣，中国已革命而共和矣。徐佛苏之妖言，大虑终无可忓。黄台瓜辞曰：'种瓜黄台下，瓜熟子离离，一摘使瓜好，再摘使瓜稀，三摘犹为可，四摘抱蔓归。'康、梁之于中国，已再摘而三摘矣。耿耿隐忧，窃愿其慎勿四摘耳。"[1]在这里，严复将康有为说成是"国祸"，对其愤怒可见一斑。

值得注意的是，严复是将康有为与梁启超连在一起议论的，并且鉴于"南海高年，已成固性"和梁启超"妙才下笔"的轰动效应两方面的原因，而

---

[1] 《与熊纯如书》，《严复集》（第三册），中华书局1986年版，第631—633页。

将批判的重心指向梁启超的同时,对康有为的不满同样跃然纸上。从中可以看到,严复主要是不满意康有为、梁启超师徒的具体做法,焦点聚集在如下几个方面:第一,对康有为鼓动光绪帝发动戊戌政变愤慨至极。作为戊戌启蒙思想家,严复与康有为一样主张变法维新,将中国的希望寄托于自上而下的社会改良。所不同的是,严复的救亡纲领和路线是"自强保种",试图通过逐步提高国民的素质来达到改良社会的目的,害怕政治运动引发社会混乱。康有为发动的1898年9月的戊戌政变也在严复的反对之列。严复虽然也力图改革,但是,他认为当时中国"时之未至",国民德智体各方面素质尚未提高,不可骤然变革,否则将导致混乱。出于这一考虑,严复强调中国的社会改革应该图谋长久之计,而不可像康有为、梁启超那样鲁莽行事;即使发动政变,也应该耐心等待慈禧死后,决不能像康有为那样贸然怂恿光绪帝发动政变。这样做不仅成功无望,让维新志士做无谓的流血牺牲;而且祸及光绪帝,使帝党与后党的矛盾扩大化和公开化,使具有变法宏愿的光绪帝对于中国的政局无计可施。第二,反对康有为戊戌政变失败逃亡海外后的"保皇"做法。在严复看来,由于政变失败和光绪帝遭受幽禁,中国的皇帝有名无实,形同虚设。问题的关键是,中国已经无皇帝可保,康有为却在各地华侨中以"保皇"名义募捐。康有为的这种行为无异于敛财,不仅祸国,而且可谓是恬不知耻了。第三,鉴于康有为以前的种种行为,严复对康有为、梁启超在长期逃亡海外后又要返回国内流露出深深的担忧,不仅不以为然,甚至以两人不再祸国殃民为盼。

必须提及的是,严复不仅揭露康有为行为的危害,而且进一步挖掘了产生此种行为的思想根源,暗示康有为做出此种行为及其危害的必然性。严复分析说:"康、梁生长粤东,为中国沾染欧风最早之地,粤人赴美者多,赴欧者少,其所捆载而归者,大抵皆十七、八世纪革命独立之旧义,其中如洛克、米勒登、卢梭诸公学说,骤然观之,而不细勘以东西历史、人群结合开化之事实,则未有不薰醉颠冥,以其说为人道惟一共遵之途径,傲而行之,有百利而无一害者也。而孰意其大谬不然乎?"①依据严复的分析,康有为、梁启超做出如此举动既与两人生活的地域有关,又与他们思想的来源有关。这个说法道出了戊戌启蒙思想内部温和与激进的区别,也道出了产生这一差异的思想基础。

① 《与熊纯如书》,《严复集》(第三册),中华书局1986年版,第648页。

第三节　一战后对康有为思想的同情

严复对西学的宣传不仅由于其少年时即接触西式教育和深受西学的熏染而对西学熟稔于心，而且在于西学先进的信念。无论是西方的船坚炮利、自由精神还是中国的落后挨打都使严复对西学羡慕不已，他留学西方正是怀抱以西学（自然科学）救国之志。1895年，严复以《原强》等政治论文登上戊戌启蒙的历史舞台之后，无论是系统输入西方的进化论、自由思想还是各种社会、政治学说无不围绕着救亡图存的宗旨展开。然而，第一次世界大战彻底打碎了严复的西学梦，使他猛然醒悟到自己一直以来心仪的老师原来埋藏着帝国主义的殖民野心，西方的知识增长并不代表着社会的文明进步，反而导致私欲膨胀而道德沦丧。这一打击让严复陷入痛苦和矛盾之中不能自拔，乃至"心如死灰"，"惟不死而已"。痛定思痛之后，严复开始重新反思人类命运和中西文化。正如他在信中所说："彼族三百年之进化，只做到'利己杀人，寡廉鲜耻'八个字。回观孔孟之道，真量同天地，泽被寰区。"①由于重新认识到了中国文化的价值，严复由此开始提倡尊孔读经。伴随着思想的这一转变，晚年的他将主要精力投向中学，以道德重建为己任。严复的具体办法是，培养中国人成为中国人的国格和人格，在大声疾呼经典不可更改、从儿童开始诵读经典的同时，他自己也由早年推崇老庄转而推奉孔子。于是，严复不止一次地表白说：

> 鄙人行年将近古稀，窃尝究观哲理，以为耐久无弊，尚是孔子之书。四子五经，故[固]是最富矿藏，惟须改用新式机器发掘淘炼而已；其次则莫如读史，当留心细察古今社会异同之点。②
>
> 民国之建亦有年矣，他事未效，徒见四维弛，三纲隳，吏之作奸，如蝟毛起，民方狼顾，有朝不及夕之忧。则无他，怵于平等、自由、民权诸说，而匪所折中之效也。今意者天道无平不陂，将必有孟、董、韩、胡其人者出，举尧、舜、禹、汤、文武、周公、孔子之道于既废之余，于以回一世之狂惑，庶几元元得去死亡之祸，而有所息肩。③

---

① 《与熊纯如书》，《严复集》（第三册），中华书局1986年版，第692页。
② 《与熊纯如书》，《严复集》（第三册），中华书局1986年版，第668页。
③ 《太保陈公七十寿序》，《严复集》（第二册），中华书局1986年版，第351页。

　　与这一转变息息相关,严复一改早年对康有为的态度,转而声称自己与康有为英雄所见略同:"鄙人年将七十,暮年观道,十八、九殆与南海相同,以为吾国旧法断断不可厚非,……即他日中国果存,其所以存,亦恃数千年旧有之教化,决不在今日之新机,此言日后可印证也。"①这时的严复不再以输入西学为己任,而是将通过读经传承孔子之道作为自己的奋斗目标,坚信只有这样才能使中国人成为中国人,通过尊孔读经保持国性是中国人成为中国人的资格。在《读经当积极提倡》一文中,严复一一驳斥了当时反对读经的各种理由,并将康有为引为提倡尊孔读经的同调为自己辩护。他写道:"至谓经之宗旨与时不合,以此之故,因而废经,或竟武断,因而删经,此其理由,尤不充足。何以言之? 开国世殊,质文递变,天演之事,进化日新,然其中亦自有其不变者。姑无论今日世局与东鲁之大义微言,固有暗合,即或未然,吾不闻征诛时代,遂禁揖让之书,尚质之朝,必废监文之典也。考之历史,行此者,独始皇、李斯已耳。其效已明,夫何必学! 总之,治制虽变,纲纪则同,今之中国,已成所谓共和,然而隆古教化,所谓君仁臣忠,父慈子孝,兄友弟敬,夫义妇贞,国人以信诸成训,岂遂可以违反,而有他道之从? 假其反之,则试问今之司徒,更将何以教我? 此康南海于《不忍》杂志中所以反覆具详,而不假鄙人之更赘者矣。是故今日之事,自我观之,所谓人伦,固无所异,必言其异,不过所谓君者,以抽象之全国易具体之一家,此则孔孟当日微言,已视为全国之代表,至其严乱贼、凛天泽诸法言,盖深知天下大器,而乱之为祸至烈,不如是将无以置大器于常安也。苟通此义,则《六经》正所以扶立纲纪,协和亿兆,尚何不合之与有乎!"②

　　稍加分析即可发现,康有为与严复的学术经历迥然相异,呈现出一中一西的对比态势:如果说康有为从小接受中式教育的话,那么,严复则从不谙世事起就进入新式学堂(福州船政学堂)接受西式教育,留学英国三年的经历更是为他的思想打上了深厚的西学烙印。正是学术经历和思想素质的差异使康有为、严复对中国社会现实的思考和思想建构相去甚远。于是,便有了维新派改良中国的两条路径:一是深受中国传统文化熏染的康有为在中国本土文化中寻找变法维新的理论武器,以平等为价值诉求,在公羊三世的历史进化中将希望寄托于消除国界的大同社会;一是严复以西方的进化论、自由学说等社会政治思想为蓝本的"自强保种",以自由为圭臬,在着意群己关系的过程中呼吁提高国民素质。一中一西两条路径恰成对立之势,形

　　①　《与熊纯如书》,《严复集》(第三册),中华书局 1986 年版,第 661—662 页。
　　②　《读经当积极提倡》,《严复集》(第二册),中华书局 1986 年版,第 332—333 页。

成了戊戌启蒙思潮的一大景观。值得注意的是,尽管严复历来被誉为中国近代西学第一人,他的思想容纳了诸多西学要素,然而,无论是被压迫民族的立场还是对文化"国性"的坚守都使严复在骨子里有别于五四时期的新文化运动者。作为引进西方文化"回照故林"的国学家,严复思想的中学旨归是毋庸置疑的。正因为如此,从价值旨趣和理论初衷来看,严复早年与康有为的分歧只是在中学内的分歧而非或中或西的根本对立,两人之间一西一中的对立充其量只是形式而不是实质,是方法而不是价值;至于晚年的严复大声疾呼培养中国人的"国性",提倡尊孔读经,便与康有为汇合了。至此可见,康有为、严复思想的关系与康有为、梁启超思想的关系恰成鲜明对比:如果说康有为与梁启超思想的关系呈现出由合至分的轨迹,随着梁启超早年对康有为的亦步亦趋,中经西学洗礼渐行渐远,最终分道扬镳的话,那么,康有为与严复思想的关系则经历了一个从相互对立到最终汇合的过程。

在戊戌启蒙四大家中,公开批判康有为的非严复莫属,而公开批判他人则绝非严复的风格。翻阅严复的思想可以发现,除了《民约平议》抨击卢梭的社会契约论和平等思想之外,严复鲜有对古今中外其他思想家的批评。况且,戊戌政变之前,严复反对康有为立孔教为国教,旨在阐明自己的观点,充其量对康有为只算是"不点名批评";至于戊戌政变之后,严复对康有为的不满乃至不屑是在写给朋友的信件中表露的,属私人言论,而非公开攻击。由此看来,严复对康有为的不满与章炳麟公开发表《驳康有为论革命书》驳斥康有为的主张不可同日而语:第一,康有为、严复思想的对立充其量只是维新派内部的分歧,两人企图通过社会改良来拯救中国的根本方针和大方向是一致的——在这方面,严复与康有为之间的分歧与早年维新后转向革命的章炳麟与康有为关于革命与改良之间的对立具有原则区别。第二,崇尚理性的严复性格较为中和,言论和行为较为温和,不像自称"章疯子"的章炳麟那样特立独行。此外,严复与康有为对中学的态度是具体观点的分歧,这种分歧在五四新文化运动者"向西看"的映衬下更显大同小异。

同样不可否认的是,康有为与严复思想的关系对于理解戊戌启蒙思潮和中国近代社会具有重要启迪和意义。严复早期与康有为的对立透露出中国近代政治风云的变化莫测和国内外局势的复杂性,也使戊戌启蒙思潮由于内部分歧而异彩纷呈,带有丰富性、复杂性和流动性。从这个意义上说,康有为与严复的分歧不啻为其中的一道亮丽的风景。严复晚年与康有为思想的汇合则生动地展示了戊戌启蒙思想的共同特征,从一个侧面表明无论严复如何在戊戌启蒙四大家中另类而不合群,不能像康有为、谭嗣同和梁启超三人那样打成一片,其终究还是戊戌启蒙团体中的一员,戊戌启蒙思想家是严复思想的终身印记和历史定位。

第七章　康有为、严复宗教观比较

康有为与严复的直接冲突集中表现在对立孔教为国教的态度上。其实，自从康有为大声疾呼立孔教为国教开始，宗教便成为争论的主要话语。由于宗教与教化相混，康有为以孔教称谓包括诸子百家在内的中国本土文化时，便出现了以宗教言国学的局面。严复凭借深厚的西学素养对宗教概念予以厘清，将中国近代的国学理念推向了一个新的阶段。康有为、严复对宗教的理解和态度既有差异，又有相同之处。通过比较，不仅可以深入理解康有为、严复的宗教观，而且有助于把握两人孔教观及国学观的异同。

第一节　教　与　学

与西方文化语境中的 religion 相对应的宗教概念对于中国人来说是舶来品，与中国本土的教化一词既有某种关联又绝非一词。康有为具有泛宗教倾向，对宗教的理解更接近中国本土的教化概念；严复是在与科学相对的角度理解宗教的，他的宗教观念更接近西方学科分类框架中的宗教概念。

康有为在作于 1898 年春的《日本书目志》中列有宗教门，与政治、经济、法律门相对应。他在宗教门中写道："合无量数圆首方足之民，必有聪明首出者作师以教之。崇山洪波，梯航未通，则九大洲各有开天之圣以为教主。太古之圣，则以勇为教主；中古之圣，则以仁为"教主"；后古之圣，则以知为教主。同是圆颅方趾则不畏敬，不畏敬而无以耸其身，则不尊信，故教必明之鬼神。"[1] 在这里，康有为用三世、三统说对宗教的递嬗轨迹予以整合，将宗教的发展分为太古、中古与后古三个阶段，并且指出中古之世的宗教以仁为"教主"，即"太古之圣，则以勇为教主；中古之圣，则以仁为教主；后古之圣，则以知为教主"。在此基础上，他将孔教归为宗教，并且指出孔教在宗旨上与佛教、耶教（基督教）别无二致，作为中古宗教都以仁为宗旨和信仰对象。由此可见，在康有为的视界中，教与尊信密不可分，故而必明鬼神。

---

① 《日本书目志》卷三，《康有为全集》（第三集），中国人民大学出版社 2007 年版，第 297—298 页。

　　在游历欧洲各国,了解了西方各国的宗教观念之后,康有为再次谈到了宗教问题。此时,他对教的看法是:"其曰宗教家者,耶、佛、回之言神道者也;非言神道者,不得号曰宗教也。若如其意义,则非宗教也,乃神道也。今欧美各学校于研求耶教经典之科,日人亦知译为神科矣。然则于耶、佛、回之教,何不译曰神道乎?不尔,则亦曰神教乎?孔子虽天人并包,神灵兼举,然若谓中国之教、孔子之道为神道,为神教,则非徒不足以包孔子之道之大,而义实不切。数千年来皆以孔子为教,无以孔子为神道、神教者。若妄名之,非愚则诬,亦言孔子教者所嗤而不受也。若以宗为神,则中国宗之文尊也,有祖义而无神义。即以佛教《传灯录》创立'宗'字,彼禅宗、天台宗、慈恩、华严皆指心现境,不尚鬼神。故以宗教代神教之名,谬矣!若以中国普遍之教名,则白莲教、五斗米道教皆得为教,何况数千年之大教乎?故如日人之名词,无一而可也。"①在这里,康有为将教与宗分割开来,在将宗界定为宗派的前提下,重申了教无所不包的主张。循着这个逻辑,教与宗教成为包含与被包含的关系。这表明,尽管康有为所使用的孔教概念具有教化、文化等宽泛的含义,其中包括宗教,然而,教却与宗教并非同一概念。孔教概念本身具有广狭之分。在广义上,"百家皆孔子之学",孔教是中国本土文化的代名词;在狭义上,孔教是宗教,拥有一切宗教所具有的特征,如与佛教、基督教一样以仁为宗旨,与基督教一样具有神职人员,这用他本人的话说便是:"墨者师,必如儒者之博士,西教牧师、神甫之类。"②进而言之,由于教具有教化之义,康有为所讲的教与学相混,正如孔教、孔子之教、孔子之学、孔学异名而同实一样,老学与老教、墨学与墨教在他那里并无明确区分。

　　严复始终认为教与学殊途,早在发表于1895年的《救亡决论》中就对教与学予以区分,旨在强调教与学是两个"判然绝不相合"的概念,彼此不可混淆:"是故西学之与西教,二者判然绝不相合。'教'者所以事天神,致民以不可知者也。致民以不可知,故无是非之可争,亦无异同之足验,信斯奉之而已矣。'学'者所以务民义,明民以所可知者也。明民以所可知,故求之吾心而有是非,考之外物而有离合,无所苟焉而已矣。'教'崇'学'卑,'教'幽'学'显;崇幽以存神,卑显以适道,盖若是其不可同也。世人等之,不亦远乎!是故取西学之规矩法戒,以绳吾'学',则凡中国之所有,举不得以'学'名;吾所有者,以彼法观之,特阅历知解积而存焉,如散钱,如委积。

---

① 《英国监布烈住大学华文总教习斋路士会见记》,《康有为全集》(第八集),中国人民大学出版社2007年版,第35页。

② 《孔子改制考》卷六,《康有为全集》(第三集),中国人民大学出版社2007年版,第69页。

此非仅形名象数已也,即所谓道德、政治、礼乐,吾人所举为大道,而诮西人为无所知者,质而言乎,亦仅如是而已矣。"①在这里,严复对教与学进行了区分,指出教起于信仰,信仰的对象是天神,最终指向不可知之域,不必与理相合;学源于实证,旨在使人的认识与外物相合,目的在于明理。这决定了教与学具有不同的对象,并且对应不同的界域:教对应不可知之境,学对应可知之境,二者指涉不同的领地。有鉴于此,严复指出,对教与学分别对待是学术昌明、社会进步的标识,因此,在西方文化语境中,教与学泾渭分明。基于这种认识,他对教与学的区分一直延续到对西方著作的翻译中。在翻译孟德斯鸠《论法的精神》时,严复如是说:"今夫教之为物,与学绝殊。学以理明,而教由信起,方其为信,又不必与理皆合也。"②

至此可见,康有为、严复对教的理解是从不同角度切入的,彼此之间相去甚远。大致可以说,康有为视界中的教更接近中国本土文化中的教化,这导致了他的泛宗教倾向;严复视界中的教更接近西方文化语境中的宗教概念,比康有为所讲的教内涵更为确定,外延相对要窄一些。与此同时,康有为、严复对教的理解有二点是相同的:第一,从内容界定上看,肯定教的本质是信仰,并且与鬼神或灵魂密切相关。第二,从话语结构上看,无论康有为还是严复都习惯于使用歧义丛生的"教"而不是使用内涵更为明确的教化或宗教概念,这为两人教之概念的模糊埋下了伏笔。

第二节　保教与保国

康有为、严复对教的不同理解决定了两人对待教的态度相去甚远。康有为是在积极的意义上理解教的,将保教奉为拯救中国的不二法门;严复是在消极的积极上理解教的,坚决反对通过保教来保种、保国。

康有为指出,教或养形,或养魂,总之是人之所需。中国近代人心涣散,主要是由于当时的人们不再将孔子奉为教主而是称孔子为哲学家、政治家或教育家。他进一步指出,将孔子由教主降为先师,称为哲学家、政治家或教育家的做法是荒谬的,造成的影响更是极为致命的。由于孔子不再被奉为教主,中国成为无宗教之国。于是,在基督教入侵之后,中国人便纷纷投向基督教,人心涣散,国将不国。针对这种局面,康有为确定了以教治教的救亡路线,主张保教就是保国保种。为了以教治教,他呼吁立孔教为国教,

① 《救亡决论》,《严复集》(第一册),中华书局1986年版,第52—53页。
② 《法意》按语,《严复集》(第四册),中华书局1986年版,第1021页。

凭借对孔教的敬仰和虔诚重拾国人的自尊心、自信心,凝聚民族精神。康有为说:"夫大地教主,未有不托神道以令人尊信者,时地为之,若不假神道而能为教主者,惟有孔子,真文明世之教主,大地所无也。及刘歆起,伪作古文经,托于周公,于是以六经为非孔子所作,但为述者。唐世遂尊周公为先圣,抑孔子为先师,于是仅以孔子为纯德懿行之圣人,而不知为教主矣。近人遂妄称孔子为哲学、政治、教育家,妄言诞称,皆缘是起,遂令中国诞育大教主而失之,岂不痛哉?臣今所编撰,特发明孔子为改制教主,六经皆孔子所作,俾国人知教主,共尊信之。"①按照他的说法,孔子原本就是中国的教主,由于推崇古文经,刘歆否认六经皆出自孔子之手,而是将这一切都假托于周公。这样一来,孔子便从教主变成了传述周公六经的先师。受此影响,从唐代开始尊周公为先圣,孔子成为道德完善的圣人,而不再是中国的教主。分析至此,结论不言而喻:中国的当务之急是恢复孔子的教主地位和身份,立孔教为国教。

严复承认宗教与道德相倚而立,在与人为善上具有积极作用。在此基础上,他强调宗教与科学势不两立,认为教育的目的在于"去宗教之流毒",故而与宗教背道而驰。具体地说,由于假托鬼神,宗教震慑人心,妨碍人的心智发达和思想自由,这使"去宗教之流毒"成为当今教育的最大目标:"时至今日,五洲之民,苟非最劣之种,莫不知教育为生民之最急者矣。然亦知教育以何者为最大之目的乎?教育最大之目的,曰去宗教之流毒而已。夫宗教本旨,以明民也。以民智之稚,日用之不可知,往往真伪杂行,不可致诘,开其为此,禁其为彼,假托鬼神,震慑愚智。虽其始也,皆有一节之用,一时之功,洎乎群演益高,则常为进步之沮力。"②严复认为,宗教的真伪并存和督善警恶功能决定了它在民智低下之时具有存在的理由——由于道德没有臻于至善境界,必须凭借宗教督善警恶的警世作用鼓励人向善。然而,从根本上说,宗教之伪与科学的进步是相悖的;特别致命的是,宗教起于迷信,托于鬼神,从长远的眼光看禁锢民智,不利于人的心智发达,有悖学术自由。宗教对人心智的禁锢、对科学的妨碍随着社会发展和文明进步越来越突出,人类的进步呈现出科学进而宗教休的过程。

与此同时,严复强调,中国之教与西方之教具有本质区别,中国之教的具体表现是礼和三纲五常,这使中国之教与宗法等级互为表里,对自由的禁

① 《请尊孔圣为国教立教部教会以孔子纪年而废淫祀折》,《康有为全集》(第四集),中国人民大学出版社 2007 年版,第 97—98 页。

② 《法意》按语,《严复集》(第四册),中华书局 1986 年版,第 1016—1017 页。

锢最终表现在政治领域和人的日常生活之中,造成的不自由较之西方更甚,成为导致中国衰微的祸根。对此,他不止一次地断言:

> 西国言论,最难自繇者,莫若宗教,故穆勒持论,多取宗教为喻。中国事与相方者,乃在纲常名教。事关纲常名教,其言论不容自繇,殆过西国之宗教。①

> 欧洲之所谓教,中国之所谓礼。……乃至后世其用此礼也,则杂之以男子之私。已则不义,而责事己者以贞。己之妾媵,列屋闲居。而女子其夫既亡,虽恩不足恋,贫不足存,甚或子女亲戚皆不存,而其身犹不可以再嫁。夫曰事夫不可以贰,固也。而幽居不答,终风且暴者,又岂理之平者哉? 且吾国女子之于其夫,非其自择者也。夫事君之不可不忠者,以委贽策名,发于己也。事亲之不可不孝者,以属毛离里,本乎天也。朋友之不可不信者,以然诺久要,交相愿也。独夫妇之际,以他人之制,为终身之偿,稍一违之,罪大恶极。呜呼! ……中国夫妇之伦,其一事尔。他若嫡庶姑妇,前子后母之间,则以类相从,为人道之至苦。②

可以看到,宗教与科学、自由背道而驰决定了严复对宗教的否定态度,他对宗教与教育、科学的关系作对立解,故而坚决反对像康有为那样通过保教来保种、保国。在戊戌维新前的 1898 年 6 月,严复连续作《有如三保》、《保教余义》和《保种余义》等系列文章辨别、厘定保教与保种、保国之间的关系。他的总体看法是,保教与保种、保国并无必然关联:人作为“天演之一境”是一种生物,人类社会遵循生存竞争的生物法则,保教与保国、保种无关;不惟孔教,一切宗教都不能保国。对此,严复解释说:“支那古语云:天道好生。吾不解造物者之必以造万物为嗜好也。其故何耶? 此姑不论。但论其既好生物,则必有生而无死,而后可谓之好生。若云有生无死,则地不能容,故不容不死。不知同此一器,容积既满,则不能再加,必减其数而后可。此我等之智则然,此所以成其为局于形器之人也。若造物则当不如是,使造物而亦如是,则其智能与吾等耳,吾何为而奉之哉! 今若反之曰:上天好杀。正惟好杀,故不能不生。盖生者正所以备杀之材料,故言好生则不当有死,言好杀则不能不生。同一臆测,顾其说不强于好生之说耶? 吾作此说,非一人之私言也。英达尔温氏曰:‘生物之初,官器至简,然既托物以为

---

① 《群己权界论》,商务印书馆 1981 年版,“译凡例”。
② 《法意》按语,《严复集》(第四册),中华书局 1986 年版,第 1017—1018 页。

养,则不能不争;既争,则优者胜而劣者败,劣者之种遂灭,而优者之种以传。既传,则复于优者中再争,而尤优者获传焉。如此递相胜不已,则灭者日多,而留者乃日进,乃始有人。人者,今日有官品中之至优者也,然他日则不可知矣。'达氏之说,今之学问家与政事家咸奉以为宗。盖争存天择之理,其说不可易矣。"①如此说来,人生存在种群之中,种群与种群处于生存竞争之中。这决定了人保的方式就是与外族进行生存竞争,具体办法是凭借自身的才力心思与妨生者为斗,胜者日昌,败者日汰。这就是说,保种、保国的方式是"自强",与保教无关;提高国民德智体各方面的素质,增强国家的实力才是硬道理。

第三节　教　与　孔　教

尽管康有为、严复对教的理解和态度截然不同,然而,两人对孔教的看法却具有诸多相似之处。这从康有为、严复对孔子思想的理解,对孔子是宗教家的认定和对孔教的界定等各个方面表现出来。

首先,康有为、严复对孔子思想内容的认识具有相同之处,对孔子与六经关系以及与西方思想相通的强调别无二致。第一,康有为断言"百家皆孔子之学",前提是"六经皆孔子作",诸子的思想都以六经为文本。严复将六经归功于孔子,并且在六经中突出《春秋》和《周易》的地位,断言"仲尼之述作,莫大于《易》、《春秋》"②。严复的这些观点使人想起了康有为的那句"六经皆孔子作"和《春秋》、《周易》是孔子晚年所作,故而是高级之学。可以说,正是这些奠定了严复对孔子的评价,也为他晚年提倡尊孔读经提供了思想前提和心理准备。第二,康有为强调孔子思想与西学相合,西方的政治、经济、法律、心理学和逻辑学等皆是孔子思想的题中应有之义。严复指出,无论是世界各国的宗教还是西方的哲学、道德乃至自然科学都与六经相合,六经中的微言大义与当今宗旨有诸多暗合之处,西方近二百年的学术皆是中国圣人所最早发现的:"开国世殊,质文递变,天演之事,进化日新,然其中亦自有其不变者。姑无论今日世局与东鲁之大义微言,固有暗合,即或未然,吾不闻征诛时代,遂禁揖让之书,尚质之朝,必废监文之典也。考之历史,行此者,独始皇、李斯已耳。其效已明,夫何必学! 总之,治制虽变,纲纪则同,今之中国,已成所谓共和,然而隆古教化,所谓君仁臣忠,父慈子孝,

---

① 《保种余义》,《严复集》(第一册),中华书局1986年版,第85—86页。
② 《〈英文汉诂〉厄言》,《严复集》(第一册),中华书局1986年版,第153页。

兄友弟敬，夫义妇贞，国人以信诸成训，岂遂可以违反，而有他道之从？假其反之，则试问今之司徒，更将何以教我？此康南海于《不忍》杂志中所以反覆具详，而不假鄙人之更赘者矣。是故今日之事，自我观之，所谓人伦，固无所异，必言其异，不过所谓君者，以抽象之全国易具体之一家，此则孔孟当日微言，已视为全国之代表，至其严乱贼、凛天泽诸法言，盖深知天下大器，而乱之为祸至烈，不如是将无以置大器于常安也。苟通此义，则《六经》正所以扶立纪纲，协和亿兆，尚何不合之与有乎！"①在对中国固有文化的追溯和考虑中，严复认定孔子之教化便是中国之国性，中国人固当保守并传承之："嗟呼诸公！中国之特别国性，所赖以结合二十二行省，五大民族于以成今日庄严之民国，以特立于五洲之中，不若罗马、希腊、波斯各天下之云散烟消，泯然俱亡者，岂非恃孔子之教化为之耶！孔子生世去今二千四百余年，而其教化尚有行于今者，岂非其所删修之群经，所谓垂空文以诏来世者尚存故耶！"②在此基础上，他进一步强调，孔子去今尚远，孔子之教化主要存在于群经之中。为了固守国性，必须尊孔读经。群经的价值在于通过历代的传承铸就了中国的国性，使中国"国性长存"；尤其在近代这个"世变大异，革故鼎新之秋"，读经更是显然尤为必要——只有合于经者，才使人在内忧外患的多事之秋找到精神家园而精神有所安顿和寄托，故而心安，继而号召天下。这表明，群经是中国人的精神支柱和情感依托，只有在读经的基础上认识外学才不失其根基。正是在这个意义上，严复宣称："然则我辈生为中国人民，不可荒经蔑古，固不待深言而可知。盖不独教化道德，中国之所以为中国者，以经为之本原。乃至世变大异，革故鼎新之秋，似可以尽反古昔矣；然其宗旨大义，亦必求之于经而有所合，而后反之人心而安，始有以号召天下。即如辛壬以来之事，岂非《易传》汤武顺天应人与《礼运》大同、《孟子》民重君轻诸大义为之据依，而后有民国之发现者耶！顾此犹自大者言之，至于民生风俗日用常行事，其中彝训格言，尤关至要。举凡五洲宗教，所称天而行之教诚哲学，征诸历史，深权利害之所折中，吾人求诸《六经》，则大抵皆圣人所早发者。显而征之，则有如君子喻义，小人喻利，欲立立人，欲达达人，见义不为无勇，终身可为惟恕。又如孟子之称性善，严义利，与所以为大丈夫之必要，凡皆服膺一言，即为人最贵。今之科学，自是以诚成物之事，吾国欲求进步，固属不可抛荒。至于人之所以成人，国之所以为国，天下之所以为天下，则舍求群经之中，莫有合者。彼西人之成俗为国，固不必则

---

① 《读经当积极提倡》，《严复集》（第二册），中华书局1986年版，第332—333页。
② 《读经当积极提倡》，《严复集》（第二册），中华书局1986年版，第330页。

吾之古,称吾之先,然其意事必与吾之经法暗合,而后可以利行,可以久大。盖经之道大而精有如此者。"①不难看出,这时的严复对孔教的膜拜与康有为相比有过之而无不及。

其次,严复与康有为一样肯定孔子之学是宗教,证据同样是孔子言灵魂。与此相关,严复不同意孟德斯鸠认为孔子不言灵魂的观点,在《法意》的按语中对这一观点予以反驳:"窘哉!孟氏(指孟德斯鸠、下同——引者注)之言宗教也。由此观之,孟氏特法家之雄耳,其于哲学,未闻道耳。能言政俗,而不能言心性,即此章之论,举其大者,有数失焉。……以孔教不言灵魂,其失二也;以佛为主灵魂不死之说,其失三也;谓景教主灵魂不死,而独违其弊,其失四也。……且孔教亦何尝以身后为无物乎?孔子之赞《易》也,曰精气为物,游魂为变。《礼》有皋复,《诗》曰陟降,季札之葬子也,曰:体魂则归于地,魂气则无不之,未闻仲尼以其言为妄诞也。且使无灵魂矣,则庙享尸祭,所焄蒿悽怆,与一切之礼乐,胡为者乎?故必精而言之,则老子之说吾不知,而真不主灵魂者独佛耳!其所谓喀尔摩,与其所以入涅槃而灭度者,皆与诸教之所谓灵魂者大殊。至孟谓景教主灵魂不死之说,而独违其弊,则尤不知所言之何所谓也。"②在这里,基于对教起于信,专事灵魂、天神之事的界定,严复肯定孔子言灵魂,关注死后世界,孔子的思想属于宗教,并且将之称为孔教。他用以证明孔教是宗教的证据除了《礼》、《诗》之外,还有《周易》——"孔子之赞《易》也,曰精气为物,游魂为变。《礼》有皋复,《诗》曰陟降,季札之葬子也,曰:体魂则归于地,魂气则无不之,未闻仲尼以其言为妄诞也"。严复的这个做法和思路与康有为在强调宗教的本质是言灵魂的前提下,以《周易》证明孔子言灵魂,孔子的思想是宗教惊人一致。按照康有为的说法,《周易》为孔子晚年所作,专言"性与天道",有别于"日以教人"的《诗》、《书》、《礼》、《乐》,是"择人而传"的高级之教。正因为如此,梁启超断言康有为认定《周易》是专言灵魂界之书。

再次,尽管康有为、严复都认定孔教是宗教,对待孔教的态度并不相同。康有为推崇孔教的言外之意是,国学的基本形态是宗教,也即孔子创立的孔教,与此对应的西方文化主体是耶教,以孔教称谓中国本土文化可以达到以教治教的目的。不难看出,康有为的孔教概念具有面对近代基督教的入侵审视、整合中国本土文化的意图,同时也带有急功近利的成分。严复不同意康有为通过保教(孔教)来保国的做法,他所讲的教就包括孔教。这不仅是

① 《读经当积极提倡》,《严复集》(第二册),中华书局1986年版,第330—331页。
② 《法意》按语,《严复集》(第四册),中华书局1986年版,第1016页。

基于保教与保种、保国关系的认识，认为通过保教达不到保种、保国的目的，更是基于对孔教历史和现状的考察。在严复看来，孔教远非中国的国教，即使保教也轮不上保孔教。严复承认孔教是宗教，同时从中国的风俗和宗教信仰等不同方面证明孔教在历史上形态各殊，各派之间"异若黑白"，却皆自称得孔子之真，让人无所适从。更有甚者，孔教在现实中不为中国人所信，以孔教作为中国的国教导致西人视中国人为"无教之人"。其实，中国所行宗教非佛教即土教，总之与孔教不相干。对此，他解释说："往见西人地图，每地各以色为标识，表明各教所行之地。一种以支那与蒙古、西藏、暹罗同色，谓行佛教。又一种以支那、悉毕尔与非洲、澳洲之腹地同色，谓行土教。问其何以为佛教？曰：验人之信何教，当观其妇人孺子，不在贤士大夫也；当观其穷乡僻壤，不在通都大邑也；当观其闾阎日用，不在朝聘会同也。今支那之妇女孺子，则天堂、地狱、菩萨、阎王之说，无不知之，而问以颜渊、子路、子游、子张为何如人，则不知矣。支那之穷乡僻壤，苟有人迹，则必有佛寺尼庵，岁时伏腊，匍匐呼吁，则必在是，无有祈祷孔子者矣。至于闾阎日用，则言语之所称用，风俗之所习惯，尤多与佛教相连缀者，指不胜屈焉。据此三者，尚得谓之非佛教乎！问其何以为土教？则曰：遍地球不文明之国所行土教，有二大例：一曰多鬼神，二曰不平等。支那名山大川，风雷雨露，一村一社各有神。东南各省则拜蛙以为神，河工之官则拜蛇以为神，载之祀典，不以为诞。时宪书者，国家之正朔也。吉神凶神，罗列其上，亦不以为诞。此非多鬼神而何？官役民若奴隶，男役女若奴隶，盖律例如此也，此非不平等而何？据此二者，尚得谓之非土教乎！是二说也，欧人所云然，支那人即欲辨之。恶得而辨之？平心思之，则实有尸之者矣！"①在这里，严复循着宗教与风俗固结的思路从信教群体、普及程度和生活方式三个方面剖析了中国人的宗教信仰，指出中国人或者皈依佛教，或者信仰土教，无论哪种情况，皆与孔教相去甚远。

在此基础上，严复进一步从风俗与宗教的固结角度探究了孔教不能像佛教或土教那样深入人心，行乎穷乡僻壤，影响民众日常生活的原因。对此，他反复分析说：

> 合一群之人，建国于地球之面。人身，有形之物也，凡百器用与其规制，均有形之事也。然莫不共奉一空理，以为之宗主。此空理者，视之而不见，听之而不闻，思之而不测。而一群之人，政刑之大，起居之

---

① 《保教余义》，《严复集》（第一册），中华书局1986年版，第84—85页。

细,乃无一事不依此空理而行。其渐且至举念之间,梦寐之际,亦无心不据此空理而起也。此空理则教宗是矣。自非禽兽,即土番苗民,其形象既完全为人,则莫不奉教,其文化之浅深不同,则其教之精粗亦不同。大率必其教之宗恉适合乎此群人之智识,则此教即可行于此群中;而此群人亦可因奉此教之故,而自成一特性。故风俗与教宗可以互相固结者也。①

孔教之高处,在于不设鬼神,不谈格致,专明人事,平实易行。而大《易》则有费拉索非之学,《春秋》则有大同之学。苟得其绪,并非附会,此孔教之所以不可破坏也。然孔子虽正,而支那民智未开,与此教不合。虽国家奉此以为国教,而庶民实未归此教也。既不用孔教,则人之原性,必须用一教,始能慰藉其心魂。于是适值佛法东来,其小乘阿食一部,所说三涂六道,实为多鬼神之说,与不开化人之脑气最合,遂不觉用之甚多,而成为风俗。盖民智未开,物理未明,视天地万物之繁然淆然而又条理秩然,思之而不得其故,遂作为鬼神之说以推之,此无文化人之公例矣。然则支那今日实未尝行孔教,即欧人之据目前之迹以相訾謷者,与孔教乎何与? 今日支那果何从而明孔教哉!②

按照这个分析,孔教包含哲学和大同之学,"平实易行",且"不可破坏"。问题的关键是,宗教的盛行与民智的高低成正比,中国"民智未开",孔教便曲高和寡。这就是说,孔教不行于中国不是由于孔教本身的低劣,反而因为其不设鬼神,专明人事,不适合中国人的智力程度。一言以蔽之,孔教是宗教却不适于中国近代的民智状况,故而不符合当时的社会需要。

基于上述分析,严复极力反对康有为以孔教言国学,并反复从不同角度对康有为的观点加以驳斥。下仅举其一斑:"今日更有可怪者,是一种自鸣孔教之人,其持孔教也,大抵于〔与〕耶稣、谟罕争衡,以逞一时之意气门户而已。不知保教之道,言后行先则教存,言是行非则教废。诸公之所以尊孔教而目余教为邪者,非以其理道胜而有当于人心多耶? 然天下无论何教,既明天人相与之际矣,皆必以不杀、不盗、不淫、不妄语、不贪他财为首事。而吾党试自省此五者,果无犯否,而后更课其精,如是乃为真保教。不然,则孔教自存,灭之者正公等耳,虽日打锣伐鼓无益也。且孔子当日,其拳拳宗国之爱为何如? 设其时秦、楚、吴、越有分东鲁之说,吾意孔子当另有事在,必

---

① 《保教余义》,《严复集》(第一册),中华书局1986年版,第83页。
② 《保教余义》,《严复集》(第一册),中华书局1986年版,第85页。

不率其门弟子,如由、求、予、赐诸人,向三家求差谋保;而洙、泗之间,弦歌自若,一若漠不相关也者;又不至推六经诸纬,委为天心国运可知。且《记》〔《语》〕称'毋意,毋必,毋固,毋我',则必不因四国为夷狄,而绝不考其行事,而谋所以应付之方。然则以孔子之道律今人,乃无一事是皈依孔子。以此而云保教,恐孔子有知,不以公等为功臣也。且外人常谓以中土士夫今日之居心行事而言,则三千年教泽,结果不过如是,自然其教有受弊根苗,所以衍成今日之世道。然则累孔教,废孔教,正是我辈。只须我辈砥节砺行,孔教固不必保而自保矣。"①

　　上述内容显示,康有为、严复对待孔教的不同态度不仅在于康有为呼吁立孔教为国教,而且在于两人对宗教的理解迥然相异。康有为反复证明孔子的思想是宗教,不仅出于以教治教的目的,而且出于对宗教的顶礼膜拜,故而在肯定孔教是宗教的基础上呼吁立孔教为国教。在严复那里,对宗教的否定态度先天地决定了承认孔子思想是宗教便注定了对孔子思想的否定评价:由于认定宗教与自由相悖,认定孔子的思想是宗教便含有孔子及儒家思想倡导礼和三纲五常,对于禁锢中国人的心智、妨碍中国人的自由难辞其咎的意思。更为重要的是,对宗教及对孔教的不同态度注定了严复对国学的理解与康有为相差悬殊:康有为所讲的国学就是孔教,基本形态是宗教。严复多次明确表示自己平生最爱哲学,国学的基本形态是哲学。他的国学研究以老子、庄子为主,即使后来转向尊孔读经,也始终与宗教无涉。

---

① 《有如三保》,《严复集》(第一册),中华书局1986年版,第82页。

第八章　梁启超视界中的谭嗣同

在戊戌启蒙四大家中，如果说与谭嗣同思想最为接近的是康有为的话，那么，与谭嗣同过从甚密、私交最好的则非梁启超莫属。就谭嗣同与梁启超的关系来说，尽管两人互有评价，然而，由于众所周知的原因，与谭嗣同对梁启超的提及和评价相比，梁启超对谭嗣同关注甚多。梁启超不仅对谭嗣同有推崇、有评价，而且有宣传介绍、有思想解读。基于此，本章名为《梁启超视界中的谭嗣同》，而不名为《谭嗣同与梁启超的相互评价》或《谭嗣同与梁启超的相互交往》。

第一节　谭嗣同与梁启超的交往和评价

谭嗣同与梁启超相识时间不长——梁启超说三年，其实不过二年（从谭嗣同1896年的"北游访学"到1898年的"百日维新"）。两人结识后相见恨晚，梁启超更是成为谭嗣同牺牲前生死相托的人。在《戊戌政变记》和《清代学术概论》中，梁启超记录了戊戌政变的始末，概述了清代学术的演变，其中多次提到谭嗣同。透过梁启超的介绍，谭嗣同与梁启超的志趣相投跃然纸上。例如，两人在与康有为相悖的情况下倡民权，并以黄宗羲等人为榜样开展排荀运动。同样是在梁启超的介绍下，谭嗣同第一次对康有为的思想主旨有了较为详细的了解，并且大为折服，用梁启超本人的话说便是"则感动大喜跃，自称私淑弟子"。从此以后，谭嗣同与康有为亦师亦友。梁启超将谭嗣同说成是自己的"讲学最契之友"，恰当至极。正因为志气相投，谭嗣同与梁启超相互启发。一方面，梁启超影响着谭嗣同。例如，在梁启超的鼓动下，谭嗣同当下对康有为的思想大为折服。再如，梁启超言大同，谭嗣同也跟着言大同。另一方面，谭嗣同带动着梁启超。例如，在谭嗣同的督促下，对康有为讲佛学"弗嗜也"的梁启超对佛教开始五体投地。再如，梁启超提倡"诗界革命"，就有谭嗣同的功劳。梁启超1899年在赴夏威夷的海途中第一次提出了"诗界革命"的口号，倡导以旧体写新思想、新境界；同时指出"诗界革命"在此之前已经开始，谭嗣同便是其中的身体力行者。谭嗣同曾经作诗曰："而为上首普观察，承佛威神说颂言。以任血田卖人子，独从性海救灵魂。纲伦桎以喀私德，法会极于巴力门。大地山河今领取,菴摩罗果掌中论。"①诗中的"喀私德"是 Caste 的音译,原指印度的等级制度;"巴力门"是 Parliament 的音译,原为英国议院名。这首诗采用的是七言格式,表达的则是铲除等级、追求民主的新思想。谭嗣同写诗的这种旨趣和风格恰恰就是梁启超对新诗的期待,故而深得梁启超的赞赏。因此,梁启超在提出"诗界革命"之时,不仅列出此诗,而且列出谭嗣同的其他诗作,使谭嗣同成为"作品入选"最多的诗人。由此,谭嗣同对"诗界革命"的影响可见一斑:

> 余虽不能诗,然尝好论诗。以为诗之境界,被千余年来鹦鹉名士(余尝戏名词章家为鹦鹉名士,自觉过于尖刻)占尽矣。虽有佳章佳句,一读之,似在某集中曾相见者,是最可恨也。故今日不作诗则已,若作诗,必为诗界之哥仑布玛赛郎然后可。……欲为诗界之哥仑布玛赛郎,不可不备三长,第一要新意境,第二要新语句,而又须以古人之风格入之,然后成其为诗。……若三者具备,则可以为二十世纪支那之诗王矣。……夏穗卿、谭复生,皆善选新语句,其语句则经子生涩语、佛典语、欧洲语杂用,颇错落可喜,然已不备诗家之资格。试举其一二:……复生赠余诗云:"大成大关大雄氏,据乱升平及太平。五始当王迄获麟,三言不识乃鸡鸣。人天帝网光中现,来去云孙脚下行。莫共龙蛙争寸土,从知教主亚洲生。"又有"眼帘绘影影非实,耳鼓有声声已过"等句,又"虚空以太显诸仁"等句,其意语皆非寻常诗家所有。复生本甚能诗者,然三十以后,鄙其前所作为旧学,晚年屡有所为,皆用此新体,甚自喜之,然已渐成七字句之语录,不甚肖诗矣。……邱星洲有"以太同胞关痛痒,自由万物竞生存"之句,其界境大略与夏谭相等,而遥优于余。……吾虽不能诗,惟将竭力输入欧洲之精神思想,以供来者之诗料可乎? 要之支那非有诗界革命,则诗运殆将绝。②

与此同时,梁启超喜欢裒录师友的诗作,其中自然少不了谭嗣同的诗作,并且评价甚高。

总的说来,佛学和诗是联结谭嗣同、梁启超的桥梁,也成为两人的共同爱好。喜欢作诗的谭嗣同还特意写诗赠送梁启超。诗曰:

①《金陵听说法诗》,《谭嗣同全集》,中华书局 1998 年版,第 247 页。
②《夏威夷游记》,《梁启超全集》(第二册),北京出版社 1999 年版,第 1219 页。

大成大辟大雄氏,据乱升平及太平。五始当王讫麟获,三言不识乃鸡鸣。人天帝网光中见,来去云孙脚下行。漫共龙蛙争寸土,从知教主亚洲生。

普遍根尘入刹那,茫无绝续感川波。眼帘绘影影非实,耳鼓肖声声已过。外道顽空徒尔许,凡天执著更如何。一真法界相容纳,海印分明万象罗。

空虚以太显诸仁,络定阎浮脑气筋。何者众生非佛性,但牵一发动全身。机铃地轴言微纬,吸力星林主有神。希卜梯西无著处,智悲香海返吾真。

祖龙、罗马东西帝,万古沈冤紫与蛙。伪礼谁攻秦博士,少年今见贾长沙。斯文未丧寄生国,公法居然卖饼家。闻道潮音最亲切,更从南海觅灵槎。①

不难看出,谭嗣同赠送梁启超的四首诗有三首在梁启超提出"诗界革命"时列出,未被列出的一首内容则是赞扬梁启超和康有为的——没有被列出不是因为诗作不好,而是由于梁启超自谦。透过谭嗣同的赠诗和梁启超的对待可以寻绎出两个问题:第一,谭嗣同不仅通过当面点悟、通信切磋等方式与梁启超探讨佛学,而且投其所好——为好诗的梁启超写诗;在写诗时不忘随时现身说法,论及佛学,借诗点拨梁启超的佛学。第二,梁启超对谭嗣同的诗非常喜爱,并且十分受用,故而全盘收录。

由于谭嗣同与梁启超相识前后不过二三年的时间,更由于谭嗣同的壮烈牺牲,谭嗣同对梁启超并无太多评价,更遑论对梁启超思想的研究了。从目前收集到的第一手材料来看,主要是谭嗣同写给梁启超的七封信。在这七封信中,有四封是写给汪康年和梁启超两人的,只有三封是专门写给梁启超的。

就谭嗣同对梁启超具体观点的提及来说,最著名也最集中的是下面这段话:"假民自新之权以新吾民者,厥有三要。一曰:创学堂,改书院。……二曰:学会。……三曰:报纸。……新会梁氏,有君史民史之说,报纸即民史也。"②从中可见,一方面,谭嗣同也与梁启超一样将中国的希望寄托于新民,并且像梁启超那样主张在提倡、塑造新民的过程中充分发挥报纸的作用。另一方面,对于如何新民,谭嗣同提出了三项措施,无论是学堂、学会还

---

① 《赠梁卓如诗四首》,《谭嗣同全集》,中华书局1998年版,第244页。
② 《〈湘报〉后叙》,《谭嗣同全集》,中华书局1998年版,第418—419页。

是报纸都集中于"开民智",与梁启超略有差异,对报纸的重视则与梁启超英雄所见略同。

就谭嗣同对梁启超的整体评价来说,最经典的是:"大致卓公似贾谊,章似司马相如。"①贾谊(前200—前168)最主要的身份是西汉初期的政治家,司马相如(前179—前118)的主要身份是西汉的文学家;贾谊以政治见长,司马相如以文赋名世。在这个前提下,谭嗣同将梁启超比喻为贾谊,将章炳麟比喻为司马相如,可见其对梁启超的政治才能颇为赏识。

对于谭嗣同以梁启超比贾谊,有两点尚需进一步澄清:第一,将梁启超比喻为贾谊并非谭嗣同的"临时起意",而是他对梁启超的一贯评价。这有前面提到的谭嗣同写给梁启超的赠诗为证,其中第四首诗有两句曰:"伪礼谁攻秦博士,少年今见贾长沙。"贾长沙即贾谊,由于被谪长沙王太傅,又称贾长沙。贾谊是政治家,同时又是哲学家和文学家,文帝初,召为博士,时年二十余,可谓春风得意,风华正茂。正是这一点,使贾谊与梁启超有了"交集"。梁启超是中国历史上著名的神童,更是在科举考场上才华早露,创造了中国科举史上的奇迹。1884年,梁启超11岁考中秀才,补博士弟子员,1889年又考中举人。梁启超的早慧尤其是早得功名使人不由联想到了贾谊,谭嗣同即是如此。第二,最早将梁启超与贾谊相提并论的不是谭嗣同,而是梁启超的老师康有为。1891年秋,梁启超在父亲的陪同下前往北京与李蕙仙成婚。康有为特意赋诗祝贺,诗曰:"道人天人际,江门风月存。小心结豪俊,内热救黎元。忧国吾其已,乘云世易尊。贾生正年少,訣荡上天门。"②《汉书·礼乐志》有"天门开,訣荡荡"之语,意为开阔清朗。康有为以此入诗,是称赞梁启超冰雪聪明。"贾生正年少"则是指梁启超翩翩少年,平步青云。其实,梁启超的这桩婚事极度风光,可谓高攀,正源于梁启超的科举得意。③ 比较谭嗣同与康有为的说法可以发现,一方面,与康有为相同,谭嗣同以贾谊比梁启超,与梁启超少年时代的科举传奇相印证。另一方面,与康有为不同,谭嗣同以梁启超比贾谊,包含对梁启超政治见解和文学造诣的肯定。事实上,谭嗣同对梁启超的文学才华也极为欣赏。例如,对于

---

① 《致汪康年梁启超一》,《谭嗣同全集》,中华书局1998年版,第514页。

② 《送门人梁启超任甫入京》,《康有为全集》(第十二集),中国人民大学出版社2007年版,第176页。

③ 梁启超要娶的新娘李蕙仙是京兆公李朝仪的女儿,刑部侍郎李端棻的妹妹。这段梁启超做梦都不曾想到的婚姻是女方送上门来的:1889年,梁启超在广州参加乡试,主考官是李端棻和王仁堪。两位主考官都看中了梁启超的才华,王仁堪暗想将女儿嫁给梁启超,却被李端棻抢先将妹妹与梁启超结秦晋之好。

《知新报》的编排体例和梁启超的为文技巧,谭嗣同曾经这样写道:"翻西报以美、法列前,尤见匠心。卓公叙例于录上谕一条,嗣同百思不能措词,而竟以'大哉王言,如丝如纶'八字轻轻了之,其狡猾真匪夷所思矣。"①由此不难看出,谭嗣同对梁启超的生花妙笔大为折服,惊叹为神来之笔。

第二节　梁启超对谭嗣同其人其学的推崇

梁启超是最早对谭嗣同的思想予以宣传、推崇和刊发的思想家。他对谭嗣同的评价是:"谭浏阳志节学行思想,为我中国20世纪开幕第一人。"②这个评价包含对谭嗣同慷慨赴死的英雄气概的敬佩,同时包括对其学术思想的折服。由于对谭嗣同的人品极为敬重,因其人而好其学是梁启超"步趋浏阳"的重要原因。在谭嗣同牺牲后,梁启超马上为谭嗣同的代表作《仁学》作序,并且作《谭嗣同传》,对谭嗣同的生平、为学予以介绍,并且给予了高度评价。与此同时,好史的梁启超作《论中国学术思想变迁之大势》、《清代学术概论》,率先对中国近代(梁启超将1840年之后统称为"清代")的思想史予以梳理和研究,使谭嗣同与龚自珍、魏源和康有为等人一样进入了学术研究视野。此外,梁启超在论及中国近代的学术思想时或在其他论作中时常提到谭嗣同,在彰显谭嗣同人格魅力的同时,多维度地展示了谭嗣同思想的理论来源、主要内容和基本特征。梁启超对谭嗣同及其思想的介绍和阐发有客观陈述,也有主观评价。透过这些,既可以直观地感受到梁启超对谭嗣同的推崇,又可以领悟谭嗣同与梁启超思想的异同。

在《清代学术概论》中,梁启超曾经把谭嗣同比喻为"彗星",言语中流露的对谭嗣同的惋惜之情令人唏嘘:

> 晚清思想界有一彗星,曰浏阳谭嗣同。③
> 嗣同遇害,年仅三十三,使假以年,则其学将不能测其所至。仅留此区区一卷,吐万丈光芒,一瞥而逝,而扫荡廓清之力莫与京焉,吾故比诸彗星。④

梁启超指出,谭嗣同的为人与为学是合一的,他的英雄气概就贯注在学

---

①　《致汪康年梁启超二》,《谭嗣同全集》,中华书局1998年版,第515页。
②　《诗话》,《梁启超全集》(第九册),北京出版社1999年版,第5295页。
③　《清代学术概论》,《梁启超全集》(第五册),北京出版社1999年版,第3102页。
④　《清代学术概论》,《梁启超全集》(第五册),北京出版社1999年版,第3103页。

术之中；英雄是宗教造就的，正是"应用佛学"成就了谭嗣同的英雄人格和壮举。对此，梁启超写道："夫人生也有涯，而知也无涯，故为信仰者，苟不扩其量于此数十寒暑以外，则其所信者终有所挠。浏阳《仁学》云：'好生而恶死，可谓大惑不解者矣，盖于不生不灭瞢焉。瞢而惑，故明知是义，特不胜其死亡之惧，缩朒而不敢为，方更于人祸之所不及，益以纵肆于恶。而顾景汲汲，而四方蹙蹙，惟取自慰快已尔，天下岂复有可治也！……今使灵魂之说明，虽至暗者犹知死后有莫大之事及无穷之苦乐，必不于生前之暂苦暂乐而生贪著厌离之想；知天堂地狱森列于心目，必不敢欺饰放纵，将日迁善以自兢惕；知身为不死之物，虽杀之亦不死，则成仁取义，必无怛怖于其衷，且此生未及竟者，来生固可以补之，复何所惮而不亹亹！'呜呼！此'应用佛学'之言也。（西人于学术每分纯理与应用两门，如纯理哲学、应用哲学、纯理经济学、应用生计学等是也。浏阳《仁学》，吾谓可名为应用佛学。）浏阳一生得力在此，吾辈所以崇拜浏阳步趋浏阳者，亦当在此。若此者，殆舍佛教末由。"①梁启超对谭嗣同的佛学思想兴趣盎然，与将谭嗣同的代表作《仁学》归结为"应用佛学"相一致；反过来，这也促使他始终从入世"应用"的角度诠释谭嗣同的佛学和《仁学》。这样一来，梁启超便以佛学作为谭嗣同思想的主线，以"应用佛学"为桥梁，将谭嗣同的为人与为学联为一体。

更为重要的是，梁启超是谭嗣同准备杀身成仁时最后的托付。梁启超在《戊戌政变记》的《殉难六烈士传》——《谭嗣同传》中对此有详细记载，读之令人动容："劝东游，且携所著书及诗文辞稿数本数册家书一箧托焉。曰：'不有行者，无以图将来；不有死者，无以酬圣主。今南海之生死未可卜，程婴杵曰，月照西乡，吾与足下分任之。'……君曰：'各国变法，无不从流血而成。今中国未闻有因变法而流血者，此国之所以不昌也。有之，请自嗣同始！'"②谭嗣同的狱中绝笔印证了梁启超的说法，也为两人的情深义重提供了佐证："八月六日之祸，天地反覆，呜呼痛哉！我圣上之命，悬于太后、贼臣之手，嗣同死矣！嗣同之死毕矣！天下之大，臣民之众，宁无一二忠臣义士，伤心君父，痛念神州，出为平、勃、敬业之义举乎？果尔，则中国人心真已死尽，强邻分割即在目前，嗣同不恨先众人而死，而恨后嗣同而死者之虚生也。啮血书此，告我中国臣民，同兴义愤，夷除国贼，保全我圣上。嗣同生不能报国，死亦为厉鬼，为海内义师之助。卓如未死，以此书付之，卓如其

① 《论佛教与群治之关系》，《梁启超全集》（第二册），北京出版社1999年版，第908页。
② 《谭嗣同传》，《梁启超全集》（第一册），北京出版社1999年版，第233页。

必不负嗣同、皇上也。"①

　　事实证明，梁启超没有辜负谭嗣同的重托。谭嗣同牺牲后，梁启超利用各种机会介绍、宣传谭嗣同的思想，并在自己主办的《清议报》上首次刊发谭嗣同的《仁学》。"其《仁学》一书，先择其稍平易者，附印《清议报》中，公诸世焉。"②在回顾《清议报》一百期所刊内容时，梁启超如是说："其（指《清议报》——引者注）内容之重要者，则有谭浏阳之《仁学》，以宗教之魂，哲学之髓，发挥公理，出乎天天，入乎人人，冲重重之网罗，造劫劫之慧果。其思想为吾人所不能达，其言论为吾人所不敢言，实禹域未有之书，抑众生无价之宝，此编之出现于世界，盖本报为首焉。有饮冰室《自由书》，虽复东鳞西爪，不见全牛，然其愿力所集注，不在形质而在精神，以精锐之笔，说微妙之理，谈言微中，闻者足兴，有国家论政治学案，述近世政学大原，养吾人国家思想。有章氏《儒术新论》诠发教旨，精微独到。有《瓜分危言》、《亡羊录》、《灭国新法论》等，陈宇内之大势，唤东方之顽梦，有《少年中国说》、《呵旁观者文》、《过渡时代论》等，开文章之新体，激民气之暗潮。有《埃及近世史》，《扬子江中国财政一斑》、《社会进化论》、《支那现势论》等，皆东西名著巨构，可以借鉴。有政治小说，佳人奇遇，经国美谈等以稗官之异才，写政界之大势，美人芳草，别有会心，铁血舌坛几多健者，一读击节，每移我情，千金国门，谁无同好。若夫雕虫小技，余事诗人，则卷末所录诸章，类皆以诗界革命之神魂，为斯道别辟新土。"③从中可见，《清议报》所载内容十分广泛，从哲学、政治、经济、法律到小说、诗歌无所不包，作者遍及中外。在回顾和总结上述内容时，梁启超最隆重推出的是谭嗣同的《仁学》，之后是自己的《自由书》，章炳麟的《儒术新论》及其他内容更列于后。不仅如此，梁启超对谭嗣同《仁学》的具体介绍和评价不惜笔墨——这一点与对待章炳麟的《儒术新论》相比则看得更加清楚：对待后者，梁启超只用了"《儒术新论》诠发教旨，精微独到"而一语带过。由此反观，足见梁启超对谭嗣同的隆重推出，并且极尽溢美之词。至于梁启超所言《仁学》"出现于世界，盖本报为首焉"则属实情，亦表明了梁启超对于推介谭嗣同思想的用力之著和首刊之功。

　　与此同时，梁启超在自己的论作中时常援引谭嗣同的观点和《仁学》等著作，这样做的初衷固然有借题发挥、利用谭嗣同的人格和观点阐发自己思

---

① 《致梁启超三》，《谭嗣同全集》，中华书局1998年版，第519页。
② 《谭嗣同传》，《梁启超全集》（第一册），北京出版社1999年版，第233页。
③ 《清议报一百册祝辞并论报馆之责任及本馆之经历》，《梁启超全集》（第一册），北京出版社1999年版，第478—479页。

想的意图,同时也有让更多人了解谭嗣同及其思想的目的。不论动机如何,有一点是不争的事实,那就是:梁启超的做法在客观上对于人们了解谭嗣同及其思想,促进谭嗣同思想的传播起到了不可忽视的推动作用。

此外,由于与谭嗣同的特殊关系,梁启超能够得到谭嗣同的遗作。出于对谭嗣同的崇拜和特殊关系,梁启超将它们收集起来,以使谭嗣同的"零墨碎金"得以保留下来,并为世人所知。例如,《自由书》中便收录了谭嗣同的三则"遗墨":

> 静观断念,动成匠心。静观断念者何也?业识流注,念念相续,惟余般若,无不能缘。由此之彼,因牛及马,如树分枝,枝又成干,忽遇崎挠,中立亭亭,悬旌无薄,是名暂断,乘此微隙,视其如何复续,若竟不复续,意识断矣。动成匠心者何也?道绝言思,遇识成境,境无违顺,遇心成理,闻歌起乐,见泣生悲,非歌泣之足凭,有为悲乐之主者也。然则苟变其主,必得立地改观,所谓三界惟心,即匠心也。

> 曾重伯言舟中闻桨击水,心之知识,即逐声而往,桨自桨,水自水,声自声,心自心,何以遽相凑泊?因有悟于中阴入胎之理。余谓中阴凑泊之机,信是如此,所可惧者,非具甚深智慧。转世之后,德业一时坠失,何其无记性也。及重思之,知识本来无记性,后境而思前境,今日而思昔日,似有记性矣。然必置此思彼而后得,非不待更端而同时并得也。然则知中识中,仅能容得一事,其余皆谓之遗忘可也。生人知识,有体魄之可寄,尚自无有记性,复何论于凭虚无著之中阴,此成大圆镜智者。所以无后无前,无今无昔,容则并容,得则同得,一多无碍,不在两时。

> 夫万善之首必曰信,万恶之首必曰不信。于耳目所不及接而生疑想者,是为不信。于过去未来而生久远想者,是为不信。于大小长短多寡而生容积想者,是为不信。于一念顷而自放逸者,是为不信。于常精进而生退转想者,是为不信。于少有所得而生自足想者,是为不信。于一乘中而生二想者,是为不信。广说虽累大万不能尽也,譬如盲人而与说日,彼终不信。以不信故,虽佛盛神力,终无能使彼知日。①

在"遗墨"之前,梁启超附有"按语":"浏阳之学,出乎天天,入乎人人,其大端具于《仁学》一书,我支那四千年未有之盛业,不待论矣。其零墨碎

---

① 《自由书·谭浏阳遗墨》,《梁启超全集》(第一册),北京出版社 1999 年版,第 355 页。

金,散于人间者,随时衰录之,以广其传,下三则为同志书箴之语也,其书在著《仁学》之后。"①这三则"遗墨"并非《仁学》内容,而是作于《仁学》之后。幸得梁启超的衰录,才得以流传下来。拿当下最权威的《谭嗣同全集》来说,中华书局1998年版的"增订本"将这三则"遗墨"照单全收②,改名为"书箴三件",以"一""二""三"为题分别收录。不仅如此,书中对此还有注释:"录自《清议报》第三十二册(清光绪二十五年十一月十一日)所载《饮冰室自由书》,原题作《谭浏阳遗墨》。"注释最后,还全文收录了梁启超置于"遗墨"卷首的"按语"③。由此可见,就使谭嗣同的"遗墨""广其传"而言,梁启超的愿望实现了。

第三节　梁启超对谭嗣同思想的解读

梁启超具有推介谭嗣同思想之功,并且作有《谭嗣同传》。总的说来,他并没有对谭嗣同的思想进行过系统、深入的研究。尽管如此,无论是与谭嗣同的特殊关系还是对谭嗣同人格的推崇都使梁启超对谭嗣同的思想倍加关注,多次在不同场合提到谭嗣同及其思想。这使谭嗣同的思想在梁启超的视界中多角度、全方位地展示出来,从思想转变、理论特色、学术宗旨到主要内容一一得以呈现。

一、思想的变化与庞杂

中国近代哲学是中西和合的产物,梁启超称之为"不中不西即中即西"。这意味着近代哲学在理论来源和思想构成上并非单一成分,谭嗣同的思想也不例外。作为个性的是,谭嗣同思想的庞杂繁博表现得尤为突出;特别是1895年甲午海战失败给谭嗣同以强烈刺激和极大震撼,1896年的"北游访学"更是直接促使他的思想发生骤变。这种思想转变如此之大,以至于谭嗣同本人的评价是"前后判若两人":"三十以前旧学凡六种,……三十以后,新学灑然一变,前后判若两人。三十之年,适在甲午,地球全势忽变,嗣同学术更大变。"④

梁启超注意到了谭嗣同思想的变化多端,在介绍时始终凸显其思想的无所不窥和日新宗旨。对于谭嗣同思想的这一特点,梁启超除了在《清代

①　《自由书·谭浏阳遗墨》,《梁启超全集》(第一册),北京出版社1999年版,第355页。。
②　《书箴三件》,《谭嗣同全集》,中华书局1998年版,第546—547页。
③　《书箴三件》,《谭嗣同全集》,中华书局1998年版,第546页"注释"。
④　《与唐绂丞书》,《谭嗣同全集》,中华书局1998年版,第259页。

学术概论》中有《仁学》"欲将科学、哲学、宗教冶为一炉"的经典表述之外，最详细的介绍和表述则出自《谭嗣同传》。传曰："君资性绝特，于学无所不窥，而以日新为宗旨，故无所沾滞；善能舍己从人，故其学日进。每十日不相见，则议论学识必有增长。少年曾为考据笺注金石刻镂诗古文辞之学，亦好谈中国古兵法；三十岁以后，悉弃去，究心泰西天算格致政治历史之学，皆有心得，又究心教宗。当君之与余初相见也，极推崇耶氏兼爱之教，而不知有佛，不知有孔子；既而闻南海先生所发明《易》《春秋》之义，穷大同太平之条理，体乾元统天之精意，则大服；又闻《华严》性海之说，而悟世界无量，现身无量，无人无我，无去无住，无垢无净，舍救人外，更无他事之理；闻相宗识浪之说，而悟众生根器无量，故说法无量，种种差别，与圆性无碍之理，则益大服。自是豁然贯通，能汇万法为一，能衍一法为万，无所挂碍，而任事之勇猛亦益加。作官金陵之一年，日夜冥搜孔佛之书。金陵有居士杨文会者，博览教乘，熟于佛故，以流通经典为己任。君时时与之游，因得遍窥三藏，所得日益精深。其学术宗旨，大端见于《仁学》一书。"①依据这个介绍，谭嗣同的思想包罗万象，融合古今，正应了那句"无所不窥"。值得注意的是，在梁启超的视界中，谭嗣同的各种学说之间不是并列的，也不是由浅入深的，而是不同时期出于不同兴趣而进行的不同思考和研究。从这个意义上说，梁启超的介绍既展示了谭嗣同思想的内容，又勾勒了其思想的转变。

在肯定谭嗣同思想内容庞杂、变化多端的基础上，梁启超对它的递嬗轨迹进行勾勒，具体划分为三个阶段："嗣同幼好为骈体文，缘是以窥'今文学'，其诗有'汪(中)魏(源)龚(自珍)王(闿运)始是才'之语，可见其向往所自。又好王夫之之学，喜谈名理。自交梁启超后，其学一变。自从杨文会闻佛法，其学又一变。"②梁启超在这里所讲的"一变"相当于学界用以划分谭嗣同思想前后期的"北游访学"时期，"又一变"则是梁启超对谭嗣同思想轨迹的独特看法。这一看法既突出了佛教对谭嗣同思想的影响以及在其中的比重，又与梁启超对谭嗣同宗教思想的彰显相印证。

二、《仁学》及仁学思想

在介绍、审视谭嗣同的思想时，梁启超既肯定谭嗣同的思想变化多端、无所不窥，又看到了其中一以贯之的主线。在这方面，他将《仁学》视为谭嗣同的代表作，肯定"其学术宗旨，大端见于《仁学》一书"。基于这一判断

---

① 《谭嗣同传》，《梁启超全集》(第一册)，北京出版社 1999 年版，第 233 页。
② 《清代学术概论》，《梁启超全集》(第五册)，北京出版社 1999 年版，第 3102 页。

和评价,梁启超始终彰显《仁学》对于谭嗣同思想至关重要的意义,在介绍
或援引谭嗣同的思想时首推此书。下仅举其一斑:

> 启超问治天下之道于南海先生。先生曰:"以群为体,以变为用。
> 斯二义立,虽治千万年之天下可已。"启超既略述所闻,作《变法通议》。
> 又思发明群义,则理奥例赜,苦不克达,既乃得侯官严君复之治功《天
> 演论》,浏阳谭君嗣同之《仁学》,读之犁然有当于其心。悼天下有志之
> 士,希得闻南海之绪论,见二君子宏著,或闻矣见矣,而莫之解,莫之信。
> 乃内演师说,外依两书,发以浅言,证以实事,作《说群》十篇。①
> 　　自甲午战事后,……时南海先生方倡强学会于北京及上海,……君
> 乃自湖南溯江下上海,游京师,将以谒先生,而先生适归广东,不获见。
> 余方在京师强学会任记纂之役,始与君相见,语以南海讲学之宗旨,经
> 世之条理,则感动大喜跃,自称私淑弟子,自是学识更日益进。……需
> 次金陵者一年,闭户养心读书,冥探孔佛之精奥,会通群哲之心法,衍绎
> 南海之宗旨,成《仁学》一书。②

前一段引文写于 1896 年,后一段引文写于 1898 年,相隔时间并不长,
均出于梁启超思想嬗变之前。尽管如此,他关于《仁学》的说法出入很大:
第一段引文将《仁学》和严复翻译的《天演论》一起作为与康有为师传对立
的"外书",第二段引文则强调《仁学》演绎康有为思想的宗旨而来。正如梁
启超本人所言,自己所执往往前后矛盾,他在这里对谭嗣同《仁学》与康有
为思想关系的说法正是所执前后矛盾的注脚。始终如一的是,梁启超对谭
嗣同思想的介绍和研究很少提及谭嗣同前期的著作或观点,而是在将谭嗣
同思想的宗旨归结为《仁学》一书的前提下,对谭嗣同思想的介绍和研究始
终以《仁学》为主。其实,早在戊戌政变之前,梁启超就提及谭嗣同和《仁
学》,并且评价甚高。在写给严复的信中,梁启超如是说:"见有浏阳谭君复
生者,其慧不让穗卿,而力过之,真异才也。著《仁学》三卷,仅见其上卷,已
为中国旧学所无矣。此君前年在都与穗卿同识之,彼时觉无以异于常人;近
则深有得于佛学,一日千里,不可量也。"③《仁学》一开始就引起梁启超的
极大兴趣,之后,梁启超一直对《仁学》予以关注。在谭嗣同牺牲后,梁启超

---

① 《〈说群〉序》,《梁启超全集》(第一册),北京出版社 1999 年版,第 93 页。
② 《谭嗣同传》,《梁启超全集》(第一册),北京出版社 1999 年版,第 231—232 页。
③ 《与严幼陵先生书》,《梁启超全集》(第一册),北京出版社 1999 年版,第 73 页。

立即为《仁学》作序阐发其要义,并在自己主办的《清议报》上隆重刊发。

在解读《仁学》的过程中,梁启超凸显该书的两大特征:第一,在内容上,强调《仁学》内容丰富、庞杂,对《仁学》"欲将科学、哲学、宗教冶为一炉"的概括和定性更是令人耳熟能详。梁启超不仅指出谭嗣同在《仁学》中"欲将科学、哲学、宗教冶为一炉",而且具体揭示了科学、哲学和宗教对于谭嗣同思想的影响以及在《仁学》中的具体表现。他写道:"《仁学》之作,欲将科学、哲学、宗教冶为一炉,而更使适于人生之用,真可谓极大胆极辽远之一种计划。……嗣同幼治算学,颇深造,亦尝尽读所谓'格致'类之译书,将当时所能有之科学知识,尽量应用。又治佛教之'唯识宗'、'华严宗',用以为思想之基础,而通之以科学。又用今文学家'太平'、'大同'之义,以为'世法'之极轨,而通之于佛教。"①第二,在宗旨上,突出《仁学》普度众生的救世初衷和作用。对于《仁学》的缘起,谭嗣同本人归结为对于从前"所学皆虚"、"所愿皆虚"的反省,在醒悟到"惟一心是实"的前提下"以心挽劫"的结果。梁启超则从大乘佛教入手将之解读成为了普度众生而作,既突出了《仁学》的宗教(佛教)意蕴,又凭借《仁学》将谭嗣同其人其学联为一体。透过梁启超的介绍,如果说《仁学》集中反映了谭嗣同仁学思想的话,那么,谭嗣同仁学思想的内容和主旨则是和合佛教华严宗、唯识宗以普度众生的救世思想。这就是说,仁学既是一种"极大胆辽远"的哲学,也是一种普度众生的宗教。

三、宗 教 思 想

梁启超历来对谭嗣同的宗教思想非常重视乃至津津乐道,之所以如此,原因有二:第一,梁启超本人由早年听康有为讲佛学时无动于衷转而嗜佛、好佛得益于谭嗣同的"鞭策",谭嗣同的佛教情结影响了梁启超的一生。第二,梁启超敬重谭嗣同的人品,并且认定谭嗣同的英雄壮举受益于宗教的鼓动。按照梁启超的说法,宗教是使常人成就大业的原料,凡能成大业轰轰一世者,有宗教思想之人多。谭嗣同之所以能够大义凛然,蹈死如饴,主要得益于其宗教思想。循着这个逻辑,梁启超写道:"其在日本,维新前诸人物如大盐、中斋、横井、小楠之流,皆得力于禅学者也,西乡隆盛其尤著也。其所以蹈白刃而不悔,前者仆后者继者,宗教思想为之也。其在我国,则近世哲学与宗教两者皆销沉极焉。然若康南海,若谭浏阳,皆有得于佛学之人也。两先生之哲学固未尝不戛戛独造,渊渊入微,至其所以能震撼宇宙,唤

---

① 《清代学术概论》,《梁启超全集》(第五册),北京出版社1999年版,第3102页。

起全社会之风潮,则不恃哲学,而仍恃宗教思想之为之也。若是乎宗教思想之力,果如比其伟大而雄厚也。"①在这里,梁启超不仅断言宗教思想造就了谭嗣同的英雄人格和壮举,而且明确肯定谭嗣同所凭借的宗教是佛教。正因为如此,梁启超所讲的谭嗣同的宗教思想并不包括孔教,除了偶尔提及基督教之外,主要指佛教思想。事实上,梁启超不仅对谭嗣同的佛教思想兴趣盎然,而且多次从不同角度予以关注和阐发。

对谭嗣同佛学思想饶有兴趣的梁启超不止一次地探究谭嗣同佛学思想的理论渊源和构成成分,并为其找到了两个传承系统:第一,与龚自珍(龚定庵)有关。对此,梁启超写道:"自龚定庵好言佛,而近今学界代表之数君子,大率与定庵有渊源,故亦皆治佛学,如南海、壮飞及钱塘夏穗卿曾佑其人也。"②依据这个说法,谭嗣同佛学思想的来源与康有为、夏曾佑(夏穗卿)一样受龚自珍影响——或者说,与龚自珍的佛教相关。第二,与杨文会(杨仁山)有关。梁启超不仅认为谭嗣同的佛学受杨文会影响,而且强调相对于龚自珍来说,杨文会对谭嗣同佛学思想的影响更大更深。《仁学》中的佛学思想主要源于此,梁启超也将在杨文会的影响下思想为之一变作为划分谭嗣同思想分期的标志。正是在这个意义上,梁启超反复声称:

> 文会深通"法相"、"华严"两宗,而以"净土"教学者,学者渐敬信之。谭嗣同从之游一年,本其所得以著《仁学》。③
> 谭浏阳之有得于佛学,知浏阳者皆能言之。然浏阳之学佛,实自金陵杨仁山居士。④

在梁启超的视界中,如果说《仁学》是谭嗣同的代表作的话,那么,谭嗣同最重要的思想便是佛学。其实,这两点并不矛盾,可以视为一个问题的两个方面,因为他认为《仁学》就是发挥佛法普度众生之作。对于这一点,梁启超在为《仁学》作序时有过专门论述:"此(指《仁学》——引者注)中国为国流血第一烈士,亡友浏阳谭君之遗著也。烈士之烈,人人知之,烈士之学,则罕有知之者。亦有自谓知之,而其实未能知者。……呜呼!烈士之可以

---

① 《论宗教家与哲学家之长短得失》,《梁启超全集》(第二册),北京出版社1999年版,第762页。
② 《论中国学术思想变迁之大势》,《梁启超全集》(第二册),北京出版社1999年版,第619页。
③ 《清代学术概论》,《梁启超全集》(第五册),北京出版社1999年版,第3105页。
④ 《诗话》,《梁启超全集》(第九册),北京出版社1999年版,第5303页。

千古,尚有出乎烈士之外者,余今不言,来者曷述焉。乃叙曰:《仁学》何为
而作也,将以会通世界圣哲之心法,以救全世界之众生也。南海之教学者
曰:'以求仁为宗旨,以大同为条理,以救中国为下手,以杀身破家为究竟。'
《仁学》者即发挥此语之书也,而烈士者即实行此语之人也。今夫众生之大
蔽,莫甚乎有我之见存,有我之见存,则因私利而生计较,因计较而生挂碍,
因挂碍而生恐怖。驯至一事不敢办,一言不敢发,充其极也,乃至见孺子入
井而不怵惕,闻邻榻呻吟而不动心,视同胞国民之糜烂而不加怜,任同体众
生之痛痒而不知觉。于是乎大不仁之事起焉。故孔子绝四,终以无我,佛说
曰:无我相。今夫世界乃至恒河沙数之星界,如此其广大;我之一身,如此其
藐小。自地球初有人类,初有生物,乃至前此无量劫,后此无量劫,如此其
长;我之一身,数十寒暑,如此其短。世界物质,如此其复杂;我之一身,分合
七十三原质中之各质组织而成,如此其虚幻。然则我之一身,何可私之有?
何可爱之有? 既无可私,既无可爱,则毋宁舍其身以为众生之牺牲,以行吾
心之所安。盖大仁之极,而大勇生焉,顾婆罗门及其他旧教,往往有以身饲
蛇虎,或断食,或卧车下辙下求死。而孔佛不尔者,则以吾固有不忍人之心,
既曰不忍矣。而洁其身而不思救之,是亦忍也。固佛说我不入地狱,谁入地
狱? 孔子曰:'天下有道,丘不与易也。'古之神圣哲人,无不现身于五浊恶
世,经历千辛万苦者。此又佛所谓乘本愿而出,孔子所谓求仁而得仁,又何
怨也。烈士发为众生流血之大愿也久矣。虽然,或为救全世界之人而流血
焉,或为救一种之人而流血焉,或为救一国之人而流血焉,乃至或为救一人
而流血焉,其大小之界,至不同也。然自仁者视之,无不同也。何也? 仁者
平等也,无差别相也,无拣择法也。故无大小之可言也,此烈士所以先众人
而流血也。况有《仁学》一书,以公于天下,为法之灯,为众生之眼,则烈士
亦可以无慊于全世界也夫,亦可以无慊于全世界也夫。"①依据梁启超的解
读,《仁学》之所以成为"救全世界之众生"之作,是因为书中的佛学思想。
在这个前提下,梁启超沿着儒家的不忍人之心与佛教的无我说两条线索挖
掘《仁学》的内容,将自己理解的佛教注入《仁学》之中。

　　《〈仁学〉序》作于谭嗣同牺牲后第十九日。在后来回忆戊戌政变的《戊
戌政变记》收录的《谭嗣同传》中,梁启超一如既往地彰显谭嗣同的行为与
佛教的密切相关以及谭嗣同思想的佛学要旨。他写道:"复生之行谊磊落,
轰天撼地,人人共知,是以不论;论其所学。自唐宋以后呫毕小儒,徇其一孔
之论,以谤佛毁法,固不足道;而震旦末法流行,数百年来,宗门之人,耽乐小

---

① 《〈仁学〉序》,《梁启超全集》(第一册),北京出版社 1999 年版,第 170 页。

乘,堕断常见,龙象之才,罕有闻者。以为佛法皆清净而已,寂灭而已。岂知大乘之法,悲智双修,与孔子必仁且智之义,如两爪之相印。惟智也,知即世间即出世间,无所谓净土;即人即我,无所谓众生。世界之外无净土,众生之外无我,故惟有舍身以救众生。佛说:'我不入地狱,谁入地狱?'孔子曰:'吾非斯人之徒与,而谁与?''天下有道,丘不与易。'故即智即仁焉。既思救众生矣,则必有救之之条理。故孔子治《春秋》,为大同小康之制,千条万绪,皆为世界也,为众生也,舍此一大事,无他事也。《华严》之菩萨行也,所谓誓不成佛也。《春秋》三世之义,救过去之众生与救现在之众生,救现在之众生与救将来之众生,其法异而不异;救此土之众生与救彼土之众生,其法异而不异;救全世界之众生与救一国之众生,救一人之众生,其法异而不异:此相宗之唯识也。因众生根器,各各不同,故说法不同,而实法无不同也。既无净土矣,既无我矣,则无所希恋,无所挂碍,无所恐怖。夫净土与我且不爱矣,复何有利害毁誉称讥苦乐之可以动其心乎?故孔子言不忧不惑不惧,佛言大无畏,盖即仁即智即勇焉。通乎此者,则游行自在,可以出生,可以入死,可以仁,可以救众生。"[①]在这里,梁启超进一步揭示了谭嗣同所信佛教乃普度众生的大乘圣义,尤以华严宗和唯识宗为旨归;谭嗣同以佛学救世的具体做法是,将华严宗、唯识宗与《春秋》三世思想相和合,旨在悲智双修,普救众生。谭嗣同顶礼膜拜的华严宗、唯识宗属于大乘法,由于悟彻到了"即世间即出世间","即人即我",故而能够勇猛无畏,"舍身以救众生"。尤其值得一提的是,《谭嗣同传》在突出谭嗣同思想以佛学为主上与《〈仁学〉序》一脉相承,所不同的是,对谭嗣同佛学思想的彰显更进了一步:如果说《〈仁学〉序》只是表明《仁学》一书与佛教密切相关的话,那么,《谭嗣同传》则突出佛学对于谭嗣同全部思想的提纲挈领、至关重要。与此相联系,尽管梁启超在《谭嗣同传》的开头指出谭嗣同思想以变化日新为宗旨,然而,在接下来的介绍中,他却将全部注意力放在了《仁学》上,并且只对《仁学》或谭嗣同的佛学思想予以阐发而不提其他。

问题到此并没有结束,正是沿着《仁学》的宗旨是以佛教普度众生的思路,梁启超将康德三大原理中的"势力不灭之理"与华严宗相提并论,并在阐释康德的这一思想时援引谭嗣同的《仁学》加以印证:"此三大原理者,黎菩尼士所倡,而康德大发明之者也。其义与华严宗之佛理绝相类。所谓条理满足者,即主伴重重十方齐唱之义也;所谓庶物调和者,即事理无碍相即相入之义也;所谓势力不灭者,即性海圆满不增减之义也。华严以帝网喻法

---

① 《谭嗣同传》,《梁启超全集》(第一册),北京出版社1999年版,第233—234页。

界,康德所谓世界庶物如大网罩然,正同此意,考求物理者必至此乃为具足焉。康氏谓樊然淆乱之庶物,实相倚而成一体,此所以欲自度者必先度众生,众生垢而我不能独净,众生苦而我不能独乐也。何也? 一体故也。……此则征诸实验,哲学之所以有益于人事也。浏阳《仁学》亦专发此义而已。"①

四、启蒙性及中学渊源

谭嗣同对传统文化的批判大胆而激烈,所以历来被视为维新派中最激进的一员。梁启超显然注意到了这一点,在介绍和评价谭嗣同的思想时,对其振聋发聩的启蒙精神予以充分肯定,甚至将《仁学》对于摆脱旧思想束缚的解放作用比作牛顿提出"打破偶像"开启近代科学的新时代:"《仁学》内容之精神,大略如是。英奈端倡'打破偶像'之论,遂启近代科学。嗣同之'冲决网罗',正其义也。……嗣同之书,盖取资于此三部分,而组织之以立己之意见,其驳杂幼稚之论甚多,固无庸讳,其尽脱旧思想之束缚,戛戛独造,则前清一代,未有其比也。"②为了彰显谭嗣同思想"戛戛独造"的启蒙性,梁启超使用了诸如"思想解放"、"革命性"等词语,这在梁启超评价他人的思想时是不多见的。

对于梁启超来说,谭嗣同思想的启蒙性和革命性自不待言。在介绍这方面思想的时候,他特意强调两点,对于人们认识谭嗣同的思想具有启迪意义。

首先,谭嗣同思想的启蒙性与西方近代的启蒙思想尤其是社会契约论并无直接联系,因为谭嗣同在写《仁学》时甚至不知道卢梭的《社会契约论》(《民约论》)为何物:"《仁学》下篇,多政治谈。其篇首论国家起源及民治主义,(文不具引),实当时谭、梁一派之根本信条,以殉教的精神力图传播者也。由今观之,其论亦至平庸,至疏阔。然彼辈当时,并卢骚《民约论》之名亦未梦见,而理想多与暗合,盖非思想解放之效不及此。"③现有资料表明,谭嗣同读过严复写于1895年最初发表在天津《直报》、后被《时务报》转载的《辟韩》一文。最直接的证据是,谭嗣同在写给汪康年的信中确凿无疑地提到了此文,并且评价甚高。他在信中写道:"《时务报》二十三册《辟韩》一首,好极好极! 究系何人所受作? 自署观我生室主人,意者其为严又陵

①　《近世第一大哲康德之学说》,《梁启超全集》(第二册),北京出版社1999年版,第1058页。
②　《清代学术概论》,《梁启超全集》(第五册),北京出版社1999年版,第3102页。
③　《清代学术概论》,《梁启超全集》(第五册),北京出版社1999年版,第3103页。

乎？望示悉。"①《辟韩》中被辟之韩指唐代的韩愈,严复批判韩愈的武器则
是作为西方启蒙思想的天赋人权论和社会契约论。问题的关键是,谭嗣同
在读到《辟韩》之后,是否在短时间内就能够运用到《仁学》中当属一问题。
谭嗣同的思想以中学为主是不争的事实。对于《仁学》,谭嗣同将其理论来
源和思想内容分为佛学、西学和中学三个方面,其中的西学主要指基督教
(耶教)和格致之学(自然科学),并非指西方的政治学说和启蒙思想。尽管
谭嗣同在"界说"中声称《仁学》"于西书当通《新约》及算学、格致、社会学
之书"②,然而,一个不争的事实是,"社会学之书"在之后的内容中并无下
文。从这个意义上说,梁启超对谭嗣同思想及《仁学》理论来源的界定深中
肯綮。谭嗣同在《仁学》中提倡平等,把矛头指向君主专制,作为鼓吹专制
思想的代表而成为批判靶子的有荀子,也有韩愈。不用深究即可发现,谭嗣
同批判韩愈和君主专制的主要武器是庄子、黄宗羲、王夫之等人的思想,而
非西方的政治学说或启蒙思想。因此,谭嗣同的启蒙思想在理论来源上与
严复不可同日而语。

其次,梁启超一面否认谭嗣同启蒙思想与西方启蒙思想直接相关,一面
彰显其与中国本土启蒙思想的内在关联,尤为突出谭嗣同与明清之际早期
启蒙思想家——黄宗羲、王夫之思想的一脉相承。关于谭嗣同对黄宗羲启
蒙思想的继承,梁启超如是说:"嗣同、才常等……又窃印《明夷待访录》、
《扬州十日记》等书,加以案语,秘密分布,传播革命思想。"③在肯定谭嗣同
与黄宗羲思想一脉相承的同时,梁启超对谭嗣同与王夫之思想的内在联系
更为关注,故而一而再、再而三地宣称:

> 船山最崇拜横渠,谓"(其学)如皎日丽天,无幽不烛……惜其门人
> 未有殆庶者;又以布衣贞隐之故,当时巨公,如文、富、司马,无繇资其羽
> 翼,故其道之行,不逮周、邵。"吾今于船山之学,亦云然矣。《正蒙注》、
> 《思问录》两书,本隐之显,原始要终。浏阳谭氏谓五百年来学者,真能
> 通天人之故者,船山一人,非过言也。④

> 夫之著书极多,……皆不落"习气",不"守一先生之言"。其《读通
> 鉴论》、《宋论》,往往有新解,为近代学子所喜诵习。尤能为深沉之思

---

① 《与汪康年书六》,《谭嗣同全集》,中华书局 1998 年版,第 499 页。
② 《仁学》,《谭嗣同全集》,中华书局 1998 年版,第 293 页。
③ 《清代学术概论》,《梁启超全集》(第五册),北京出版社 1999 年版,第 3100 页。
④ 《论中国学术思想变迁之大势》,《梁启超全集》(第二册),北京出版社 1999 年版,第
　607 页。

以禅绎名理,其《张子正蒙注》《老子衍》《庄子解》,皆覃精之作,盖欲自创一派哲学而未成也。其言"天理即在人欲之中,无人欲则天理亦无从发现"(《正蒙注》),可谓发宋元以来所未发。……其乡后学谭嗣同之思想,受其影响最多,尝曰:"五百年来学者,真通天人之故者,船山一人而已。"①

嗣同方治王夫之之学,喜谈名理,谈经济。②

梁启超誉王夫之为乾嘉以后"新学派之一导师",同时坦言王夫之的思想和影响并没有受到应有的重视——在这一点上,王夫之与其所推崇的张载的命运相似。在这个前提下,发现王夫之思想的价值并对之加以阐发便显得难能可贵,而发现王夫之思想的价值并且深受影响的则非王夫之的同乡——谭嗣同莫属。具体地说,谭嗣同喜言名理,热衷于形而上学,便是受王夫之的影响。当然,谭嗣同崇尚实学,提倡经世致用的思想同样承袭了王夫之的衣钵。如此说来,谭嗣同在梁启超的眼中不啻为王夫之思想在近代的正宗传人,无论是对王夫之思想的推崇还是阐发均功不可没。

第四节　梁启超与谭嗣同

上述内容显示,无论是两人的志同道合还是梁启超对谭嗣同的敬重都使梁启超对谭嗣同的思想评价甚高。事实上,梁启超与谭嗣同的思想关系较为复杂,既相互影响,又存在差异。有鉴于此,梁启超在对谭嗣同的思想进行分派时既突出自己与谭嗣同思想的一致性,又多次将谭嗣同与康有为而不是与自己归为一派。当然,梁启超对谭嗣同思想的过度诠释甚至误读也是显而易见的。

一、谭嗣同与梁启超的相互影响

谭嗣同与梁启超的关系既有个人情感,又有共同追求,在朝夕相处、学术切磋中相互影响。按照梁启超的说法,自己与谭嗣同在学问上相互影响,并且影响非常之大,以至于在对方的影响下彼此学问都为之一变:一方面,谭嗣同在接触自己后思想为之一变:"自交梁启超后,其学一变。"③另一方

---

① 《清代学术概论》,《梁启超全集》(第五册),北京出版社1999年版,第3075—3076页。
② 《清代学术概论》,《梁启超全集》(第五册),北京出版社1999年版,第3099页。
③ 《清代学术概论》,《梁启超全集》(第五册),北京出版社1999年版,第3102页。

面,由于受谭嗣同的影响,自己的思想也为之一变。与"崇拜浏阳步趋浏阳"相一致,梁启超坦言自己的思想受谭嗣同和夏曾佑影响甚深。总的说来,谭嗣同对梁启超的影响集中表现在佛教方面。

在中国近代崇佛史上,梁启超留下了浓墨重彩的一笔。梁启超对佛教的虔诚和痴迷令人注目,谭嗣同在其中功不可没。据梁启超本人披露,自己早年对佛教兴趣索然,甚至在听闻康有为讲佛教后依然不为所动。在结识谭嗣同后,梁启超才在谭嗣同的"鞭策"下开始向佛,并由此一发而不可收拾:"文会深通'法相'、'华严'两宗,而以'净土'教学者,学者渐敬信之。谭嗣同从之游一年,本其所得以著《仁学》,尤常鞭策其友梁启超。启超不能深造,顾亦好焉,其所著论,往往推挹佛教。"①在现存不多的谭嗣同致梁启超的信中,除了商谈变法维新诸事宜之外,还有一封是专门切磋佛教的。现摘录如下:

> 昨言化身菩萨为魔,魔皆化身菩萨。细想世间究竟无魔,魔必化身菩萨,何以故?菩萨与魔,皆众生自心所现,上等根器见之为菩萨,下等根器必见之为魔。佛说法度众生,亦可以误众生,(如仁说信不信二蔽。)在得度者见佛为佛,在被误者即不得谓佛非魔也。波旬劝佛入涅槃,亦不足异。当佛灭度时,尚有许多外道婆罗门不肯皈依,故六师终未闻得度,即已被剃为僧者,且嫌戒律太严,深以佛灭度为幸,虽大迦叶亦无可如何,(以上见《般涅槃经》。)此即请佛入涅槃之魔也。可见世间断断无魔,即众生也;亦可见世间断断无佛,即众生也。
>
> 魔佛众生,亦如△字是一非三,魔安得不为化身菩萨乎?且必须如此,乃足以为不思议。今更以小事喻此深理。我辈以根本智生大爱力,由爱力又生许多牵挂,不能自断,仅凭此即足以致疾。夫爱力岂非佛性乎哉?然而已稍魔矣。即谓数日来所谈之佛法皆魔可也。故力劝公断绝爱根,方能入道。骨肉不易言,请先从朋友断起,深望公信此言。然恐以信此言,而爱根即从此言生长,则此信皆魔说、非佛说,嗣同亦一大魔矣。由此益知法真无可说,有说即非法。不立文字,道断语言,禅宗诚非诸家所及矣。……
>
> 观公两年来,只因言外不能领悟,错过机会,(谓此言为劝公入禅宗是一执着,但甚怪公当时何以不承当。)此后便生出疑虑不少。自度乎?度人乎?此等商量之语,不一而足。究竟谁为自?谁是人?谁度

---

① 《清代学术概论》,《梁启超全集》(第五册),北京出版社 1999 年版,第 3105 页。

谁不度？公试觅来与我看。业识未断，本性不出，但恃一生一灭之心，自相补救，公殆欲以补救者为功德乎？已往所办之事，未来思办之事，何一非自相补救乎？欲以此为度众生，必不然矣。①

这封信文字较长，内容却十分集中，只讲了一件事，是谭嗣同为梁启超解释佛法的。信中透露了如下信息：第一，谭嗣同与梁启超经常在一起切磋佛学，此信就缘于两人头一天切磋（"昨言……"）的意犹未尽。第二，信中集中呈现了谭嗣同的佛学观，那就是：基于华严宗的圆融无碍，宣称佛与众生相即相入，自度度人相即相入。这与谭嗣同在《仁学》中阐发的"一入一切，一切入一"相印证，梁启超在《〈仁学〉序》和《谭嗣同传》中对谭嗣同佛教思想的介绍也是在这个思路下展开的。第三，谭嗣同在信中阐释自己的佛教观，是为了借此点悟梁启超。值得注意的是，信中内容显示，谭嗣同对梁启超的点悟从认识梁启超时就已经开始（"观公两年来……"）。事实证明，无论谭嗣同的这次点化是否成功，梁启超后来的行为表明，谭嗣同对梁启超佛学的引领或"督促"效果显著。

正是在谭嗣同的"鞭策"和点化下，梁启超从对佛教无动于衷转而顶礼膜拜，如醉如痴。由此，佛教成为梁启超学术上、信仰上的精神支柱和皈依，梁启超对佛教的痴迷和虔诚甚至达到了癫狂的程度。有这样一件事足以证明这一点：1922年，梁启超在东南大学讲学期间，每天坚持到支那内学院听欧阳竟无讲佛法，风雨无阻，坚持不辍——即使出车祸或身体欠佳也不放弃。对于这段学佛经历以及其中的苦乐，梁启超不止一次地在写给孩子们的信中提及，对佛教的热情跃然纸上。下仅举其一斑：

> 翌晨六点半，坐洋车往听欧阳先生讲佛学（吾日日往听）。②
> 每来复一、三、五从早上七点半起至九点半，（最苦是这一件，因为六点钟就要起来。）我自己到支那内学院上课，听欧阳竟无先生讲佛学。……前几天因吃醉酒（那天是来复二晚），明晨坐东洋车往听佛学，更感些风寒，归来大吐。……君劢请一位外国医生等着诊验我的身体……医生说不准我读书著书构思讲演，不准我吃酒（可以）吃茶吃烟。我的宝贝，你想这种生活我如何能过得。……我们（指梁启超和张君劢——引者注）现在磋商的条件：

① 《致梁启超二》，《谭嗣同全集》，中华书局1998年版，第518—519页。
② 《致梁思成、梁思永等》，《梁启超全集》（第十册），北京出版社1999年版，第6191页。

　　1.除了本校正功课每日一点钟外,其余讲演一切停止。

　　2.除了编《中国政治思想史》讲义,其余文章一切不做。

　　3.阳历十二月三十一日以前截止功课,回家休息。

　　4.每星期一、三、五之佛学听讲照常上课。(此条争论甚烈,君劢现已许我。)①

　　梁启超是性情中人,做什么事全凭兴趣所致,对待佛学也不例外。由于兴趣盎然,乐在其中,所以排除万难,乐此不疲:即使放弃了自己喜欢的吃酒,停止了一切讲学和作文,甚至提前结束讲学回家休息,唯一不能终止的是前往支那内学院,听欧阳竟无讲佛学。这是其他人所不能理解的,也是梁启超与张君劢争论最激烈的。最终,梁启超还是占了上风,获得允许,照常前往听课。

　　进而言之,梁启超之所以对佛教如此虔诚和痴狂,是出于真心向往,兴味盎然;同时也因为对佛教的受用,获益匪浅。在写给自己的"宝贝"——梁思顺的信中,梁启超概括了自己的宗教观和人生观,也揭开了自己崇尚佛教的秘密所在:"这是宇宙间唯一真理,佛教说的'业'和'报'就是这个真理,(我笃信佛教,就在此点,七千卷《大藏经》也只说明这点道理。)凡自己造过的'业',无论为善为恶,自己总要受'报',一斤报一斤,一两报一两,丝毫不能躲闪,而且善和恶是不准抵消的。佛对一般人说轮回,说他(佛)自己也曾犯过什么罪,因此曾入过某层地狱,做过某种畜生,他自己又也曾做过许多好事,所以亦也曾享过什么福。……如此,恶业受完了报,才算善业的帐,若使正在享善业的报的时候,又做些恶业,善报受完了,又算恶业的账,并非有个什么上帝做主宰,全是'自业自得',又并不是像耶教说的'到世界末日算总账',全是'随作随受'。又不是像耶教说的'多大罪恶一忏悔便完事',忏悔后固然得好处,但曾经造过的恶业,并不因忏悔而灭,是要等'报'受完了才灭。佛教所说的精理,大略如此。他说的六道轮回等等,不过为一般浅人说法,说些有形的天堂地狱,其实我们刻刻在轮回中,一生不知经过多少天堂地狱。……若能绝对不造恶业(而且常造善业——最大善业是'利他'),则常住天堂(这是借用俗教名词)。佛说是'涅槃'(涅槃的本意是'清凉世界')。我虽不敢说常住涅槃,但我总算心地清凉的时候多,换句话说,我住天堂时候比住地狱的时候多,也是因为我比较的少造恶业的缘故。我的宗教观、人生观的根本在此,这些话都是我切实受用的所在。"①
透过这段文字可以想见,佛教对梁启超意味着什么,难怪他将佛教奉为"全
世界文化的最高产品"②。需要特别强调的是,最早使梁启超倾心佛教的是
谭嗣同。从这个意义上说,谭嗣同对于梁启超虔诚向佛以及对佛教的终身
受用功莫大焉。

二、谭嗣同与梁启超的思想异同

诚如梁启超所言,谭嗣同与梁启超的思想相互影响,这使两人的思想之
间呈现出诸多相同之处。梁启超在《清代学术概论》中曾经对自己与谭嗣
同之间的关系有过这样一段记载:"启超屡游京师,渐交当世士大夫,而其
讲学最契之友,曰夏曾佑、谭嗣同。……此可想见当时彼辈'排荀'运动,实
有一种元气淋漓景象。嗣同方治王夫之之学,喜谈名理,谈经济,及交启超,
亦盛言大同,运动尤烈。(详次节)而启超之学,受夏、谭影响亦至巨。"③文
中提到的作为当时"排荀"运动中心的"彼辈",具体指谭嗣同和梁启超,据
此可知,两人都言民权,并将荀子视为中国古代君主专制的罪魁祸首加以批
判。这表明,谭嗣同、梁启超都反对荀子——这一点与章炳麟天差地别。此
外,两人都对老子持否定态度,对老子尚静而贻祸中国的看法如出一辙——
这一点与严复相去甚远。谭嗣同在《仁学》中说:"李耳之术之乱中国也,柔
静其易知矣。若夫力足以杀尽地球含生之类,胥天地鬼神以沦陷于不仁,而
卒无一人能少知其非者,则曰'俭'。"④梁启超对谭嗣同的观点深表认同,
并且进一步发挥说:"老子有言曰:'无动为大。'此实千古之罪言也。夫日
非动不能发光热,地非动不能育万类,人身之血轮,片刻不动,则全身冻且僵
矣。故动者万有之根原也。……谭浏阳先生《仁学》云:'自李耳出,遂使数
千年来成乎似忠信似廉洁一无刺无非之乡愿天下。言学术则曰宁静,言治
术则曰安静。处事不计是非,而首禁更张,躁妄喜事之名立,百端则是废弛
矣;用人不问贤不肖,而多方遏抑,少年意气之论起,柄权则颓暮矣。陈言者
则命之曰希望恩泽,程功者则命之曰露才扬己。既为糊名以取之,而复隘其
途;既为年资以用之,而复严其等。财则惮辟利源,兵则不贵朝气。统政府
六部九卿督抚司道之所朝夕孜孜不已者,不过力制四万万人之动,絷其手
足,涂塞其耳目,尽驱以入乎一定不移之乡愿格式。夫群四万万乡愿以为

---

① 《致孩子们》,《梁启超全集》(第十册),北京出版社 1999 年版,第 6212—6213 页。
② 《治国学的两条大路》,《梁启超全集》(第七册),北京出版社 1999 年版,第 4071 页。
③ 《清代学术概论》,《梁启超全集》(第五册),北京出版社 1999 年版,第 3099—3100 页。
④ 《仁学》,《谭嗣同全集》,中华书局 1998 年版,第 321 页。

国,教安得不亡,种类安得而可保也?'呜呼! 吾每读此言,未尝不废书而叹也。"①

　　鉴于两人对诸多问题的认识大致相同,梁启超称谭嗣同为"讲学最契之友",甚至声称两人对于所学无不契合。梁启超在为谭嗣同的《仁学》作序时,曾经这样回忆两人的关系:"余之识烈士,虽仅三年。然此三年之中,学问言论行事,无所不与共。其于学也,无所不言,无所不契,每共居则促膝对坐一榻中,往复上下,穷天人之奥,或彻数日夜废寝食,论不休,每十日不相见,则论事、论学之书盈一箧。"②

　　无独有偶,新文化运动者胡适不仅注意到了谭嗣同与梁启超思想的一致性,而且从另一个角度给出了自己的看法和解释。胡适写道:"谭嗣同与梁启超都经过一个桐城时代,但他们后来都不满意于桐城的古文。他们又都曾经过一个复古的时代,都曾回到秦汉六朝;但他们从秦汉六朝得来的,虽不是四六排偶的形式,却是骈文的'体例气息'。所谓体例,即是谭嗣同说的'沈博绝丽之文';所谓气息,即是梁启超说的'笔锋常带情感'。谭嗣同的《仁学》,在思想方面固然可算是一种大胆的作品,在文学方面也有代表时代的价值。……其实这一派的长处就在他们能够打破那'执而不化'的狭义古文观,就在他们能够运用古文、时文、儒书、佛书的句调来做文章。这个趋势,到了梁启超,更完备了。梁启超最能运用各种字句语调来做应用的文章。他不避排偶,不避长比,不避佛书的名词,不避诗词的典故,不避日本输入的新名词。因此,他的文章最不合'古文义法',但他的应用的魔力也最大。……这种魔力的原因约有几种:一、文体的解放,打破一切'义法''家法',打破一切'古文''时文''散文''骈文'的界限;二、条理的分明,梁启超的长篇文章都长于条理,最容易看下去;三、辞句的浅显,既容易懂得,又容易模仿;四、富于刺激性,'笔锋常带情感'。"③

　　作为"文学革命"的倡导者,胡适对谭嗣同、梁启超思想相同点的论证是从"文学"的角度切入的。其中,"沈博绝丽之文"语出谭嗣同的《三十自纪》,是谭嗣同对自己的定位:"嗣同少颇为桐城所震,可以规之数年,久自以为似矣;出示人,亦以为似。诵书偶多,广识当世淹通娴壹之士,稍稍自惭,即又无以自达。或授以魏、晋间文,乃大喜,时时籀绎,益笃耆之。由是上溯秦、汉,下循六朝,始悟心好沈博绝丽之文,子云所以独辽辽焉。旧所

① 《中国积弱溯源论》,《梁启超全集》(第一册),北京出版社 1999 年版,第 419 页。
② 《〈仁学〉序》,《梁启超全集》(第一册),北京出版社 1999 年版,第 170 页。
③ 《五十年来中国之文学》,《胡适全集》(第 2 卷),安徽教育出版社 2007 年版,第 283—288 页。

为,遗弃殆尽。续有论箸及弃不尽者,部居无所,仍命为集。亦以识不学之陋,后便不复称集。昔侯方域少喜骈文,壮而悔之,以名其堂。嗣同亦既壮,所悔乃在此不在彼。窃意侯氏之骈文特伪体,非然,正尔不容悔也。所谓骈文,非四六排偶之谓,体例气息之谓也,则存乎深观者。既悔其所为,又悔其成集。子云抑有言,雕虫篆刻,壮夫不为。处中外虎争文无所用之日,丁盛衰互纽膂力方刚之年,行并其所悔者悔矣,由是自名壮飞。"①"笔锋常带情感"语出《清代学术概论》,是梁启超对自己文风和学术的总结:"自是启超复专以宣传为业,为《新民丛报》、《新小说》等诸杂志,畅其旨义,国人竞喜读之;清廷虽严禁,不能遏;每一册出,内地翻刻本辄十数。二十年来学子之思想,颇蒙其影响。启超夙不喜桐城派古文,幼年为文,学晚汉魏晋,颇尚矜炼,至是自解放,务为平易畅达,时杂以俚语韵语及外国语法,纵笔所至不检束,学者竞效之,号新文体。老辈则痛恨,诋为野狐。然其文条理明晰,笔锋常带情感,对于读者,别有一种魔力焉。"②"体例气息"原本谭嗣同语,胡适将谭嗣同、梁启超"夫子自道"的"沈博绝丽之文"和"笔锋常带情感"统称为"体例气息",既是对谭嗣同、梁启超文学观的概括,又是对两人思想——至少是文学理念相同性的说明。值得注意的是,在此过程中,胡适将谭嗣同、梁启超归为一派——既肯定两人皆出身古文派,又指出两人对桐城古文的不满,并且都经历了复古的时代。因此,胡适对谭嗣同、梁启超文学观相同点的概括表明,两人思想的相同点并非只限于文学方面的表达问题,更重要的是传递着思想的创新。正因为如此,在接下来的论述中,胡适对于这一点进行了充分的诠释和论述。

同样不可否认的是,谭嗣同、梁启超的思想来源、气质性格和学术经历迥然相异,两人的思想也由此呈现出不容忽视的差异。对于这一点,梁启超并不讳言。恰恰相反,在肯定自己与谭嗣同思想相同的同时,梁启超揭示了两人思想的差异,并将谭嗣同与自己思想的最大分歧归结为世界主义与国家主义:"《仁学》之政论,归于'世界主义',其言曰:'春秋大一统之义,天地间不当有国也。'又曰:'不惟发愿救本国,并彼极盛之西国与夫含生之类,一切皆度之。……不可自言为某国人,当平视万国,皆其国,皆其民。'篇中此类之论,不一而足,皆当时今文学派所日倡道者。其后梁启超居东,渐染欧、日俗论,乃盛倡褊狭的国家主义,惭其死友矣。"③依据这个说法,谭

<hr>

① 《三十自纪》,《谭嗣同全集》,中华书局1998年版,第55页。
② 《清代学术概论》,《梁启超全集》(第五册),北京出版社1999年版,第3100页。
③ 《清代学术概论》,《梁启超全集》(第五册),北京出版社1999年版,第3103页。

嗣同秉持世界主义,以大同社会为旨归;梁启超恪守民族主义,倡导国家观念和爱国主义。就事实而言,梁启超的说法可谓中肯。

饶有趣味的是,梁启超对谭嗣同世界主义、大同理想的评价非同寻常,甚至可以说是"一反常态"。众所周知,恪守国家主义和民族主义的梁启超将救亡图存与民族主义视为不可分割的正反面,故而断言,在中国近代,若振兴中华,舍民族主义别无他法。基于这种认识,他对大同主义、世界主义怒不可遏,斥之为宗教家的梦呓。这一点也是梁启超与其老师康有为思想分歧的焦点之一。在论及谭嗣同的大同理想时,梁启超却完全是另一种腔调——不惟没有对大同主义、世界主义流露出一如既往的厌恶、拒斥,反而一再表白自己对大同思想的热衷,有意无意地拉近自己在大同思想方面与谭嗣同的距离:第一,在介绍谭嗣同的思想转变即谭嗣同喜言大同的缘起时,梁启超指出,谭嗣同"及交启超,亦盛言大同,运动尤烈"①。这意味着谭嗣同的大同思想与梁启超具有某种关系,甚至是受梁启超的影响所致。"亦盛言大同"之"亦"表明,谭嗣同"盛言大同",梁启超也"盛言大同"——准确地说,是梁启超"盛言"在先,谭嗣同"盛言"在后,谭嗣同是跟随着梁启超而"盛言大同"的。总之,此时的谭嗣同、梁启超同言大同,这与梁启超所言自己"居东,渐染欧、日俗论,乃盛倡褊狭的国家主义",转向国家主义相印证。第二,无论是在介绍谭嗣同的大同思想还是在说明自己经过思想转变、秉持国家主义而与谭嗣同的思想渐行渐远时,梁启超均没有对谭嗣同的大同思想置一微词,反而以"褊狭的"称自己所倡导的国家主义,以惭愧表达对谭嗣同("死友")的心情。梁启超对康有为、谭嗣同大同思想的态度之所以呈现出极大反差,除了为死者讳之外,还有更深层的原因,那就是:梁启超一贯认为《仁学》是发扬大乘佛法普度众生之作,谭嗣同本人亦有"不惟发愿救本国",连同西方国家"皆度之"的"皆其国,皆其民"之语。这样一来,大同思想恰成谭嗣同普度众生的一个注脚,谭嗣同本人又为这一宏愿献出了宝贵的生命。面对谭嗣同知行合一的人格和学问,梁启超敬仰、步趋尚惟恐不及,又何来质疑!

三、梁启超对谭嗣同的学派归属

尽管与谭嗣同的思想异同互见,梁启超显然引谭嗣同为同调。无论是政治上的志同道合还是与谭嗣同的相互影响都使梁启超更喜欢突出自己与谭嗣同思想的一致性,这透过他对《仁学》的介绍可见一斑:"嗣同根本的排

---

① 《清代学术概论》,《梁启超全集》(第五册),北京出版社1999年版,第3099页。

斥尊古观念,尝曰:'古而可好,则何必为今之人哉!'(《仁学》卷上)对于中国历史,下一总批评曰:'二千年来之政,秦政也,皆大盗也;二千年来之学,荀学也,皆乡愿也;惟大盗利用乡愿,惟乡愿工媚大盗。'(《仁学》卷下)当时谭、梁、夏一派之论调,大约以此为基本。"①一目了然,梁启超在此与自己归为一派的并无康有为,除了谭嗣同之外,尚有夏曾佑。

与此同时,梁启超在审视、梳理中国近代(他称之为"清代")学术思想时总是将自己与康有为、谭嗣同归为一派,著名的身处"学问饥荒"之环境和构成一种"不中不西即中即西"之学派的表述即出于此。梁启超写道:"康有为、梁启超、谭嗣同辈,即生育于此种'学问饥荒'之环境中,冥思枯索,欲以构成一种'不中不西即中即西'之新学派,而已为时代所不容。盖固有之旧思想,既深根固蒂,而外来之新思想,又来源浅觳,汲而易竭,其支绌灭裂,固宜然矣。……壬寅、癸卯间,……新思想之输入,如火如荼矣。然皆所谓'梁启超式'的输入,无组织,无选择,本末不具,派别不明,惟以多为贵,而社会亦欢迎之。"②

值得注意的是,就康有为、谭嗣同与梁启超三人思想的关系而言,梁启超更为突出康有为与谭嗣同思想的一致性:一方面,在将康有为、谭嗣同、梁启超划分为同一派或归结为同一期的前提下,梁启超总是有意无意地将自己疏离出来。以上述引文为例,前半段肯定三人同处"学问饥荒"之环境中,思想都带有"不中不西即中即西"之特征,理应归为一派——无论是"学问饥荒"之现实处境还是"不中不西即中即西"之思想建构都是就康有为、谭嗣同和梁启超思想的共性而言的;后半段所讲的"新思想之输入"主角或者说主体是梁启超,并不包括康有为和谭嗣同两人,并且与严复等人的输入相比带有自身特点,因而冠以"梁启超式的"——这是就梁启超思想的个性而言的,有别于严复,更重要的是与康有为、谭嗣同亦不相同。正是"新思想之输入"使梁启超与康有为、谭嗣同的思想渐行渐远,最终将梁启超从"康、谭一派"中分离出来。另一方面,梁启超多次强调谭嗣同在思想来源上受康有为影响,以此突出、加固谭嗣同与康有为思想的一致性和相同性。有鉴于此,在对中国近代思想进行分期时,梁启超在自己"不在场"的情况下将谭嗣同与康有为归为同一期,给人一种只有康有为、谭嗣同两人思想最相近——康有为与谭嗣同思想的相同性超过了康有为与梁启超或谭嗣同与梁启超的印象。在《论中国学术思想变迁之大势》中,梁启超对从顺治到光

① 《清代学术概论》,《梁启超全集》(第五册),北京出版社1999年版,第3102页。
② 《清代学术概论》,《梁启超全集》(第五册),北京出版社1999年版,第3104—3105页。

绪二百五十年间的清代学术进行梳理，并且整合了期间学术的递嬗轨迹。他写道："本朝二百年之学术，实取前此二千年之学术，倒影而缫演之，如剥春笋，愈剥而愈近里，如啖甘蔗，愈啖而愈有味，不可谓非一奇异之现象也。……其在前两期，则霸者之所以监民也至严，学者用聪明才力于他途，或将以自焚，故不得不自锢于无用之用，此惠、戴所以代朱、王也。其在第三期，天下渐多事，监者稍稍驰，而国中方以治经为最高之名誉，学者犹以不附名经师为耻，故别出一途以自重。吾欲名惠、戴一派为纯正经学，名龚、魏一派为应用经学，虽似戏言，实确论也。其在第四期，则世变日亟，而与域外之交通大开。世变亟，则将穷思其所以致此之由，而对于现今社会根本的组织，起怀疑焉；交通开，则有他社会之思想以为比较，而激刺之、淬厉之。康、谭一派，所由起也。要而论之，此二百余年间，总可命为'古学复兴时代'。"①在这里，梁启超将清代学术划分为四个不同时期，这个划分既彰显了康有为对近代学术的开创之功，又始终突出谭嗣同与康有为思想的一致性。在这个视界中，梁启超一面指出清代学术在本质上都是复古之学，一面强调这一复古过程从整体上呈现出愈复愈古的演变轨迹；由于清代学术不同时期所复之古的具体内容和核心话题大不相同，从而呈现出泾渭分明的四个时期：第一期顺治、康熙年间，以程朱陆王问题为核心话题；第二期雍正、乾隆、嘉庆年间，以汉学宋学问题为核心话题；第三期道光、咸丰、同治年间，以今古文问题为核心话题；第四期光绪年间，以孟荀、孔老墨为核心话题。各个时期不仅核心话题不同，而且具有自己的代表人物；其中，第四期的代表人物是康有为和谭嗣同。值得一提的是，这一期的代表人物只有康有为、谭嗣同两人，既没有严复，也没有既是康有为高足，又是谭嗣同"讲学最契之友"的梁启超本人，令人颇感意外。反观前期人物，"惠、戴一派"、"龚、魏一派"，无论是以吴派领袖惠栋、皖派领袖戴震代表乾嘉学派还是将龚自珍、魏源作为近代最早睁开眼睛看世界的开明派相提并论都属"老生常谈"，惟独与之对应的"康、谭一派"别出心裁。这是因为，说到康有为"拉帮结伙"，人们最先想到的往往是"康梁"集团而决非"康、谭一派"。

综观梁启超的思想可以发现，凸显康有为、谭嗣同思想的一致性并非偶尔为之。除了此处的"康、谭一派"之外，还有同样出自《论中国学术思想变迁之大势》的下面这段话："近十年来，我思想界之发达，虽由时势所造成，由欧、美科学所簸动；然谓南海经学说无丝毫之功，虽极恶南海者，犹不能违

---

① 《论中国学术思想变迁之大势》，《梁启超全集》（第二册），北京出版社1999年版，第618页。

心而为斯言也。南海之功安在？则亦解二千年来人心之缚，使之敢于怀疑，而导之以入思想自由之途径而已。自兹以还，浏阳谭壮飞（嗣同）著《仁学》，乃举其冥想所得、实验所得、听受所得者，尽发之而无余，而思想界遂起一大革命。"①这段话与上段相比更为突出康有为对于前清思想的变革之功，同时肯定康有为对谭嗣同思想的引领，甚至将谭嗣同的《仁学》说成是对康有为思想的发挥——"尽发之而无余"。

鉴于康有为、谭嗣同思想的密切关系，梁启超在直接让康有为、谭嗣同两人共同担纲一派（第四期）的同时，还从其他角度凸显两人思想的相同性。他写道："自龚定庵好言佛，而近今学界代表之数君子，大率与定庵有渊源，故亦皆治佛学，如南海、壮飞及钱塘夏穗卿曾佑其人也。虽由其根器深厚，或其所证过于定庵，要之定庵为其导师，吾能知之。"②这表明，康有为、谭嗣同均好佛，并且两人的佛学均与龚自珍（龚定庵）具有某种渊源关系。在这个前提下，有两个问题尚须进一步澄清：第一，梁启超认为，第四期与第三期今古文问题具有思想渊源。因此，在作于1920年的《清代学术概论》中，梁启超承认康有为的公羊学与龚自珍一脉相承，并且将康有为称为今文学的集大成者，同时将自己说成是康有为今文学的宣传者和推行者。第二，与《清代学术概论》的主旨和论调大不相同，在作于1902年的《论中国学术思想变迁之大势》中，梁启超之所以肯定康有为与谭嗣同皆师出龚自珍，是为了突出康有为、谭嗣同思想的一致性；接下来便是以西学"大苏润思想界"的严复，始终不见梁启超的影子。耐人寻味的是，在反复将谭嗣同与康有为相提并论，并且归为同一期时，梁启超并没有让自己出现于其间。这或许是一种谦虚，自认为尚不足以与康有为、谭嗣同一样称为"人物"；或许是一种拒绝，想要委婉表白自己原本就不属于此列——这四期皆属复古之学，而自己尚新学，是"新思想界之陈涉"。对于这一点，严复没有出现似乎提供了佐证。无论动机和意图如何，有一点是可以肯定的，那就是：梁启超的做法不仅给人们理解谭嗣同与康有为的关系带来了困惑，而且使梁启超本人与康有为的关系也变得复杂起来。

总之，梁启超对谭嗣同思想的历史定位和学派归属既突出了谭嗣同与康有为思想的一致性，又从一个侧面道出了梁启超与康有为思想的微妙关系。这就是说，无论是康有为与梁启超还是谭嗣同与梁启超的思想关系都

---

① 《论中国学术思想变迁之大势》，《梁启超全集》（第二册），北京出版社1999年版，第616页。

② 《论中国学术思想变迁之大势》，《梁启超全集》（第二册），北京出版社1999年版，第619页。

是多维度的,对于其间的异同关系不可作单向或僵化解。

四、梁启超对谭嗣同思想的误读

梁启超对谭嗣同的推崇以及对谭嗣同思想的介绍对于扩大谭嗣同思想的影响具有不可否认的积极意义,同时应该看到,梁启超对谭嗣同思想的介绍和推崇带有明显的功利性和目的性,不仅本身存在着对谭嗣同思想的误读,而且可能引起对谭嗣同思想的误解和误导。这集中表现为始终围绕着与自己思想相契合且可供发挥的内容展开,而对谭嗣同其他方面的思想内容罕有提及。其中,最明显的莫过于专注以《仁学》为代表的后期思想,对谭嗣同"北游访学"之前的思想论述较少。不仅如此,就对《仁学》或谭嗣同后期思想的介绍和阐发来说,梁启超始终侧重佛学、政治思想,对构成谭嗣同学术思想基本内容和主要特色的元素说、以太说、墨学——特别是前后期共同关注且至关重要的易学思想等不予提及。更有甚者,正如对其他人思想的介绍和阐发往往加入自己的好恶一样,笔端常带感情的梁启超对谭嗣同思想的诠释亦往往加入自己的情感好恶,存在着十分普遍且不容忽视的过度诠释和误读现象。即使以梁启超十分关注的仁学和佛学为例,这种误读也达到了相当严重的程度。

1.将谭嗣同的仁学思想与合理利己主义相提并论

明清之际的早期启蒙思潮具有个人主义的思想萌芽,这一时期的启蒙思想家如黄宗羲、顾炎武等普遍认同人皆自私自利的观点。尽管如此,作为启蒙思想的个人主义则是西方的舶来品,西方启蒙思想就植根于个人主义价值观之上,以承认"自然人"与生俱来的自由之权和人人平等为基础。这套以个人主义、功利主义为旨归的西方思想系统输入中国以严复翻译西方著作为标志,梁启超对西方思想的宣传也在其中。

作为中国近代"道德革命"的发起人,梁启超提倡的新道德中有公德,亦有私德;其中的私德包括独立、自主、自立、自治能力、自由、权利和进取冒险等,以个人主义为宗旨。从重建私德的目的出发,梁启超公开肯定自私自利的道德价值,反对中国自古以来把自私自利归结为恶的传统观念。他写道:"为我也,利己也,私也,中国古义以为恶德者也。是果恶德乎?曰:恶,是何言! 天下之道德法律,未有不自利己而立者。对于禽兽而倡自贵知类之义,则利己而已,而人类之所以能主宰世界者赖是焉;对于他族而倡爱国保种之义,则利己而已,而国民之所以能进步繁荣者赖是焉。故人而无利己之思想者,则必放弃其权利,弛掷其责任,而终至于无以自立。彼芸芸万类,平等竞存于天演界中,其能利己者必优而胜,其不能利己者必劣而败,此实有生之公例矣。"①经过这样一番诠释,自私自利不仅是人自立的前提,而且是人之权利、责任观念的源泉,故而成为人利他爱国的最初动机,也成为促进社会进步的最终动力。基于这一思路,自私自利不仅不应该杜绝,反而应该大力提倡。

问题的关键是,中国近代是思想启蒙的时代,更是救亡图存的时代。对于深陷民族危机的近代中国社会来说,救亡图存刻不容缓。救亡图存的现实需要和迫在眉睫使梁启超讲私德更讲公德,并且决定着其所提倡的公德以救亡图存为宗旨,主要内容包括爱国主义、民族主义、责任和义务思想等。有鉴于此,在肯定自私自利的道德价值以及推崇功利主义和个人主义的过程中,梁启超一面根据救亡图存的现实需要对自私自利予以保留,一面通过对利己主义的重新诠释,借助利他将个人与国家、群体的利益和命运联为一体。为此,他作《乐利主义泰斗边沁之学说》、《进化论革命者颉德之学说》辨析苦乐究竟,探寻功利真谛,以期将人从追求个人之乐、肉体之乐、暂时之乐引向群体之乐、精神之乐、未来之乐。围绕着这一动机,除了介绍边沁、穆勒等西方思想家的学说之外,对日本学情有独钟的梁启超对日本功利主义者加藤弘之的思想青睐有加,不遗余力地推介加藤弘之以利己主义为号召的功利主义思想。

意味深长且应加以留意的是,梁启超每次论及加藤弘之的思想,总是将落脚点放在谭嗣同的仁学上。例如,对于加藤弘之的功利主义,梁启超写道:"盖日本学界诸先辈中,其受毁誉最剧烈者,未有若加藤氏甚者也。平心论之,则所谓爱他心者,乃人群所以成立之大原,日培植而滋长之,犹惧其不殖,而何必抹而杀之,使并为利己心之附庸。倡此说者,是不啻恐人类之不知自私自利,而复教猱升木也。故此等学理,最不宜行于今日之中国。虽然,加藤氏之意,则亦有在焉。彼见夫今日之人类,其于利他之事业,终不能安而行之也。故与其逆而节焉,不如顺而道焉。大发明欲利己不可不先利他之义,以为卿等所谓利,非真利也。苟其真欲自利,则请求之于自利之外,此加藤氏所以虽蒙一国之非难,而卒坚持其说,不少变也。(吾于日本各报中,见他人攻难加藤,及加藤答客难之论文,已不下百数十通。)夫人苟能将其'唯心的变形爱己心',扩充而光大之,则始焉视一家所亲为一体者,浸假而视一乡为一体矣,浸假而视一国为一体焉可矣,浸假而视天下为一体焉可矣,浸假而视一切众生为一体焉可矣,此特视其以太之感觉力何如耳?(此

---

①　《十种德性相反相成义》,《梁启超全集》(第一册),北京出版社1999年版,第431页。

其义浏阳仁学发之最透。)"①从中可见,梁启超之所以力排众议而推介加藤弘之的思想,所看中的是加藤弘之将利他心、爱他心说成是爱己心之变相的致思方向和价值旨趣。这使梁启超十分受用。他将中国人爱国心的匮乏和只知有家而不知有国说成是中国致弱之源,致使塑造"新民"成为拯救中国的不二法门。

　　试图通过夯实私德来弘扬公德的立言宗旨使梁启超与加藤弘之从个人自利出发达到利他的思路相契合,梁启超对此津津乐道亦在意料之中。令人颇为费解的是,梁启超论述加藤弘之的这一思想,为什么要搬来谭嗣同的仁学呢? 秘密在于,在梁启超看来,谭嗣同的《仁学》是为救世界、救众生而作,前提便是认为自度与度人、度己与度他一而二、二而一,因此足以成为加藤弘之思想的奥援。循着这个思路,梁启超将谭嗣同的仁学思想与加藤弘之的利己主义、功利主义相提并论,借此阐发自己利己不可不先利他的思想。正是在这个意义上,梁启超写道:"日本加藤弘之尝著一书,曰《道德法律进化之理》,其大意谓:人类只有爱己心耳,更无爱他心。而爱己心,复分两种:一曰纯乎的爱己心,二曰变相的爱己心,即爱他心也。爱他心何以谓之变相的爱己心? 加藤之意,谓爱他者,凡亦以爱己也。且有时因爱己之故,而不得不爱他也。此变相的爱己心,即爱他心。复分两种:一曰自然的爱他心,二曰人为的爱他心。人为的爱他心,亦谓之教育的。盖最后起,积习而成性者也。自然的心,又分为二:一曰感情的,二曰智略的。何谓感情的? 盖己所亲爱之人,(如父母、兄弟、妻子之类。)其所受之苦乐,几与己身受者,为同一之关系。故不觉以其自爱者爱之,盖如是,然后己心乃安。其爱之也,凡为我之自乐也,此不徒施诸平等者为然耳。乃至手畜之犬,手植之花,亦常推爱焉,所谓感情也。何谓智略的? 或爱他以避害,或爱他以求利也。臣之于君也,奴隶之于主人也,其爱之也,畏之也,是避害之说也。彼此通商,而愿彼之商务日昌,彼昌而我亦有利也,是求利之说也。两者皆生于智略也。云云。加藤之说,实可以为边氏一大声援。盖因人人求自乐,则不得不生出感情的爱他心;因人人求自利,则不得不生出智略的爱他心。(智略中之避害的,惟野蛮时代多有之耳。至其求利的,则愈文明,而愈发达。)而有此两种爱他心,遂足以链结公利私利两者而不至相离。且教育日进,则人之感情,愈扩其范围。昔之以同室之苦乐为苦乐者,寝假而以同国同类之苦乐为苦乐,其最高者乃至以一切有情众生之苦乐为苦乐。故康南海常言:'救国救天下,皆以纵欲也。纵其不忍人之心则然也。'而谭浏阳之《仁学》,更发之无

---

①　《自由书·加藤博士天则百话》,《梁启超全集》(第一册),北京出版社 1999 年版,第 390 页。

余蕴矣。若是乎,则感情的爱他心,其能使私益直接于公益者。"①

　　这就是说,作为爱己心变相的爱他心分为两种类型:一是情感的,一是智略的;所谓情感的爱他心,基于父子、兄弟等自然情感,教育和文明越发达,情感的利他心范围越大,进而突破亲情血缘的界限而爱利他人、国家乃至世界。梁启超进而指出,康有为和谭嗣同的思想恰好与加藤弘之这方面的思想相印证。康有为秉持"求乐免苦"的价值观,具有功利主义倾向,并且提出过个人与群体共进化、共苦乐的观点:"其进化耶则相与共进,退化则相与共退,其乐耶相与共其乐,其苦耶相与共其苦,诚如电之无不相通矣,如气之无不相周矣。"②从功利主义的价值诉求和将个人与群体联系起来的角度看,梁启超将康有为与加藤弘之的思想联系在一起并不突兀。至于谭嗣同,则从未有过关于个人与群体共同进化的表述,他的思想也从来都与功利主义或享乐主义无涉。梁启超却沿着《仁学》是对康有为思想的发挥的思路,在未作任何具体解释或说明的前提下将之与加藤弘之的功利主义联系在一起。这可谓误读,至少是对谭嗣同思想的过度诠释。

　　2.对谭嗣同佛教思想的理解存在偏差

　　如上所述,梁启超最感兴趣也论及最多的是谭嗣同的佛学思想,而他对谭嗣同佛学思想的理解与谭嗣同的思想之间却存在着不可忽视的偏差。综观梁启超对谭嗣同佛学思想的介绍和诠释,给人最强烈的印象是:梁启超是按照自己对佛学的理解来解读谭嗣同的佛学思想的,其中最明显的一点是:对于谭嗣同关注的佛教一入一切,一切入一的"一多相容"、"三世一时",梁启超将之转换为个人与群体的关系。这使谭嗣同的佛学思想与梁启超的介绍之间呈现出较大出入,在某种意义上甚至可以说,梁启超有借助谭嗣同宣讲自己的佛学观点之嫌。正因为如此,梁启超对谭嗣同佛学思想的误解亦不令人感到意外。其实,这并不是个案,梁启超也是以这种方式解读康有为的佛学思想的,以至于经过他的诠释,康有为与谭嗣同的佛学思想如出一辙。这也是为什么在梁启超的视界中谭嗣同的佛学思想(仁学)是对康有为思想的发挥的根本原因之一。康有为、谭嗣同与梁启超的佛学思想之间无论是对佛教派别的选择还是义理阐释均不可同日而语,谭嗣同的佛学思想在梁启超视界中则与梁启超本人的思想别无二致。正是梁启超的解读消磨了谭嗣同佛学思想的个性——既偏离了谭嗣同思想的本义,也是对谭嗣同思想的误解、误读或误导。

　　①　《乐利主义泰斗边沁之学说》,《梁启超全集》(第二册),北京出版社1999年版,第1049页。
　　②　《大同书》,中州古籍出版社1998年版,第35—36页。

第九章　谭嗣同、梁启超无我思想比较

谭嗣同是中国近代最早对无我予以关注和阐释的戊戌启蒙思想家,梁启超则将全部的佛教经典都归结为"无我"二字,并专门作《说无我》申明无我思想。无我是佛教的重要概念,近代思想家的无我说直接源于佛教,同时融合了其他的思想要素,具有鲜明的近代特征。谭嗣同、梁启超的无我说异同辉映,其间的相同性直观地展示了近代佛教的时代气息和理论特征,差异性流露出两人不同的立言宗旨和致思方向。

第一节　无我的执著

谭嗣同、梁启超都执著于无我,不仅对佛教的无我说津津乐道,而且从多角度对无我予以阐发。这使两人所讲的无我拥有了多重意蕴和内涵。

综观谭嗣同的思想可以发现,无我是谭嗣同的重要范畴,承载着多种意义:

其一,与宇宙本原——仁密切相关。作为仁的题中应有之义,无我是仁的内在规定和要求。谭嗣同与康有为一样是中国近代仁学派的杰出代表,在奉仁为宇宙本原,释仁为自由、平等以及将仁与以太、电、力等自然科学概念相提并论上,两人的思想如出一辙。所不同的是,推崇无我的谭嗣同始终将仁与无我联系在一起,与康有为产生了学术分野。诚然,康有为说起过无我,即"血脉轮回,我无人,人亦无我,无质之轮回也"①,这个无我却与仁毫无关系。与康有为有别,谭嗣同始终将无我与仁联系起来,在给仁下定义时就宣称无我是仁的题中应有之义。对于仁,他从训诂学的角度进行了如下界定:"'仁'从二从人,相偶之义也。'元'从二从儿,'儿'古人字,是亦'仁'也。'无',许说通'元'为'无',是'无'亦从二从人,亦'仁'也。故言仁者不可不知元,而其功用可极于无。"②这就是说,仁具有两个本质规定:第一,仁是元,表示仁是天地万物的本原,是宇宙间的第一存在。第二,仁是

---

① 《万木草堂口说·学术源流》,《康有为全集》(第二集),中国人民大学出版社2007年版,第134页。
② 《仁学》,《谭嗣同全集》,中华书局1998年版,第289页。

无,表示仁的最高境界是洞彻彼此、不分人己,这个境界和状态即是无我。谭嗣同对仁的界定使无以及无我不仅成为一种人生态度和生存状态,而且具有了形而上的意蕴。在这个维度上,无我作为宇宙本相是一种世界法则。

其二,仁的通而平等与无我的内涵相互规定,可以说是一个问题的两个方面。这决定了仁的通而平等离不开无我。可以看到,在谭嗣同的规定中,仁的无我内涵不仅伸张了无我的至高无上性和绝对权威,而且表明了无我对于仁—通—平等的特殊意义。仁的两个内涵相互作用,共同指向了平等:如果说第一层内涵表明平等是宇宙的普遍法则的话,那么,第二层内涵则表明仁—通—平等与无我密不可分,因为仁—平等的最高境界是"通天地万物人我为一身"①的无我境界。其实,无论是谭嗣同对仁的推崇还是对仁通而平等的论证都与无我息息相关。对此,他不止一次地写道:

> 夫仁,通人我之谓也。②
> 惟平等然后无我,无我然后无所执而名为诚。③

其三,无我是破对待的必然要求。谭嗣同认为,仁通而平等的方式是破除一切对待,破对待是通往平等的前提和原则。那么,破除对待从何做起呢? 回答是:从无我做起,破对待首先要破除人我之对待,因为彼此、人我以及所有对待都生于有我。正是在这个意义上,他断言:"对待生于彼此,彼此生于有我。我为一,对我者为人,则生二;人我之交,则生三。参之伍之,错之综之,朝三而暮四,朝四而暮三,名实未亏,而喜怒因之。由是大小多寡,长短久暂,一切对待之名,一切对待之分别,毂然哄然。"④谭嗣同强调,尽管仁的本真状态是通而平等,人的偏见却妨碍了仁的通而平等。这就是说,人与人之间之所以不平等,原因在于有对待而妄生分别,妄生分别的原因是人妄生彼此和人我,进而固执于一己之我。基于这种理解,他指出,平等的方式和途径是破对待,进而强调破对待先是破除人我之对待;要破除人我之对待,先是要无我。

其四,无我是平等的具体操作和实现途径,仁之通而平等和破对待均开始于无我,平等的各种表现都集中于无我。谭嗣同认为,仁的通—平等主要表现在四个方面,即"通有四义":"中外通"、"上下通"、"男女内外通"和

---

① 《仁学》,《谭嗣同全集》,中华书局1998年版,第296页;另见同书第312页。
② 《仁学》,《谭嗣同全集》,中华书局1998年版,第328页。
③ 《仁学》,《谭嗣同全集》,中华书局1998年版,第332页。
④ 《仁学》,《谭嗣同全集》,中华书局1998年版,第316页。

"人我通";对于这四个方面的平等来说,"人我通"是最基本的。与此相联系,在所破的对待中,包括中外、上下、男女内外之对待,归根结底还是人我之对待。这是因为,无论中外、上下还是男女、内外之对待,都是因为有我引起的,根源都在于人我之对待。正是由于这个原因,谭嗣同强调,仁之不生不灭即破除生灭对待,破除生灭对待直指无我。其实,仁之"无"的界定即表示它的最高境界是"通天地万物人我为一身"。这些情况决定了尽管平等表现为中外、上下、男女、内外等方面,就下手处而言,无我是最基本的;只有从无我做起——或者说,只有做到了无我,才能使上述各种平等落到实处。可见,无我是平等的必然要求,只有无我,才能真正实现或推进平等。正因为如此,谭嗣同从不同角度一再表示,破对待要破人我,不平等的原因在于妄生人我、妄生彼此;既然人我之别是不平等的表现和原因,那么,臻于平等,依靠无我。

总之,在谭嗣同那里,无我与仁、平等息息相关、密不可分。有鉴于此,了解谭嗣同对仁的推崇和对平等的向往,也就不难想象他对无我的推崇备至了。

梁启超对无我的热情与谭嗣同相比有过之而无不及,不仅专门作《说无我》伸张无我之义,而且在其他论文和著作中反复阐释无我思想。梁启超之所以对无我兴趣盎然,是因为他认定无我是佛教思想的核心内容,甚至所有的佛教经典都可以归结为"无我"两个字。正是在这个意义上,梁启超反复坚称:

> 佛说法五十年,其法语以我国文字书写解释,今存《大藏》中者垂八千卷,一言以蔽之,曰"无我"。①
>
> 倘若有人问佛教经典全藏八千卷,能用一句话包括他吗?我便一点不迟疑答道:"无我、无所"。再省略也可以仅答两个字:"无我"。②

梁启超将佛教的全部经典和教义都归结为无我,并且从佛教中寻找证据加以证明。例如,五蕴说是佛教的原始教义,从小乘佛教开始就成为佛教的基本教义,佛教的很多教义包括一些大乘说法都是从五蕴说中演绎出来的。梁启超借助五蕴说论证无我,用五蕴说的至关重要性和基础地位为无我正名。他指出,五蕴说的目的是破除我和我所,就是讲无我的:"佛家因

---

① 《说无我》,《梁启超全集》(第七册),北京出版社 1999 年版,第 3751 页。
② 《佛教心理学浅测》,《梁启超全集》(第七册),北京出版社 1999 年版,第 3898 页。

为要破除'我'和'我所',所以说五蕴。说五蕴何以能破除我、我所？因为常人所认为我、我所者,不出五蕴之外。"①对于梁启超来说,既然全部佛经都可归结为无我,那么,佛教的所有教义便都可以归结为无我——至少与无我相关。既然是这样,无我的重要性也就无可置疑了。梁启超之所以对无我坚定不移,除了无我对于佛教教义的至关重要之外,还有一个重要理由,那就是:他认为佛教所讲的无我是建立在极其缜密的认识论之上的,彻悟了人生的真相,因而是真理性的认识。于是,梁启超宣称:"所谓'无我'者,非本有我而强指为无也,若尔者,则是为戏论,为妄语,佛所断不肯出。《大智度论·三十六》云:'佛说,诸法性常自空,非以"空三昧"令法空'。佛之无我说,其所自证境界何若,非吾所敢妄谈,至其所施设以教吾人者,则实脱离纯主观的独断论,专用科学的分析法,说明'我'之决不存在。质言之,则谓吾人所认为我者,不过心理过程上一种幻影,求其实体,了不可得。更质言之,则此'无我'之断案,实建设于极隐实极致密的认识论之上,其义云何？即有名之'五蕴皆空说'是已。"②

进而言之,佛教何以如此重视无我？无我究竟有何意义？早在推崇无我之时,梁启超便道出了自己的理论初衷,那就是破除我爱、我慢以及产生我爱、我慢的根源——我见。对此,他多次写道:

> 佛何故说无我耶？无我之义何以可尊耶？"我"之毒害在"我爱"、"我慢",而其所由成立则在"我见"。③
>
> 我们因为不明白五蕴皆空的道理,误认五蕴相续的状态为我,于是生出我见。因我见便有我痴我慢,我痴我慢的结果,不惟伤害人,而且令自己生无限苦恼。其实这全不是合理的生活,因为"他所缘境界非常真实违逆众生心"。人类沉迷于这种生活,闹到内界精神生活不能统一,长在交战混乱的状态中,所以如此者,全由不明真理,佛家叫他无明。我们如何才能脱离这种无明状态呢？要靠智慧去胜他,最关键的一句话是"转识成智"。怎么才转识为智呢？用佛家所设的方法虚心努力研究这种高深精密心理学,便是最妙法门。④

这就是说,我是无明的渊薮,固执于我是产生我爱、我慢、我痴、我见等

---

①　《佛教心理学浅测》,《梁启超全集》(第七册),北京出版社1999年版,第3900页。

②　《说无我》,《梁启超全集》(第七册),北京出版社1999年版,第3752页。

③　《说无我》,《梁启超全集》(第七册),北京出版社1999年版,第3751页。

④　《佛教心理学浅测》,《梁启超全集》(第七册),北京出版社1999年版,第3907页。

各种妄见和偏执的原因;只有认识到无我是人生的本相,才能走出无明的状态;只有洞彻人生不过是心理现象,原本无我,才能从根本上消除人生的烦恼,进入清静的精神自由境界。

由上可见,谭嗣同、梁启超对无我的执著如出一辙,提倡无我的初衷也别无二致——消除异化,恢复世界、人生的本来状态。在这方面,谭嗣同设想通过破除我相而"通天地万物人我为一身",通而平等;梁启超则试图凭借无我破除我爱、我慢、我所和我见,达到精神解脱的内心自由。于是,梁启超断言:"然则佛家讲无我有什么好处呢? 主意不外教人脱离无常苦恼的生活状态,归到清净轻安的生活状态。无常是不安定、不确实的意思,自然常常惹起苦恼。清净是纯粹真理的代名。佛家以为必须超越无常,才算合理生活,合理便是清净。"①在对无我的推崇中,谭嗣同将无我视为一种理想和信念,梁启超则始终强调无我是佛教的基本教义。尽管如此,通过无我使人摆脱生活无常的苦恼状态则是梁启超和谭嗣同的共同初衷。

中国近代既是救亡图存的时代,又是思想启蒙的时代。谭嗣同、梁启超对无我的推崇兼具救亡与启蒙的双重意义,两人所讲的无我以及佛学带有鲜明的近代特征。在这方面,如果说突出无我的破除妄见,臻于平等、自由侧重于精神解脱的思想启蒙的话,那么,作为救亡图存的表现,超越小我而走向无我则是两人的共同追求。与将"人我通"视为仁、平等的题中应有之义一脉相承,谭嗣同推崇无我是为了让人破除我相,铲除我相的目的则是克己与救人。对此,他写道:"佛法以救度众生为本根,以檀波罗密为首义。(克己时,当以蝼蚁、草芥、粪土自待;救人时,当以佛天、圣贤、帝王自待。)即吾孔、孟救世之深心也。学者堕落小乘,不离我相,于是为孔、孟者独善其身,为佛者遁于断灭。揆之立教之初心,不啻背驰于燕、越,其无谓也。"②正是基于无我的思路,推崇慈悲之心的谭嗣同将拯救中国的希望寄托于"以心挽劫","以心度一切苦恼众生"的《仁学》更是明确伸张了他凭借无我而平等的救亡主题。正因为如此,梁启超一再评价谭嗣同的《仁学》为救世界而作,同时指出谭嗣同的无我以及佛学思想是一种"应用佛学"。其实,不仅谭嗣同的佛教如此,梁启超本人通过佛教的业报轮回说将业因分为"共业"与"别业",将因果报应的主体分为个人(小我)与群体(大我)的做法从另一个角度淋漓尽致地挥洒了佛教的救世情怀。

---

① 《佛教心理学浅测》,《梁启超全集》(第七册),北京出版社 1999 年版,第 3907 页。
② 《壮飞楼治事·群学》,《谭嗣同全集》,中华书局 1998 年版,第 443 页。

第二节　无我的论证

无我是佛教的基本概念和教义,谭嗣同、梁启超的无我说毫无疑义地与佛教密切相关。然而,基于救亡和启蒙的理论初衷,两人在无我中容纳了自己的全新认识和理解,致使阐释无我的内涵成为无我思想的主要内容之一。谭嗣同、梁启超所讲的无我具有多层意义,其中最基本的含义是人生无常,无我是人生的本相,人的存在没有确定性或固定本质。

首先,从诸法无常的角度看,人处于随生随灭之中,没有自性。所谓我是念念相续的假相,并无恒常不变的自在本体。

对于人变幻无常、生灭相续的无我状态,谭嗣同进行了如是论证和解释:"体貌颜色,日日代变,晨起而观,人无一日同也。骨肉之亲,聚处数十年,不觉其异,然回忆数十年前之情景,宛若两人也。则日日生者,实日日死也。天曰生生,性曰存存。继继承承,运以不停。孰不欲攀援而从之哉? 而势终处于不及。世人妄逐既逝之荣辱得丧,执之以为哀乐。过驹不留,而堕甑犹顾;前者未忘,而后者沓至。终其身接应不暇,而卒于无一能应,不亦悲乎!"①

谭嗣同是中国近代系统对脑予以研究和阐释的戊戌启蒙思想家,力主人的认识出于大脑。他通过脑之形有限与思之量无限且思出于脑的矛盾,杂糅、发挥华严宗"一多相容"的思想,凭借我与众生的相即相入、相互圆融直指无我。在脑科学与华严宗的和合中,谭嗣同着重突出了我的瞬息万变、本无恒常,即"自以为知有我,逝者而已矣"。正如万物瞬息万变一样,人无一日相同,处于微生灭之中的人日日生、日日死。所谓我,其实处于"运以不停"的轮回变化之中。我既然为"逝者",便无本体、无自性,故而无我。

与谭嗣同相比,始终强调无我是佛教教义的梁启超直接借助佛教诸法无常、因缘而起的教义诠释无我。对此,他写道:"所谓人生,所谓宇宙,只是事情和事情的交互,状态和状态的衔接,随生随住,随变随灭,随灭复随生,便是五蕴皆空的道理,也便是无我的道理。"②不仅如此,梁启超还拿电影作比喻,生动、形象地阐明了无我的道理:"拿现在事物作譬,最确切的莫如电影,人之一生,只是活动和活动的关系衔接而成,活动是没有前后绝对同样的,也没有一刻休息,也没有一件停留,甲活动立刻引起乙活动,乙活动

---

① 《仁学》,《谭嗣同全集》,中华书局 1998 年版,第 315—316 页。
② 《佛教心理学浅测》,《梁启超全集》(第七册),北京出版社 1999 年版,第 3907 页。

正现时,甲活动已跑得无影无踪了。白布上活动一旦停息,这一幕电影便算完。生理心理上活动一旦停息,这一期生命便算结束。活动即生命。除却活动别无生命,'逝者如斯夫,不舍昼夜。'人生的'如实相',确是如此。"①

　　其次,既然人随生随灭,没有恒常不毁的自性,便不能固执地认定有我。更有甚者,宇宙诸法皆因缘相生,五蕴凑合的人与他人、他物相互因缘,更不能确指何者为我或哪部分是我。对于何为无我——或者说,为何无我,谭嗣同、梁启超论证并解释说:

　　　　今夫我又何以知有我也? 比于非我而知之。然而非我既已非我矣,又何以知有我? 迫乎我知有我,则固已逝之我也。一身而有四体五官之分,四体五官而有筋骨血肉之分,筋骨血肉又各有无数之分,每分之质点,又各有无数之分,穷其数可由一而万万也。今试言某者是我,谓有一是我,余皆非我,则我当分裂。谓皆是我,则有万万我,而我又当分裂。由胚胎以至老死,由气质流质以成定质,由肤寸之形以抵七尺之干,又由体魄以终于溃烂朽化,转辗变为他物,其数亦由一而万万也。试言某者是我,谓有一是我,余皆非我,则我当分裂;谓皆是我,则有万万我,而我又当分裂。我之往来奔走也,昨日南而今日北,谓我在北,则昨南之我何往? 谓我去南,则今北之我又非终于不去。确指南者是我,北者是我,不能也。我之饮食呼吸也,将取乎精英以补我之气与血。然养气也旋化而为炭气,红血也旋变而为紫血;或由九窍而出之,为气,为唾涕,为泗洟,为矢溺,为凝结之物;或由毛孔而出之,为热气,为湿气,为汗,为油,为垢腻;或为须发之脱,或为爪甲之断落。方气血之为用也,曾不容秒忽而旋即谢去,确指某气缕之出入为我,某血轮之流动为我,不能也。以生为我,而我倏灭;以灭为我,而我固生。可云我在生中,亦可云我在灭中。故曰:不生不灭,即生灭也。②

　　　　生命不过物质精神两要素在一期间内因缘和合,俗人因唤之为我。今试问我在那里? 若从物质要素中求我,到底眼是我呀,还是耳是我鼻是我舌是我身是我? 若说都是我,岂不成了无数的我? 若说分开不是我,合起来才成个我,既已不是我,合起来怎么合成个我? 况且构成眼耳鼻舌身的物质排泄变迁,刻刻不同。若说这些是我,则今日之我还是

① 《佛陀时代及原始佛教教理纲要》,《梁启超全集》(第七册),北京出版社1999年版,第3749页。
② 《仁学》,《谭嗣同全集》,中华书局1998年版,第314—315页。

昨日之我吗？若从精神要素中求我，到底受是我呀？还是想是我行是我识是我，析或合起来才成我。答案之不可通，正与前同。况且心理活动刻刻变迁，也和物质一样。①

在这里，谭嗣同、梁启超对无我的解释融纳了佛教的五蕴说和华严宗对共相与别相关系的论证，同时加入了近代自然科学的要素。在此基础上，两人从前面侧重宇宙万法生灭无常的宇宙状态转向了人之存在的生存状态，在人与人的关系中进一步解释了无我的道理。正是在这个意义上，谭嗣同、梁启超写道：

> 以人之游魂而变我耶？我不知其谁也。以我之游魂而变人耶？我不知其谁也。以今日之我，不知前后之我；则前后之我，亦必不知今日之我。试以前后之我，视今日之我，以今日之我，视前后之我，则所谓我，皆他人也。所谓我皆他人，安知所谓他人不皆我耶？原始反终，大《易》所以知生死，于以见万物一体，无容以自圈者自私也。大至于地球，而丽天之星，皆为地球，其数百千万亿而未止也。小至于虫豸，而一滴之水，皆有虫豸，其数百千万亿而未止也。以丽天之星视地球，则地球虽海粟仓稊可矣。以一滴之水视虫豸，则虫豸虽巴蛇溟鲲可矣。②
>
> 人不能单独存在，说世界上那一部分是我，很不对的。所以孔子"毋我"，佛家亦主张"无我"。所谓无我，并不是将固有的我压下或抛弃，乃根本就找不出我来。如说几十斤的肉体是我，那么，科学发明，证明我身体上的原质，也在诸君身上，也在树身上。如说精神的某部分是我，我敢说今天我讲演，我已跑入诸君精神里去了。常住学校中，许多精神变为我的一部分。读孔子的书及佛经，孔佛的精神，又有许多变为我的一部分。再就社会方面说，我与我的父母妻子，究竟有若干区别？许多人——不必尽是纯孝——看父母比自己还重要，此即我父母将我身之我压小。又如夫妇之爱，有妻视其夫，或夫视其妻，比己身更重的。然而何为我呢？男子为我，抑女子为我？实不易分。故彻底认清我之界限，是不可能的事，（此理佛家讲得最精，惜不能多说。）世界上本无我之存在。能体会此意，则自己作事，成败得失，根本没有。③

---

① 《佛陀时代及原始佛教教理纲要》，《梁启超全集》（第七册），北京出版社 1999 年版，第 3749 页。

② 《石菊影庐笔识·思篇十七》，《谭嗣同全集》，中华书局 1998 年版，第 132—133 页。

③ 《东南大学课毕告别辞》，《梁启超全集》（第七册），北京出版社 1999 年版，第 4161 页。

　　再次,无我表明人的生命没有自性,这一点与佛教所讲的空一脉相承,是佛教基于五蕴说宣称人无我的主要内容。所不同的是,谭嗣同、梁启超均利用自然科学尤其是化学元素说来解释人的肉体存在,以此突显人之躯体的虚幻性。于是,肉体的虚无成为无我的又一层基本含义。

　　在论证无我的过程中,谭嗣同、梁启超均将人分为躯体(行或物质之我)与精神(知或非物质之我)两个方面,在此基础上用化学元素说证明躯体由各种元素聚合而成,犹如佛教五蕴说宣扬世间万法皆由五蕴——色、受、想、行、识凑合而成如出一辙。按照两人的理解,既然人的躯体是由各种元素凑合而成的,便是假有。从这个意义上说,生不足恋,因为人的生命(人的躯体)作为假有,本身就是短暂而虚幻的。对此,谭嗣同、梁启超宣称:

　　　　人生数十年耳,与我周旋其间,无论天合人合,能六七十年者寡矣,然君子犹以为憾。使百年,则先乎我与同乎我者无存矣。更百年以至于无穷,则后乎我与后乎后乎我者又无存矣。新进后生,与我皆不习,念我同游,云徂何往?即我所生之子姓,亦或更数世而不可问,于斯时也,有泫然悲耳。乌睹所谓神仙之乐耶?而徒以块然之身,独立不坏,以与阴阳造化争衡。反不如顺时而死,犹不至四顾无亲,而恻怆感悼,以戾乎人道之常也。即谓神仙髓聪黜明,不复有知,则是石与土而已矣。土石虽寿,不得谓之生。人至无知,其心已死,身虽存,奚贵乎?①
　　　　故夫一生数十年间,至幻无常,无可留恋,无可宝贵,其事甚明。②

　　进而言之,谭嗣同、梁启超用无我标识人生的本相表达了自己的生死观,也表达了自己的价值观。其实,两人讲无我的目的不仅在于生不足恋,更主要的在于死不足畏,因为人是死而不死的。换言之,当谭嗣同、梁启超论证人生由于因缘和合而不可确指何者为我时,已经在我与他人的联为一体中隐藏着人的死而不死。于是,两人异口同声地断言:

　　　　所以第一当知人是永不死之物。所谓死者,躯壳变化耳;性灵无可死也。且躯壳之质料,亦分毫不失。西人以蜡烛譬之,既焚完后,若以化学法收其被焚之炭气、养气与蜡泪、蜡煤等,仍与原蜡烛等重,毫无损

　　① 《石菊影庐笔识·思篇十八》,《谭嗣同全集》,中华书局1998年版,第133页。
　　② 《余之死生观》,《梁启超全集》(第三册),北京出版社1999年版,第1370页。

失,何况人为至灵乎?①

　　故佛之说教也,曰大雄,曰大无畏,曰奋迅勇猛,曰威力,括此数义,而取象于狮子。夫人之所以有畏者何也? 畏莫大于生死。有宗教思想者,则知无所谓生,无所谓死。死者死吾体魄中之铁若余金类、木类、炭小粉、糖盐水若余杂质气质而已,而吾自有不死者存,曰灵魂。既常有不死者存,则死吾奚畏?②

　　谭嗣同指出,万物方生方死、方死方生,处于不生不灭的微生灭之中。这是无我的原因和表现,也是"人是永不死之物"的秘密所在。在此基础上,谭嗣同、梁启超将精神(知)与躯体相区分,在讲无我时强调其不灭性。这用梁启超本人的话说就是虽死而有不死者存。不仅如此,人之不死预示着人的无畏。谭嗣同强调,无畏是佛教的基本教义。正是在这个意义上,他写道:"佛说以无畏为主,已成德者名大无畏,教人也名施无畏,而无畏之源出于慈悲,故为度一切众生故,无不活畏,无恶名畏,无死畏,无地狱恶道畏,乃至无大众威德畏,盖仁之至矣。"③梁启超的下面这段话虽然不是从佛教的角度立论的,但是,他提到了佛教的勇猛、无畏和大雄,并且提到了"我",从中可以窥见其以佛教之无畏破除"我"的思想端倪:"其视柔静无为之旨,殆有大小乘之别,即彼释氏之为教,众以佛老并诋之,然其精意所在,曰威力,曰奋迅,曰勇猛,曰大无畏,曰大雄。括此数义,至取象于师子,而于柔静无为者,则斥为顽空,为断灭,为九十六种外道。即其言静之旨,不过以善其动,而遍度众生,与《大学》之以静生虑,太极之以静根动,同一智慧勇力,而即静即动,本无对待之可名。杨氏,述老氏者也,其意专主于为我。夫孔氏戒我,而杨氏为我,此仁不仁之判也。乃今天下营营于科目,孳孳于权利,伈伈伣伣于豆剖瓜分之日,不过'我'之一字横梗胸臆。而于一二任侠之士,思合大群联大力,血泪孤心,议更庶政,以拯时艰,则必以喜事多事诋之,以曲利其守旧不变之私。此真老杨之嫡派,孔孟之蟊贼,释氏之罪人!"④

　　进而言之,谭嗣同、梁启超之所以无畏,是因为确信人死而有不死者存,我之所以会死而不死,是因为我与众生通而为一,我与群体联为一体。对此,梁启超指出:"吾辈皆死,吾辈皆不死。死者,吾辈之个体也;不死者,吾

①　《上欧阳中鹄十》,《谭嗣同全集》,中华书局1998年版,第462页。
②　《论宗教家与哲学家之长短得失》,《梁启超全集》(第二册),北京出版社1999年版,第764页。
③　《上欧阳中鹄十一》,《谭嗣同全集》,中华书局1998年版,第469页。
④　《说动》,《梁启超全集》(第一册),北京出版社1999年版,第175—176页。

辈之群体也。"①在此基础上,他论证并解释了其中的道理:"而我现在有所行为,此行为者,语其现象,虽复乍起即灭,若无所留,而其性格,常住不灭,因果相续,为我一身及我同类将来生活一切基础。世界之中,有人有畜,乃至更有其他一切众生;人类之中,有彼此国,有彼此家,有彼此族,彼此社会。所以者何? 皆缘羯磨相习相熏组织而成。是故今日我辈一举一动,一言一话,一感一想,而其影象,直刻入此羯磨总体之中,永不消灭,将来我身及我同类受其影响,而食其报。此佛说之大概也。"②

由上可见,无我带给谭嗣同、梁启超的不是个人无我的悲观厌世,而是生不足恋的豁达胸襟和死不足惧的勇猛无畏。这与两人推崇无我的初衷相互印证,也奠定了通过无我入世、救世的解脱之方。

第三节　无我的解脱

在谭嗣同、梁启超那里,无我既是事实现状,表明人生真相;又是价值状态,旨在引导人超越个体之我而通往无我之大我。正因为如此,两人都在对无我的界定和理解中找到了超越我的无我之方。在这方面,谭嗣同、梁启超都宣称肉体之我原本是虚幻的,是各种元素凑合的假相,故而无所贪恋;死后又归于四大,并非毁灭,故而无所恐惧。在此基础上,两人都轻视肉体的存在,同时突出精神的伟大:

> 吾贵知,不贵行也。知者,灵魂之事也;行者,体魄之事也。……是行有限而知无限,行有穷而知无穷也。③
> 夫使在精神与躯壳可以两全之时也,则无取夫戕之,固也。而所以养之者,其轻重大小,既当严辨焉。若夫不能两全之时,则宁死其可死者,而毋死其不可死者。死其不可死者,名曰心死。君子曰:哀莫大于心死。④

在轻视肉体而推崇灵魂的前提下,谭嗣同、梁启超通过无我找到了救世和解脱之方:谭嗣同希冀"超出体魄之上而独任灵魂",以此菩萨发心、普度众生;梁启超则从个人与他人的相互熏染中引导个人融入群体之大我,从而

① 《余之死生观》,《梁启超全集》(第三册),北京出版社 1999 年版,第 1373 页。
② 《余之死生观》,《梁启超全集》(第三册),北京出版社 1999 年版,第 1370 页。
③ 《仁学》,《谭嗣同全集》,中华书局 1998 年版,第 369 页。
④ 《余之死生观》,《梁启超全集》(第三册),北京出版社 1999 年版,第 1375 页。

找到了"岿然不死"的秘诀。

谭嗣同声称，重灵魂、讲慈悲是所有宗教的第一要义，并对密宗怀有好感，充满对天堂的向往。正是沿着这个思路，他在对无我的解脱中向往"超越体魄之上而独任灵魂"。这包括两个方面：第一，谭嗣同认定，无论是妄生分别还是执著有我都源于人的认识，归根到底是一个知的问题。其实，整个世界都是人心的幻相，心力不同，世界便完全变样。正是在这个意义上，他写道："自有众生以来，即各各自有世界；各各之意识所造不同，即各各之五识所见不同。小而言之，同一朗日皓月，绪风晤雨，同一名山大川，长林幽谷，或把酒吟啸，触境皆虚，或怀远伤离，成形即惨，所见无一同者。大而言之，同一文字语言，而仁者见仁，智者见智；同一天下国家，而治者自治，乱者自乱；智慧深，则山河大地，立成金色；罪孽重，则食到口边，都化猛火，所见更无一同者。三界惟心，万法惟识，世界因众生而异，众生非因世界而异。然则世界众生度尽度不尽，亦随众生所见何如耳。且即其实而言之，佛与众生，同一不增不减之量。谓众生度不尽，则众生将日增；谓众生度尽，则佛将日增。有所增亦必有所减，二者皆非理也。"[①]

基于这种认识，谭嗣同甚至宣称："夫心力最大者，无不可为。"[②]他推崇密宗便与心力相关，因为"盖心力之用，以专以一。佛教密宗，宏于咒力，咒非他，用心专耳。故梵咒不通翻译，恐一求其义，即纷而不专。然而必尚传授者，恐自我创造，又疑而不专。思之思之，鬼神通之。"[③]循着这个思路，谭嗣同将慈悲视为心力的实体，试图通过慈悲之心的感化破除人我之分，臻于无我的平等境界。于是，他写道："盖心力之实体，莫大于慈悲。慈悲则我视人平等，而我以无畏；人视我平等，而人亦以无畏。"[④]谭嗣同坚信，慈悲尤化机心之妙药，只有人人的慈悲之心相互感化，才能无我而救世。更有甚者，沿着重知的思路，他设计了只有灵魂、没有形体的新人种，幻想"损其体魄，益其灵魂，……必别生种人，纯用智，不用力，纯有灵魂，不有体魄。……可以住水，可以住火，可以住风，可以住空气，可以飞行往来于诸星诸日，虽地球全毁，无所损害。"[⑤]这种新人类没有形体、不分亲疏，故而没有人我之分，是一种无我存在。第二，无我表明人与我是一体的，自度就是度人，自度就是救世。对于这一点，谭嗣同十分重视，故而一而再、再而三地宣称：

---

① 《仁学》，《谭嗣同全集》，中华书局 1998 年版，第 372 页。

② 《仁学》，《谭嗣同全集》，中华书局 1998 年版，第 357 页。

③ 《仁学》，《谭嗣同全集》，中华书局 1998 年版，第 361 页。

④ 《仁学》，《谭嗣同全集》，中华书局 1998 年版，第 357 页。

⑤ 《仁学》，《谭嗣同全集》，中华书局 1998 年版，第 366—367 页。

　　救人之外无事功，即度众生之外无佛法。然度人不先度己，则己之智慧不堪敷用，而度人之术终穷；及求度己，又易遗弃众生，显与本旨相违，若佛所谓证于实际，堕落二乘矣。然则先度人乎？先度己乎？曰：此皆人己太分之过，谛听谛听，当如是：知人外无己，己外无人，度人即是度己，度己即是度人。譬诸一身，先度头乎？先度手乎？头亦身之头，手亦身之手，度即并度，无所先后也。若因世俗，强分彼此，则可反言之曰：度己，非度己也，乃度人也；度人，非度人也，乃度己也。①

　　昨言化身菩萨为魔，魔皆化身菩萨。细想世间究竟无魔，魔必化身菩萨，何以故？菩萨与魔，皆众生自心所现，上等根器见之为菩萨，下等根器必见之为魔。佛说法度众生，亦可以误众生，（如仁说信不信二蔽。）在得度者见佛为佛，在被误者即不得谓佛非魔也。波旬劝佛入涅槃，亦不足异。当佛灭度时，尚有许多外道婆罗门不肯皈依，故六师终未闻得度，即已被剃为僧者，且嫌戒律太严，深以佛灭度为幸，虽大迦叶亦无可如何，（以上见《般涅槃经》。）此即请佛入涅槃之魔也。可见世间断断无魔，即众生也；亦可见世间断断无佛，即众生也。②

　　魔佛众生，亦如△字是一非三，魔安得不为化身菩萨乎？且必须如此，乃足以为不思议。今更以小事喻此深理。我辈以根本智生大爱力，由爱力又生许多牵挂，不能自断，仅凭此即足以致疾。夫爱力岂非佛性乎哉？然而已稍魔矣。即谓数日来所谈之佛法皆魔可也。故力劝公断绝爱根，方能入道。骨肉不易言，请先从朋友断起，深望公信此言。然恐以信此言，而爱根即从此言生长，则此信皆魔说、非佛说，嗣同亦一大魔矣。由此益知法真无可说，有说即非法。③

　　由上可见，谭嗣同所讲的无我对应着人我，无我的方法是破除人我之别，进而在人与我、佛与众生的相互弥合中通而为一。在他看来，通而致一的状态是无我状态，也是绝对平等的状态。

　　梁启超所讲的无我对应的是小我（个体之我）与大我（群体之我），通往无我的方案是超越作为个体的小我而融入作为群体的大我。早在对无我内涵的界定以及人死而不死的说明中，他就强调个人与他人、群体、社会的相互熏染和相贯互生——人之所以无我而分不清哪部分是人、哪部分是我，原

①　《仁学》，《谭嗣同全集》，中华书局1998年版，第371页。
②　《致梁启超二》，《谭嗣同全集》，中华书局1998年版，第518页。
③　《致梁启超二》，《谭嗣同全集》，中华书局1998年版，第518页。

因在于：一方面，就生理遗传而言，我是祖、父所生，还要将我的躯体遗传给子、孙。这表明，父子和祖孙之间的生命是相续相生的，不能确指哪部分是我。另一方面，我在社会中受前代人、当代人的影响，我的一言一行、一举一动还会熏习现社会，影响同代人乃至后代人。这表明，我的存在以及我的思想均与他人、社会不可分割。对于梁启超来说，如果说人的无我状态表明了个人与他人、社会不可分割的话，那么，无我之方便是超越个人的生死、利害和成败之念，从小我走向大我。对此，他论证说："若夫至今岿然不死者，我也，历千百年乃至千百劫而终不死者，我也。何以故？我有群体故。我之家不死，故我不死；我之国不死，故我不死；我之群不死，故我不死；我之世界不死，故我不死；乃至我之大圆性海不死，故我不死。我不死而彼必死者何也？彼之死，非徒生理之公例应然，即道德之责任亦应然也。我有大我，有小我；彼亦有大彼，有小彼。何谓大我？我也群体是也。何谓小我？我之个体是也。何谓大彼？我个体所含物质的全部是也。（即躯壳）何谓小彼？我个体所含物质之各分子是也。（则五脏血轮乃至一身中所含诸质）小彼不死，无以全小我；大彼不死，无以全大我。我体中所含各原质，使其凝滞而不变迁，常住而不蝉脱，则不瞬息而吾无以为生矣。夫彼血轮等之在我身，为组成我身之分子也；我躯壳之在我群，又为组成我群之分子也。血轮等对于我身，而有以死利我之责任；故我躯壳之对于我群，亦有以死利群之责任，其理同也。"①按照梁启超的说法，人的生存依赖群体、社会和国家，群体、社会和国家即是人死而不死的最终寄托和秘密。他写道："故孔子死矣，而世界儒教徒之精神，皆其精神也，释迦死矣，而世界佛教徒之精神，皆其精神也。……死者其体魄，而生者其精神故耳。……其道何由？则惟有借来人之体魄，以载去我之精神而已。"②基于这种认识，他强调，人只有在为群体而死中才能长生，并借此将利己与爱他、爱己与爱国说成是一而二、二而一的关系。于是，梁启超反复断言：

　　利己心与爱他心，一而非二者也。近世哲学家谓人类皆有两种爱己心：一本来之爱己心，二变相之爱己心。变相之爱己心者，即爱他心是也。凡人不能以一身而独立于世界也，于是乎有群；其处于一群之中，而与俦侣共营生存也，势不能独享利益，而不顾俦侣之有害与否，苟或尔，则己之利未见而害先睹矣。故善能利己者，必先利其群，而后

① 《余之死生观》，《梁启超全集》（第三册），北京出版社 1999 年版，第 1373 页。
② 《余之死生观》，《梁启超全集》（第三册），北京出版社 1999 年版，第 1374 页。

己之利亦从而进焉。以一家论,则我之家兴我必蒙其福,我之家替我必受其祸;以一国论,则国之强也,生长于其国者罔不强,国之亡也生长于其国者罔不亡。故真能爱己者,不得不推此心以爱家、爱国,不得不推此心以爱家人、爱国人,于是乎爱他之义生焉。凡所以爱他者,亦为我而已。故苟深明二者之异名同源,固不必侈谈兼爱以为名高,亦不必讳言为我以自欺蔽。但使举利己之实,自然成为爱他之行;充爱他之量,自然能收利己之效。①

不有民,何有国?不有国,何有民?民与国,一而二,二而一者也。②

至此,梁启超通过无我将个体之小我融入群体、国家之中而彰显群体之大我,进而号召个人为群体、国家作出牺牲。为此,他专门对人的本质予以界定,强调社会的观念和未来的观念是人区别于一切动物的本质属性。其中,社会的观念决定了人以社会、群体为价值依托,在个人利益与群体利益不能两全时(二者原本就十有八九相互牴牾)甘愿为群体作出牺牲;未来的观念表明人是希望的存在,为了明天活着,情愿以今天"购买"明天。鉴于"小我之乐,必与大我之乐相缘",梁启超强调,人为社会作出牺牲就是无我之方,也是希望所在。

作为佛教术语,无我具有相对特定的内涵,归纳起来不外乎两层意思:第一,人无我(人空)。人身不外色、受、想、行、识五蕴凑合的假相,没有永恒自在的主体。第二,法无我(法空)。宇宙间的一切事物都由种种因缘和合而成,不断变迁,无永恒的自体。小乘佛教主张人无我,大乘佛教主张两无我(我法两空),无论小乘还是大乘所讲的无我都否定世界上有物质性的实在自体("我"ātman)的存在。由此可见,作为佛教术语的无我之我并非指人类中与你、他或她对应的第一人称我,而是指灵魂或业(梵文 karma 的义译,音译为羯磨)的施报和受报主体。

与佛教视界中的无我迥然相异,谭嗣同、梁启超所讲的无我之我指与其他人或社会相对应的人类个体,我不是万法或众生而专指人类,无我随之而成为人类的生存状态。经过这样的转变,无我侧重的是人类的个体与群体、自己与他人或小我与大我之间的关系。这样一来,无我的视野、内涵和意义都与佛教具有了根本性的变化。在这个前提下,可以看到,无论谭嗣同还是

① 《十种德性相反相成义》,《梁启超全集》(第一册),北京出版社 1999 年版,第 431 页。
② 《爱国论》,《梁启超全集》(第一册),北京出版社 1999 年版,第 272 页。

梁启超都试图冲破人类个性的局限而将小我融入到社会之中,使无我不仅成为人生意义的一部分,而且成为救亡图存的理论武器。在这个意义上,与其说两人宣扬无我是由于崇尚佛教,不如说是利用佛教阐扬自己的人生追求和救亡哲学。

第四节　无我的分野

上述内容显示,谭嗣同、梁启超热衷于无我,对无我的界定和通往无我的途径也具有相同性。然而,这只是问题的一个方面,问题的另一方面是:两人的无我思想基于不同的宇宙本体,沿着不同的致思方向推演而来,具有不容忽视的差异性。

一、仁·心——不同的本体根基

谭嗣同、梁启超都推崇心,对心的理解并不相同。这使两人的无我说拥有了不同的本体根基:谭嗣同所讲的心源于孔子所讲的仁和佛教的识,他的无我说由宇宙本体仁推演而来,围绕着作为仁的慈悲展开,始终侧重宇宙状态;梁启超所讲的心源于佛教和唯意志论,心指情感之心,他的无我说属于心理学。

谭嗣同声称:“仁为天地万物之源,故唯心,故唯识。”①这个说法包含了两层意思:第一,与仁学本体论一脉相承,谭嗣同所讲的心即仁。在这一点上,谭嗣同与康有为的认识别无二致,而与梁启超相去甚远。第二,与对佛教的推崇一脉相承,谭嗣同将仁理解为识,而不像康有为那样将仁诠释为孟子的不忍人之心或儒家的仁者爱人。在这个前提下,谭嗣同声称“仁为天地万物之源”表明,作为宇宙本原的仁就是识、慈悲,佛教所讲的慈悲即仁。对此,他明确地说:“慈悲,吾儒所谓‘仁’也。”②在此基础上,谭嗣同指出,无我是仁、慈悲的题中应有之义,在仁、慈悲中就蕴含着无我。这不仅因为慈悲可以化机心而泯灭人我之分,而且因为仁的特征是不生不灭,不生不灭即表明人生而无我。对此,他进行了详细的论证和解释:“不生不灭乌乎出?曰:出于微生灭。此非佛说菩萨地位之微生灭也,乃以太中自有之微生灭也。不生不灭,至于佛入涅槃,蔑以加矣,然佛固曰不离师子座,现身一切处,一切入一,一入一切,则又时时从兜率天宫下,时时投胎,时时住胎,时时

① 《仁学》,《谭嗣同全集》,中华书局1998年版,第292页。
② 《上欧阳中鹄十》,《谭嗣同全集》,中华书局1998年版,第464页。

出世,时时出家,时时成道,时时降魔,时时转法轮,时时般涅槃。一刹那顷,已有无量佛生灭,已有无量众生生灭,已有无量世界法界生灭。求之过去,生灭无始;求之未来,生灭无终;求之现在,生灭息息,过乎前而未尝或住。是故轮回者,不于生死而始有也,彼特大轮回耳。无时不生死,即无时非轮回。自有一出一处,一行一止,一语一默,一思一寂,一听一视,一饮一食,一梦一醒,一气缕,一血轮,彼去而此来,此连而彼断。去者死,来者又生;连者生,断者又死。何所为而生,何所为而死,乃终无能出于生死轮回之外,可哀矣哉!由念念相续而造之使成也。例乎此,则大轮回亦必念念所造成。佛故说'三界惟心',又说'一切惟心所造'。人之能出大轮回与否,则于其细轮回而知之矣。细轮回不已,则生死终不得息,以太之微生灭亦不得息。庄曰:'藏舟于壑,自谓已固,有大力者夜半负之而走。'吾谓将并壑而负之走也。又曰:'鸿鹄已翔于万仞,而罗者犹视乎薮泽。'吾谓并薮泽亦一已翔者也。又曰:'日夜相代乎前。'吾谓代则无日夜者。又曰:'方生方死,方死方生。'吾谓方则无生死也。王船山曰:'已生之天地,今日是也;未生之天地,今日是也。'吾谓今日者即无今日也。皆自其生灭不息言之也。不息故久,久而不息。则暂者绵之永,短者引之长,涣者统之萃,绝者续之亘,有数者浑之而无数,有迹者沟之而无迹,有间者强之而无间,有等级者通之而无等级。人是故皆为所瞒,而自以为有生矣。孔在川上曰:'逝者如斯夫,不舍昼夜。'昼夜即川之理,川即昼夜之形。前者逝而后者不舍,乍以为前,又以居乎后,卒不能割而断之曰孰前孰后也。逝者往而不舍者复继,乍以为继,适以成乎往,卒不能执而私之曰孰往孰继也。可摄川于涓滴,涓滴所以汇而为川;可缩昼夜于瞬息,瞬息所以衍而为昼夜。亦逝而已矣,亦不舍而已矣。非一非异,非断非常。旋生旋灭,即灭即生。生与灭相授之际,微之又微,至于无可微;密之又密,至于无可密。夫是以融化为一,而成乎不生不灭。成乎不生不灭,而所以成之之微生灭,固不容掩焉矣。"①

有鉴于此,谭嗣同断言,无我是宇宙本体——仁即慈悲之心的表现,他所讲的心是慈悲之心,侧重人与人之间的感化和感通。

梁启超所讲的心包含识的成分,是佛教思想使然;同时侧重心的个体差异性,常称为"吾心"。这使心具有了双重特征:一方面,梁启超的哲学本体是佛教的识、心。这正如他所言:"境者心造也。一切物境皆虚幻,惟心所造之境为真实。"②物境是虚幻的,心、识是真实的,物境是心境的显现。从

① 《仁学》,《谭嗣同全集》,中华书局 1998 年版,第 312—314 页。
② 《自由书·惟心》,《梁启超全集》(第一册),北京出版社 1999 年版,第 361 页。

这个意义上说,梁启超的思想与佛教的万法唯识如出一辙,心即识。另一方面,梁启超重视心的主体性和个体性,甚至为了突出心的主观性而将佛教所有的教义都归结为心理学。为此,他专门作《佛教心理学浅测》,其副标题是《从学理上解释"五蕴皆空"义》。在《佛教心理学浅测》中,梁启超论证了为什么佛法就是"心理学",并在此基础上反复对无我予以辩证:

> 佛家所说的叫做"法"。倘若有人问我法是什么? 我便一点不迟疑答道:"就是心理学"。不信,试看小乘俱舍家说的七十五法,大乘瑜伽家说的百法,除却说明心理现象外,更有何话? 试看所谓五蕴,所谓十二因缘,所谓十二处、十八界,所谓八识,那一门子不是心理学? 又如四圣谛、八正道等种种法门所说修养工夫,也不外根据心理学上正当见解,把意识结习层层剥落。严格的说,现代欧美所谓心理学和佛教所讲心识之相范围广狭既不同,剖析精粗亦迥别,当然不能混为一谈。但就学问大概的分类说,说"心识之相"的学问认为心理学,并无过咎。至于最高的"证",原是超心理学的,那是学问范围以外的事,又当别论了。①
> 佛教为什么如此注重心理学呢? 因为把心理状态研究得真确,便可以证明"无我"的道理。因为一般人所谓我,不过把"意识相续集起的统一状态"认为实体,跟着妄执这实体便是"我"。然而按诸事实,确非如此,状态是变迁无常的东西,如何能认为有体?《唯识颂》说:
> 由假说我法,有种种相转,彼依识所变。
> 意思说是"因为说话方便起见,假立'我'和'法'的名称,于是在这假名里头有种种流转状态之可言。其实在这假名和他所属的状态,不过依凭'识'那样东西变现出来。"简单说,除"识"之外无"我"体,然而"识"也不过一种状态。②

依据梁启超的分析,人生是心理的反映,正如物境是心境的显现一样。这表明,佛教的心理学与无我说是一个问题的两个方面:一方面,我是心理的一种幻相,原本就没有我。另一方面,因为佛法就是心理学,从佛眼看,原本无我。我是心理的幻影,与"境者心造也"相呼应。在梁启超那里,色作为外部存在是空的,是心的显现,受、想、行也是如此。对此,他强调:"这三

① 《佛教心理学浅测》,《梁启超全集》(第七册),北京出版社1999年版,第3898—3899页。
② 《佛教心理学浅测》,《梁启超全集》(第七册),北京出版社1999年版,第3899页。

蕴(指受、想、行三蕴——引者注)是讲心理的分析。"①梁启超将佛教归结为心理学无疑彰显了心的地位。其实,他所讲的心与佛教不无关系,并与谭嗣同一样肯定"三界惟心"。所不同的是,梁启超所讲的心重点不是佛教的阿赖耶识或宇宙精神,而是人的精神或内心世界。正因为如此,他往往将心称为吾心,以彰显心的个体性、主观性。不仅如此,鉴于对吾心的推崇,与谭嗣同心向天堂不同,梁启超指出佛教的天堂就是"吾心",并在这个前提下判定"佛教之信仰乃入世而非厌世"②。

至此可见,因循不同的哲学本体,谭嗣同、梁启超对无我具有不同的理解和界定:谭嗣同所讲的无我是仁的显现,仁是宇宙本原决定了无我是一种宇宙状态;无我的意义集中在瓦解人我之分而恢复宇宙的本真状态,贯彻在认识领域和价值领域则是解脱之方。梁启超的无我说是境由心生的产物,我与物境一样是心的显现。从这个意义上说,他的无我说是"境者心造也"的一部分,侧重本体领域,无我的解脱则是这一本体哲学在人生领域的贯彻和展开。

二、庄子的思想·佛教的五蕴说——不同的理论来源

不同的哲学路径使谭嗣同、梁启超利用不同的思想因素来丰富、诠释自己的无我说。在这方面,谭嗣同选择了庄子,以破除对待、人我与华严宗"一多相容"的圆融无碍相和合;梁启超则在因循佛教五蕴说的同时,融合了佛教的业报轮回说和进化论的遗传说。

正如《仁学》"欲将科学、哲学与宗教冶为一炉"的博杂一样,谭嗣同的无我说杂融了古今中外的各种思想要素,最重要的理论来源除了佛教,便是庄子的思想。对于自己无我说的形成,谭嗣同有过多次回忆或解释,均提到了庄子及《庄子》。例如:"方余之遭仲兄忧,偕从子傅简困顿海上也,昕云水之混茫,夕营魂而九逝,心诵《南华》,用深感乎方生方死、方死方生之言。死者长已矣,生者待死而未遽死。未遽死,岂得谓之无死哉?待焉已耳!是故今日之我虽生,昨日之我死已久矣,至明日而今日之我又死。自一息而百年,往者死,来者生,绝续无间,回环无端,固不必眼无光口无音而后死也。阅一年,则谓之增而不知其减也;易一境,则谓之舒而不知其蹙也。生而有即续之死,人之所以哀逝;死而终无可绝之生,天之所以显仁。衡阳王子曰:'未生之天地,今日是也;已生之天地,今日是也。'又曰:'以为德之已得,功

---

① 《佛教心理学浅测》,《梁启超全集》(第七册),北京出版社1999年版,第3902页。
② 《论佛教与群治之关系》,《梁启超全集》(第二册),北京出版社1999年版,第907页。

之已成,皆逝者也。'夫川上之叹,虽圣人不能据天地之运以为己私。天与人固若是之不相谋也,而岂庄生河汉其言哉? 虽然,若不委穷达素抱,深可惜夫! 惟驰域外之观,极不忘情天下耳。"①在这里,谭嗣同将孔子、庄子和王夫之均列入其无我的思想之中,主旨则是佛教与庄子思想的和合。这一点从他"心诵《南华》"的思想缘起和经典依据中即可见其一斑。不仅如此,在后来的《仁学》中,谭嗣同进一步发挥了无我说,也加大了对庄子思想的诠释力度。

　　谭嗣同之所以极力利用庄子诠释自己的无我说,有两个根本原因:第一,谭嗣同的无我说与庄子一脉相承,甚至可以说,脱胎于庄子。之所以如此,是因为他认为无我是庄子的思想,齐物论、名实论乃至全部庄子思想都是讲无我的。第二,谭嗣同的无我说直接源于庄子《齐物论》篇的"吾丧我",主要内容是在佛教华严宗"一入一切,一切入一"以及"一多相容"中加入了庄子齐生死、齐彼此的相对主义思想因素。这决定了谭嗣同的无我说与庄子强调的道的无限变化在思想旨趣上相通,故而所援引的孔子的"逝者如斯夫,不舍昼夜"、王夫之的"未生之天地,今日是也;已生之天地,今日是也"和"以为德之已得,功之已成,皆逝者也"都突出一个"逝"字,以此彰显变化的主题。谭嗣同的这个做法使人不由想起了庄子的"方生方死,方死方生"以及谭嗣同对这一命题的津津乐道。其实,正如他本人所言,谭嗣同实现了从庄子的"丧我"到"无我"的思想飞跃,将庄子的"方生方死,方死方生"转换为"方则无生死"是谭嗣同无我思想的创建机制以及无我说的内容构成。

　　相映成趣的是,正如谭嗣同讲无我提及了孔子的川上之叹一样,梁启超将"子在川上曰"作为证明无我的根据,对于谭嗣同热衷的从庄子中演义出无我也是梁启超所认同的。在解释《庄子》的《齐物论》篇时,梁启超明确指出:"此篇(即《齐物论》——引者注)从消极方面诠释真我之体相。篇首南郭子綦所谓'吾丧我'即丧其幻我,即前篇所谓'无己',幻我可丧则必有真我明矣。然此真我非感觉所能见,非名相所能形容,全立于知识系统以外。当时墨学别派名家者流如惠施辈亦刻意欲解决此问题,然皆以知识之方式求之,庄子以为大误。故'齐物'之论,谓当离却万有的别相,即能得其共相。全篇主眼,在'天地与我并生,而万物与我为一'二语。此篇所论,颇似佛教之法相宗,检阅名相以破名相也。"②这既肯定了庄子具有无我思想,又

---

① 《石菊影庐笔识·思篇二十》,《谭嗣同全集》,中华书局 1998 年版,第 133—134 页。
② 《老孔墨以后学派概观》,《梁启超全集》(第六册),北京出版社 1999 年版,第 3310 页。

揭示了庄子的无我与佛教密切关系。在《论中国学术思想变迁之大势》中,梁启超将先秦学派划分为孔子、墨子代表的北派与老庄代表的南派,在比较两派的精神时指出"北派言排外。南派言无我"①。此处所讲的"南派",显然指庄子。这些是梁启超与谭嗣同的相同之处,也证明了他不否认庄子的思想与无我密切相关。

值得注意的是,与谭嗣同将无我的阐发归功于庄子有别,梁启超无我思想的主要构成并非庄子的思想。事实上,梁启超一再强调无我是佛教教义,佛教的五蕴说甚至全部佛教经典都是讲无我的。接下来的问题是,既然无我是佛教的宗旨,便应该在佛教理论内部以佛教为主体对之予以阐发。这使五蕴说成为梁启超无我思想的理论前提和主要论据,也暗示了他的无我思想以佛教为主体内容。于是,他再三申明:

> 佛家以为这五种(指色、受、想、行、识五蕴——引者注)都是心理过程,一样无常不实,所以用平等观建设五蕴皆空的理论。我们要证明五蕴皆空说是否合于真理,非先将五蕴的内容性质分析研究不可。内中受、想、行三蕴,就常识的判断,人人都共知,为心理过程,没有多大问题。独有那客观存在的色蕴和主观所依的识蕴,一般人的常识都认为独立存在,何以佛家也把他和那三蕴平列,一律说是无常说是空。明白这道理,可以知道佛法的特色了。②

> 可见离却主观的经验,那客观是什么东西,我们便不能想象。严密勘下去,也可以说色蕴是受、想、行、识种种经历现出来。比如我们说屋外那棵是柳树,怎么知道有柳树呢?那认识活动过程第一步先感觉眼前有一棵高大青绿的东西,便是受;其次联想起我过去所知道的如何如何便是树,如何如何便是柳树,把这些影像都再现出来,便是想;其次将这些影像和眼前所见这样东西比较看对不对,便是行;最后了然认得他是柳树,便是识。凡我们认为外界的"色",非经过这种种程序后不能成立,所以"色"是我们心理的表象。③

> 佛说五蕴,不外破除我相,因为常人都妄执五蕴为我。……色、受、想、行、识,本是心理活动过程,由粗入细的五种记号,常人不察,往往误认他全部或一部是我。最幼稚的思想,以为躯壳中住有个灵魂,如《韦

---

① 《论中国学术思想变迁之大势》,《梁启超全集》(第二册),北京出版社 1999 年版,第571 页。

② 《佛教心理学浅测》,《梁启超全集》(第七册),北京出版社 1999 年版,第3900 页。

③ 《佛教心理学浅测》,《梁启超全集》(第七册),北京出版社 1999 年版,第3902 页。

陀》所说："身中神如净珠中缕"。数论派所谓"神我"正指这种境界。中国方士讲的什么"元神出窍"，基督教讲的什么"圣灵复活"都属此类。其实他们的"身中神"，就佛法看来，不过"法处所摄之无表色"，不过五蕴中之一种事实，认这种色相为我，可笑可怜已极。进一步的，稍为用些内省工夫认心理过程中之"受、想、行"为我，最高的认"识"为我，所谓"我思故我存"一类见解，内中尤以认"识"为我者最多，如前所引《杂集论》所说："世间有情多于识蕴计执为我，余蕴计执我所。"就佛法看来，他们指为观察对象之"第一我。"（阿赖耶识）与他们认作能观察的主体之"第二我"（末那识）不过时间上差别之同质的精神作用，一经彻底研究，则知一切自我活动，皆"唯识所变"而已。①

梁启超侧重从佛教经典中发掘无我思想，主要选中了五蕴说和业报轮回说。在他那里，如果说五蕴说侧重破除我见，标识无我之真相的话，那么，业报轮回说则通过小我与大我的沟通侧重无我之方。因此，对于业报轮回说，梁启超进行了新的诠释，其基本思路和具体做法是将业分为"共业"与"别业"，通过"共业"证明了不能确指哪部分是我而无我（无个体之小我），同时彰显了大我（群体、社会之我）的地位和价值。

饶有兴趣的是，梁启超一再利用进化论来诠释无我，突出变化的进化论在他的视界中不是彰显人生的变化无常而推出无我，而是彰显个体之小我与群体之大我的相互和合、熏染而走向无我。可以看到，梁启超所讲的遗传或进化论是作为佛教的一部分存在的，无论祖孙、父子之间的生理遗传还是个人与社会之间的"精神遗传"都是业报轮回中"共业"的一个注脚。正是在这个意义上，他反复指出：

> 进化论家之说遗传也，谓一切众生，当其生命存立之间，所受境遇，乃至所进行为习性，悉皆遗传于其子孙。今日众生，其类种种，其族种种，各族类中，各各有其特形特性，千差万别，皼然不齐？所以者何？即其族类自无始来以迄今日生存竞争之总结果，质而言之，是即既往无量岁月种种境遇种种行为累积结集全量所构也。夫所谓遗传者，固非徒在无形之性格，即有形之肢体，其种种畸异之矣，亦皆汇传焉而有递变。②

---

① 《佛教心理学浅测》，《梁启超全集》（第七册），北京出版社1999年版，第3906页。
② 《余之死生观》，《梁启超全集》（第三册），北京出版社1999年版，第1370页。

　　我祖我父之业力我既受之,而我自受胎而出胎,而童弱,而壮强,而耄老,数十年间其所受现世社会之种种熏习者,我祖父未尝受也,我兼秉二者,于是乎我复有我之一特性。我数十年间,日日自举其特性而发挥之,以造出或善、或恶、或有意识、或无意识之种种事业,还复以熏习现社会。及吾之死也,则举吾所受诸吾祖父者。一吾所受诸现社会者,二及吾所自具之特性,三和合之以传诸我子。我子之所以传诸其子,我孙之所以传诸其孙者,亦复如是,乃至前世、现世、来世之人,所以传诸其子孙者,亦复如是,此所以虽不灭而有变也。①

　　凭借进化论,梁启超所讲的无我不是侧重变动不居的历时性,而且着眼于个人与他人、群体和社会之间"精神遗传"、相互熏染的共时性。这就是说,在以进化论论证无我的过程中,梁启超通过遗传强化个人与他人、家庭、群体和社会之间的相互联系,进而在对国家、群体的彰显中隐没了个人即小我。对此,他写道:"今夫众生之大蔽,莫甚乎有我之见存,有我之见存,则因私利而生计较,因计较而生挂碍,因挂碍而生恐怖。驯至一事不敢办,一言不敢发,充其极也,乃至见孺子入井而不怵惕,闻邻榻呻吟而不动心,视同胞国民之糜烂而不加怜,任同体众生之痛痒而不知觉。于是乎大不仁之事起焉。故孔子绝四,终以无我,佛说曰:无我相。今夫世界乃至恒河沙数之星界,如此其广大,我之一身,如此其藐小,自地球初有人类,初有生物,乃至前此无量劫,后此无量劫,如此其长,我之一身。数十寒暑,如此其短,世界物质,如此其复杂,我之一身,分合七十三原质中之各质组织而成,如此其虚幻。然则我之一身,何可私之有? 何可爱之有? 既无可私,既无可爱,则毋宁舍其身以为众生之牺牲,以行吾心之所安。"②

三、任侠救世·精神自由——不同的价值旨趣

　　谭嗣同以普度众生为己任,具有任侠风范,故而对墨子大加赞赏。与此相联系,在论证无我说时,他抒发了勇猛无畏、任侠救世的精神内涵和追求目标。这使谭嗣同所讲的无我注重不生不灭:不生与不贪生相联系,是舍生取义、杀身成仁的哲学依据;不灭与推崇灵魂相联系,并且走向慈悲。按照他的说法,好生恶死是偏执于有我的表现,正如对人我妄生分别是由于不明白因果轮回报应一样;同样的道理,通达了因果轮回之理,便可"忘人我"。

---

　　① 《余之死生观》,《梁启超全集》(第三册),北京出版社 1999 年版,第 1370—1371 页。
　　② 《〈仁学〉序》,《梁启超全集》(第一册),北京出版社 1999 年版,第 170 页。

正是在这个意义上，谭嗣同反复论证说：

> 好生而恶死也，可谓大惑不解者矣！盖于"不生不灭"瞢焉。瞢而惑，故明知是义，特不胜其死亡之惧，缩朒而不敢为，方更于人祸所不及，益以纵肆于恶，而顾景汲汲，而四方矗矗，惟取自快慰焉已尔，天下岂复有可治也！今夫目力所得而谛观审视者，不出寻丈，顾谓此寻丈遂足以极天下之所至，无复能有余，而一切因以自画，则鲜不谓之大愚。何独于其生也，乃谓止此卒卒数十年而已，于是心光之所注射，虽万变百迁，终不出乎饮食男女货利名位之外？则彼苍之生人，徒以供玩弄，而旋即毁之矣乎？呜呼，悲矣！孔曰："未知生，焉知死。"欲明乎死，试与论生。生何自？而生能记忆前生者，往往有之。借曰生无自也，则无往而不生矣。知不生，亦当知不灭。匪直其精灵然也，即体魄之至粗，为筋骨血肉之属，兼化学之医学家则知凡得铁若干，余金类若干，木类若干，燐若干，炭若干，小粉若干，糖若干，盐若干，油若干，水若干，余杂质若干，气质若干，皆用天地固有之质点粘合而成人。及其既敝而散，仍各还其质点之故，复他有所粘合而成新人新物。生固非生，灭亦非灭。又况体魄中之精灵，固无从睹其生灭者乎。庄曰："善吾生者，乃所以善吾死也。"①

> 或曰："来生不复记忆今生，犹今生之不知前生。虽有来生，竟是别为一人，善报恶报，与今生之我何与？"则告之曰：达此又可与忘人我矣。今生来生本为一我，而以为别一人，以其不相如也。则我于世之人，皆不相知，皆以为别一人，即安知皆非我耶？况佛说无始劫之事，耶曰"末日审判"，又未必终无记忆而知之日也。若夫道力不足任世之险阻，为一时愤怒所激，妄欲早自引决，孱弱诡避，转若恶生好死者，岂不以死则可以幸免矣。不知业力所缠，愈死且愈生，强脱此生之苦，而彼生忽然有加甚焉，虽百死复何济？……此修身俟命之学所以不可不讲，而轮回因果报应诸说所以穷古今无可诎焉。②

对于谭嗣同的这套思想，梁启超评价说，"此'应用佛学'之言也"，并且极力赞扬乃至不无煽情地说："浏阳一生得力在此，吾辈所以崇拜浏阳步趋

---

① 《仁学》，《谭嗣同全集》，中华书局 1998 年版，第 308—309 页。
② 《仁学》，《谭嗣同全集》，中华书局 1998 年版，第 309—310 页。

浏阳者亦当在此。"①其实,正如强调佛教入世而非厌世一样,梁启超的佛教也是"应用佛学"。梁启超之所以如此界定、称谓谭嗣同的佛教,有两点值得注意:第一,表明了梁启超与谭嗣同佛教的不同。第二,谭嗣同特别强调舍身救世的精神,这是梁启超的无我说很少涉及的。可以看到,谭嗣同时刻准备着杀身成仁,并且在写给老师的信中说:"今日中国能闹到新旧两党流血遍地,方有复兴之望。不然,则真亡种矣。……平日互相劝勉者,全在'杀身灭族'四字,岂临小小利害而变其初心乎?耶稣以一匹夫而撄当世之文网,其弟子十二人皆横被诛戮,至今传教者犹以遭杀为荣,此其魄力所以横绝于五大洲,而其学且历二千年而弥盛也。呜呼!人之度量相越岂不远哉!……佛语波旬曰:'今日但观谁勇猛耳。'"②在他那里,无我强调佛与众生平等,度己与度人同步,这使舍己救世成为无我的一部分。谭嗣同无我思想的这一特点有目共睹,并且在梁启超对谭嗣同的介绍中淋漓尽致地反映出来:

　　当君之与余初相见也,极推崇耶氏兼爱之教,而不知有佛,不知有孔子;既而闻南海先生所发明《易》《春秋》之义,穷大同太平之条理,体乾元统天之精意,则大服;又闻《华严》性海之说,而悟世界无量,现身无量,无人无我,无去无住,无垢无净,舍救人外,更无他事之理;闻相宗识浪之说,而悟众生根器无量,故说法无量,种种差别,与圆性无碍之理,则益大服。自是豁然贯通,能汇万法为一,能衍一法为万,无所挂碍,而任事之勇猛亦益加。③

　　岂知大乘之法,悲智双修,与孔子必仁且智之义,如两爪之相印。惟智也,知即世间即出世间,无所谓净土;即人即我,无所谓众生。世界之外无净土,众生之外无我,故惟有舍身以救众生。佛说:"我不入地狱,谁入地狱?"孔子曰:"吾非斯人之徒与,而谁与?""天下有道,丘不与易。"故即智即仁焉。既思救众生矣,则必有救之之条理。故孔子治《春秋》,为大同小康之制,千条万绪,皆为世界也,为众生也,舍此一大事,无他事也。《华严》之菩萨行也,所谓誓不成佛也。《春秋》三世之义,救过去之众生与救现在之众生,救现在之众生与救将来之众生,其法异而不异;救此土之众生与救彼土之众生,其法异而不异;救全世界

---

① 《论佛教与群治之关系》,《梁启超全集》(第二册),北京出版社1999年版,第908页。
② 《上欧阳中鹄二十一》,《谭嗣同全集》,中华书局1998年版,第474页。
③ 《谭嗣同传》,《梁启超全集》(第一册),北京出版社1999年版,第233页。

之众生与救一国之众生，救一人之众生，其法异而不异：此相宗之唯识也。因众生根器，各各不同，故说法不同，而实法无不同也。既无净土矣，既无我矣，则无所希恋，无所挂碍，无所恐怖。夫净土与我且不爱矣，复何有利害毁誉称讥苦乐之可以动其心乎？故孔子言不忧不惑不惧，佛言大无畏，盖即仁即智即勇焉。通乎此者，则游行自在，可以出生，可以入死，可以仁，可以救众生。①

依据梁启超的介绍，以"《华严》性海之说"和"相宗识浪之说"为依托，谭嗣同以华严宗的菩萨行救世。应该说，梁启超的这个评价还是符合谭嗣同佛教思想的旨趣的。进而言之，谭嗣同的勇猛无畏凭借任侠救世的慈悲情怀，基于灵魂不死的信念。有鉴于此，他轻视躯体、向往灵魂，坚信灵魂可以轮回不死。

与谭嗣同相似，梁启超也讲人死而有不死者存。对于这个不死之物，梁启超不是称为灵魂而是称为精神。对此，他强调："夫佛说主解脱，将厌离此世间而灭度之，故其教义在不造诸业，进化论主争存，将缘饰此世间而庄严之，故其教义在善造诸业，其结论之相反亦甚矣。若其说一切众生皆死而有不死者存，则其揆若一，而丝毫无所容其疑难。佛说之羯磨，进化论之遗传性，吾皆欲名之曰精神。"②沿着人的肉体皆死而精神不死的思路，梁启超系统地阐发了自己的无我思想。他所推崇的人类代代相传的精神不是个人的灵魂，而是佛教的业报轮回主体——羯磨。羯磨是全体人类的共同体，羯磨的存在表明只有羯磨是"真如"，如果沾恋小我，便得不到解脱，因为个体的存在是刹那生灭的。这就是说，小我的本相是无，从小我的维度上说，人无我。对此，梁启超一再强调：

佛教之反对印度旧教言灵魂者何也？旧教言轮回，言解脱，佛教亦言轮回，言解脱，独轮回解脱之主体旧教惟属诸么匿，佛则么匿与拓都并言之，而所重全在其拓都，此其最异之点也。故此主体者，佛教不名之曰灵魂，而名之曰羯磨。旧教言灵魂，虽各各不同，然皆言有一"神我"，我为所轮回体，神我为能轮回体。佛教以为若此沾滞于小我，是求解脱而反系缚也，故排之而立羯磨义。……佛说以为一切众生自无始来，有"真如"、"无明"之二种性，在于识藏。而此无明，相熏相习，其

①　《谭嗣同传》，《梁启超全集》（第一册），北京出版社1999年版，第233—234页。
②　《余之死生观》，《梁启超全集》（第三册），北京出版社1999年版，第1371页。

业力总体演为器世间,是即世界也;其个体演为有情世间,即人类及其他六道众生也。①

　　佛说一切万象悉皆无常,刹那生灭,去而不留,独于其中有一物焉,因果连续一能生他,他复生一前波后波,相续不断,而此一物,名曰羯磨。(佛说经汗牛充栋,语其指归,不外发明此义。……羯磨为物,殆如然电灯者,电虽消去,而其遗渍,缘表筒中,铢黍不爽。(今各国然电灯煤气灯者,灯局皆置表于然者之室,每月视其表而量其所然之多寡,因以取价。)又如人食物品,品中土性盐质,除秽泄外,而其余精,遍灌血管。(以上设譬粗而不类,特举浅近以示证耳。)于是乎有因果之律,谓凡造一业,必食其报,无所逃避。(法句一二七偈云:汝虽复至大洋中央,乃至深山洞窟之下,举此世间终无能逃汝所造业结果之处。)人之肉身所含原质,一死之后,还归四大,固无论已,(四大者谓地、水、火、风也。中国言五行,而印度言四行。圆觉经言:死后骨肉归土,血、唾归水,动力归火,气息归风,今此肉身更在何处。)就其生前,亦既刻刻变易,如川逝水,今日之我已非故吾,方见为新,交臂已故。(首楞严经云:若复令我微细思维其变宁惟一纪二纪?实为年变,岂惟年变,亦兼月化,何直月化?兼亦日迁,沉思谛观,刹那刹那,念念之间不得停住。)此其为说,证诸今日科学所言,血轮肌体循环代谢之理,既已确然无所容驳。②

　　这就是说,轮回的主体是羯磨,兼顾个体与群体而以群体为主,灵魂则指个人的精神。这决定了梁启超所讲的业报轮回包括"别业"和"共业"两个部分,并且以"共业"为主;谭嗣同则只侧重个人前世、现世与来世之间的因果报应。这种差异使两人所讲的无我具有不同的侧重。大致说来,梁启超对我之无的肯定更彻底——既曰无我,"我的所有物"便均当没有。正是在这个意义上,他声称:"想明白佛教无我论的真谛,最好还是拿电影作譬。电影里一个人的动作,用无数照片凑成,拆开一张一张的片,只有极微的差异,完全是呆板一块纸,因为电力转得快,前片后片衔接不停的动,那动相映到看客的眼里,便俨然成了整个人整个马的动作。'恒转如瀑流'的人生活动,背后俨然像有个人格存在,就是这种道理。换句话说,一般人所指为人格为自我者,不过我们错觉所构成,并没有本体,佛家名之为补特伽罗

　　① 《余之死生观》,《梁启超全集》(第三册),北京出版社1999年版,第1369页。
　　② 《余之死生观》,《梁启超全集》(第三册),北京出版社1999年版,第1369—1370页。

Pudgala 译言'假我',不是真我。要而言之,佛以为在这种变坏无常的世间法中,绝对不能发见出有真我。既已无我,当然更没有我的所有物,所以佛教极重要一句格言曰'无我无所'。"①不仅如此,为了让人彻底放弃对我的追逐而达到无我,梁启超利用佛教四谛说中的苦谛将人生的本质诠释为烦恼和苦。于是,他说道:"在无我的人生底下,一切自己作不得主,全随着业力驱引,虽说是用自己意志开拓自己命运,然自己意志,先已自为过去业力所支配,业业相引,现前的行动又替将来作茧自缚,尘尘劫劫,在磨盘里旋转不能自拔,你说苦恼不苦恼? 所以佛对于人生事实的判断,说'诸行无常,诸法无我。'对于人生价值的判断,说'一切苦'。"②

梁启超之所以对人生作如是观,不是认定人生没有任何意义或价值,而是让人在认定无我的前提下无所、无执,彻底进入自由状态。按照他的逻辑,人只有认识到无我(躯壳必死),才能摆脱贪生怕死之念,找到不死之方。有鉴于此,他不止一次地宣称:

> 颉德曰:死也者,人类进化之一原素也。可谓名言。抑死(以下之死字皆指恒言所谓死)之责任,非犹夫寻常之责任也,他责任容或可逃,惟此一责任,则断无可逃。常情莫不贪生而避死,然生终未闻以贪而能常,死终未闻以避而能免,夫亦尽人而知之矣。明知其不能常不能免,而犹贪焉避焉者,则人类志力薄弱之表征也,要之于"死后而有不死者存"之一义见之未莹也。吾之汲汲言此义也,非欲劝人祈速死以为责任也。盖惟惜于死而不死之理,故以为吾之事业之幸福限于此渺小之七尺,与区区之数十寒暑而已,此外更无有也,坐是之故,而社会的观念与将来的观念两不发达。③

> 我之躯壳,共知必死,且岁月日时,刹那刹那。夫既已死,而我乃从而宝贵之,馨吾心力以为彼谋,愚之愚也。譬之馨吾财产之总额以庄严轮奂一宿之逆旅,愚之愚也。我所庄严者,当在吾本家。逆旅者何? 躯壳是已。本家者何? 精神是已。吾精神何在? 其一在么匦体,将来经无量劫缘以为轮回,乃至入无余涅槃皆此物焉,苟有可以为彼之利益者,虽糜其躯壳,不敢辞也。其一在拓都体,此群焉,此国焉,此世界焉,

① 《佛陀时代及原始佛教教理纲要》,《梁启超全集》(第七册),北京出版社 1999 年版,第 3750 页。
② 《佛陀时代及原始佛教教理纲要》,《梁启超全集》(第七册),北京出版社 1999 年版,第 3750 页。
③ 《余之死生观》,《梁启超全集》(第三册),北京出版社 1999 年版,第 1373—1074 页。

我遗传性所长与以为缘而靡尽者也,苟有可以为彼之利益者,虽糜其躯壳,不敢辞也。①

在此基础上,梁启超着意对物质之我与非物质之我进行区分,强调前者属于躯体,因缘而生,是假我——充其量只是暂时之住所;后者属于精神之我,是真我——这才是人的本家。对此,他一再解释说:

吾辈躯壳之生命,恃日光空气乃至各动植物以为养,而空气及动植物其源皆自日光,故谓地球上只有一物,名曰日光,日光以外,更无他物可也。而日光之形,息息变动,息息循环,今日于彼,明日于此,方为动物,旋变植物,方为植物,旋变土石,方为土石,旋变空气。以此推之,岂徒即煤、即松、即蒸汽而已。虽谓即松即牛,即牛即犬,即犬即石,即石即梅,即梅即气可也。故我之一身谓之我之身也可,谓之并时某甲某乙之身也可,谓之过去或将来某甲某乙之身,例如谓之释迦之身,孔子之身,基督之身,尧之身,桀之身,华盛顿拿破仑之身也可。不宁惟是,谓之松也可,煤也可,蒸汽也可,牛也可,犬也可,石也可,空气也可,日光也可。何以故,息息变迁故。变迁而未尝灭故。此赫胥黎"言语即牛肉"之喻所由来也。虽然,此物质界之公例耳。若以应用诸精神界,则大不可。质而言之,则形而上的与形而下的截然不同物,未可揉杂以自乱其例也。夫使此例而可以适用于精神界也,则精神虽云不灭,而其所谓不灭者,不过如煤之然尽而复散为气,松之老朽而更转为煤,纯然为自然力之所支遣,如一机器。然则人类者,百岁汲汲为无意识之循环,块然与土石奚择哉!而其实相实不尔尔。凡人类皆有客观之我,有主观之我,质而言之,则主观者,真我也。客观者,物也,原质也,而非我也。非我之我,虽不灭而当迁,真我之我,则不灭而并不迁者也。真我之我于何见? 于其自觉自决自动者见之。自觉自决自动之情志常住者也,故吾人一生数十寒暑,其客观的非我之我,刹那刹那变迁以去,至七八十岁时,身上所含之原质,迥非复童稚时之遗物矣,而其间能常保持一物焉,曰"同一之我"。此"我"者,其知识与经验日以进,其希望与爱情日以富,八十老翁围炉与其子孙谈幼时之经历,了然无异,此即其最显著者也。此物也无以名之,名之曰灵魂。若夫非我之我,则灵魂暂

---

① 《余之死生观》,《梁启超全集》(第三册),北京出版社1999年版,第1375页。

憩之逆旅而已。逆旅虽易,而主人未尝易。①

综诸尊诸哲之异说,不外将生命分为两界,一曰物质界,二曰非物质界。物质界属于么匿体,个人自私之,(么匿体又非徒有物质界而已,亦有属于非物质界者存。)非物质界属于拓都体,人人公有之。而拓都体复有大小焉。大拓都通于无量数大千世界,小拓都则家家而有之,族族而有之,国国而有之,社会社会而有之。拓都不死,故吾人之生命,其隶属于最大拓都者固不死,即隶属于次大又次大乃至最小之拓都者皆不死。今请以佛说之名词释之。佛之言羯磨也,个人有个人之羯磨,何以能集数人至十数人以为家? 则以有其家特别同一之羯磨,乃至何以能集千万人以为族? 集亿兆人以为国? 集京垓人以为世界? 则以有其族、其国、其世界特别同一之羯磨。个人之羯磨,则个人食其报;一家之羯磨,则全家食其报;一族一国乃至一世界之羯磨,则全族、全国、全世界食其报。②

透过上述内容可以发现,梁启超讲无我是让人重视精神之真我而抛弃物质之假我,因为物质之我是属于个体的,日日死、息息死,原本为无。这用他本人的话说便是:"夫使以个体为我也,则岂必死之时而乃为死? 诚有如波斯匿王所言,岁月日时,刹那刹那,全非故我。以今日生理学之大明,知我血轮运输,瞬息不停,一来复间,身中所含原质全易,如执为我也,庸讵知今日之我,七日以后,则已变为松、为煤、为牛、为犬、为石、为气也。是故当知彼,彼也,而非我,杨朱所谓十年亦死百年亦死,仁圣亦死凶愚亦死者,彼也,而非我也。抑彼之死,又岂俟十年百年? 岁岁死,月月死,日日死,刻刻死,息息死。"③在否认个体之我的同时,梁启超通过精神的遗传、熏染强调个人与群体不可分离,并在羯磨的群体业报中呼吁人们走向群体,融入大我。正是在这个意义上,他反复声称:

一家之善业恶业,余庆殃于其家,一群之善业恶业,余庆殃于其群,理无二也。故我族数千年来相传之家族报应说,非直不能以今世之科学破之,乃正得今世之科学而其壁垒愈坚也。问者曰:孔教言报之身后,佛教言报之后身,宁得云无异? 应之曰:不然。佛固言有么匿之羯

①　《余之死生观》,《梁启超全集》(第三册),北京出版社1999年版,第1371页。
②　《余之死生观》,《梁启超全集》(第三册),北京出版社1999年版,第1372页。
③　《余之死生观》,《梁启超全集》(第三册),北京出版社1999年版,第1373页。

磨,有拓都之羯磨,则受报者必不仅死后轮回之么匿体明矣,然则佛之不废家族报应说,与家族报应说之不戾于真理,其可以类推也。故谓孔不如佛之备也可,谓孔佛殊别也不可。问者曰:既报之身后,又报之后身,毋乃重乎? 应之曰:诇诸遗传之说,则吾之本体固有传焉者,有不传焉者。其传焉者,则报之于其拓都,(拓都与么匿并报,盖虽传去而我身固尚有此业存也。)其不传者,则报之于其么匿,报诸么匿之义,此则孔教与进化学家所不言,而佛说逾密者也。若夫名誉之说,其理亦同一源。夫一群羯磨,(即遗传性)之总体,亦集其群中个人羯磨之别体而成耳,合无量数人同印此羯磨于其群中,而其间业力较大者则其印象必较显,此即所谓名誉也。显著之印象以视寻常普通之印象,其影响于总体之变化者,能力必倍蓰焉,故名誉能铸社会。一圣贤一豪杰出,而千百年后犹受其感化,而社会之幸福赖之,由斯道也。①

　　于中国言孔子,则孔子死;于日本言孔子则孔子生。于印度言释迦则释迦死;于日本言释迦,则释迦生。死者其体魄,而生者其精神故耳。由此推之,今世界之言共和者,无一而非华盛顿;言武功者,无一而非拿破仑;言天赋人权者,无一而非卢梭;言人群进化者,无一而非达尔文。盖自世有孔子、释迦、华盛顿、拿破仑、卢梭、达尔文诸杰以来,由古及今,其精神所递禅所传播者,已不知有几万亿兆之孔子、释迦、华盛顿、拿破仑、卢梭、达尔文矣,而遂以成今日灿烂瑰奇之世界。其余圣贤豪杰之士,皆无不如此者。②

　　可见,梁启超否认的是个体的肉体之我,并没有否认精神之我的存在。恰好相反,他强调,精神之我可以通过与他人、社会的熏染而超越个人的躯体得以永存。这是梁启超坚信人死而有不死者存的秘密,也表明了他所讲的无我专指个人之肉体之我为无。

　　谭嗣同、梁启超的无我说并非个人的解脱之方,实为救亡图存之路。在这方面,谭嗣同、梁启超的无我说如此,两人的全部佛学思想都是这样;谭嗣同、梁启超的思想如此,其他近代思想家的佛学思想也不例外。因为这是近代思想家崇尚佛教的根本原因之一。可以作为佐证的是,杨度(1875—1931)宣布自己开创了佛教的新宗派——无我宗,并在写于 1928 年 8 月的《新佛教论答梅光羲君》一文中说:"此无我法门,又成为性相合一,教宗合

① 《余之死生观》,《梁启超全集》(第三册),北京出版社 1999 年版,第 1373 页。
② 《余之死生观》,《梁启超全集》(第三册),北京出版社 1999 年版,第 1374 页。

一之法门。所有从前佛教一切难决问题,今皆一时解决,实于佛学界开一新纪元。"杨度还说:"此无我宗所立教义,一切合于论理科学,所有迷信神秘之说,如灵魂轮回等义,以及违反生理之诸戒律,概与扫除,若与旧义相比,直为佛教革命。昔者德人路德革新耶教,分为旧教、新教,以此为例,则予所论,即为佛教革新,应即命曰新佛教论。"对于谭嗣同和梁启超来说,无我说共同呈现出一种有别于古代哲学的人生旨趣和价值理念。

至此,谭嗣同、梁启超从无我中推出了不同的价值理念和人生诉求,具体在对待自由、平等的态度上便是:谭嗣同侧重平等,梁启超向往自由。谭嗣同认为,宇宙本体仁的基本内涵是通而平等,有我导致分别,无我通向平等。佛教的无我说与庄子的思想一样是破除对待的,故而被谭嗣同一起拿来为平等辩护。谭嗣同所讲的无我是不要妄生分别,因为世界原本是人我一体的"通天地万物人我为一身"的平等状态,无我就是在"视人之身若视其身"的前提下,发挥慈悲之心舍身救世。梁启超指出,佛教是人类文化的最高产品,因为它指明了人通往心灵自由的解脱之路,人通过无我的解脱可以不作外物的奴隶。佛教破除我爱、我慢、我执和我所,可以使人摆脱精神上的种种桎梏而臻于自由。在他看来,自由主要是精神上的独立,人若无我,不贪恋外物即是自由。梁启超所讲的无我则是将自己融入社会之中,在与社会联为一体,以人类之体载我之灵魂中岿然不死——躯体死亡而精神常存。由此看来,无我使谭嗣同成为舍身取义的烈士,却使梁启超成为鼓动群体意识、公德观念和爱国主义的宣传家。

上述内容显示,谭嗣同、梁启超的无我说具有不同的哲学根基、理论来源和致思方向,呈现出明显的差异。这些差异是两人思想独特性的表现,应该予以重视。同时还应看到,谭嗣同、梁启超无我说的差异背后隐藏着相同的理论初衷,两人的无我说乃至全部佛学思想均非个人的解脱之方。谭嗣同、梁启超的无我思想之间异同互见,立言宗旨却别无二致。与此相联系,两人都对佛学予以改造,通过无我宣扬平等和自由思想。总之,无论以无我论证平等还是自由,谭嗣同、梁启超的无我说都是围绕着救亡图存展开的,无我则不啻为通往平等、自由的不二法门。

第十章　谭嗣同、严复不可知论比较

在戊戌启蒙四大家中，谭嗣同与严复的交往、关涉最少。第一，就谭嗣同方面来看，谭嗣同与康有为、梁启超关系密切，不仅与康有为、梁启超往来论学，而且一起策划、组织戊戌变法。相比较而言，谭嗣同与严复并无交往，只在信中提及过严复的《原强》一文。严复的《辟韩》一文于1895年3月发表在天津《直报》上，1897年3月上海《时务报》转载。谭嗣同读到了《时务报》上转载的《辟韩》，大为赞叹，疑为严复所作，并在信中向友人求证说："《时务报》二十三册《辟韩》一首，好极好极！究系何人所受作？自署观我生室主人，意者其为严又陵乎？望示悉。"①第二，就严复方面来看，与戊戌启蒙四大家交往、切磋最多者当属梁启超，两人通信切磋过学术问题。梁启超曾不止一次地在论著中肯定严复的学术贡献和地位，并且多次向严复请教学问，讨要译作。戊戌变法失败后，严复多次对领导变法维新的康有为、梁启超大肆攻击和谩骂，却很少提及为戊戌维新流尽最后一滴血的谭嗣同。第三，就谭嗣同与严复的思想来看，一以中学为主，一以西学为主，似乎各自都在自说自话。问题恰恰在于，作为戊戌启蒙四大家，两人拥有共同关注的话题。这除了表现为在对三纲的批判中矛头指向"君为臣纲"、侧重民主启蒙之外，还表现在认识论上不约而同地走向了不可知论，使不可知论成为中国近代认识论的主要归宿。谭嗣同、严复是从不同角度审视人的认识问题的，走向不可知论的途径殊绝，对可知与不可知的界域和内涵的界定也迥异其趣。有鉴于此，深入剖析、比较谭嗣同、严复的不可知论，不仅有助于正确理解两人的整体思想，而且有助于把握中国近代哲学的独特意蕴和时代风尚。

第一节　相对主义与感觉主义

谭嗣同与严复虽然都秉持不可知论，但是，两人在不可知论上的会合却可谓殊途同归。这种不同的致思方向和逻辑路径主要表现在：谭嗣同秉持相对主义，严复恪守感觉主义。

---

① 《与汪康年书六》，《谭嗣同全集》，中华书局1998年版，第499页。

一、谭嗣同：相对主义

谭嗣同是由执著于事物及其存在的不确定性而走向不可知论的，他的不可知论与相对主义如影随形。在哲学上，谭嗣同是一位相对主义者，把世间的一切都看成是相对的。沿着事物都是相对的，事物的属性以及时间、空间均无确定性的思路，谭嗣同宣布它们不可认识。

首先，谭嗣同否认时间的稳定性，认为时间是相对而言的，人们并不能对时间予以确指。对此，他举例子解释说，"今日"是和"过去"、"未来"相比较而存在的，因而没有确定性；当我们说"今日"时，"今日"已经逝去而成为"过去"了。同样，"未来"中有"今日"，而我们还要称之为"未来"；"过去"中也有"今日"，而我们还要称之为"过去"。可见，"过去"、"现在"和"未来"之间没有确定界限；由于它们没有确定的质的规定性，因而是分辨不清的。其实，不仅"过去"、"现在"和"未来"没有确定的质，时、刻、分、秒也莫不如此，要想确指是不可能的。基于这种分析，谭嗣同得出结论："日析为时，时析为刻，刻析为分，分析为秒忽，秒忽随生而随灭，确指某秒某忽为今日，某秒某忽为今日之秒忽，不能也。"①

在此基础上，谭嗣同进而指出，由于没有固定的质的规定性，时间便没有相对的稳定性，也就没有绝对的长短和久暂。于是，他接着写道："一夕而已，而梦中所阅历者，或数日，或数月，或数年，或数十年。夫一夕而已，何以能容此？此而能容，当不复醒矣。及其既醒，而数日、数月、数年、数十年者，即又何往？庸讵知千万年前之今日，非今日之今日？庸讵知千万年后之今日，非今日之今日？佛故名之曰：'三世一时'。"②

其次，在否定时间确定性的同时，谭嗣同否定空间的相对稳定性。在他看来，事物都是变动不居的，刚刚在后的事物倏然赶到了前面。可见，前后是相对的、暂时的。人们根本无法判断究竟哪是前、哪是后，空间是相对的。由此，谭嗣同得出结论："前者逝而后者不舍，乍以为前，又以居乎后，卒不能割而断之曰孰前孰后也。逝者往而不舍者复继，乍以为继，适以成乎往，卒不能执而私之曰孰往孰继也。可摄川于涓滴，涓滴所以汇而为川；可缩昼夜于瞬息，瞬息所以衍而为昼夜。"③

再次，谭嗣同否认事物运动中的相对静止。时间、空间是事物存在的方

① 《仁学》，《谭嗣同全集》，中华书局1998年版，第314页。
② 《仁学》，《谭嗣同全集》，中华书局1998年版，第314页。
③ 《仁学》，《谭嗣同全集》，中华书局1998年版，第313—314页。

式,事物在时间和空间中存在。在否定事物存在的时间、空间的相对稳定性的基础上,他进一步否认事物运动过程中的相对静止,把事物说成是随生随灭、瞬息万变的。正是在这个意义上,谭嗣同断言:"庄曰:'藏舟于壑,自谓已固,有大力者夜半负之而走。'吾谓将并壑而负之走也。又曰:'鸿鹄已翔于万仞,而罗者犹视乎薮泽。'吾谓并薮泽亦一已翔者也。又曰:'日夜相代乎前。'吾谓代则无日夜者。又曰:'方生方死,方死方生。'吾谓方则无生死也。王船山曰:'已生之天地,今日是也;未生之天地,今日是也。'吾谓今日者即无今日也。皆自其生灭不息言之也。"①在他的眼里,事物是变化的,变化的速度快得惊人,庄子说"日夜相代乎前",谭嗣同还觉得不够,遂代之以"代则无日夜者";庄子说"方生方死",谭嗣同也觉得不够,遂代之以"方则无生死"。对于事物的变化状态,他这样写道:"亦逝而已矣,亦不舍而已矣。非一非异,非断非常。旋生旋灭,即灭即生。生与灭相授之际,微之又微,至于无可微;密之又密,至于无可密。夫是以融化为一,而成乎不生不灭。成乎不生不灭,而所以成之之微生灭,固不容掩焉矣。"②这就是说,事物由于没有相对稳定的质的规定性,因而不可捉摸、无法把握,由这样的事物组成的世界只能是不可分辨的混沌一团。

恩格斯曾经指出:"必须先研究事物,尔后才能研究过程。必须先知道一个事物是什么,尔后才能觉察这个事物中所发生的变化。"③其实,认识事物就是要认识事物的时间、空间和特殊的运动形式;在特定的时间内,即使是处于绝对运动中的物质也只能是它自身而不是别的,也具有区别于它物的相对稳定性。否认这一点,就可能由于否认认识事物的可能性而走向不可知论。谭嗣同正是如此。按照他的说法,事物"旋生旋灭,即灭即生",都是转瞬即逝的,人们对事物的反映则要经历一个"过程"。当人们感觉到事物时,此时的事物已经作为"已逝之物"变为异样的了。因此,人们感觉到的永远只能是"已逝之物",至于事物当下的情状永远都属于未知的领域。这用他本人的话说便是:"夫目能视色,迨色之至乎目,而色既逝矣;耳能听声,迨声之至乎耳,而声既逝矣;惟鼻舌身亦复如是。"④其实,不惟事物的颜色和声音当下如何永远都不得而知,事物的形状、大小、气味等属性都莫不如此,其此时此刻的真实情况都是人们的感官力所不及的。不仅如此,既然世间万物的大小、成毁、长短、生灭都是相对的,是混沌的一团,那么,这样的

---

① 《仁学》,《谭嗣同全集》,中华书局 1998 年版,第 313 页。
② 《仁学》,《谭嗣同全集》,中华书局 1998 年版,第 314 页。
③ 《马克思恩格斯文集》(第 4 卷),人民出版社 2009 年版,第 299 页。
④ 《仁学》,《谭嗣同全集》,中华书局 1998 年版,第 315 页。

世界不可认识,也不必认识。

二、严复:感觉主义

在认识论上,严复基本上承袭了英国经验论、反映论的传统,一面反对先验论,一面强调认识皆源于人的感官接触外物获得的经验。正是在这个意义上,他断言:"智慧之生于一本,心体为白甘,而阅历为采和,无所谓良知者矣。"①利用洛克的"白板"说和英国的经验论,严复在这里凸显了感官在认识论中的地位和作用,强调人的一切知识都源于后天的感觉经验。这对于驳斥中国古代的天赋观念和改变顿悟、玄想的认识模式无疑具有巨大的启蒙意义。

进而言之,严复不仅借鉴了英国的经验论和反映论,而且深受贝克莱、赫胥黎、斯宾塞和穆勒等人的感觉主义的影响。因此,对于感觉究竟是什么? 感觉与它所反映的外物究竟是什么关系? 严复采取了感觉主义的回答方式。一方面,他承认外物是人的感觉产生的原因,断言"必有外因,始生内果"。另一方面,严复宣称"意物之际,常隔一尘",人的感觉只是"与本物相似",至于是否同外物相符乃至相同是不可知的。这用他本人的话说便是:"非不知必有外因,始生内果,然因同果否,必不可知,所见之影,即与本物相似可也。抑因果互异,犹鼓声之与击鼓人,亦无不可。"②这实际上是否认了物因意果的关系,将认识与外物割裂开来。不仅如此,严复还对笛卡尔、赫胥黎等人的观点予以发挥,最终把感觉说成是主观自生的东西。对此,他举"圆赤石子"的例子进行了具体的解释和论证:

> 特氏此语既非奇创,亦非艰深,人倘凝思,随在自见。设有圆赤石子一枚于此,持示众人,皆云见其赤色与其圆形,其质甚坚,其数只一,赤圆坚一,合成此物。备具四德,不可暂离。假如今云:此四德者,在汝意中,初不关物。众当大怪,以为妄言。虽然,试思此赤色者从何而觉,乃由太阳,于最清气名伊脱者照成光浪,速率不同,射及石子,余浪皆入。独一浪者不入反射而入眼中,如水晶盂,摄取射浪,导向眼帘。眼帘之中,脑络所会,受此激荡,如电报机,引达入脑,脑中感变而知赤色。假使于今石子不变,而是诸缘,如光浪速率,目晶眼帘,有一异者,斯人所见,不成为赤,将见他色。(人有生而病眼,谓之色盲,不能辨色。人

---

① 《穆勒名学》按语,《严复集》(第四册),中华书局1986年版,第1050页。
② 《天演论》,中州古籍出版社1998年版,第339页。

谓红者,彼皆谓绿。又用干酒调盐,燃之暗室,则一切红物皆成灰色,常人之面皆若死灰。)每有一物当前,一人谓红,一人谓碧。红碧二色不能同时而出一物,以是而知色从觉变,谓属物者,无有是处。

所谓圆形,亦不属物,乃人所见,名为如是。何以知之?假使人眼外晶,变其珠形,而为员柱,则诸员物皆当变形。

至于坚脆之差,乃由筋力。假使人身筋力增一百倍,今所谓坚,将皆成脆,而此石子无异馒首,可知坚性,亦在所觉。

赤、圆与坚,是三德者,皆由我起。

所谓一数,似当属物,乃细审之,则亦由觉。何以言之?是名一者,起于二事:一由目见,一由触知,见、触会同,定其为一。今手石子,努力作对眼观之,则在触为一,在见成二;又以常法观之,而将中指交于食指,置石交指之间,则又在见为独,在触成双。今若以官接物,见、触同重,前后互殊,孰为当信?可知此名一者,纯意所为,于物无与。

即至物质,能隔阂者,久推属物,非凭人意。然隔阂之知,亦由见、触,既由见、触,亦本人心。由是总之,则石子本体必不可知,吾所知者,不逾意识,断断然矣。惟意可知,故惟意非幻。此特嘉尔积意成我之说所由生也。[①]

"圆赤石子"由圆、赤、坚、一四种属性凑合而成,离开任何一种属性,"圆赤石子"都将无从谈起。然而,圆、赤、坚、一这四种属性归根结底都不过是人的主观感觉而已,与石子无涉。具体地说,当人接触这枚"圆赤石子"时,会产生圆、赤、坚和一等感觉,这些感觉都是人主观自生的,而不是对石子固有属性的反映:如果"光浪速率,目晶眼帘"有一样发生了变化,那么,人所见到的这枚石子就会"不成为赤,将见他色";如果"人眼外晶,变其珠形,而为员柱",那么,人所见到的这枚石子便不再是圆形的;如果"人身筋力增一百倍",那么,"今所谓坚,将皆成脆,而此石子无异馒首"。可见,圆、赤、坚等感觉"皆由我起"。其实,不仅圆、赤、坚如此,即使是所谓一枚的"一",亦可以呈现为"二"。石子之一与圆、赤、坚一样,"纯意所为,于物无与"。议论至此,问题出现了:一方面,认识必须凭借感官获得的感觉。另一方面,人所感觉到的充其量只是自己的感觉而已,原本与外物无涉。那么,人们不禁要问:事物的真相如何?对此,严复的回答是:一切只好诉诸不可知。

---

① 《天演论》,中州古籍出版社1998年版,第338—339页。

上述内容显示,谭嗣同、严复走向不可知论的起点呈现出巨大差异:由于认定一切都是相对的,谭嗣同否认认识的必要性和可能性;由于强调感觉是认识的唯一门径,严复过于偏袒感觉而否认了认识的真实性和客观性。这是两种迥然相异的思维方式和价值旨趣,也奠定了两人不可知论差若云泥的内涵意蕴和理论特征。

第二节 人类的感官局限与经验的实证主义

不同的思维进路决定了谭嗣同、严复以不同视角、从不同维度为不可知论划界,使两人的不可知论的界域大相径庭,故而在思想内涵和理论意蕴上相差悬殊:如果说谭嗣同将不可知论锁定在身体所及的范围内的话,那么,严复则在本体与现象、有待与无待的区分中恪守本体之境的不可知。

一、谭嗣同:感官、身体的局限与万物之真形、真声的万古不得见闻

谭嗣同看到了认识主体的有限与认识客体的无限之间的矛盾,进而指出人仅有眼、耳、鼻、舌、身五种感觉器官,纷繁复杂的大千世界却是无边无量的。人类感官的有限与世界的无限之间的矛盾是无法超越的,由此而来的结论不言而喻:人凭借有限的感官,不可能认识无限的世界。因此,他声称:"眼耳鼻舌身所及接者,曰色声香味触五而已。以法界虚空界众生界之无量无边,其间所有,必不止五也明矣。仅凭我所有之五,以妄度无量无边,而臆断其有无,奚可哉!是故同为眼也,有肉眼,有天眼,有慧眼,有法眼,有佛眼。肉眼见为国土为虚空,天眼或见为海水为地狱;无所见而不异焉。慧眼以上,又各有异。奈何以肉眼所见为可据也!耳鼻舌身亦复如是。即以肉眼肉耳论,有远镜显微镜所见,而眼不及见者焉,又有远镜显微镜亦不及见者焉;有电筒德律风所闻,而耳不及闻者焉,又有电筒德律风亦不及闻者焉。"[1]在这里,谭嗣同先是说明了世界的无限性:第一,世界的存在无论在时间上还是在空间上都是无限的,无边无际、无涯无量。人以有限的生命认识无限的世界,注定是不可能的。第二,事物的结构复杂奥赜,属性无限多样,并不止于色、声、香、味、触五种。在无限的世界面前,人的五种感觉器官显得相形见绌、无能为力。

在谭嗣同看来,正是世界的无限性决定了它的不可知性。因而,在说明世界的无限性之后,他从认识主体的角度推出了不可知的结论:第一,认识

---

① 《仁学》,《谭嗣同全集》,中华书局1998年版,第317页。

的主体是人,而人却只有眼、耳、鼻、舌、身五种感觉器官,凭着有限的感官不可能去认识无边无际的大千世界。第二,感官所获得的感觉具有与生俱来且无法克服的局限性,甚至不能藉此而臆断事物之有无。例如,眼分肉眼、天眼、慧眼、法眼和佛眼等种种之不同,所见到的对象也别如天壤。既然如此,为什么就以凡胎肉身的五官所获得的认识为真知呢? 第三,科学仪器强化了人类认识世界的能力,扩大了人的感官范围,同时也留下了不可感知之域。例如,望远镜、显微镜和电话、麦克风等新工具开拓了人们的眼界和视野,肉眼看不见的,借助望远镜和显微镜可以看见;肉耳听不到的,可以通过电话、麦克风听到。尽管如此,一个不争的事实是,望远镜、显微镜以及电话、麦克风也不是万能的——正如存在着凭借显微镜也看不到的世界一样,也有凭借电话、麦克风也听不到的声音。这些仪器所无法企及的领域,对于人来说就永远只能是一个无法感知的世界。

　　谭嗣同始终对感官的认识能力持怀疑态度,不仅因为人的感官有限——仅此眼、耳、鼻、舌、身五种而已,无法应对无限的大千世界,而且因为感官即便是对事物有限的感觉也无法达到对当下事物的认识。对于其中的原因,他给予了详细的解释和说明:"且眼耳所见闻,又非真能见闻也。眼有帘焉,形入而绘其影,由帘达脑而觉为见,则见者见眼帘之影耳,其真形实万古不能见也。岂惟形不得见,影既缘绘而有是,必点点线线而缀之,枝枝节节而累之,惟其甚速,所以不觉其劳倦,迨成为影,彼其形之逝也亦已久矣;影又待脑而知,则影一已逝之影,并真影不得而见也。……耳有鼓焉,声入而肖其响,由鼓传脑而觉为闻,则闻者闻耳鼓之响耳,其真声实万古不能闻也。岂惟声不得闻,响既缘肖而有是,必彼之既终,而此方以为始,惟其甚捷,所以不觉其断续,迨成为响,彼其声之逝也亦已久矣;响又待脑而知,则响一已逝之响,并真响不得而闻也。……悬虱久视,大如车轮;床下蚁动,有如牛斗。眼耳之果足恃耶否耶? 鼻依香之逝,舌依味之逝,身依触之逝,其不足恃,均也。"①

　　按照谭嗣同的逻辑,事物都是变动不居的,人们对事物的认识却要经历一个"过程"。结果可想而知,当人们与外物接触,再把外物的刺激通过神经(即他所说的"脑气"或"脑气筋")传递给大脑形成感觉时,这时候的外物已经变为它物了。所以,人们感觉到的永远都只能是"已逝之物",至于现在之物永远不得而知。更有甚者,即使是对"已逝之物"的反映也不是对其真形、真声的反映,而是眼、耳"绘其影"和"肖其响"的结果,人所见到、听

---

① 《仁学》,《谭嗣同全集》,中华书局1998年版,第317—318页。

到的只是眼帘、耳鼓对事物所绘之影、所肖之响而已。问题到此并没有结束,眼帘所绘之影由于经过点、线的连缀和枝枝节节的积累才能完成,不管速度多快,此时之影也成为"已逝之影"。这意味着人们所见到的外物其实都不过是"已逝之影",至于其"真影"永远都不可得见。这更加证明了感性认识的不可靠性,因为它的反映是不真实的。人的感觉器官和由感官所形成的感性认识不能认识世界的现象(色、声、香、味、触等属性),更谈不上揭示事物的本质了。因此,在人的感官面前,整个世界都不可知。至此,谭嗣同断然否定了感官的认识能力,也由此陷入了不可知论。

二、严复:经验的实证与本体、现象之分

受经验论的影响,严复指出:"元知为智慧之本始",一切知识都是依靠感官接触外界事物获得的。这里所说的"元知",即是感官接触外物的直接经验或感性认识。对于认识的形成过程,严复与谭嗣同一样突出大脑的作用,并将神经(即谭嗣同所讲的"脑气"或"脑气筋",严复译为"涅伏")视为认识不可或缺的条件。严复这样描述感觉的形成:"官与物尘相接,由涅伏(俗曰脑气筋)以达脑成觉。"①他把这种反映论的原则概括为"即物实测",即亲自接触外界事物,获取对事物的直接经验。对此,严复援引赫胥黎的话说:"读书得智,是第二手事,唯能以宇宙为我简编,民物为我文字者,斯真学耳。"②沿着这个思路,严复再三强调,为学"第一要知读无字之书",因为"新知必即物求之"。

至此可见,与谭嗣同不同,严复断言不可知的理由源于"即物实测"的经验实证原则。按照他的说法,认识正确与否必须经过事实的验证,即"今夫理之诚妄,不可以口舌争也,其证存乎事实"③。所以,"一理之明,一法之立,必验之物物事事而皆然,而后定之为不易"④。严复强调真理性的认识具有不以人的意志为转移的客观内容,这是没有问题的。问题的关键是,凡事都"验之物物事事而皆然"是不可能的。正因为过分强调经验在检验真理中的作用,严复断言人的认识只能在感觉所给予的范围之内,宣称"宇宙究竟"、"万物本体"、"天地元始"和"力之本始"等问题由于无法用感觉经验来证明,因而是不可知的,也是不必认真探讨的。他说:"是以人之知识,止于意验相符。如是所为,已足生事,(复案:此庄子所以云心止于符也。)

① 《天演论》,中州古籍出版社 1998 年版,第 59—60 页。
② 《原强修订稿》,《严复集》(第一册),中华书局 1986 年版,第 29 页。
③ 《译斯氏〈计学〉例言》,《严复集》(第一册),中华书局 1986 年版,第 99 页。
④ 《救亡决论》,《严复集》(第一册),中华书局 1986 年版,第 45 页。

更骛高远,真无当也。"①

与对感觉的重视一脉相承,严复强调可知者止于感觉,进而将认识限定在感觉给予的范围之内。感觉是认识不可或缺的必经阶段,并不代表认识的全过程,它所触及的只是事物的表面现象。对感觉经验的过分偏袒使严复只承认事物现象的可知性,而否认事物本体的可知性。为此,严复借助康德对现象与本体的划分,并通过康德、斯宾塞、赫胥黎与穆勒等人的各种不可知论的和合,在现象与本体、有对与无对的截然二分中坚持不可知论。于是,严复反复宣称:

　　　　形气之物,无非对待。非对待,则不可思议。故对待为心知止境。②
　　　　彼是对待之名词,一切世间所可言者,止于对待,若真宰,则绝对者也。③

依据这个说法,宇宙本体问题由于超出了感官范围是不可知的。严复写道:"生之万物以成毁生灭于区区一丸之中。其来若无始,其去若无终,问彼真宰,何因为是,虽有大圣,莫能答也。"④对于具体事物来说,其本体尽管不可知,其现象却可以被人们所认识。这就是说,人们只能对他们感觉到的东西进行认识;并且,即使是可以感觉的事物,由于人对之习以为常、熟视无睹,也激发不起认识的兴趣而不能被人认识。这一切都表明,在严复的视界中,不可知是必然的结局。事实正是如此。他专门论证了不可知的必然性,使不可知成为人类认识不可逃遁的结局:"盖天下事理如木之分条、水之分派,求解则追溯本源,故理之可解者,在通众异为一同,更进则此所谓同又成为异,而与他异通于大同。当其可通,皆为可解,如是渐进,至于诸理会归最上之一理,孤立无对,既无不冒,自无与通,无与通则不可解,不可解者,不可思议也。"⑤"不可解"、"不可思议"也就是严复所讲的不可知。在他看来,"理见极时莫不如是",即"理见极时"莫不走向"不可思议"。之所以如此,原因在于:天下之理在于分,正如木之分条理,水之分流派一样,求理无非追溯本源,在追溯中通众理(异)为一同。对此,严复借用庄子的术语称

　　① 《天演论》,中州古籍出版社 1998 年版,第 339 页。
　　② 《〈老子〉评语》,《严复集》(第四册),中华书局 1986 年版,第 1076 页。
　　③ 《〈庄子〉评语》,《严复集》(第四册),中华书局 1986 年版,第 1106 页。
　　④ 《〈庄子〉评语》,《严复集》(第四册),中华书局 1986 年版,第 1107 页。
　　⑤ 《天演论》,中州古籍出版社 1998 年版,第 355 页。

之为"道通为一"："今夫学之为言,探赜索隐,合异离同,道通为一之事也。"①问题的关键是,在"通众异为一同"之后,更向前追溯,此同又变成了异,与其他异相通而成为更大的同;如此往复再接着追溯,众理归于最上一理(即最大的同),此一理则孤立无对。这一独立无对之理既然独一无二、不可匹敌,那么,它也就没有与之贯通之物。既然无法贯通,也就无法解说。无法解说即"不可思议","不可思议"也就是文殊师利菩萨首倡的"不二法门";"不二法门"与"思议解说"势不两立,不可并称。

　　总之,在为可知与不可知划界的过程中,谭嗣同由于夸大肉体感官的局限性而否定世界的可知性,严复则由于过分依赖感觉经验而否认感觉之外的存在的可知性。这使两人走向不可知论的理由相映成趣,尽管彼此之间呈现出种种差别和对立,却都把视点投向了人的感官和感性世界。

第三节　不能不必与"不可思议"

　　不同的思想来源和思维方式注定了谭嗣同、严复对不可知的内涵具有不同理解和界定:如果说谭嗣同所讲的不可知指不能知亦不必知的话,那么,严复则明确将不可知界定为"不可思议"。

一、谭嗣同:不可认识且不必认识

　　谭嗣同没有对"不可知"进行过明确的厘定,就感官对世界的认识而言,他所讲的不可知有两种基本内涵:第一,不能认识。由于世界的无限与感官的有限,人无法凭借有限的感官去认识无限的世界。第二,不必认识。既然万物瞬息即逝,变幻无常,一切都是融化为一的混沌一团而不可分辨,那么,便是不必费心计较的。对此,谭嗣同举例说:"譬于陶埴,失手而碎之,其为器也毁矣。然陶埴,土所为也。方其为陶埴也,在陶埴曰成,在土则毁;及其碎也,还归乎土,在陶埴曰毁,在土又以成。但有回环,都无成毁。譬如饼饵,入胃而化之,其为食也亡矣;然饼饵,谷所为也,方其为饼饵也,在饼饵曰存,在谷曰亡,及其化也,还粪乎谷,在饼饵曰亡,在谷又以存,但有变易,复何存亡?"②依照这个分析,正如不生不灭即微生灭一样,成毁、存亡都是相对的。既然一切皆随缘而变,便没有必要固执地加以分辨,因为一切原本就不可确指。由此可见,如果说第一点侧重事实层面的不可知的话,那

---

　　① 《救亡决论》,《严复集》(第一册),中华书局 1986 年版,第 52 页。
　　② 《仁学》,《谭嗣同全集》,中华书局 1998 年版,第 307 页。

么,第二点则侧重价值层面的不必知。

二、严复:"不可思议"

严复不仅恪守不可知论,而且对不可知论具有明确界定——明确将不可知界定为"不可思议"。对于"不可思议"即不可知,他曾经明确规定说:"不可思议云者,谓不可以名理论证也。"①这就是说,所谓的不可知,不是指其理奥赜悠远而难知,超出了人的认识能力或范围;而是指可以用言语去表达,却不可用常理去理解。对此,他进一步解释说:"第其所以称'不可思议'者,非必谓其理之幽渺难知也。其不可思议,即在'寂不真寂、灭不真灭'二语。世界何物乃为非有、非非有耶?譬之有人,真死矣而不可谓死,此非天下之违反而至难著思者耶?故曰不可思议也。此不徒佛道为然,理见极时莫不如是。……不二法门与思议解说,二义相灭,不可同称也。其为'不可思议'真实理解。而浅者以为幽复迷罔之词,去之远矣。"②

在此基础上,严复专门从"不可思议"与"不可名言"、"不可言喻"和"不能思议"的区别入手,集中阐述了不可知论的内涵:"'不可思议'四字,乃佛书最为精微之语。……夫'不可思议'之云,与云'不可名言'、'不可言喻'者迥别,亦与云'不能思议'者大异。假如人言见奇境怪物,此谓'不可名言'。又如深喜极悲,如当身所觉、如得心应手之巧,此谓'不可言喻'。又如居热地人生未见冰,忽闻水上可行;如不知通吸力理人,初闻地员对足底之说,茫然而疑,翻谓世间无此理实,告者妄言,此谓'不能思议'。至于'不可思议'之物,则如云世间有圆形之方,有无生而死,有不质之力,一物同时能在两地诸语,方为'不可思议'。此在日用常语中与所谓谬妄违反者,殆无别也。然而谈理见极时,乃必至'不可思议'之一境,既不可谓谬而理又难知,此则真佛书所谓'不可思议',而'不可思议'一言专为此设者也。佛所称涅槃,即其'不可思议'之一。他如理学中不可思议之理,亦多有之,如天地元始、造化真宰、万物本体是已。至于物理之不可思议,则如宇如宙:宇者,太虚也;(庄子谓之有实而无夫处。处,界域也;谓其有物而无界域、有内而无外者也。)宙者,时也。(庄子谓之有长而无本剽。剽,末也。谓其有物而无起讫也。二皆甚精界说。)他如万物质点、动静真殊、力之本始、神思起讫之伦,虽在圣智,皆不能言,此皆真实不可思议者。"③

---

① 《天演论》,中州古籍出版社1998年版,第237页。
② 《天演论》,中州古籍出版社1998年版,第355页。
③ 《天演论》,中州古籍出版社1998年版,第353—354页。

据此可知,严复所讲的不可知具有四个要点:第一,"不可思议"与"不可名言"或"不可言喻"迥异。人忽然看到奇景怪物,会感觉一时找不到合适的词去描绘,这叫作"不可名言";同样,人深度悲喜时,也会有不可名状的经历,这正如轮扁技艺出神入化而不能将之用语言传递给他人(包括自己的儿子)一样。轮扁"得心应手"却又"口不能言",这叫作"不可言喻"。严复强调指出,之所以出现"不可名言"、"不可言喻"的情况,是因为人们对事物的属性认识不清;随着认识的加深,这些原来"不可名言"或"不可言喻"者自然会变成可以名言、可以言喻者。对此,严复曾经援引《庄子·天道篇》的轮扁之事与穆勒之说相印证,将"不可名言"或"不可言喻"归于认识能力所限:"昔读《庄子·天道篇》言轮人扁事,尝恍然自失而不知其理之所以然,今得穆勒言,前疑乃冰释矣。又吾闻凡擅一技、知一物而口不能言其故者,此在智识谓之浑而不晰。今如知一友之面庞,虽猝遇于百人之中犹能辨之,独至捉笔含豪欲写其貌,则废然而止。此无他,得之以浑,而未为其晰故也。使工传神者见之,则一晤之余可以背写。盖知之晰者始于能析,能析则知其分,知其分则全无所类者,曲有所类。此犹化学之分物质而列之原行也。曲而得类,而后有以行其会通,或取大同而遗其小异,常、寓之德(常德原文 essential property,即固有属性;寓德原文 accidental property,即偶有属性——引者注)既判,而公例立矣。此亦观物而审者所必由之涂术也。"①第二,"不可思议"与"不能思议"大异。"不能思议"是说超出了人的理解和认识能力,犹如没有见过水结冰的人听说人可以在水上行走,不懂得万有引力的人听说地球对人有吸引力等,都对之无法理解,亦即"不能思议"。"不能思议"受制于人之理解能力的局限,是知识不足、孤陋寡闻所致。因此,通过见闻的加强,知识的增长,原来"不能思议"者将会变得可以思议。第三,如果说"不可名言"、"不可言喻"受制于表达能力、认识能力的话,那么,"不可思议"并非"不可名言",而是"可以"名言,其出现的原因并非由于表达能力所限;同样,"不可思议"亦非由于认识能力的局限而不能认识。"不可思议"之所以"不可"思议,问题恰恰在于:如果对"不可思议"者进行思议的话,那么,其所名言者如"世间有圆形之方,有无生而死,有不质之力,一物同时能在两地"等,皆违反常识;如若对之进行思议,必至悖反之地。一言以蔽之,可以名言,能够思议,而言喻、思议的结果必至悖反常理,这叫作"不可思议"。第四,只要超出感觉范围——用严复的话说"谈理见极时",必然陷入"不可思议"的境地。因此,"不可思议"范围至广,佛教所

① 《穆勒名学》按语,《严复集》(第四册),中华书局1986年版,第1046页。

讲的涅槃,哲学上的"天地元始、造化真宰、万物本体",物理学上的宇(空间)、宙(时间)以及其他领域的"万物质点、动静真殊、力之本始、神思起讫"等诸如此类的问题,皆属于"不可思议"。

至此可见,严复在对不可知内涵的理解上,与谭嗣同迥然相异——既不是不必知,也不是不能知;而是与常理相悖,进而对之存而不论。

第四节　"独任灵魂"与"惟意可知"

无论是为知识划界还是为信仰预留地盘,不可知论的宗旨是通过否认某一方面或某一领域的可知性,最终肯定不可怀疑者的可知性。这使不可知论与怀疑论如影随形。正如怀疑论怀疑可怀疑者,旨在最终剩下不可置疑者一样;不可知论排除不可知者,旨在突出可知者的真实乃至权威。有鉴于此,遍览古今中外哲学可以发现,没有一位哲学家将不可知论进行到底,完全彻底地否认一切存在的可知性。在这方面,谭嗣同、严复的不可知论也不例外。两人的区别仅仅在于:谭嗣同通过不可知论否认感官具有认识世界的能力,进而轻体魄而重灵魂;严复在否认事物本体和宇宙究竟的可知性的前提下,将意说成是唯一真实的存在。

一、谭嗣同:"超出体魄之上而独任灵魂"

谭嗣同虽然否认感官的认识能力,但是,他并不否认人能洞彻世界。这是因为,他贬低感官的作用,就是为了引导人摈弃肉体,超越感官的局限而"独任灵魂"。为此,谭嗣同提出的具体方案是"转业识而成智慧",凭借佛教"一多相容"、"三世一时"的智慧洞察世界。他的逻辑是:"手足之所接,必不及耳目之远;记性之所至,必不及悟性之广。……实事之所肇,必不及空理之精。"[1]按照这个说法,手足不如耳目,记性不如悟性,凡是依靠感官者必然拘泥于体魄而受到限制。由此可见,谭嗣同具有贬低感性认识的倾向。在此基础上,他进一步由贬低感性认识而轻视体魄,由轻体魄而贱行,并由此提出了"贵知不贵行"的口号。对此,谭嗣同说:"吾贵知,不贵行也。知者,灵魂之事也;行者,体魄之事也。……是行有限而知无限,行有穷而知无穷也。"[2]

出于重灵魂、轻体魄的价值诉求,谭嗣同甚至幻想,将来社会进步、科学

---

① 《仁学》,《谭嗣同全集》,中华书局1998年版,第369页。
② 《仁学》,《谭嗣同全集》,中华书局1998年版,第369页。

发达了，会出现一种只有灵魂而没有体魄的"新人类"："损其体魄，益其灵魂。……必别生种人，纯用智，不用力，纯有灵魂，不有体魄。……可以住水，可以住火，可以住风，可以住空气，可以飞行往来于诸星诸日，虽地球全毁，无所损害。"①谭嗣同之所以不贵体魄，是因为他认为感官在同一时刻只能感觉同一事物，且无记忆；而整个世界乃至世间万物是方生方灭、一多无碍的，感官对此无能为力。只有"破除我相"、"独任灵魂"的顿悟和直觉思维，才能洞彻彼此，玄照一切。于是，他又说："知识本来无记性。后境而思前境，今日而思昔日，似有记性矣。然必置此思彼而后得，非不待更端而同时并得也。然则知中识中，仅能容得一事，其余皆谓之遗忘可也。生人知识，有体魄之可寄，尚自无有记性，复何论于凭虚无著之中阴？此成大圆镜智者，所以无后无前，无今无昔，容则并容，得则同得，一多无碍，不在两时。"②这表明，被谭嗣同所否认的并不是人的全部认识能力，只是信凭感官而获得的感性认识。他之所以贬低感官所获得的感性认识，是为了让人黜弃感官，进而"超出体魄之上而独任灵魂"。正是出于这一目的，谭嗣同呼吁："苟不以眼见，不以耳闻，不以鼻嗅，不以舌尝，不以身触，乃至不以心思，转业识而成智慧，然后'一多相容'、'三世一时'之真理乃日见乎前，任逝者之逝而我不逝，任我之逝而逝者卒未尝逝。真理出，斯对待不破以自破。"③

　　总的说来，谭嗣同不是一位彻底的或称绝对的不可知论者。对于现实的物质世界，他认为是不可知且不必知的，只有如此，才能破除对待、差别和对立，完全、彻底地实现平等。谭嗣同声称："意识断，则我相除；我相除，则异同泯；异同泯，则平等出；至于平等，则洞澈彼此，一尘不隔，为通人我之极致矣。"④沿着这一思路，他一面蔑视肉体、否认感官的认识能力，一面又对人的灵魂寄予了厚望。这表明，谭嗣同的不可知论是对其本体论上"仁为天地万物之源"，而"仁以通为第一义"，"通之象为平等"⑤的思维模式和价值旨趣的具体贯彻，反过来又为他所设计的仁—通—平等提供了具体的论证和说明。

　　轻体魄、重灵魂使谭嗣同的不可知论中虚无主义乃至悲观厌世的痕迹相当浓重。他曾经多次表达过这样的思想：

①　《仁学》，《谭嗣同全集》，中华书局 1998 年版，第 366—367 页。
②　《书箑三件二》，《谭嗣同全集》，中华书局 1998 年版，第 547 页。
③　《仁学》，《谭嗣同全集》，中华书局 1998 年版，第 318 页。
④　《仁学》，《谭嗣同全集》，中华书局 1998 年版，第 365 页。
⑤　《仁学》，《谭嗣同全集》，中华书局 1998 年版，第 291 页。

死者长已矣,生者待死而未遽死。未遽死,岂得谓之无死哉?待焉
已耳!是故今日之我虽生,昨日之我死已久矣,至明日而今日之我又
死。自一息而百年,往者死,来者生,绝续无间,回环无端,固不必眼无
光口无音而后死也。①

以人之游魂而变我耶?我不知其谁也。以我之游魂而变人耶?我
不知其谁也。以今日之我,不知前后之我;则前后之我,亦必不知今日
之我。试以前后之我,视今日之我,以今日之我,视前后之我,则所谓
我,皆他人也。所谓我皆他人,安知所谓他人不皆我耶?原始反终,大
《易》所以知生死,于以见万物一体,无容以自围者自私也。大至于地
球,而丽天之星,皆为地球,其数百千万亿而未止也。小至于虫豸,而一
滴之水,皆有虫豸,其数百千万亿而未止也。以丽天之星视地球,则地
球虽海粟仓稊可矣。以一滴之水视虫豸,则虫豸虽巴蛇溟鲲可矣。②

进而言之,谭嗣同轻视体魄、推崇灵魂是为了突出心力的作用,强调人
心无所不能——不仅能认识世界,而且能随心所欲地改造世界。他声称:
"人心一不运,则视不见,听不闻,运者皆废矣。是知天地万物果为一体,心
正莫不正,心乖莫不乖,而决无顽空断灭之一会,此君子所以贵乎和也。"③
至此,谭嗣同在对心力的突显中否认世界的现实性与客观性而视世界为
虚幻。

二、严复:"惟意可知,故惟意非幻"

对于可知与不可知的界限,严复曾经有过明确划分:"窃尝谓万物本体
虽不可知,而可知者止于感觉,但物德有本末之殊,而心知有先后之异。此
如占位、历时二事,物舍此无以为有,吾心舍此无以为知。占位者宇,历时者
宙。体与宇为同物,其为发见也,同时而并呈;心与宙为同物,其为发见也,
历时而递变。并呈者著为一局,递变者衍为一宗;而一局、一宗之中,皆有其
井然不纷、秩然不紊者以为理,以为自然之律令。自然律令者,不同地而皆
然,不同时而皆合。此吾生学问之所以大可恃,而学明者术立,理得者功成
也。无他,亦尽于对待之域而已。"④这给人的感觉似乎是,事物的现象是可
知的,事物的本体不可知,他并不否认认识内容的客观性和真实性。其实不

---

① 《石菊影庐笔识·思篇》,《谭嗣同全集》,中华书局1998年版,第133—134页。
② 《石菊影庐笔识·思篇》,《谭嗣同全集》,中华书局1998年版,第132—133页。
③ 《石菊影庐笔识·思篇》,《谭嗣同全集》,中华书局1998年版,第127页。
④ 《穆勒名学》按语,《严复集》(第四册),中华书局1986年版,第1036页。

然。严复虽然承认人的感官可以反映有对待之域，但是，他对反映的结果——感觉的真实性与确定性持怀疑态度。这实际上否认了对待之域的可知性。例如，严复在《穆勒名学》按语中这样写道："如朝日初出，晚日将入，其时真日皆在地平之下，人眼所见特蒙气所映发之光景耳。人谓见日，此无异以镜花水月为真花真月也。又眼为脑气所统，而眼帘受病者，往往著影不磨，遇感辄现；而人以眼帘所呈，拓之于外，遂谓当境实见种种异物。不知所见者乃眼帘中影，仿佛外物，非若平时外物形色收之眼帘也。"①

感觉是认识的基础和开始。既然作为认识起点的感觉并非对外物的反映，充其量不过是"眼帘中影"，那么，人们对于哪怕是身边的小事、近事、熟事也认不清、弄不明也就不足为奇了。于是，严复写道："夫居处饮食男女，乃事之至切近者，而孰为正，尚各是所是，各非所非，而不可知如此。则吾向所谓知者，安非其不知，而所谓不知者，安知其非知邪！"②循着这个逻辑，现象世界、切近之域尚且如此，至于不可名言、无对待的本体之域、元始之域更是"不可思议"了。这样一来，严复实质上是把物质世界的现象领域一同排斥在人的认识能力之外了。这使意识成了唯一的认识内容，正如他自己所说："吾所知者，不逾意识，断断然矣。惟意可知，故惟意非幻。此特嘉尔积意成我之说所由生也。"③至此，严复由否认物质世界的可知性、客观性，进而把意识说成是宇宙间唯一真实的存在。对此，他援引笛卡尔、赫胥黎的观点并进一步发挥说："是实非幻者，惟意而已。何言乎惟意为实乎？盖意有是非而无真妄，疑意为妄者，疑复是意，若曰无意，则亦无疑，故曰惟意无幻。无幻故常住，吾生终始，一意境耳。积意成我，意自在故我自在，非我可妄、我不可妄，此所谓真我者也。"④

如果说谭嗣同的不可知论从世界的虚幻讲起的话，那么，严复的不可知论则较为现实，从肯定"即物实测"的可知性讲起，他陷入不可知论时的感觉主义即从一个侧面说明了这个问题。严复不可知论的递嬗脉络浓缩了英国经验论的发展历程：如果说反映论是对培根、霍布斯、洛克的致敬的话，那么，中经贝克莱的感觉主义，以休谟、赫胥黎、穆勒和斯宾塞的不可知论告终。而无论可知还是不可知，严复的思想中始终找不到谭嗣同的那种亦梦亦醒、非生非死的精神状态。

总之，在理论初衷和思想归宿上，一个呼吁"独任灵魂"，一个恪守"惟意

① 《穆勒名学》按语，《严复集》（第四册），中华书局1986年版，第1028—1029页。
② 《〈庄子〉评语》，《严复集》（第四册），中华书局1986年版，第1108页。
③ 《天演论》，中州古籍出版社1998年版，第339页。
④ 《天演论》，中州古籍出版社1998年版，第338页。

可知"，这使谭嗣同和严复的不可知论再一次显示出差异和不同。意识包括感性和理性两个部分。谭嗣同推崇"独任灵魂"，剔除了意识中感性的、非理性的因素，而严复恪守的"惟意可知"却更偏袒感性认识。此外，通观严复的思想可以看到，他在对待感性与理性的选择中，始终器重和赏识感觉与经验。

第五节　不可知论的近代神韵和意蕴

通过上述比较可以清晰地看到，谭嗣同、严复的不可知论是两种不同的哲学形态，从思维方式到思想内涵皆不可同日而语。此外，从思想渊源和学术传统来看，谭嗣同的不可知论主要继承了中国本土哲学的思想资料，庄子的相对主义、不可知论和华严宗、法相宗的"三世一时"、"一多相容"等佛学思想成为其中的主要来源；严复的不可知论容纳了中国本土文化中的《周易》、《老子》《庄子》和佛教的思想因素，更主要的是深受英国不可知论者赫胥黎、穆勒、斯宾塞和德国不可知论者康德以及法国唯理论者笛卡尔等人的影响。因此，在构成要素上，前者显得略微单一，后者显得较为广博；前者基本上隶属于中国传统哲学，后者则在融贯中西的同时以西学为蓝本。这使两者所涵摄的内容显示出不同的风姿和神采。同样不可否认的是，谭嗣同、严复的不可知论具有鲜明的时代神韵，共同展示了近代哲学的意蕴和特征。

一、改变了古代哲学观察世界的思维方式

谭嗣同和严复之所以否认世界的可知性，是因为都是从自我出发来认识世界的。从这个意义上说，两人秉持不可知与其说是对人类认识能力的怀疑，毋宁说是对人之力量的过分自信和夸大。

谭嗣同是以"我"为坐标和参考系来观察事物的，由此得出了世间没有固定的大小、长短和久暂，事物的一切属性都是"我"赋予事物的结论。例如，虚空之所以大，是因为它比我大；微尘之所以小，是因为它比我小。事物本身并没有绝对的大小、多少、长短和久暂，一切都是相对于"我"而言的。于是，他断言："虚空有无量之星日，星日有无量之虚空，可谓大矣。非彼大也，以我小也。有人不能见之微生物，有微生物不能见之微生物，可谓小矣。非彼小也，以我大也。何以有大？比例于我小而得之；何以有小？比例于我大而得之。然则但有我见，世间果无大小矣。多寡长短久暂，亦复如是。"[①]既然外物及其属性都是"我见"的结果，是相对于"我"而言的，并且是我赋

---

① 《仁学》，《谭嗣同全集》，中华书局1998年版，第316页。

予事物的,那么,离开了我的参与,事物的大小、长短和久暂也就无从谈起。这表明,事物本身并没有固定的质,一切都是主体的参与和造作。

无独有偶,严复也说过许多与谭嗣同相类似的话。下仅举其一斑:

> 大小之名,起于比较,起于观者。道之本体,无小大也。语小莫破,语大无外,且无方体,何有比较? 一本既立,则万象昭回。所谓吹万不同,咸其自己。使自为大,谁复为之小哉![1]
> 物有本性,不可齐也。所可齐者,特物论耳。[2]

严复承认事物具有自身的本性,并且指出事物与事物之间的这种本性是不同的。尽管如此,他强调,人对事物的认识(即严复所讲的"物论")却是不齐的,因为都是感觉的加工造作。正因为如此,从认识论上看,事物是相对于"我"而存在的。于是,他宣称:"我而外无物也;非无物也,虽有而无异于无也。"[3]

正如恪守不可知论并不否认人的认识能力一样,谭嗣同、严复否认事物可知性的理由——世间无固定的大小、长短和久暂并非证明人的认识对此无能为力,而是证明事物的一切属性都是人赋予的,事物因"我"而存在,世界因"我"而精彩。所以,谭嗣同断言:"世界因众生而异,众生非因世界而异。"[4]不论是从理论初衷或立言宗旨上看,还是从基本内容或最终归宿上看,谭嗣同、严复的不可知论自始至终都流露了对主体力量、人类精神以及灵魂的膜拜、推崇和向往。两人的不可知论表达了相同的思想主题和理论初衷:一是心学本体论在认识论中的反映和表现,一是对人的主体精神的膜拜和弘扬。

二、用认识主体的差异性否定感觉的真实性、客观性

与对人之主体力量的彰显相一致,谭嗣同、严复在论证万物不可知时不约而同地否认感觉与外物的一致性,藉此将感觉说成是完全主观自生的东西。谭嗣同认为,感觉是对外物"绘其影"和"肖其响"的结果。这样一来,感觉作为对"已逝之物"的见、闻,只能是见、闻"已逝之物"乃至"已逝"之影、响,由此否认感觉可以反映外物的真实情状。严复承认外物是因,认识

---

① 《〈老子〉评语》,《严复集》(第四册),中华书局 1986 年版,第 1090 页。
② 《〈庄子〉评语》,《严复集》(第四册),中华书局 1986 年版,第 1105 页。
③ 《穆勒名学》按语,《严复集》(第四册),中华书局 1986 年版,第 1037 页。
④ 《仁学》,《谭嗣同全集》,中华书局 1998 年版,第 372 页。

是果,却否认外物与感觉之间的相符,即"因同果否,必不可知"。由此,他指出,感觉与所反映的对象只是相似,甚至连相似都不能断定。谭嗣同、严复的具体观点有别,共同点是抽掉了感觉中的客观内容,并且在否认感觉的客观性的基础上,都以不同主体的感觉差异性为判断标准,肯定了精神的真实性。沿着这个思路,两人在声称感觉是主观自生的同时,一面否定了认识对象乃至整个世界的客观性,一面将代表灵魂(谭嗣同)、意(严复)的"我"说成是唯一真实的存在。

三、推崇灵魂、贬低肉体的倾向

物质与意识这对范畴和肉体与灵魂不是同一层次的概念。在某种意义上,这两对范畴之间却具有一定的内在联系。谭嗣同、严复的不可知论都通过对物质世界虚幻的渲染而突出精神的真实。在对待人的肉体与灵魂的关系问题上,都推崇灵魂而轻视肉体的存在。谭嗣同不止一次地断言:

> 土石虽寿,不得谓之生。人至无知,其心已死,身虽存,奚贵乎? 而况乎犹未能也。[1]
>
> 所以第一当知人是永不死之物。所谓死者,躯壳变化耳;性灵无可死也。且躯壳之质料,亦分毫不失。西人以蜡烛譬之,既焚完后,若以化学法收其被焚之炭气、养气与蜡泪、蜡煤等,仍与原蜡烛等重,毫无损失,何况人为至灵乎?[2]

严复则宣称:"夫人道之所最贵者,非其精神志气欤? 顾世之讲施济者,往往养其躯体矣,而毁其志气,是以禽兽之道待其人也。"[3]严复虽然没有像谭嗣同那样视肉体为累赘,但是,他所讲的"我"是没有肉体的纯粹精神的存在却是毋庸置疑的。在严复看来,"积意为我",意真实而"我"不妄,此真实、不妄之"我"纯粹是意的体现。

谭嗣同、严复之所以都膜拜精神、推崇灵魂而轻视肉体,除了受佛学肉体为累赘、心识为真实的影响外,主要是出于对人类精神的尊崇、向往和渴望。这是中国近代人性启蒙、精神解放在认识领域的具体反映和体现,更是救亡图存、舍身救世的现实需要使然。

---

① 《石菊影庐笔识·思篇十八》,《谭嗣同全集》,中华书局1998年版,第133页。
② 《上欧阳中鹄十》,《谭嗣同全集》,中华书局1998年版,第462页。
③ 《法意》按语,《严复集》(第四册),中华书局1986年版,第1012页。

第十一章　严复与梁启超的相互评价

在戊戌启蒙四大家中,严复(1854—1921)与梁启超(1873—1929)年龄差距最大,足足相差了 19 岁,两人的关系也最为微妙而复杂:一方面,在戊戌政变之前,严复、梁启超切磋学术,彼此有书信往来。另一方面,两人政见不合,对时事的看法大不相同。因此,在戊戌政变之后,严复对梁启超极为不满,乃至在私人通信中不止一次地对梁启超大加谴责、攻击和谩骂。严复与梁启超之间的相互评价天差地别:如果说梁启超对严复除了推崇而绝无微词的话,那么,严复对梁启超则除了学问上的不屑一顾就是基于政治原因的不满甚至谩骂。检视、品味两人之间的相互评价,既可以直观感受彼此思想的异同,又可以进一步体悟戊戌启蒙思想内部的分歧。

第一节　严复对梁启超的评价

戊戌政变之前,严复与梁启超有过通信,大多是梁启超向严复请教学问或索要译稿,严复做答并探讨学问。这时候,严复对梁启超的态度是平和的,既有礼节上的客气亦有指教,饱含长辈对后辈的鼓励和希望。在写给梁启超的回信中,严复如是说:"载诵来书,撝抑之语,皆由至诚,尤征学养。如谓学不知本,则隔靴搔痒,不通文语,则凡所诵习,皆彼中粗迹吐弃之谭云云,此自盛德若虚,不自满假语耳。自仆观之,则足下虽未通其文,要已一往破的。无似因缘际会,得治彼学二十余年,顾自揣所有,其差有一日之长者,不过名物象数之末而已。至其宏纲大旨,则与足下争一旦之命,胜负之数,真未可知。况足下年力盛壮如此,聪明精锐如此,文章器识又如此,从此真积力久,以至不惑、知命之年,则其视无似辈岂止吹剑首者一吷已哉!"①由此可见,此时的严复在梁启超向自己请教学问时坦诚相待,既能指出梁启超的不足,又予以鼓励和点拨。

不仅如此,面对梁启超对自己学问的折服,严复坦陈自己的作文初衷与不足,两人之间俨然一对以文会友的老朋友:"甲午春半,正当东事皋兀之际,觉一时胸中有物,格格欲吐,于是有《原强》、《救亡决论》诸作,登布《直

---

① 《与梁启超书》,《严复集》(第三册),中华书局 1986 年版,第 514 页。

报》，才窘气荼不副本心，而《原强》诸篇尤属不为完作。盖当日无似不揣浅狭，意欲本之格致新理，溯源竟委，发明富强之事，造端于民，以智、德、力三者为之根本，三者诚盛，则富强之效不为而成；三者诚衰，则虽以命世之才，刻意治标，终亦隳废。故其为论，首明强弱兼并乃天行之必至，而无可逃，次指中国之民智、德、力三者已窳之实迹，夫如是，而使窳与窳遇，则雌雄胜负效不可知，及乎衰与盛邻，则其终必折以入。然则中国由今之道，无变今之俗，存亡之数，不待再计而可知矣。是以今日之政，于除旧，宜去其害民之智、德、力者；于布新，宜立其益民之智、德、力者。以此为经，而以格致所得之实理真知为纬。本既如是，标亦从之。本所以期百年之盛大，标所以救今日之阽危，虽文、周、管、葛生今，欲舍是以为术，皆无当也。仆之命意如此，故篇以《原强》名也。能事既不足心副，而人事牵率，遂以中绝。今者取观旧篇，真觉不成一物，而足下见其爪咀，过矜羽毛，善善从长，使我颜汗也。"①

戊戌政变之后，严复对梁启超的态度急转直下，大加指责。更有甚者，严复对梁启超的这种态度越到后来越明显，以至于将中国政局的混乱归咎于梁启超的蛊惑，直接将梁启超说成是戊戌政变后中国乱相环生的罪魁祸首。出现这种情况或转变的直接原因是严复对梁启超的做法不满，焦点集中在梁启超的善变以及由此造成的后果上。在梁启超结束海外逃亡回国之后，严复对梁启超搅动政局的预测和担忧即缘于此。严复在写给熊纯如的信中袒露了这种心声："梁饮冰自执笔以还，宗旨不知几变，目下韬迹天津，云以著书为事，吾恐不能如前之謏闻动众矣。时人看研究会之汤、梁，真是一钱不值也。南北国会皆已成立，后来执持国枋，即此两群猪仔，中国安得太平！"②

其实，早在戊戌维新前的通信中，作为长辈的严复已经直接指出了梁启超言论多变、无固定操守等问题，并加以劝诫。对此，梁启超在回信中一面对严复的批评表示认同，承认自己"性喜论议，信口辄谈，每或操觚，已多窒阂"③；一面感谢严复对自己的指教，并且不无夸张和煽情地说："天下之爱我者，舍父师之外，无如严先生。天下之知我而能教我者，舍父师之外，无如严先生。"④问题的关键是，梁启超的流质易变与中国近代社会和政治局面的风云变幻有关，更与梁启超本人的性格特点、行为方式密不可分——在这

---

① 《与梁启超书》，《严复集》（第三册），中华书局 1986 年版，第 514 页。
② 《与熊纯如书》，《严复集》（第三册），中华书局 1986 年版，第 692 页。
③ 《与严幼陵先生书》，《梁启超全集》（第一册），北京出版社 1999 年版，第 71 页。
④ 《与严幼陵先生书》，《梁启超全集》（第一册），北京出版社 1999 年版，第 71 页。

个意义上甚至可以说,善变是梁启超"与生俱来"的印记,并非想改就能改的。事实证明,这一特点确实终身伴随着梁启超,成为他挥之不去的陈疴痼疾。

流质易变使梁启超被世人诟病,不仅是严复,作为梁启超老师的康有为也多次对梁启超的流质易变提出严正批评。以戊戌变法为开端,梁启超的思想变成了行动。特别是戊戌变法失败逃亡日本后,梁启超接触到大量西方学说,流质易变的特质被发挥到了极致。作为宣传家,梁启超的言论对当时的中国尤其是在广大青年中产生了巨大反响,《清议报》甚至被誉为当时青年人的"函授讲义"(顾颉刚语),梁启超对中国思想界的影响也随之如日中天。在这种情况下,梁启超思想的一些消极面也随即暴露出来,理论上忽东忽西的善变在实践上造成致命后果。严复对梁启超的批评和指责就是针对这种情况有感而发的。这种不满甚至愤懑在严复写给朋友的私人信件中表露无遗:"往者杭州蒋观云尝谓:梁任公笔下大有魔力,而实有左右社会之能,故言破坏,则人人以破坏为天经;倡暗杀,则党党以暗杀为地义。溯自甲午东事败衄之后,梁所主任之《时务报》,戊戌政变后之《清议报》、《新民丛报》及最后之《国风报》,何一非与清政府为难者乎?指为穷凶极恶,不可一日复容存立。于是头脑单简之少年,醉心民约之洋学生,至于自命时髦之旧官僚,乃群起而为汤武顺天应人之事。迨万弩齐发,隄防尽隳,大风起而悔心萌,即在任公,岂不知惎由是。则曰:'吾所极恶痛绝者政府,至于皇室,则向所保护者也。'嗟嗟任公! 生为中国之人,读书破万卷,尚不知吾国之制,皇室政府不得歧而二之,于其体,诚欲保全;于其用,不得不稍留余地,则其误于新学,可谓深矣。大抵任公操笔为文时,其实心救国之意浅,而俗谚所谓出风头之意多。庄生谓:'蒯聩知人之过,而不知其所以过';法文豪虎哥 Victor Hugo 谓:'革命风潮起时,人人爱走直线,当者立靡';德文豪葛尔第 Goethe 戏曲中有鲍斯特 Dr Fawst 者,无学不窥,最后学符咒神秘术,一夜召地球神,而地球神至,阴森狞恶,六种震动,问欲何为,鲍大恐屈伏,然而无术退之。嗟乎! 任公既以笔端搅动社会至如此矣。然惜无术再使吾国社会清明,则于救亡本旨又何济耶? 且任公不亦曰'共和则必亡国乎'? 然今日最难问题,即在何术脱离共和。"①

梁启超是中国近代最有影响力的宣传家之一,自称创立了"启超"体,笔端常带感情,故而含有魔力,为广大读者所喜爱。严复多次不无艳羡地说到这一点:

---

① 《与熊纯如书》,《严复集》(第三册),中华书局 1986 年版,第 645—646 页。

梁任公是绝妙议论家。①

言论界饮冰势力最巨,南海文笔沉闷,远不逮之,至如鄙人更当避舍。②

文辞优美,思想言论具有魅力原本是好事,乃至是一件大好事。问题的症结在于:梁启超不仅仅是学问家同时也是宣传家,不仅仅是理论家同时也是拥有亿万受众的政治家;他的思想言论是与中国社会的现实斗争密切相关的,故而影响到中国的前途和命运。依据严复的分析,一方面,由于"笔下大有魔力",梁启超能够以言论"左右社会",煽动民众,搅乱社会,在思想界的影响力无人匹敌。就梁启超的影响所及,从"头脑单简之少年,醉心民约之洋学生"到"自命时髦之旧官僚",既可见其受众广泛,又可见其受众或者涉世未深,或者思想根基浅薄,总之极易被蛊惑。受众的广泛而无知为梁启超言论的危险性推波助澜。另一方面,更为严重的是,由于喜欢出风头,梁启超爱发新奇之论,等他自己意识到问题的严重性以思改过之时,为时已晚。对于梁启超的所作所为,严复总结说:殊不知请神容易送神难,流质易变使梁启超的思想带有巨大的破坏性;由于笔端魅力足以煽动社会,尽管他的主张忽而东、忽而西前后相互矛盾,仍不乏追随者。致命的是,梁启超忽然主张暗杀,忽然鼓动破坏的反复无常不仅使追随者无所适从,而且给中国的救亡图存造成莫大损失。如此说来,梁启超的妙笔可谓他个人的幸运,亦可谓中国的不幸。对此,严复在写给熊纯如的信中有过详细的剖析、总结和概括,现摘录如下:

嗟嗟!吾国自甲午、戊戌以来,变故为不少矣。而海内所奉为导师,以为趋向标准者,首屈康、梁师弟。顾众人视之,则以为福首,而自仆视之,则以为祸魁。何则?政治变革之事,蕃变至多,往往见其是矣,而其效或非;群谓善矣,而收果转恶,是故深识远览之士,愀然恒以为难,不敢轻心掉之,而无予智之习,而彼康、梁则何如,于道徒见其一偏,而由言甚易。南海高年,已成固性。至于任公,妙才下笔,不能自休。自《时务报》发生以来,前后所主任杂志,几十余种,而所持宗旨,则前后易观者甚众,然此犹有良知进行之说,为之护符。顾而至于主暗杀、主破坏,其笔端又有魔力,足以动人。主暗杀,则人因之而傇然暗杀矣;

① 《与熊纯如书》,《严复集》(第三册),中华书局1986年版,第615页。
② 《与熊纯如书》,《严复集》(第三册),中华书局1986年版,第659页。

主破坏,则人又群然争为破坏矣。敢为非常可喜之论,而不知其种祸无穷,往者唐伯虎诗云:"闲来写得青山卖,不使人间造业钱。"以仆观之,梁任公所得于杂志者,大抵皆造业钱耳。今夫亡有清二百六十年社稷者,非他,康、梁也。何以言之?德宗固有意向之人君,向使无康、梁,其母子固未必生衅,西太后天年易尽,俟其百年,政权独揽,徐起更张,此不独其祖宗之所式凭,而亦四百兆人民之洪福。……至于任公,则自窜身海外以来,常以摧剥征伐政府,为唯一之能事。《清议》、《新民》、《国风》,进而弥厉,至于其极,诋之为穷凶极恶,意若不共戴天,以一己之于新学,略有所知,遂若旧制,一无可恕,其辞具在,吾岂诳哉!一夫作难,九庙遂堕,而天下汹汹,莫谁适主。盖至辛亥、壬子之交,天良未昧,任公悔心稍萌见矣。由是薰穴求君,恩及朱明之恪孙,及曲阜之圣裔,乃语人曰:"吾往日论议,止攻政府,不诋皇室。"夫任公不识中国之制与西洋殊,皇室政府,必不可分而二者,亦可谓枉读一世之中西书矣。其友徐佛苏曰:"革命则必共和,共和则必亡国。"此其妖言,殆不可忏。而追原祸始,谁实为之。……英人摩理有言:"政治为物,常择于两过之间。"(见文集第五卷。)法哲韦陀虎哥有言:"革命时代最险恶物,莫如直线。"(见所著书名《九十三年》者。)任公理想中人,欲以无过律一切之政法,而一往不回,常行于最险直线者也。故其立言多可悔,迨悔而天下之灾已不可救矣!今夫投鼠忌器,常智犹能与之,彼有清多罪,至于末造之亲贵用事,其用人行政,尤背法理,谁不知之。然使任公为文痛詈之时,稍存忠厚,少敛笔锋,不至天下愤兴,流氓童骏,尽可奉辞与之为难,则留一姓之传,以内阁责任汉人,为立宪君主之政府,何尝不可做到。然则统其全而观之,吾国所全,顾不大耶!而无如其一毁而无余何也。①

　　稍微留意不难看出,严复对梁启超的批判表面上针对其常带感情、可以呼风唤雨的魅力之笔,本质上或根本上则是不满意梁启超思想忽然东、忽然西的"前后易观"之宗旨。在严复看来,梁启超忽然提倡暗杀,忽然鼓动破坏或忽然主张革命的前后矛盾言论归根结底是急功近利心理作祟,由于急于求成,故而爱走极端,常常选择最危险的直线而非从长计议。众所周知,严复早在1895年就提出了"废君主"的主张,由此站在了戊戌启蒙的最前沿。与此同时,他强调,实行君主立宪是一个自然的历史过程,遵循自然进

---

①　《与熊纯如书》,《严复集》(第三册),中华书局1986年版,第631—633页。

化("天演")的法则;如果贸然行事,必然引起混乱,造成巨大破坏。对于历史悠久、人口众多的中国来说更是如此。这用严复本人的话说便是:"今夫中国立基四千余年,含育四五百兆,是故天下重器,不可妄动,动则积尸成山,流血为渠。古圣贤所以严分义而威乱贼者以此,伊尹之三就桀者以此,周发之初会孟津,而复散归者以此,操、懿之久而后篡者亦以此。"①基于这种思考,严复主张对于中国近代社会的救亡图存应该图谋长计,反对梁启超急功近利的做法,更反对梁启超不计后果的短视和快一时之意。在严复看来,梁启超的主张具有一个共同点,那就是:由于不能深谙中国现实,故而对中国的前途和政局不能从长计议。

达尔文的进化论使严复具有"天演"情结,对斯宾塞将进化的轨迹概括为"始于简易,终于错综"顶礼膜拜,同时援引庄子的"作始也简,将毕也钜"进行深入发挥。有鉴于此,他对庄子的"作始也简,将毕也钜"非常重视,多次从不同角度予以解读和诠释:

> 庄子曰:"作始也简,将毕也钜。"足与此章(指《老子·第六十四章》——引者注)相发明,皆物理历史之公例也。②
> 作始也简,将毕也巨,乃人事造因一公例。所造之因虽微,而将来所结之果乃至不可测。(此批在"其将毕也必巨"一句上。)③

通过诠释,严复从庄子的"作始也简,将毕也钜"中引申出两个结论,这两个结论对于理解严复的"天演"法则——尤其是处理各种政事至关重要:一是因果律是必然法则,不可逃避;一是因微果显、因细果巨,故而对因不可忽视。正是沿着这一思路,他在"其作始也简"一句上写道:"以下又推论事变之不可知,今日所种之因虽微,而其结果可以至巨,观于吾国金陵、天津诸条约,皆成今日绝大厉阶,可以悟其言之无以易。"④在此,由严复对后果的审慎不难想象他对梁启超随时改弦更张的痛惜、担忧和愤慨。

严复进一步揭示、分析了梁启超之所以言论前后矛盾的深层原因,指出这并非性格使然,而是目的不纯,动机不正。按照严复的说法,梁启超发表言论的意图并非出于真心救国,故而在作文时往往是为了出风头而不计后果,出风头的目的又进一步决定了梁启超作文好为极端之论,集中表现便是

---

① 《与熊纯如书》,《严复集》(第三册),中华书局1986年版,第632—633页。
② 《〈老子〉评语》,《严复集》(第四册),中华书局1986年版,第1097页。
③ 《〈庄子〉评语》,《严复集》(第四册),中华书局1986年版,第1113页。
④ 《〈庄子〉评语》,《严复集》(第四册),中华书局1986年版,第1112—1113页。

爱走极端。梁启超好走极端的做法与其说是为了救国,不如说是在祸国,正如抱薪救火一般贻害无穷。严复对梁启超走极端的做法深恶痛绝:"总之,将亡之国,处处皆走极端,波兰前史,可为殷鉴,人人自诡救国,实人人皆抱薪厝火之夫,他日及之后知,履之后艰,虽痛哭流涕,戟指呵詈其所崇拜盲从之人,亦已晚矣。悲夫! 书不尽意。"①

在此基础上,严复进而指出,梁启超好走极端与其煽动人情的妙笔相互造势,给中国带来了致命破坏。对此,严复借"演门有亲死者"发挥说:"此段之旨,非著其不能游也,乃恶其尊古卑今,而遂至于覆坠而不反,火驰而不顾也。夫演门由光之所为,固不必非,而慕效者,遂至流遁而决绝。故老莱子曰,反非无伤,动非无邪。而立教者,往往不忍一世之伤,而骛万世之患也。"②"演门有亲死者"出于《庄子·外物》篇,书中云:"演门有亲死者,以善毁爵为官师,其党人毁而死者半。"严复的意思是说,做任何事情都要从长远打算,尤其是一定要考虑到可能引起的社会后果,万万不可图一时快意而不计后果。不幸的是,梁启超的言论恰恰如此。鉴于梁启超的言论已经一而再、再而三地给中国造成了不可挽回的损失,严复唯一的希望就是梁启超回国后如他自己所言远离政界,不再给中国造成新的危害:"至于今日,事已往矣,师弟翩然返国,复睹乡枌,强健长存,仍享大名,而为海内之巨子,一词一令,依然左右群伦,而有清之社,则已屋矣,中国已革命而共和矣。徐佛苏之妖言,大虑终无可忏。黄台瓜辞曰:'种瓜黄台下,瓜熟子离离,一摘使瓜好,再摘使瓜稀,三摘犹为可,四摘抱蔓归。'康、梁之于中国,已再摘而三摘矣。耿耿隐忧,窃愿其慎勿四摘耳。"③

上述分析表明,严复对梁启超的批评主要针对梁启超的行为给中国社会造成的无法挽回的客观后果,其中隐藏着对梁启超的性格甚至是人格的不屑,对梁启超"操笔为文时,其实心救国之意浅,而俗谚所谓出风头之意多"的揭露和剖析直接逼问梁启超的人格和道德底线,可谓不留情面。与此类似,在严复的视界中,梁启超迎合大众,随波逐流亦属人格问题。

退而言之,即使承认梁启超是"好人",没有人格方面的问题,严复还是止不住对梁启超在政治方面的幼稚忧心忡忡。在严复看来,梁启超分不清言界与政界的界限,梁启超的所有言论和设想充其量都只限于纸上谈兵。这表明,梁启超对政界的认识是幼稚的,一旦入政界则会被别有用心的人所

① 《与熊纯如书》,《严复集》(第三册),中华书局 1986 年版,第 641—642 页。
② 《〈庄子〉评语》,《严复集》(第四册),中华书局 1986 年版,第 1144—1145 页。
③ 《与熊纯如书》,《严复集》(第三册),中华书局 1986 年版,第 633 页。

利用。严复对梁启超回国后投身政界的担心正缘于此:"任公到京,虽备受各界欢迎,时有演说,然尚不闻生何效力。据言将于教育中寻些事业,不入政界,此言若诚,亦大佳事,何则? 以任公而入政界,吾有以策其必毁也。……学问分为两种:一为纸的学问,一为事的学问,讥吾国所治皆为纸的学问,此则似是实非。不知少年入校,无论何国所教,皆系纸的。其至善者,亦不外教人自用脑力;至于事的学问,则出校以后,各从阅历得之,故国家于初毕业学生,无论如何优秀,皆不肯即界重权,常令从最下级做起,此西洋日本所历用之成法也。惟吾国不然,往往于出洋之人,以为新派。……视同至宝,立界重权,故多失败,此真孔子所谓:'贼夫人之子者。'平情而论,即任公本身即为其证,好为可喜新说,尝自诡可为内阁总理,然在前清时不论,其入民国,一长司法,再任币制,皆不能本坐言以为起行,至为凤凰草大政方针,种种皆成纸上谈兵,于时世毫无裨补,侘傺去位,此虽洹上在位,志不得行,然使出身谋国,上不知元首之非其人,下不知国民程度之不及,则其人之非实行家,而毕生学问皆为纸的,不灼灼彰明较著也哉! 虽然,任公自是当世贤者,吾徒惜其以口舌得名,所持言论,往往投鼠不知忌器,使捣乱者得借为资,己又无术能持其后,所为重可叹也! 须知吾人所身受苦痛,其由于恶人者浅,而成于好人者深,黄陂、合肥皆好人也,即如今番之复约法,召集旧国会,非任公一言,安得有此,然而效可睹矣。悲夫! 悲夫!"①

值得一提的是,除了对梁启超在政治上的所作所为给中国社会造成的危害强烈不满之外,严复对梁启超的学问也含有微词——这不仅因为两人的学术倾向和主张存在差异,更重要的是因为严复认为梁启超的学术主张和兴趣恰恰助长了他的轻率、自负与狂妄。对此,严复剖析说:"康、梁生长粤东,为中国沾染欧风最早之地,粤人赴美者多,赴欧者少,其所捆载而归者,大抵皆17、18世纪革命独立之旧义,其中如洛克、米勒登、卢梭诸公学说,骤然观之,而不细勘以东西历史、人群结合开化之事实,则未有不薰醉颠冥,以其说为人道惟一共遵之途径,傚而行之,有百利而无一害者也。而孰意其大谬不然乎?(此说甚长,留为后论。)任公文笔,原自畅遂,其自甲午以后,于报章文字,成绩为多,一纸风行海内,观听为之一耸。又其时赴东学子,盈万累千,名为求学,而大抵皆为日本之所利用。当上海《时务报》之初出也,复尝寓书戒之,劝其无易由言,致成他日之海(疑为悔——引者注),闻当日得书,颇为意动,而转念乃云:'吾将凭随时之良知行之。'(任公宋学主陆王,此极危险。)由是所言,皆偏宕之谈,惊奇可喜之论。至学识稍增,

---

① 《与熊纯如书》,《严复集》(第三册),中华书局1986年版,第661页。

自知过当,则曰:'吾不惜与自己前言宣战'。然而革命、暗杀、破坏诸主张,并不为悔艾者留余地也。至挽近中国士大夫,其于旧学,除以为门面语外,本无心得,本国伦理政治之根源盛大处,彼亦无有真知,故其对于新说也,不为无理偏执之顽固,则为逢迎变化之随波。何则? 以其中本无所主故也。"①

在这里,严复的批评从剖析梁启超的思想构成入手,具体分为西学与中学两个方面——既从一个侧面展示了严复与梁启超的学术分歧,又流露出对梁启超为学的不满乃至不屑。依据严复的分析,就西学而言,梁启超推崇洛克、卢梭等人的思想,而这些学说都属于17、18世纪之旧义,并且以革命、独立为要义;这些学说是西方历史、社会的产物,不可在中国效仿。就中学而言,梁启超推崇陆王,而这是极"危险"的——正如自我辩解"凭随时之良知行之"一样,梁启超的主张和言论"皆偏宕之谈,惊奇可喜之论"。更为重要的是,梁启超的西学与中学皆无根柢,无根柢则无所主;由于缺少固定操守,结果可想而知——不是随波逐流,即是左右奉迎。其实,被梁启超所奉为至宝的西方17、18世纪革命独立之旧义,皆是直线而决绝的。在这些思想的影响下,难怪梁启超所提倡的"革命、暗杀、破坏诸主张,并不为悔艾者留余地"。严复的分析道出了梁启超所执前后矛盾的思想根源,由于这一切皆与梁启超的中西学术渊源密不可分,故而"与生俱来"乃至不可更改。

严复对梁启超学术根源的揭示、批评大致展示了两人在理论来源和思想倾向方面的差异:在对待西学上,严复反对卢梭,梁启超却将卢梭奉为自己的精神导师。严复在给朋友的信中曾经表白:"自卢梭《民约》风行,社会被其影响不少,不惜喋血捐生以从其法,然实无济于治,盖其本源谬也。刻拟草《民约平议》一通,以药社会之迷信,报出,贤者可一观之而有以助我。"②严复作《民约平议》就是为了"药社会"对卢梭的迷信,而这是严复所作的唯一一篇抨击西方思想家的文章。由此,他对卢梭的反感可见一斑。与严复专门作文反对卢梭的社会契约论(民约论)天差地别,梁启超作《卢梭学案》对卢梭包括社会契约论在内的思想加以推介,同时作诗表达自己对卢梭的敬意:"我所思兮在何处,卢(卢梭)孟(孟德斯鸠)高文我本师。"③在对待中学上,严复极力贬损陆王而推崇朱熹,批判陆王心学是"心成之说"。梁启超对陆王的好感远远大于朱熹,不论是作《王阳明知行合一之

①　《与熊纯如书》,《严复集》(第三册),中华书局1986年版,第648页。
②　《与熊纯如书》,《严复集》(第三册),中华书局1986年版,第614页。
③　《次韵酬星洲寓公见怀二首并示遁庵》,《梁启超全集》(第九册),北京出版社1999年版,第5422页。

教》对王守仁的推崇还是《德育鉴》中对陆王的偏袒都表明了这一点，陆王
心学也成为梁启超心学最基本的底色。

对西学和中学的不同选择和侧重反映了严复与梁启超的个性差异：如
果说严复是现实的、理性的话，那么，梁启超则是感性的、理想的。严复推崇
黑格尔而反对卢梭的根本原因就是抵制卢梭的情感主义："卢梭之说，其所
以误人者，以其动于感情，悬意虚造，而不详诸人群历史之事实。……家得
自由，人皆平等，则尤为往古之所未尝，且恐为后来之所无有。盖草昧之民，
其神明既为迷信所深拘，其形骸又为阴阳之所困阨，忧疑好杀，家相为仇。
是故初民，号为最苦。然则统前后而观之，卢梭之所谓民约者，吾不知其约
于何世也。"①受制于理性主义的价值理念，严复一面在西学中心仪推崇绝
对精神的黑格尔，在中学中倾慕"道问学"的朱熹，一面斥责陆王心学为闭
门造车的"心成之说"。梁启超思想的情感主义不言而喻，并且在各方面表
现出来——不仅在作文时笔端常带感情，而且在哲学上对情感高于理性的
唯意志论情有独钟。作为其结果，梁启超的言论往往情感化乃至情绪化。
这作为一种文风或学术倾向或许不伤大雅乃至无可厚非，一旦进入政界尤
其在中国近代特殊的历史背景和社会环境中则贻害无穷。

除了严复所提到的内容之外，严复与梁启超的学术分歧在对待日本思
想的态度上表现得尤为明显：严复反对从日本转译西学，除了中转的周折之
外，免于受日本误导是主要原因。梁启超将日本誉为自己的第二个故乡，对
严复的担忧不以为然，反而对从日本转译西学乐此不疲。对待日本学的不
同态度决定了严复、梁启超输入西学的不同方式和侧重：严复直接从西方引
入、翻译各种思想，并深受西学影响；梁启超主要受日本学（日本转译西学）
的影响，使用的诸多名词、概念直接从日本舶来。

上述内容显示，严复对梁启超的不满乃至谩骂归根到底不是出于个人
恩怨，而是基于对中国前途和命运的考虑，焦点集中在对梁启超由于流质易
变、所执言论前后矛盾给中国造成的破坏性影响上。从某种意义上说，严复
的批判击中要害，这一点也是梁启超生前身后备受争议乃至诟病的原因所
在。对于自己平生的这一特性，梁启超本人在不同场合多次提及、自省乃至
自我解嘲。在这方面，除了在写给严复的信和《清代学术概论》中反复申辩
之外，面对他人对自己政论多变的忍无可忍，梁启超再次作出了如下表白：
"吾生性之长短，吾最自知之，吾亦与天下人共见之。要之，鄙人之言其心
中之所怀抱，而不能一毫有所自隐蔽，（非直不欲，实不能也。）此则其一贯

---

① 《〈民约〉平议》，《严复集》（第二册），中华书局1986年版，第340页。

者也。辛壬之间，师友所以督责之者甚至，而吾终不能改。及一旦霍然自见其非，虽欲自无言焉，亦不可得。吾亦不知其何以如是也，故自认为真理者，则舍己以从；自认为谬误者，则不远而复。'如恶恶臭，如好好色'，此吾生之所长也。若其见理不定，屡变屡迁，此吾生之所最短也。南海先生十年前即以流质相戒，诸畏友中，亦频以为规焉。此性质实为吾生进德修业之大魔障，吾之所以不能抗希古人，弊皆坐是，此决不敢自讳。且日思自克，而竟无一进者，生平遗憾，莫此为甚。若云好名，则鄙人自信，此关尚看得破也。至立言者，必思以其言易天下。不然，则言之奚为者？故鄙人每一意见，辄欲淋漓尽致以发挥之，使无余蕴，则亦受性然也，以是为对于社会之一责任而已。"①

　　梁启超的多次表白印证了严复评价梁启超的公允性，表明他对梁启超的批评既得到了梁启超的认同，又与其他人对梁启超的看法所见略同。饶有趣味的是，梁启超对自己的辩解印证了严复对梁启超中学、西学皆无根底的指责："启超之在思想界，其破坏力确不小，而建设则未有闻。晚清思想界之粗率浅薄，启超与有罪焉。启超常称佛说，谓：'未能自度，而先度人，是为菩萨发心。'故其生平著作极多，皆随有所见，随即发表。彼尝言：'我读到"性本善"，则教人以"人之初"而已。'殊不思'性相近'以下尚未读通，恐并'人之初'一句亦不能解。以此教人，安见其不为误人？启超平素主张，谓须将世界学说为无制限的尽量输入，斯固然矣。然必所输入者确为该思想之本来面目，又必具其条理本末，始能供国人切实研究之资，此其事非多数人专门分担不能。启超务广而荒，每一学稍涉其樊，便加论列，故其所述著，多模糊影响笼统之谈，甚者纯然错误，及其自发现而自谋矫正，则已前后矛盾矣。平心论之，以二十年前思想界之闭塞萎靡，非用此种卤莽疏阔手段，不能烈山泽以辟新局。就此点论，梁启超可谓新思想界之陈涉。虽然，国人所责望于启超不止此。以其人本身之魄力，及其三十年历史上所积之资格，实应为我新思想界力图缔造一开国规模。若此人而长此以自终，则在中国文化史上，不能不谓为一大损失也。……有为太有成见，启超太无成见。其应事也有然，其治学也亦有然。有为常言：'吾学三十岁已成，此后不复有进，亦不必求进。'启超不然，常自觉其学未成，且忧其不成，数十年日在旁皇求索中。故有为之学，在今日可以论定；启超之学，则未能论定。然启超以太无成见之故，往往徇物而夺其所守，其创造力不逮有为，殆可断言矣。启超'学问欲'极炽，其所嗜之种类亦繁杂，每治一业，则沉溺焉，集

　　①　《答和事人》，《梁启超全集》（第二册），北京出版社1999年版，第975—976页。

中精力,尽抛其他;历若干时日,移于他业,则又抛其前所治者。以集中精力故,故常有所得;以移时而抛故,故入焉而不深。彼尝有诗题其女令娴《艺蘅馆日记》云:'吾学病爱博,是用浅且芜;尤病在无恒,有获旋失诸;百凡可效我,此二无我如。'可谓有自知之明。启超虽自知其短,而改之不勇,中间又屡为无聊的政治活动所牵率,耗其精而荒其业。识者谓启超若能永远绝意政治,且裁敛其学问欲,专精于一二点,则于将来之思想界尚更有所贡献,否则亦适成为清代思想史之结束人物而已。"①

在这里,梁启超本着"一分为二"的原则对自己的功过进行了剖析,承认自己对于近代("晚清")思想界的粗率浅薄有罪,这与严复对梁启超的评价相吻合。尽管梁启超为自己开脱找到了启蒙的仓促性、自身的学问欲和迫于政治环境等种种借口和理由,然而,他的思想的前后矛盾、浅薄则是不争的事实。梁启超对清代学术评价甚高,誉之为中国的文艺复兴,同时指出其有笼统肤浅凌乱之弊端,并力图铲除之。在挖掘这些"恶现象"的根源时,他找到了救亡图存的仓促,同时承认与学问欲至多密不可分。从这个意义上说,梁启超确认"学问欲"至多是坏事,并针对这一问题造成的学术弊端而提倡对"学问欲"有所割弃,选择一门学问进行彻底的忠实研究,以做到学问专精:"若今日者,正其启蒙期矣。……学问可嗜者至多,吾辈当有所割弃然后有所专精。对于一学,为彻底的忠实研究。……力洗晚清笼统肤浅凌乱之病。"②意味深长的是,梁启超承认"学问欲"过多是坏事,会造成诸多学术弊端;同时承认自己"'学问欲'极炽",并且对于清代学术的肤浅、庞杂负有责任。尽管如此,他并没有对自己的所执往往前后矛盾做过检讨,对此所做的只是一而再、再而三的解释,接下来便是矛盾言论"再而三、三而四"的出现。

就对于戊戌启蒙的贡献来说,严复是学问家,梁启超是宣传家,两人之间的区别是显而易见的。在中国近代启蒙大众的时代,宣传家、鼓动家无疑具有更大的用武之地。在这个意义上,严复对梁启超的批评从理论上说是中肯而实事求是的,从效果上说则是不全面的——在这方面,梁启超将自己界定为"新思想界之陈涉"更恰如其分,他受欢迎的程度和影响恰好印证了这一点。值得一提的是,1917年底,梁启超自觉只能做"理论的政务家"而不能胜任"实行的政治家"之职,因此退出政界,结束了自己的政治生涯。此时,再回过头来看严复对梁启超的评价,不禁令人叫绝。

① 《清代学术概论》,《梁启超全集》(第五册),北京出版社1999年版,第3101—3102页。

② 《清代学术概论》,《梁启超全集》(第五册),北京出版社1999年版,第3109页。

第二节　梁启超对严复的评价

大致说来，梁启超对严复的态度和评价前后之间并无根本性的变化——与严复对梁启超的态度转变形成鲜明对比；梁启超对严复始终充满尊重而无任何微词，与严复对梁启超的不满甚至谩骂更是相去霄壤。早年的梁启超更是将严复奉为自己的启蒙老师，即使是到了日本接触大量的西方学说、思想发生巨大转变之后，也没有改变对严复的态度。例如，与严复坚决反对康有为、梁启超从日本转译西学的态度截然不同，梁启超对精通日文，中经日文翻译西学十分受用。尽管如此，梁启超并没有像严复对梁启超等人从日本转译西学表示不满甚至反感那样对待严复以西文译西学，而是将严复视为中国思想界的功臣，对严复所译西学的评价自然极高。在回顾、总结中国近代输入外学的情况时，一方面，梁启超坦言自己对西学的输入亦有功劳。对此，他不止一次地写道：

> 有为、启超皆抱启蒙期"致用"的观念，借经术以文饰其政论，颇失"为经学而治经学"之本意，故其业不昌，而转成为欧西思想输入之导引。[①]
>
> 壬寅、癸卯间，……新思想之输入，如火如荼矣，然皆所谓"梁启超式"的输入，无组织，无选择，本末不具，派别不明，惟以多为贵，而社会亦欢迎之。[②]

另一方面，梁启超承认自己对于新思想的输入与严复相比自愧弗如。对此，梁启超如是说："……'梁启超式'的输入，无组织，无选择，本末不具，派别不明，惟以多为贵。……盖如久处灾区之民，草根木皮，冻雀腐鼠，罔不甘之，朵颐大嚼，其能消化与否不问，能无召病与否更不问也，而亦实无卫生良品足以为代。时独有侯官严复，先后译赫胥黎《天演论》，斯密亚丹《原富》，穆勒约翰《名学》、《群己权界论》，孟德斯鸠《法意》，斯宾塞《群学肄言》等数种，皆名著也。虽半属旧籍，去时势颇远，然西洋留学生与本国思想界发生关系者，复其首也。"[③]

---

① 《清代学术概论》，《梁启超全集》（第五册），北京出版社 1999 年版，第 3070 页。
② 《清代学术概论》，《梁启超全集》（第五册），北京出版社 1999 年版，第 3104—3105 页。
③ 《清代学术概论》，《梁启超全集》（第五册），北京出版社 1999 年版，第 3105 页。

　　与对严复翻译西学的赞叹有加相一致,梁启超对严复翻译的《原富》、《天演论》极为推崇,在讲到相关学说或人物时,往往不失时机地提及严复。下仅举其一斑:

　　　　泰西论者,每谓理财学之诞生日何日乎? 即一千七百七十六年是也。何以故? 盖以亚丹斯密氏之《原富》(Inquiry into the Nature and Causes of the Wealth of Nations 此书侯官严氏译)出版于是年也。①
　　　　斯密氏之学说,披靡西土者已百余年,今且为前鱼矣,为积薪矣,而其书乃今始出现于我学界。(斯密《原富》严译本去年始印行)②

　　出于对严复西学素养和西学翻译的推崇,梁启超在阐述自己的观点时援引严复的观点加以佐证似乎成了一种习惯。例如:

　　　　盖其地理之现象,空界(即天然界近于地文学范围者。)之状态,能使初民(此名词从侯官严氏译,谓古代最初之民族也。)对于上天,而生出种种之观念也。③
　　　　呜呼! 世运之说,岂不信哉! 当春秋、战国之交,岂特中国民智,为全盛时代而已;盖征诸全球,莫不尔焉,自孔子、老子以迄韩非、李斯,凡三百余年,九流百家,皆起于是。前空往劫,后绝来尘,尚矣。试征诸印度:万教之狮子厥惟佛。佛之生,在孔子前四百十七年,在耶稣前九百六十八年,(此侯官严氏所考据也,见《天演论》下第三章案语。今从之。)凡住世者七十九岁。佛灭度后六百年而马鸣论师兴,七百年而龙树菩萨现。马鸣、龙树,殆与孟子、荀卿同时也。八百余年而无著、世亲、陈那、护法诸大德起,大乘宏旨,显扬殆罄,时则秦、汉之交也。……由是观之,此前后一千年间,实为全地球有生以来空前绝后之盛运。④

　　更能展示梁启超对严复尊重有加的是,由于热衷于从日本转译西学,梁启超在一些概念、名词的使用上难免遵从日本学者的译法。即使是在这种

---

① 《论学术之势力左右世界》,《梁启超全集》(第二册),北京出版社 1999 年版,第 558 页。
② 《生计学学说沿革小史》,《梁启超全集》(第二册),北京出版社 1999 年版,第 997 页。
③ 《论中国学术思想变迁之大势》,《梁启超全集》(第二册),北京出版社 1999 年版,第 563 页。
④ 《论中国学术思想变迁之大势》,《梁启超全集》(第二册),北京出版社 1999 年版,第 578 页。

情况下,梁启超在采用日本学者的译名时总是不失时机地标出严复的译法,以示对严复的尊重。下面的例子在梁启超那里俯拾即是:

> 亚氏之学,实总汇古代思想之源泉而发达臻于极点者也。且其穷理之法,亦综合诸家。彼以为剖辨真理,当有所凭藉也。于是创论理学(即侯官严氏译为名学者。)以范之。①

> 倍根以为治此迷因,惟一良法,然非如阿里士多德论理学之三句法也。(按:英语 Logic,日本译之为"论理学",中国旧译'辨学',侯官严氏以其近于战国坚白异同之言,译为"名学"。然此学实与战国诡辩家言不同,故从日本译。)②

> Logic 之原语,前明李之藻译为名理,近侯官严氏译为名学,此实用九流"名家"之旧名,惟于原语意,似有所未尽。今从东译通行语,作论理学,其本学中之术语,则东译严译,择善而从,而采东译为多。吾中国将来之学界,必与日本学界有密切之关系,故今毋宁多采之,免使与方来之译本生参差也。③

> 此墨子书中言论理学最明显之处也。其所谓先立仪法,仪法者,即西文 Logic 之义也。(Logic 兼论与学之两义,其解说详严译《名学引论》第二叶)④

在这里,梁启超遵从日本学者的译法,将逻辑学译为论理学,并且不认同严复将逻辑学译为名学的做法——理由是,严复用以翻译逻辑学的名学一词滥觞于名家之名,旨在突出以战国时惠施、公孙龙为首的名家思想。这其实是对严复的误解。严复明确指出,所谓名学之名含义奥赜,深邃丰富;如果非要论其出处的话,则取孔子"必也正名乎"之名。正因为如此,严复认定孔子精通逻辑学,出于孔子之手的《春秋》和《周易》都是中国的逻辑学代表作。其中,《春秋》以归纳法为主,《周易》则以演绎法为主。除此之外,严复还谈到老子和朱熹等人的逻辑思想,却很少谈论惠施、公孙龙等名家的思想。这些情况共同证明,严复将逻辑学翻译为名学并非取名家之名,更不是为了以名家作为中国古代逻辑学的代表。尽管梁启超并不认同严复将逻

---

① 《论希腊古代学术》,《梁启超全集》(第二册),北京出版社 1999 年版,第 1015 页。
② 《近世文明初祖二大家之学说》,《梁启超全集》(第二册),北京出版社 1999 年版,第 1031 页。
③ 《墨子之论理学》,《梁启超全集》(第六册),北京出版社 1999 年版,第 3186 页。
④ 《墨子之论理学》,《梁启超全集》(第六册),北京出版社 1999 年版,第 3193 页。

辑学译为名学的做法,然而,他并没有由此排斥或漠视严复输入的逻辑学;恰好相反,梁启超在介绍、输入逻辑学时,日本译法和严复译法兼而采之。

如上所述,严复、梁启超对日本学术的态度相去天壤:一边是严复对日本学术深恶痛绝,执意直接从西方以西文译西学;一边则是梁启超对习日文,由东学译西学津津乐道。两人对日本学术的态度分歧直接表现在逻辑学上。一方面,正如排斥日本的哲学译名而采用形而上学一样,严复将Logic译为名学就是为了排斥日本学界对于逻辑学的译法,将Deductive译作"外籀之术",将Inductive译为"内籀之术"亦是如此,因为"'内籀'东译谓之'归纳',……'外籀'东译谓之'演绎'"。与严复有别,梁启超的逻辑学术语很多采用日本学者的译名,这一点从他将逻辑学译为论理学,采取日本归纳、演绎而不从严复的名学、"内籀之术"、"外籀之术"等译名中即可见其一斑。另一方面,与对严复西学的叹服相一致,梁启超对严复介绍、翻译的逻辑学持肯定态度;即使不认同严复将Logic译为名学,却十分认同严复对Logic兼论与学两义的解说。

综观梁启超的逻辑思想不难看出,他的思想深受严复的影响——尤其与严复翻译的《名学浅说》和《穆勒名学》具有某种程度的渊源关系。严复介绍、输入的西方逻辑学对梁启超具有一定影响是毋庸置疑的,对于这一点,梁启超讲逻辑学时不时采用严复的观点便是明证:"凡主宾两词之质量相等者,则可以互为主宾。'彼彼止于彼此此止于此'者,谓特称名词也。特称名词则有内包、外延之差量,今先明其例。如第一图,人类中含有亚细亚人、亚细亚人中含有中国人,中国人中含有墨子,是之谓外延。墨子既含有中国人之公共性,复有其特性;中国人之在亚细亚,亚细亚人之在人类,亦复如是,是之谓内包。今谓墨子者中国人也,亚细亚人也,人类也,可也;反言之,谓人类者亚细亚人也,亚细亚人者中国人也,中国人者墨子也,是不可也。何也? 彼彼止于彼,此此止于此也。故当断案之际,必有度量分界焉,竟彼彼不得也,竟彼彼,则彼亦且此此,是即'中国人者墨子也'之喻也。且墨子所谓'彼彼止于彼此,此此止于此'者,又不徒在全称特称而已,于词之普及不普及,皆深注意焉,此又论理学上一紧要关目也。普及者,英语之Distribute如云,'凡民有死'则民之一名普及者也,而有死之一名,则非普及,有死者众,不独民也。设云'有民为白种',则两端皆非普及,民不皆白,而白种者又不皆民也。又如曰'无人能飞',则两端皆为普及,飞固无与于人,人亦无与于飞,二类者全不相入也。(凡民有死下引严译《名学篇》四)"①

---

① 《墨子之论理学》,《梁启超全集》(第六册),北京出版社1999年版,第3188页。

在中国近代,梁启超是叱咤风云的启蒙思想家;在严复面前,梁启超又是一位被启蒙者。正因为如此,严复的西学思想对逃亡日本之前的梁启超产生了至关重要的影响,严复可谓是梁启超的精神导师;即便是在梁启超大量接触西学之后,严复也在一定程度上影响着梁启超对西学的基本看法和对具体人物的选择。例如,对于西方近代学术的日新月异,梁启超指出:"近世史之新学术亦多矣,日出日精,愈讲愈密,其进化之速,不可思议。前贤畏后生。吁,其然哉! 虽然,前此数千年之进化何以如此其迟? 后此数百年之进化何以如此其速? 其间必有一关键焉。友人侯官严几道常言:'马丁路得、倍根、笛卡儿诸贤,实近世之圣人也。不过后人思想薄弱,以谓圣人为古代所专有之物,故不敢奉以此名耳。'吾深佩其言。盖为数百年来宗教界开一新国土者,实惟马丁路得;为数百年来学术界开一新国土者,实惟倍根与笛卡儿。顾宗教今已属末法之期,而学术则如旭日升天,方兴未艾。然则倍氏笛氏之功之在世界者,正未始有极也。"①梁启超对马丁·路德的宗教改革十分佩服,誉康有为为孔教的马丁·路德便是明证。梁启超更是将培根、笛卡尔奉为近世文明的开山,《近世文明初祖两大家之学说》便是这一观点的集中体现。梁启超的这些知识最早源于严复的西学"启蒙"。

就西学对梁启超的影响而言,严复的引介之功更是不容忽视。严复是中国近代系统输入进化论的第一人,梁启超则是进化论的追随者和鼓吹者。正是受惠于严复,梁启超对达尔文进化论推崇备至且受益匪浅,在输入西学时给进化论重要一席。一方面,梁启超作《天演学初祖达尔文之学说及其略传》、《进化论革命者颉德之学说》宣传进化论,并在《论学术之势力左右世界》、《生物学在学术界之位置》等论文中多次介绍进化论及其影响。另一方面,进化论特别是生存竞争是梁启超宣传救亡图存和思想启蒙的重要武器,他将进化论运用到伦理、历史和文化等各个领域,作为一种新的思维方式和价值观念来审视世界,探讨人生。毫无疑问,梁启超对进化论的系统了解最早、最直接地来自严复的引领和严译《天演论》的启蒙,这一点通过梁启超迫不及待地向严复讨要《天演论》译稿先睹为快和对严译《天演论》的至高评价可见一斑。不仅如此,在讲到进化论或阐释自己的观点时,梁启超总是念念不忘地援引严复的观点为自己辩护。例如,在论证放弃自由是第一大罪时,梁启超写道:"盖苟天下无放弃自由之人,则必无侵人自由之人。此之所侵者,即彼之所放弃者,非有二物也。夫物竞天择,优胜劣败,

---

① 《近世文明初祖二大家之学说》,《梁启超全集》(第二册),北京出版社1999年版,第1030页。

（此二语群学之通语，严侯官译为物竞天择，适者生存。日本译为生存竞争，优胜劣败。今合两者并用之，即欲定以为名词焉。）此天演学之公例也，人人各务求自存则务求胜，务求胜则务为优者，务为优者则扩充己之自由权而不知厌足，不知厌则侵人自由必矣。言自由者必曰：人人自由而以他人之自由为界，夫自由何以有界？"①

　　在中国近代，进化论是一种全新的思维方式和思想方法，也是一种新的价值观念和行为旨趣。从这个意义上说，严复的《天演论》带给梁启超的不仅是"知识"，更重要的是世界观、方法论、价值观和人生观。正是沿着生存竞争、适者生存的思路，梁启超推崇功利主义——专门作《乐利主义泰斗边沁之学说》，同时介绍了最先使用功利主义一词的功利主义大家——穆勒的观点，并且力排众议推介日本功利主义者加藤弘之的思想。值得注意的是，梁启超所讲的功利主义与老师康有为"求乐免苦"的享乐主义相去甚远，目的在于通过利群利他来自利，而这一切源于达尔文进化论基于生物生存竞争法则的思考和权衡："边氏（指边沁——引者注）此论，大为时贤所诟病，以为是禽兽之教也。既称为人，而仅以快乐为无上之目的，则与伊壁鸠鲁之育豚学说何异哉？……于是约翰弥勒病之，……且弥勒之意，必以肉欲之乐为下等，以智德之乐为高等者也。若采舆论，则高下不易位者几希矣。故论者或谓弥勒用乐利派之名，而袭直觉派（Intuitionism）之实，非无故也。然则边沁之说，果如论者所讥欤？曰：是不然。苟所用择之之术既极精，则必能取其高等者，而弃其下等者。何以故？凡高等之乐，其量必大；下等之乐，其量必小故。（高等之乐，常与苦绝对；下等之乐必与苦相倚，故用边沁较纯驳一例，其量之大小自见。）夫乐之最下等者，声色货利是也。然声色之乐，每当酒兰灯灺，雨散云消，其凄凉更甚于平时。货利之乐，往往心计经营，患得患失，其烦恼亦过于贫子。然则精于苦乐计量之术者，其果何择也？故由边氏之说，虽谓天下但有智愚，更无贤不肖可也。其不肖也，皆由其愚也。算学不明，以苦为乐，以害为利也。（侯官严氏曰：'天下有浅夫，有昏子，而无真小人。何则？小人之见，不出乎利。然使其规长久真实之利，则不与君子同术，固不可矣。人品之下，至于穿窬，极矣。朝攫金而夕败露，取后此凡可得应享之利而易之，此而为利，则何者为害耶？'即演边氏之意。）边氏不言魂学者也，故其所谓乐，只在世间而不及出世间。"②

---

① 《自由书·放弃自由之罪》，《梁启超全集》（第一册），北京出版社1999年版，第348页。
② 《乐利主义泰斗边沁之学说》，《梁启超全集》（第二册），北京出版社1999年版，第1048页。

　　除了进化论之外,梁启超对严复介绍的西方政治思想兴趣盎然,总是习惯于不失时机地在第一时间利用严复的思想分析时局或剖析中国社会,并由此借题发挥,阐明自己的观点。梁启超如此做法出于这样一种心理:让西学造诣无可争辩的严复为自己助阵,不仅能够增加自己的信心,而且可以使自己的观点更有可信度和说服力。例如,在阐述由一君为政之世,至多君为政之世,再至民为政之世的三世进化是人类社会无法逃避的必然法则时,梁启超写道:"严复曰,欧洲政制,向分三种。曰满那弃者,一君治民之制也。曰巫理斯托格拉时者,世族贵人共和之制也。曰德谟格拉时者,国民为政之制也。德谟格拉时又名公产,又名合众。希罗两史,班班可稽。与前二制相为起灭。虽其时法制未若今者之美备,然实为后来民治滥觞。且天演之事,始于胚胎,终于成体。泰西有今日之民主,则当夏商时含有种子以为起点,而专行君政之国,虽演之亿万年,不能由君而入民,子之言未为当也。启超曰:吾既未克读西籍,事事仰给于舌人,则于西史所窥知其浅也。乃若其所疑者,则据虚理比例以测之。以谓其国既能行民政者,必其民之智甚开,其民之力甚厚。既举一国之民,而智焉而力焉,则必无复退而为君权主治之理。此犹花刚石之下,不得复有煤层,煤层之下,不得复有人迹层也。至于希罗二史,所称者其或犹火山地震喷出之石汁,而加于地层之上,则非所敢知,然终疑其为偶然之事,且非全体也。故代兰得常得取而篡之。其与今之民政殆相悬也。至疑西方有胚胎,而东方无起点,斯殆不然也。日本为二千年一王主治之国,其君权之重过于我邦,而今日民义之伸不让英德。然则民政不必待数千年前之起点明矣。盖地球之运,将入太平,固非泰西之所得专,亦非震旦之所得避。"①

　　与此同时,梁启超对严复输入的斯宾塞以生物进化讲社会学的社会有机体论推崇有加,新民说的逻辑前提和理论支柱就是社会有机体论。更有甚者,梁启超在社会历史领域的有机体论情结与严复相比有过之而无不及——不仅认定社会是有机体,而且认定国家是有机体,并且不厌其烦地利用有机体论为自己秉持的民族主义、国家主义摇旗呐喊。

　　鉴于严复对自己的深刻影响和自己对严复的崇拜,加之严复的西学思想对于近代中国社会——特别是思想界至关重要的影响,梁启超对严复评价甚高,将之誉为"清季输入欧化之第一人"。梁启超下此断言,依据是严复翻译的西方著作和输入的西学对中国思想界的空前影响:"惟侯官严几道(复),译赫胥黎《天演论》、斯密亚丹《原富》等书,大苏润思想界。十年

---

① 《论君政民政相嬗之理》,《梁启超全集》(第一册),北京出版社1999年版,第97—98页。

来思想之丕变,严氏大有力焉。顾日本庆应至明治初元,仅数年间,而泰西新学,披靡全国。我国阅四五十年,而仅得独一无二之严氏。"①

这段话出自著名的《论中国学术思想变迁之大势》,其中屡次出现近代意义上的国学一词。因此,梁启超在此并非是专门表扬严复的,而是呼吁新一代输入西学、使国学"别添活气"的。为此,他鼓励青年说,由于时过境迁,新思想的输入将超迈严复。尽管如此,从梁启超对严复输入西学"大苏润思想界"和"大有力"之表述中,犹可见对严复引领近代思想界风尚的肯定和褒奖,特别是其中的"独一无二"之誉将梁启超对严复的推崇表达到了极致,与梁启超在其他场合对严复"清季输入欧化之第一人"、"除严又陵外,曾无一人"的界定相印证。除此之外,梁启超多次从"清季输入欧化之第一人"的角度突出严复在输入西学方面的卓越贡献。梁启超曾经说:"我中国英文英语之见重,既数十年,学而通之者不下数千辈,而除严又陵外,曾无一人能以其学术思想输入于中国,此非特由其中学之缺乏而已,得毋西学亦有未足者耶。"②就西学而言,梁启超对于严复"清季输入欧化之第一人"的评价不仅是就严复对西学的介绍、翻译而言的,而且是就严复的西学素养和造诣而言的。不仅如此,在梁启超看来,输入西学远非易事,非同时精通中西学者不能。从这个意义上说,梁启超对严复是"清季输入欧化之第一人"的评价已经使严复学贯中西成为题中应有之义。梁启超对严复的这个评价与严复评价梁启超中学、西学皆根柢浅薄相映成趣,也直观地展示了梁启超对严复的服膺乃至膜拜。

第三节　梁启超与严复和康有为

严复与梁启超的相互评价不仅形象地展示了两人之间的思想和政见异同,而且透露出两人与康有为之间的复杂关系。在严复那里,对待康有为的态度与对待梁启超的态度恰成对立趋势:如果说严复对康有为是早期批判而后期趋同的话,那么,他对梁启超则由早期的切磋变成后期的决绝。姑且不论严复晚年认同康有为的孔教主张,自称"暮年观道,十八、九殆与南海相同"③;单就严复对戊戌政变后逃亡海外的康有为、梁启超的攻击来说,由始至终矛头主要指向梁启超。之所以如此,原因有三:一是康有为年事已

①　《论中国学术思想变迁之大势》,《梁启超全集》(第二册),北京出版社 1999 年版,第619 页。

②　《东籍月旦》,《梁启超全集》(第一册),北京出版社 1999 年版,第 325 页。

③　《与熊纯如书》,《严复集》(第三册),中华书局 1986 年版,第 661 页。

高,影响力减弱;二是梁启超风头正劲,成为海内外中国青年的精神导师;三是梁启超流质易变,反复无常的主张带有更大的破坏性。在梁启超那里,对于严复的折服便潜伏着对老师——康有为学术的偏离或不满。这使严复、梁启超之间的关系始终越不过康有为,两人的关系最终演绎为严复、梁启超和康有为三人之间的关系。

梁启超的思想在逃亡日本之前,主要受康有为、严复两人的影响。这一点在梁启超本人不止一次地将康有为与严复相提并论中得到印证:

> 书中之言,启超等昔尝有所闻于南海,而未能尽。南海曰:"若等无诧为新理,西人治此学者,不知几何家几何年矣"。及得尊著,喜幸无量。启超所闻于南海有出此书之外者,约有二事:一为出世之事,一为略依此书之义而演为条理颇繁密之事。南海亦曰:"此必西人之所已言也。"①

> 启超问治天下之道于南海先生。先生曰:"以群为体,以变为用。斯二义立,虽治千万年之天下可已。"启超既略述所闻,作《变法通议》。又思发明群义,则理奥例赜,苦不克达,既乃得侯官严君复之治功《天演论》,浏阳谭君嗣同之《仁学》,读之犁然有当于其心。悼天下有志之士,希得闻南海之绪论,见二君子宏著,或闻矣见矣,而莫之解,莫之信。乃内演师说,外依两书,发以浅言,证以实事,作《说群》十篇。②

对于梁启超这一时期的思想建构来说,康有为、严复的影响各有侧重,相互补充:康有为的影响集中在中学方面,主要是奠基于"百家皆孔子之学"之上的孔教思想;严复的影响则在西学,主要包括进化论、自由思想和社会有机体论等。正如早期的梁启超宣称"舍西学而言中学者,其中学必为无用;舍中学而言西学者,其西学必为无本。无用无本,皆不足以治天下"③一样,对于梁启超早期思想的建构来说,中学与西学相得益彰,互为本用。这意味着康有为、严复对于梁启超的早期思想来说一个都不能少。

诚如梁启超所言,近代哲学"不中不西即中即西"④,这用来说明梁启超的思想再合适不过了。既然梁启超的思想"不中不西即中即西",那么,中西思想的不同比重也就从一个侧面意味着作为中学之师的康有为与作为西

① 《与严幼陵先生书》,《梁启超全集》(第一册),北京出版社1999年版,第73页。
② 《〈说群〉序》,《梁启超全集》(第一册),北京出版社1999年版,第93页。
③ 《〈西学书目表〉后序》,《梁启超全集》(第一册),北京出版社1999年版,第86页。
④ 《清代学术概论》,《梁启超全集》(第五册),北京出版社1999年版,第3104页。

学之师的严复对于梁启超思想建构的不同地位和作用。作为一种时代烙印和思想特色，康有为、谭嗣同、严复和梁启超的思想都是"不中不西即中即西"的，每个人对中西思想的选择、和合和侧重却大不相同：就中西思想的比重来说，康有为、谭嗣同的思想以中学为主，严复的思想以西学为主，梁启超则介于中学与西学之间。就对西学的具体选择来说，康有为、谭嗣同的西学以自然科学为主，主要包括电、力、以太、脑、元素等物理学、生理学和化学知识；严复、梁启超所讲的西学除了进化论之外，更多的是逻辑、哲学、政治、经济、法律等人文社会学说——其中，梁启超所讲的西学就包括严复的影响。就戊戌启蒙四大家的比较而言，如果说康有为、谭嗣同主中学的话，那么，严复、梁启超则主西学。就梁启超与严复的比较而言，严复思想的西学成分显然更大一些——甚至可以说，与严复的思想相比，梁启超的思想不是以西学为主，而是中西参半。

　　进而言之，尽管梁启超的中学受康有为影响，西学受严复影响，然而，康有为、严复对梁启超的影响并不可以等量齐观。从梁启超的思想启蒙和终身学术走向来看，严复的影响是更深远也更根本的。梁启超关于康有为对自己的影响有过集中阐述。他写道："请为学方针，先生乃教以陆王心学，而并及史学、西学之梗概。……辛卯余年十九，南海先生始讲学于广东省城长兴里之万木草堂，徇通甫与余之请也。先生为讲中国数千年来学术源流、历史政治、沿革得失，取万国以比例推断之。余与诸同学日札记其讲义，一生学问之得力，皆在此年。先生又常为语佛学之精奥博大，余凤根浅薄，不能多所受。"①在此，梁启超提到了康有为所讲授的中学、西学和佛学，对于佛学，明确表示"凤根浅薄，不能多所受"，结合梁启超多次强调自己在佛学方面受谭嗣同影响可以想象，康有为对梁启超的影响不在佛学。至于西学，梁启超并不认可康有为的西学素养，甚至在自己接触、了解西学之后以"三不"来概括康有为的西学水平。在著名的《南海康先生传》中，梁启超这样评价康有为的哲学及其与西学的关系："先生者，天禀之哲学者也。不通西文，不解西说，不读西书。"②由此反观，梁启超既承认康有为讲西学又不承认康有为精通西学，这是自称"'学问欲'极炽"的梁启超崇拜严复的原因，也是他在日本接触大量的西学思想之后，便与康有为的思想渐行渐远，乃至"康、梁学派遂分"的根本原因。

　　大致说来，康有为对梁启超的影响集中在戊戌政变之前，用梁启超本人

---

① 《三十自述》，《梁启超全集》（第二册），北京出版社1999年版，第958页。
② 《南海康先生传》，《梁启超全集》（第一册），北京出版社1999年版，第488页。

的话说集中在"辛卯余年十九"（1891 年）一年时间，就内容来说则集中在中学方面。梁启超早期所作的《读〈春秋〉界说》、《读〈孟子〉界说》、《读书分月课程》和《论支那宗教改革》等都说明了这一点。在这些文章中，梁启超对为学途径的认识、对《春秋》、《孟子》的推崇和解读它们的今文经学套路等均带有明显的康学烙印。事实上，在这一时期，梁启超的观点往往以康有为相标榜：

> 陆子曰："我虽不识一字，亦须还我堂堂地做个人"。启超始学于南海，即受此义，且诫之曰："识字良易，做人信难哉"。又曰："若不行仁，则不得为人，且不得为知爱同类之鸟兽"。小人持此义以学做人七年，而未敢自信也。子绝四终以无我佛说无我相闻之古之定大难、救大苦、建大业、造大福、度大众者于其一身之生死利害、毁誉苦乐，茫然若未始有觉，而惟皇皇日忧人，于人之生死利害若乐忧之如常，夫自忧其身也，是之谓仁，是之谓人。忧其亲者，谓之孝子。忧其君者，谓之忠臣。忧其国者，谓之义士。忧天下者，谓之天民。墨子谓之任士，佛谓之菩萨行。①
>
> 学者每苦于无门径，四库之书，浩如烟海，从何处读起耶？古人经学，必首诗书，证之《论语》、《礼记》、《荀子》皆然，然自伪古文既行，今文传注，率经阙失，诗之鲁齐韩，书之欧阳二夏侯，荡劫尤甚，微言散坠，索解甚难。惟《春秋》《公羊》《谷梁》二传，肖然独存，圣人经世之大义，法后王之制度，具在于是。其礼制无一不与群经相通，故言经学，必以《春秋》为本。②

如果说《读〈春秋〉界说》、《读〈孟子〉界说》是对康有为思想的传承和发挥的话，那么，《论支那宗教改革》则直接声明"述康南海之言"，《万木草堂小学学记》更是对康有为言学的转述和整理。为了突出这一点，梁启超特意指出："略依南海先生长兴学记，演其始教之言以相语也。"③

康有为之所以成为梁启超的老师，是因为梁启超在听康有为讲学后对康有为佩服得五体投地，于是拜倒在康门之下。与对康有为学问的折服相联系，梁启超的思想深受康有为的影响。尽管如此，必须提及的是，就康有

① 《三先生传》，《梁启超全集》（第一册），北京出版社 1999 年版，第 77 页。
② 《读书分月课程》，《梁启超全集》（第一册），北京出版社 1999 年版，第 3 页。
③ 《万木草堂小学学记》，《梁启超全集》（第一册），北京出版社 1999 年版，第 114 页。

为与严复的比较而言,严复对梁启超的影响更大。

梁启超师从康有为,是震撼于作"狮子吼"的康有为讲述"中国数千年来学术源流",作《新学伪经考》道出了千古秘密:新经是伪经,孔子是托古改制的祖师爷。康有为的这些观点在当时可谓是石破天惊,难怪作为火山大爆发在思想界引起"大地震"。梁启超亦深受感染。这一时期的梁启超在保教问题上"述康南海之言",以孔教为真教,坚信康有为提出的通过保教(孔教)可以保国、保种的主张。

在接触到严复宣传的西学如两人通信中提到的严复1895年发表在天津《直报》上的《原强》等论文尤其是严复翻译的《天演论》之后,梁启超的思想发生微妙变化。正是震慑于进化论"物竞天择,适者生存"的生存法则,梁启超在保教问题上与严复走到了一起,由此开始反思乃至反对康有为通过保教来保国、保种的做法。在写给严复的回信中,梁启超用他惯用的笔端常带感情的"启超"体将自己闻听严复教诲时的醍醐灌顶、喜不自禁表达得淋漓尽致:"来书又谓教不可保,而亦不必保。又曰保教而进,则又非所保之本教矣。读至此则据案狂叫,语人曰:不意数千年闷胡芦,被此老一言揭破!不服先生之能言之,而服先生之敢言之也。国之一统未定,群疑并起,天下多才士;既已定鼎,则黔首戢戢受治。茶然无人才矣。教之一尊未定,百家并作,天下多学术;既已立教,则士人之心思才力,皆为教旨所束缚,不敢作他想,窒闭无新学矣。故庄子束教之言,天下之公言也。此义也,启超习与同志数人私言之,而未敢昌言之。若其著论之间,每为一尊之言者,则区区之意又有在焉。国之强弱悉推原于民主,民主斯固然矣。君主者何?私而已矣,民主者何?公而已矣。然公固为人治之极则,私亦为人类所由存。譬之禁攻,寝兵,公理也。而秦桧之议和,不得不谓之误国。视人如己,公理也。而赫德之定税则,不能不谓之欺君。《天演论》云:'克己太深,而自营尽泯者,其群亦未尝不败'。然则公私之不可偏用,亦物理之无如何者矣。今之论且无遽及此,但中国今日民智极塞,民情极涣,将欲通之必先合之。合之之术,必择众人目光、心力所最趋注者而举之,以为的则可合,既合之矣,然后因而旁及于所举之的之外,以渐而大,则人易信而事易成,譬犹民主,固救时之善图也。然今日民义未讲,则无宁先藉君权以转移之。彼言教者,其意亦若是而已。此意先生谓可行否?抑不如散其藩篱之所合为尤广也!此两义互起灭于胸中者久矣,请先生为我决之。"①从中不难发现,梁启超对严复的折服直接冲击着对康有为孔教思想的信从,因为"互起灭于胸

---

① 《与严幼陵先生书》,《梁启超全集》(第一册),北京出版社1999年版,第72页。

中者久矣"的两义是梁启超自身的困惑和不知何去何从,也是康有为无能为力的。在这种困惑下,梁启超请求严复指点迷津。这是对严复的信任,起因是对严复学问——尤其是西学的折服。在此时,严复的教诲已经使梁启超认识到"教之一尊未定,百家并作,天下多学术;既已立教,则士人之心思才力,皆为教旨所束缚,不敢作他想,窒闭无新学矣",这与梁启超后来以宗教禁锢人之自由为理由反对康有为的孔教思想相印证。

更为重要的是,正如进化论在中国近代的文化语境中并不单单是一种自然科学知识,而是一种观察宇宙、审视社会和处理人生问题的思维方式、价值旨趣和行为规范一样,严复对梁启超的影响绝非限于具体西学知识层面的某些观点或主张,而是致思方向和价值观念层面的决定性影响。秉持进化论的立场,梁启超与严复一样认识到社会、国家是生物有机体,其强弱兴衰取决于构成这一有机体的细胞——国民素质的优劣,于是渴望凭借自由思想拯救中国于危难,于是开始大力宣传、推崇自由思想,并且开始以此为标准重新审视康有为的思想。结果是,梁启超发现康有为的思想没有脱离古人"好依傍"之窠臼,这是标榜精神自由、高扬怀疑精神的梁启超所无法容忍的,于是与康有为的思想渐行渐远,乃至分道扬镳。对于这一点,梁启超本人在《清代学术概论》中有过明确论述:"中国思想之痼疾,确在'好依傍'与'名实混淆'。若援佛入儒也,若好造伪书也,皆原本于此等精神。以清儒论,颜元几于墨矣,而必自谓出孔子;戴震全属西洋思想,而必自谓出孔子;康有为之大同,空前创获,而必自谓出孔子。及至孔子之改制,何为必托古? 诸子何为皆托古? 则亦依傍混淆也已。此病根不拔,则思想终无独立自由之望,启超盖于此三致意焉。然持论既屡与其师不合,康、梁学派遂分。"[①]

既然导致梁启超与康有为分道扬镳的是以自由为主体和宗旨的西学,那么,便不难想象,严复对于梁启超与康有为思想的分歧起了重要作用。这一点反过来证明了严复对梁启超思想的影响,与梁启超对严复的膜拜相印证。作为其直接后果,梁启超的思想与严复更接近,而与康有为相距甚远,乃至直接对立。这用梁启超本人的话说便是,自己"持论既屡与其师不合"。梁启超与康有为思想的分歧除了集中表现为康有为推崇平等、梁启超推崇自由之外,还通过对宗教、大同和国家等诸多重要问题的认识从不同角度呈现出来。

梁启超与严复的关系始终夹杂着与康有为的关系,也只有在三人都"在场"的情况下才能更直观地看清楚梁启超与严复的关系。梁启超对中

---

① 《清代学术概论》,《梁启超全集》(第五册),北京出版社 1999 年版,第 3101 页。

国近代从洋务运动到五四运动近五十年思想进化所做的"概括总结"提供了理解这一问题的绝佳材料。这个总结既表明了梁启超视界中的严复在近代史上的地位，又说明了梁启超与严复的关系；更为重要的是，由于将康有为纳入其中，展示了梁启超视界中梁启超与康有为、严复之间的关系。现摘录如下："近五十年来，中国人渐渐知道自己的不足了。这点子觉悟，一面算是学问进步的原因，一面也算是学问进步的结果。第一期，先从器物上感觉不足。这种感觉，从鸦片战争后渐渐发动，到同治年间借了外国兵来平内乱，于是曾国藩李鸿章一班人，很觉得外国的船坚炮利，确是我们所不及，对于这方面的事项，觉得有舍己从人的必要，于是福建船政学堂上海制造局等等渐次设立起来。但这一期内，思想界受的影响很少；其中最可纪念的，是制造局里头译出几部科学书。这些书现在看起来虽然很陈旧很肤浅，但那群翻译的人，有几位颇忠实于学问，他们在那个时代，能够有这样的作品，其实是亏他。因为那时读书人都不会说外国话，说外国话的都不读书，所以这几部译本书，实在是替那第二期'不懂外国话的西学家'开出一条血路了。第二期，是从制度上感觉不足。自从和日本打了一个败仗下来，国内有心人，真象睡梦中着了一个霹雳。因想道堂堂中国为什么衰败到这田地，都为的是政制不良，所以拿'变法维新'做一面大旗，在社会上开始运动，那急先锋就是康有为梁启超一班人。这班人中国学问是有底子的，外国文却一字不懂。他们不能告诉人'外国学问是什么？应该怎么学法？'只会日日大声疾呼，说'中国旧东西是不够的，外国人许多好处是要学的'。这些话虽然象是囫囵，在当时却发生很大的效力。……第三期新运动的种子，也可以说是从这一期播殖下来。这一期学问上最有价值的出品，要推严复翻译的几部书，算是把十九世纪主要思潮的一部分介绍进来。可惜国里的人能够领略的太少了。第三期，便是从文化根本上感觉不足。第二期所经过时间，比较的很长——从甲午战役起到民国六七年间止。约二十年的中间，政治界虽变迁很大，思想界只能算同一个色彩。简单说：这二十年间，都是觉得我们政治法律等等，远不如人，恨不得把人家的组织形式，一件件搬进来，以为但能够这样，万事都有办法了。革命成功将近十年，所希望的件件都落空，渐渐有点废然思返。觉得社会文化是整套的，要拿旧心理运用新制度，决然不可能，渐渐要求全人格的觉悟。恰值欧洲大战告终，全世界思潮都添许多活气。新近回国的留学生，又很出了几位人物，鼓起勇气做全部解放的运动。所以最近两三年间，算是划出一个新时期来了。"[1]

---

[1]　《五十年中国进化概论》，《梁启超全集》（第七册），北京出版社1999年版，第4030—4031页。

秉持进化理念和乐观主义的梁启超认为,从洋务运动到五四运动期间的中国学问是进步的,进步的标志是"渐渐知道自己的不足",进步的过程也依照"感觉不足"的具体内容依次分为三个阶段:一是从器物层面"感觉不足",代表人物是曾国藩、李鸿章;二是从制度层面"感觉不足","急先锋"是康有为、梁启超,其中最有价值的著作是严复翻译的西方著作;三是文化上"感觉不足",也即1919年前后的五四运动。

在这个审视和划分中,康有为、梁启超与严复的关系耐人寻味:从大的方面说,梁启超将自己与康有为、严复一起归到了从制度层面"感觉不足"的第二期;从小的方面说,则对自己与康有为、严复的关系具有不同界定——将自己和康有为归在了同一派,均属"急先锋"之列,而将严复单独"另算"。梁启超之所以这样做,主要原因在于严复的西学渊源。在这个划分中,张力是十分明显的:第二期的代表人物是"不懂外国话的西学家",严复显然不在此列。严复翻译的西方著作证明他是精通西学,至少是稍懂西学的——梁启超也如此看。正因为如此,梁启超将严复誉为"输入欧化之第一人"。在这个前提下,梁启超之所以仍然义无反顾地将严复归在与康有为、梁启超同属一期的第二期,主要理由有二:第一,在对待中国文化的态度上,严复对中学的眷恋和阐发与康有为、梁启超无异。梁启超将严复誉为"清季输入欧化之第一人"是就严复介绍、输入西学的功劳、贡献而言的,并不意味着梁启超认为严复骨里子是西学家。依据梁启超的理解,这一时期(大致从甲午战争到五四运动)时间较长,虽然政治界云诡波谲、变幻莫测,但是,"思想界只能算同一个色彩"。"同一个色彩"表明严复与康有为、梁启超的思想底色或价值诉求是一样的,这也是梁启超将严复与康有为、梁启超归为同一期的原因所在。第二,三期之分是大分段,三期中时间跨度最长的第二期是与第一期、第三期相比较而言的,与一、二、三期之间的思想区别相比,康有为、梁启超与严复之间的思想差异是次要的,故而三人被一起归到了同一期之中。正因为这个原因,在进行了三期的划分之后,梁启超紧接着做了一个"补充说明",其具体内容是:"这三期间思想的进步,试把前后期的人物做个尺度来量他一下,便很明白。第一期,如郭嵩焘张佩纶张之洞等辈,算是很新很新的怪物。到第二期时,嵩焘佩纶辈已死去,之洞却还在。之洞在第二期前半,依然算是提倡风气的一个人,到了后半,居然成了老朽思想的代表了。在第二期,康有为梁启超章炳麟严复等辈,都是新思想界勇士,立在阵头最前的一排。到第三期时,许多新青年跑上前线,这些人一趟一趟被挤落后,甚至已经全然退伍了。这种新陈代谢现象,可以证明这五十年间思想界的血液流转得很快,可以证明思想界的体气,实已渐趋康强。"①沿着梁启超的这一思路可以发现,康有为、梁启超、章炳麟和严复作为第二期"新思想界的勇士",与洋务派、新文化运动者区别开来,位列其中的尚有早期与梁启超共事、后来转向革命派的章炳麟,始终坚守维新阵营的严复归在其中可谓"唯一"正确的归类。从这个意义上说,梁启超对严复的历史定位可谓中肯;至于一面将严复与康有为和自己归为同一期,一面单独"另算",如果从突出严复西学造诣的角度看是必须的,不可简单地将之理解为梁启超有意与康有为的"亲近"或与严复的疏远。

尽管如此,有一点是不可否认的,私人关系、志同道合与学术影响并不是一码事:一方面,学术传承的私人关系和戊戌政变的志同道合使康有为、梁启超在中国历史上如影随形,两人合称"康梁"的称谓本身已经胜于一切雄辩。另一方面,正如梁启超与康有为的关系并非一成不变的一样,梁启超与严复的关系同样是一个变数。正因为如此,无论对于梁启超与康有为还是梁启超与严复的关系都不可做固定或僵化解,康有为、严复对梁启超的影响领域各有侧重,并且在不同时期亦有不同。

---

① 《五十年中国进化概论》,《梁启超全集》(第七册),北京出版社 1999 年版,第 4031 页。

第十二章　严复、梁启超启蒙思想比较

在中国近代，严复、梁启超对自由的宣传、介绍和阐释格外引人注目，两人也因此成为戊戌启蒙四大家中自由派的主要代表，与同为戊戌启蒙四大家的康有为、谭嗣同的启蒙思想渐行渐远。尽管如此，严复、梁启超对自由的界定大相径庭：严复坚持自由是一种权利，梁启超则偏向于将自由视为一种道德。这使两人对自由的界定和理解循着两种思路展开，演绎出两套不同的对自由的具体操作和改造中国的纲领。

第一节　权利与道德

对于中国近代的社会来说，作为一种刚刚东渐的舶来品，自由是崭新的、陌生的，也是内涵待定的。这使对自由概念的界定显得十分必要和急切。正因为如此，对自由的界定成为严复、梁启超自由思想的重要一环。自由是什么？两人的回答迥然相异：严复将自由理解为权利，梁启超则将自由理解为道德。

一、"自由者，惟个人之所欲为"

在对自由予以界定和探讨的过程中，严复强调，自由是人与生俱来的天赋权利。正是在这个意义上，他不止一次地宣称：

> 民之自由，天之所畀也。①
> 彼西人之言曰：唯天生民，各具赋畀，得自由者乃为全受。②

这就是说，自由是人的天赋之权，人的自由权利是神圣不可侵犯的；一个人只有拥有了自由，才完成上天赋予人的先天禀赋。严复指出，自由是人行动上的自由，也就是"作事由我"、"由我作主"、"不受管束"和"为所欲为"等。可见，他所讲的自由是指人行动上的自由和权利，即"不受管束之

① 《辟韩》，《严复集》（第一册），中华书局1986年版，第35页。
② 《论世变之亟》，《严复集》（第一册），中华书局1986年版，第3页。

谓"。对此,严复从不同角度界定和解释说:

> 夫自由云者,作事由我之谓也。①
> 自由者,惟个人之所欲为。②
> 里勃而特(英文 liberty——引者注)原古文作 Libertas。里勃而达乃自由之神号,其字与常用之 Freedom 伏利当同义。伏利当(即 Freedom——引者注)者,无挂碍也,又与 Slavery 奴隶、Subjection 臣服、Bondage 约束、Necessity 必须等字为对义。③

从"自由者,惟个人之所欲为"的角度看,严复是从积极方面界定自由的,自由即不受管束。从这个意义上说,行动上的自由是自由的基本含义,也是人人天赋的自由权利。与此同时,他又指出,人生活在社会之中,人的自由必然受政府的管束。从这个意义上说,自由是相对的,因为个人自由以不妨碍他人自由为界。这样一来,自由便具有了两个特征:第一,自由以不侵犯他人的自由为界限。严复强调:"侵人自由者,斯为逆天理,贼人道。其杀人伤人及盗蚀人财物,皆侵人自由之极致也。"④第二,自由是与政府的管束相对应。严复指出,由于人必须生活在社会之中,个人的自由便离不开政府的管束。这使他关注政界自由,也使他所讲的自由与法律、议院等政治体制相关,往往将个人的自由与政府的管束相联系。正是在这个意义上,严复不厌其烦地写道:

> 从其常用字义言之,自由亦无安舒、畅乐、不苦诸意。自由云者,不过云由我作主,为所欲为云尔。其字,与受管为反对,不与受虐为反对。虐政自有恶果,然但云破坏自由,实与美、法仁政无稍区别。虐政、仁政皆政也。吾既受政矣,则吾不得自由甚明,故自由与受管为反对。受管者,受政府之管也,故自由与政府为反对。……是故人生无完全十足之自由,假使有之,是无政府,即无国家。无政府、无国家,则无治人治于人之事,是谓君臣伦毁。且不止君臣伦毁,将父子、夫妇一切之五伦莫不毁。⑤

---

① 《政治讲义》,《严复集》(第五册),中华书局 1986 年版,第 1299 页。
② 《政治讲义》,《严复集》(第五册),中华书局 1986 年版,第 1279 页。
③ 《群己权界论》译凡例,《严复集》(第一册),中华书局 1986 年版,第 132 页。
④ 《论世变之亟》,《严复集》(第一册),中华书局 1986 年版,第 3 页。
⑤ 《政治讲义》,《严复集》(第五册),中华书局 1986 年版,第 1287 页。

故释政界自由之义,可云其最初义为无拘束、无管治。其引申义,为拘束者少,而管治不苛。此第二引申义,即国民所实享之自由。但考论各国所实享自由时,不当问其法令之良窳,亦不当问其国政为操于议院民权,抑操于专制君权。盖此等歧异,虽所关至巨,而实与自由无涉。①

十稔之间,吾国考西政者日益众,于是自繇之说,常闻于士大夫。顾竺旧者既惊怖其言,目为洪水猛兽之邪说。喜新者又恣肆泛滥,荡然不得其义之所归。以二者之皆讹,则取旧译英人穆勒氏书,颜曰《群己权界论》。……学者必明乎己与群之权界,而后自繇之说乃可用耳。②

自由者,不受管束之谓也;或受管束矣,而不至烦苛之谓也。乃今于沿用之中,又见自由之义,与议院相合。③

若定自由为不受拘束之义,彼民所得自由于政界者,可谓极小者矣。④

严复始终将自由视为人与生俱来的权利,由于认为自由表现为"不受管束"、"由我作主",而人又生活在社会之中受政府管束,使人与政府的权界成为自由的根本问题。他将穆勒的《论自由》(On Liberty)翻译为《群己权界论》,就是为了强调"学者必明乎己与群之权界,而后自繇之说乃可用耳"。可见,严复对自由的界定兼具积极自由与消极自由两个方面,并且以划定政府与个人之间的权限为保障。

二、"自由者,奴隶之对待也"

梁启超虽然并不否认自由包括行动上的自由,但是,他在对身体与精神的区分中彰显精神上的自由。梁启超对自由的界定是:"一身自由云者,我之自由也。虽然,人莫不有两我焉:其一,与众生对待之我,昂昂七尺立于人间者也;其二,则与七尺对待之我,莹莹一点存于灵台者是也。……是故人之奴隶我不足畏也,而莫痛于自奴隶于人;自奴隶于人犹不足畏也,而莫惨于我奴隶于我。……若有欲求真自由者乎,其必自除心中之奴隶始。"⑤可见,梁启超对自由的阐发侧重精神自由,并且将自由归结为破除"心中之奴

---

① 《政治讲义》,《严复集》(第五册),中华书局1986年版,第1287—1288页。
② 《译〈群己权界论〉自序》,《严复集》(第一册),中华书局1986年版,第131—132页。
③ 《政治讲义》,《严复集》(第五册),中华书局1986年版,第1285页。
④ 《政治讲义》,《严复集》(第五册),中华书局1986年版,第1286页。
⑤ 《新民说》,《梁启超全集》(第二册),北京出版社1999年版,第679页。

隶"即"奴隶心",宣称"若有欲求真自由者乎,其必自除心中之奴隶始"。进而言之,"心奴隶之种类""以及除之之道"有四,它们分别是:"一曰,勿为古人之奴隶也。……我有耳目,我物我格;我有心思,我理我穷。……二曰,勿为世俗之奴隶也。……三曰,勿为境遇之奴隶也。……四曰,勿为情欲之奴隶也。"①按照他的理解,铲除"心中之奴隶"是自由的第一步,自由与奴隶相对待。正是在这个意义上,梁启超界定说:"自由者,奴隶之对待也。"②显然,奴隶指"心奴"或"心奴隶",即精神上的束缚。这表明,梁启超所讲的自由主要指精神上的人格自由。为了表明人的精神是自由的,他将自由与王守仁的良知说相提并论,以期证明人生来就有精神自由:"夫自由意志云者,谓吾本心固有之灵明,足以烛照事理,而不为其所眩。吾本心固有之能力,足以宰制感觉,而不为其所夺,即吾先圣所谓良知良能者是也。眩焉夺焉,是既丧其自由也,内心为外感之奴隶也。于彼时也,吾所谓意志者,已不能谓为吾之意志,及移时而外界之刺激淡焉,而吾本心始恢复其自由,故前此之意志,与后此之意志,截然若不相蒙也。然又必外界之刺激淡,而自由乃始得恢复耳。若外界之刺激,转方向而生反动,则吾本心又可随之而生反动,而复放乎中流,脱甲方面之奴籍,复入乙方面之奴籍。而所谓真自由者不知何时而始得恢复。"③

按照梁启超的说法,吾心良知的与生俱来表明,人的精神是自由的。这就是康德所谓的自由意志。进而言之,自由的核心是精神独立、人格自由,主要表现为不做古人的奴隶、不做洋人的奴隶、不做外物的奴隶和不做情欲的奴隶。这决定了梁启超是在"精神界"理解自由的,与严复所讲的行动上的自由不可等量齐观。诚然,梁启超有过"自由者,权利之表证也"的论断,将权利说成是人的构成要件,并且承认自由与权利具有内在联系。于是,他写道:"自由者,权利之表证也。凡人所以为人者有二大要件:一曰生命,二曰权利。二者缺一,时乃非人。故自由者亦精神界之生命也。"④梁启超的这个说法从强调自由与权利相关的角度看与严复有相似之处,然而,梁启超明确表示自己是在"精神界"讲自由的,况且自由不是权利本身而是"权利之表证",与严复将自由理解为享受自由的权利大不相同。

与将自由界定为"精神界之生命"相一致,梁启超认为自由的关键是摆

---

①　《新民说》,《梁启超全集》(第二册),北京出版社1999年版,第679—680页。

②　《新民说》,《梁启超全集》(第二册),北京出版社1999年版,第675页。

③　《申论种族革命与政治革命之得失》,《梁启超全集》(第三册),北京出版社1999年版,第1643页。

④　《十种德性相反相成义》,《梁启超全集》(第一册),北京出版社1999年版,第429页。

脱物欲、挣脱各种羁绊而达到精神上的解脱。正是在这个意义上,他对西方文化与东方文化进行区分,进而将东方文化尤其是佛学和儒家文化的主旨归结为追求"精神生活的绝对自由"。对此,梁启超一再断言:

　　像我们的禅宗,真可算得应用的佛教,世间的佛教的确是印度以外才能发生,的确是表现中国人的特质,叫出世法与入世法并行不悖。他所讲的宇宙精微,的确还在儒家之上。说宇宙流动不居,永无圆满,可说是与儒家相同,曰:"一众生不成佛,我誓不成佛",即孔子立人达人之意。盖宇宙最后目的,乃是求得一大人格实现之圆满相,绝非求得少数个人超拔的意思。儒佛所略不同的,就是一偏于现世的居多;一偏于出世的居多。至于他的共同目的,都是愿世人精神方面,完全自由。现在自由二字,误解者不知多少。其实人类外界的束缚,他力的压迫,终有方法解除;最怕的是"心为形役",自己做自己的奴隶。儒佛都用许多的话来教人,想叫把精神方面的自缚,解放净尽,顶天立地,成一个真正自由的人。这点,佛家弘发得更为深透,真可以说佛教是全世界文化的最高产品。这话,东西人士,都不能否认。此后全世界受用于此的正多,我们先人既辛苦的为我们创下这分产业,我们自当好好的承受。因为这是人生唯一安身立命之具,有了这种安身立命之具,再来就性之所近的,去研究一种学问,那么,才算尽了人生的责任。①

　　救济精神饥荒的方法,我认为东方的——中国与印度——比较最好。东方的学问,以精神为出发点;西方的学问,以物质为出发点。救知识饥荒,在西方找材料;救精神饥荒,在东方找材料。东方的人生观,无论中国印度,皆认物质生活为第二位;第一,就是精神生活。物质生活,仅视为补助精神生活的一种工具,求能保持肉体生存为已足;最要,在求精神生活的绝对自由。精神生活,贵能对物质界宣告独立,至少,要不受其牵制。如吃珍味,全是献媚于舌,并非精神上的需要,劳苦许久,仅为一寸软肉的奴隶,此即精神不自由。以身体全部论,吃面包亦何尝不可以饱? 甘为肉体的奴隶,即精神为所束缚。必能不承认舌——一寸软肉为我,方为精神独立。东方的学问道德,几全部是教人如何方能将精神生活对客观的物质或己身的肉体宣告独立。佛家所谓解脱,近日所谓解放,亦即此意。客观物质的解放尚易;最难的为自身——耳目口鼻……的解放。西方言解放,尚不及此,所以就东方先哲

---

① 《治国学的两条大路》,《梁启超全集》(第七册),北京出版社 1999 年版,第 4071 页。

的眼光看去,可以说是浅薄的,不彻底的。东方的主要精神,即精神生活的绝对自由。①

　　进而言之,由于将自由界定为精神上的自由,梁启超多次指出自己发起的"道德革命"和戊戌启蒙就是为了"变数千年之学说,改四百兆之脑质"。为此,他十分欣赏笛卡尔的怀疑精神,以此"破学界之奴性"。由于认定自由主要是思想、言论和出版自由,行动自由不是梁启超关注的重点。在戊戌政变失败逃亡日本后,他在《清议报》和《新民丛报》发表 64 篇文章,统称《自由书》。这里所讲的自由具体指"思想自由、言论自由、出版自由",目的则是"广民智"。对此,梁启超在"叙言"中表白说:"西儒弥勒·约翰曰:'人群之进化,莫要于思想自由,言论自由,出版自由。'三大自由,皆备于我焉,以名吾书(指《自由书》——引者注)。"②与凸显自由的精神独立相一致,梁启超对自由的宣传主要围绕着提高智力的宗旨而展开。在这一时期,梁启超把中国近代的贫弱、衰微归咎于民愚:"中国之弱,由于民愚也。民之愚由于不读万国之书,不知万国之事也。欲救其敝,当有二端:一曰,开学校以习西文,二曰,将西书译成汉字,二者不可偏废也。然学校仅能教童幼之人,若年已长成,多难就学。而童幼脑智未启,学力尚浅,故其通达事理,能受学力,又每不如长成之人,且主持现今之国论者,在长成人而不在童幼人也。故欲实行改革,必使天下年齿方壮志气远大之人,多读西书通西学而后可,故译书实为改革第一急务也。"③

　　后来,梁启超自由思想的重心发生转移,开始向道德领域倾斜。他断言:"心力复细别为二,一曰智力,二曰德力。"④如果说心包括智力心与道德心两大类的话,那么,他更侧重道德心。梁启超认识到,随着民智的提高急需道德上的新民,如果德不逮智,后果则很可怕。对此,他写道:"苟不及今急急斟酌古今中外,发明一种新道德者而提倡之,吾恐今后智育愈盛,则德育愈衰,泰西物质文明尽输入中国,而四万万人且相率而为禽兽也。呜呼!道德革命之论,吾知必为举国之所诟病。顾吾特恨吾才之不逮耳;若夫与一世之流俗人挑战决斗,吾所不惧,吾所不辞。"⑤有鉴于此,在从"精神界"讲自由的过程中,梁启超关注道德上的自由。为此,他接纳了康德的自由意志

---

① 《东南大学课毕告别辞》,《梁启超全集》(第七册),北京出版社 1999 年版,第 4160 页。
② 《自由书·叙言》,《梁启超全集》(第一册),北京出版社 1999 年版,第 336 页。
③ 《戊戌政变记》,《梁启超全集》(第一册),北京出版社 1999 年版,第 194 页。
④ 《新民说》,《梁启超全集》(第二册),北京出版社 1999 年版,第 696 页。
⑤ 《新民说》,《梁启超全集》(第二册),北京出版社 1999 年版,第 662 页。

论,强调道德之责任就是服从良知的绝对命令。于是,梁启超作《近世第一大哲康德之学说》,在介绍康德自由意志学说时,借机阐发自己的自由思想。文中说:

> 然则道德之责任何为而若是其可贵耶？康德曰:道德之责任生于良心之自由。而良心之自由,实超空间越时间,举百千万亿大千世界无一物可与比其价值者也。
>
> 案:康德所说自由界说甚精严,其梗概已略具前节,即以自由之发源全归于良心(即真我)是也。大抵康氏良心说与国家论者之主权说绝相类。主权者绝对者也,无上者也,命令的而非受命的者也。凡人民之自由,皆以是为原泉,人民皆自由于国家主权所赋与之自由范围内,而不可不服从主权。良心亦然。为绝对的,为无上的,为命令的。吾人自由之权理所以能成立者,恃良心故,恃真我故,故不可不服从良心,服从真我。服从主权,则个人对于国家之责任所从出也,服从良心,则躯壳之我对于真我之责任所从出也,故字之曰道德之责任。由是言之,则自由必与服从为缘。国民不服从主权,必将丧失夫主权所赋与我之自由;(若人人如是,则并有主权的国家而消灭之,而自由更无著矣。)人而不服从良心,则是我所固有之绝对无上的命令不能行于我,此正我丧我之自由也。故真尊重自由者,不可不尊重良心之自由。若小人无忌惮之自由,良心为人欲所制,真我为躯壳之我所制,则是天囚也。与康德所谓自由,正立于反对的地位也。①

众所周知,康德提出的"三大批判"对于西方现当代哲学产生了重要影响。作为"三大批判"之一的实践理性批判就是康德关注道德的形而上学,即彰显道德的哲学根基的。他断言:"我们必须假设有一个摆脱感性世界而依理性世界法则决定自己意志的能力,即所谓自由。"②为此,康德宣称:"人是自由的。"③这是因为,"只有自由者才会有道德"④。

梁启超将康德奉为"近世第一大哲",理由是康德的思想是基于道德的自由学说。梁启超对康德的自由意志推崇有加,并与王守仁的良知说联系

---

① 《近世第一大哲康德之学说》,《梁启超全集》(第二册),北京出版社 1999 年版,第 1062页。

② 《实践理性批判》,商务印书馆 1961 年版,第 135 页。

③ 《实践理性批判》,商务印书馆 1999 年版,第 108 页。

④ 《道德形而上学探本》,商务印书馆 1957 年版,第 61 页。

起来,以人人心中都有良知来证明人人都有精神自由。这从一个侧面证明,如果说严复侧重从政治上讲自由的话,那么,梁启超的自由则根于本体哲学——与人的存在状态密切相关,是人与生俱来、不可或缺的本性。这也是梁启超一面将康德称为"近世第一大哲",一面强调康德推崇自由的原因所在。显然,与严复相比,梁启超是从人的天赋良知即先天道德命令的角度论证自由的。在这方面,康德的先天道德命令强调服从契合梁启超的口味,在此基础上,梁启超又将康德的自由观念向道德的方向更推进了一步:在康德那里,人是自由的,他的行为才有道德意义,不能让一个没有意识或者精神失常的人为自己的行为负责。到了梁启超那里,人必须是道德的,所以必须自由。在这个意义上,与其说梁启超渴望自由,不如说他希望借助自由让人变得都有道德。

三、自由与权利、义务

对自由的界定显示,严复、梁启超是从不同角度理解自由的:严复视自由为权利,将自由理解为行动上的自由;梁启超视自由为道德,将自由界定为精神上的自由。进而言之,两人对自由的不同界定不仅呈现出对自由的不同理解,而且决定着对权利与义务关系的不同处理。如果像严复那样将自由理解为一种权利,那么,权利则对于义务具有优先性,至少不应该使权利让位于义务;如果像梁启超那样将自由理解为道德,那么,权利可以因为道德而让与,以致使义务优先。由此看来,两人对权利与义务关系的分歧也就在所难免了。

严复肯定国民应对国家尽义务,"今日之国,固五族四万万民人之国也;今日之政府,固五族四万万民人之政府也。此五族四万万之民人,各有保存此国,维持此政府之义务,而不得辞"①。与此同时,他声称:"义务者,与权利相对待而有之词也。故民有可据之权利,而后应尽之义务生焉。无权利,而责民以义务者,非义务也,直奴分耳。"②从这个意义上说,国民所尽之义务与所享受的权利是对等的。严复渴望自由就是提倡政府不苛烦,并且通过立法给予国民以应有的权利。梁启超也强调权利与义务一样不可或缺,并且在 20 世纪初的几年里大力宣传权利思想。鉴于权利的至关重要,他呼吁,培养权利思想是中国的当务之急,无论何人都应该将权利思想置于首位:"国家譬犹树也,权利思想譬犹根也。其根既拨,虽复干植崔嵬,华叶

---

① 《原贫》,《严复集》(第二册),中华书局 1986 年版,第 293 页。
② 《法意》按语,《严复集》(第四册),中华书局 1986 年版,第 1006 页。

蓊郁,而必归于槁亡,遇疾风横雨,则摧落更速焉。即不尔,而旱暵之所暴炙,其萎黄彫敝,亦须时耳。国民无权利思想者以之当外患,则槁木遇风雨之类也。即外患不来,亦遇旱暵之类。……为政治家者,以勿摧压权利思想为第一义;为教育家者,以养成权利思想为第一义;为一私人者,无论士焉农焉工焉商焉男焉女焉,各以自坚持权利思想为第一义。"①值得注意的是,梁启超所讲的权利不是与自由相互印证,而是与责任、义务相伴而生。正因为如此,他往往将权利归结为责任。正是在这个意义上,梁启超写道:"我对我之责任奈何? 天生物而赋之以自捍自保之良能,此有血气者之公例也。而人之所以贵于万物者,则以其不徒有'形而下'之生存,而更有'形而上'之生存。形而上之生存,其条件不一端,而权利其最要也。故禽兽以保生命为对我独一无二之责任,而号称人类者,则以保生命保权利两者相倚,然后此责任乃完。苟不尔者,则忽丧其所以为人之资格,而现(与——引者注)禽兽立于同等之地位。"②尽管他承认权利与义务"两端平等而相应",然而,基于对权利道德属性的彰显,梁启超始终强调义务对于权利的优先性,指出先尽义务则不患无权利,不尽义务则权利无望。在个人与群体、国家的关系中,个人应该先为国家尽义务。对此,他一而再、再而三地解释说:

> 故夫权利义务,两端平等而相应者,其本性也。……自今以往,苟尽义务者勿患无权利焉尔,苟不尽义务者其勿妄希冀权利焉尔。……既放弃其义务,自不能复有其权利,正天演之公例也。③
>
> 故权利义务两思想,实爱国心所由生也。人虽至愚,未有不愿受父母之养者,顽童之所以宁弃此权利者,不过其畏劳之一念使然耳。今之论者,每以中国人无权利思想为病,顾吾以为无权利思想者,乃其恶果,而无义务思想者,实其恶因也。我国民与国家之关系日浅薄,驯至国之兴废存亡,若与己漠不相属者,皆此之由。④
>
> 今夫人之生息于一群也,安享其本群之权利,即有当尽于其本群之义务;苟不尔者,则直为群之蠹而已。⑤

与将权利视为责任相联系,梁启超强调义务优先于权利,并且指出权利

① 《新民说》,《梁启超全集》(第二册),北京出版社1999年版,第675页。
② 《新民说》,《梁启超全集》(第二册),北京出版社1999年版,第671页。
③ 《新民说》,《梁启超全集》(第二册),北京出版社1999年版,第707页。
④ 《新民说》,《梁启超全集》(第二册),北京出版社1999年版,第708页。
⑤ 《新民说》,《梁启超全集》(第二册),北京出版社1999年版,第661页。

以服从为第一义。他给出的理由是："故夫真爱自由者,未有不真能服从者也。人者固非可孤立生存于世界也,必有群然后人格始能立,亦必有法然后群治能完。而法者非得群内人人之服从,则其法终虚悬而无实效。惟必人人尊奉其法,人人尊重其群,各割其私人一部分之自由,共享于团体之中,以为全体自由之保障,然后团体之自由始张,然后个人之自由始固。然则服从者实自由之母,真爱自由者,固未有不真能服从者也。"①这就是说,梁启超即使从权利的角度界定自由,也与严复视自由为人生而具有的自由权利不可同日而语。

进而言之,梁启超之所以凸显自由之德,除了取决于他对自由内涵的界定之外,还由于他对中国社会的分析。在梁启超看来,中国从来就不缺少行动上的自由,由于官吏玩忽职守,百姓涣散,中国民众能享有一些本需约束的行为上的自由,反而比其他国家——尤其是法国大革命之前的欧洲人自由得多。对此,他从不同角度不止一次地解释说:

故秦汉以降,我国一般人民所享自由权,比诸法国大革命以前之欧洲人,殆远过之,事实具在,不可诬也。②

我中国谓其无自由乎,则交通之自由官吏不禁也,住居行动之自由官吏不禁也,置管产业之自由官吏不禁也,书信秘密之自由官吏不禁也,集会言论之自由官吏不禁也,信教之自由官吏不禁也,(近虽禁其一部分,然比之前世纪之法、普、奥等国相去远甚。)凡各国宪法所定形式上之自由几皆有之。虽然,吾不敢谓之为自由者何也? 有自由之俗,而无自由之德也。自由之德者,非他人所能予夺,乃我自得之而自享之者也。故文明国之得享用自由也,其权非操诸官吏,而常采诸国民。中国则不然。今所以幸得此习俗之自由者,恃官吏之不禁耳,一旦有禁之者,则其自由可以忽消灭而无复踪影。而官吏之所以不禁者,亦非尊重人权而不敢禁也,不过其政术拙劣,其事务废弛,无暇及此云耳。官吏无日不可以禁,自由无日不可以亡,若是者谓之奴隶之自由。若夫思想自由,为凡百自由之母者,则政府不禁之,而社会自禁之。以故吾中国四万万人,无一可称完人者,以其仅有形质界之生命,而无精神界之生命也。故今日欲救精神界之中国,舍自由美德外,其道无由。③

---

① 《服从释义》,《梁启超全集》(第二册),北京出版社 1999 年版,第 1083 页。
② 《先秦政治思想史》,《梁启超全集》(第六册),北京出版社 1999 年版,第 3605 页。
③ 《十种德性相反相成义》,《梁启超全集》(第一册),北京出版社 1999 年版,第 429 页。

按照梁启超的说法,中国一面是自由之俗的泛滥,一面是自由之德的匮乏,中国并不需要行动上的自由。不仅如此,中国民众行动上不是不自由而是太过自由。当然,中国社会真正的自由、思想意识上的自由则一直被严加管制。基于这种认识,结论不言而喻:中国缺少的是思想、意识上的自由而不是行动上的自由——如果在中国实行自由的话,那么,只有思想自由就足够了。这就是说,梁启超所讲的自由不是行动上的自由而是思想上的自由,目的在于提高中国人的道德素质而不是推进行动上或法律上的自由。

第二节　民主启蒙与思想启蒙

严复、梁启超对自由的不同界定取决于各自不同的理论视界,反过来也恰好印证了两人对启蒙的不同侧重:严复强调自由与管束相对待,侧重从个人与政府之间的关系讲自由,断言自由与民主互为体用;梁启超声称自由与奴隶相对待,并且指出奴隶主要是"心奴"或"心奴隶",进而将自由与人的精神世界尤其是道德品格相联系。接下来的问题是,由于坚持自由是国民享有宪法上规定的权利,严复的启蒙思想侧重民主启蒙和制度启蒙;由于强调自由是精神上摆脱奴役而具有独立人格,梁启超的启蒙侧重思想启蒙和道德启蒙。

首先,严复诉诸法律,呼吁政府通过立法让国民享受权利;梁启超希冀道德,期盼国民的道德自觉和独立人格。

严复认为,自由是国民享受的一种权利,这种权利与政府的管束相对待。换言之,国民享有的自由权利与国家的民主制度密切相关。对此,他不止一次地论证说:

> 自由者,惟个人之所欲为。管理者,个人必屈其所欲为,以为社会之公益,所谓舍己为群是也。是故自由诚最高之幸福。但人既入群,而欲享幸福之实,所谓使最多数人民得最大幸福者,其物须与治理并施。纯乎治理而无自由,其社会无从发达;即纯自由而无治理,其社会且不得安居。①

> 夫自由云者,作事由我之谓也。今聚群民而成国家,以国家而有政府,由政府而一切所以治吾身心之法令出焉,故曰政府与自由反对也。顾今使为之法,而此一切所以治吾身心者,即出于吾之所自立,抑其为

---

① 《政治讲义》,《严复集》(第五册),中华书局1986年版,第1279页。

此之权力,必由吾与之而后有。然则吾虽受治,而吾之自由自若,此则政界中自治 Self-government 之说也。颇有政家,谓自治乃自相矛盾之名词,以谓世间虽有其名,实无其事。人之行事,不出两端,发于己志一也,从人之志二也。前曰自由,后曰受管。故一言治,便非自力,果由自力,即不为治。此其说甚细。顾自我辈观之,吾身所行之事,固有介于二说之间者,非由己欲,亦非从人,但以事系公益,彼此允诺,既诺之后,即与发起由吾无异。然则自治名词,固自可立,而以实事明之,譬如一国之民,本系各不相为,各恤己私,乃今以四邻多垒,有相率为虏之忧,于是奋然共起,执戈偕行,以赴国难。此时虽有将帅号令,生杀威严,然不得谓国人为受驱逼胁。何则?一切皆彼之自发心也。如此即为自治之一端。使此法可行,将政界之中,无禁制抑勒之事,虽令发中央枢纽,无异群下之所自趋,从此君民冲突之事,可以免矣。①

依据这个分析,所谓自由,也就是"作事由我"、"为所欲为"。然而,民聚成群而有国家,人之自由以不侵犯他人及国群自由为界。政府代表国家颁布法令约束国民,使之不能凡事都由我作主。从这个意义上说,政府与人"作事由我"、"为所欲为"的自由追求是相反的,自由的关键是划分政府与个人的权界问题。正因为如此,严复将穆勒的《论自由》翻译为《群己权界论》,以期从个人与群体、国家的关系维度界定自由。严复对自由的这一界定预示着自由的关键是处理个人与群体的关系,与政治体制、民主制度密切相关。对此,严复论证说:"科学家于物,皆有品量之分。品者问其物之何如,量者课其物之几许。民之自由与否,其于法令也,关乎其量,不关其品也。所问者民之行事,有其干涉者乎?得为其所欲为者乎?抑既干涉矣,而法令之施,是否一一由于不得已,而一切可以予民者,莫不予民也。使其应曰然,则其民自由。虽有暴君,虽有弊政,其民之自由自若也。使其应曰否,则虽有尧、舜之世,其民不自由也。"②这就是说,自由是人的天赋权利毋庸置疑,科学方法对自由的分析和论证只关其量而不关其质,法令所做的不是规定国民是否享有自由,而是根据各种考量给国民多少自由。有了法律的相关规定,国民便有了行动上的自由和权界,即使有暴君或弊政也不妨碍国民享受自由。这表明,民主制度是自由的根本保障,君主立宪制度下的法律和议院等是确保国民享有自由的有力武器。沿着这个思路,他特别注重自

---

① 《政治讲义》,《严复集》(第五册),中华书局 1986 年版,第 1299—1230 页。
② 《政治讲义》,《严复集》(第五册),中华书局 1986 年版,第 1288 页。

由与法律、议院之间的关系。例如,严复反复指出:

> 欧洲近日政界方针,大抵国民则必享宪法中之自由,而政治则必去无责任之霸权。①
>
> 而常语之称自由,则与有议院等。故言其民自由,无异指其国之立宪。立宪政府,国民不附,即可更易,而立民情之所附者。又立宪国民,于政府所为,皆可论议,著之报章,以为国论 public opinion,政府常视之为举措,凡此皆俗所谓自由之国也。顾吾人之意,则谓如此而用自由,不过谓此等政府,对于国民,有其责任,不必混称自由,不如留自由名词,为放任政体之专称。②

　　基于这种理解,严复将自由在中国的推进寄托于实行君主立宪,具体措施有二:一是在法律上限制君主的权利,改变古代君主凌驾于法律之上的局面;一是在宪法上赋予国民自由,让国民享有实实在在的权利。由于认定法是分配权利的,他不仅翻译了《孟德斯鸠法意》,而且撰写一系列论文来建构近代法学体系。与此同时,鉴于自由与政府密切相关,并出于“兴民权”的需要,严复向往在中国开设议院。他畅想:“设议院于京师,而令天下郡县各公举其守宰。是道也,欲民之忠爱必由此,欲教化之兴必由此,欲地利之尽必由此,欲道路之辟、商务之兴必由此,欲民各束身自好而争濯磨于善必由此。呜呼! 圣人复起,不易吾言矣!”③无论是“兴民权”还是“设议院”都将矛头直接指向了“君为臣纲”和君主专制。在这种呼声中,实行“君不甚尊,民不甚贱”④的权利均衡的君主立宪政体成为大势所趋,君主集权而国民无权的状态将一去不复返。有鉴于此,在严复那里,对自由的阐扬始终与民主相联系,“以自由为体,以民主为用”⑤便是明证。

　　由于将自由理解为精神上——主要是道德上的自由,梁启超对自由的阐释关注思想启蒙或道德启蒙,而并非以社会制度或政治体制为重心。诚然,他对于中国的政治体制有过多种建议,从立宪到共和,再到开明专制,可谓是不一而足。然而,这些主要是针对时局的权衡,而不是从自由角度立论的。更有甚者,梁启超认为中国不缺少行动上的自由,缺少的只是道德上的

---

① 《政治讲义》,《严复集》(第五册),中华书局1986年版,第1269页。
② 《政治讲义》,《严复集》(第五册),中华书局1986年版,第1289页。
③ 《原强修订稿》,《严复集》(第一册),中华书局1986年版,第31—32页。
④ 《原强修订稿》,《严复集》(第一册),中华书局1986年版,第22页。
⑤ 《原强修订稿》,《严复集》(第一册),中华书局1986年版,第23页。

自由即"自由之德"。因此,他讲自由不是为了让国民通过立法享受更多的行动上的自由权利——这方面已经足够了,而仅仅是想提高中国人的道德素质。与此相联系,梁启超更关注道德启蒙,自由便是道德启蒙的主要内容之一。他著名的《新民说》,立言宗旨便是"道德革命"。可以看到,梁启超不仅在书中提出了"道德革命"的口号,而且明确表示担心国民的智力超过了道德。与这一理论宗旨息息相关,《新民说》的主要内容是公德、国家思想、合群、私德和进取冒险等,这些与自由一样是"新民"的素质,也是道德范畴。这些情况共同证明,梁启超启蒙思想的重心和宗旨是道德启蒙,即建构一种不同于古代独善其身之旧道德的新道德,而新道德的特点是固群、爱群、善群、利群和进群。正是在这个意义上,他反复强调:

> 然则吾辈生于此群,生于此群之今日,宜纵观宇内之大势,静察吾族之所宜,而发明一种新道德,以求所以固吾群、善吾群、进吾群之道。①
>
> 今试以中国旧伦理与泰西新伦理相比较:旧伦理之分类,曰君臣,曰父子,曰兄弟,曰夫妇,曰朋友;新伦理之分类,曰家族伦理,曰社会(即人群)伦理,曰国家伦理,旧伦理所重者,则一私人对于一私人之事也。……新伦理所重者,则一私人对于一团体之事也。②

与对自由之道德意蕴的彰显息息相关,梁启超提出的"破学界之奴性"不仅旨在"开民智",而且旨在"新民德"——提倡独立人格。这些都与他对自由的界定一脉相承,并且与对中国现状的审视息息相关。梁启超指出,中国衰微的根本原因是中国人公德观念淡薄,缺乏爱国心。沿着这个思路,在对中国积贫积弱的分析中,他得出了这样的结论:"呜呼!吾国之受病,盖政府与人民,各皆有罪焉。"③在接下来的具体说明中,梁启超从让政府与国民对于中国的落后衰微各负其责转向归咎于国民。对于其中的原委,他给出的解释是:

> 今夫国家者,全国人之公产也。④

① 《新民说》,《梁启超全集》(第二册),北京出版社 1999 年版,第 662 页。
② 《新民说》,《梁启超全集》(第二册),北京出版社 1999 年版,第 661 页。
③ 《中国积弱溯源论》,《梁启超全集》(第一册),北京出版社 1999 年版,第 412 页。
④ 《中国积弱溯源论》,《梁启超全集》(第一册),北京出版社 1999 年版,第 413 页。

国也者,积民而成,国家之主人为谁,即一国之民是也。①

夫国也者,积民而成,未有以民为奴隶、为妾妇、为机器、为盗贼而可以成国者。②

循着这个思路,既然国家是国民之公产,那么,国民则为国家的兴衰负有不可推卸的责任;既然国家由国民积聚而成,那么,国民的素质优劣则直接决定着国家的强弱兴衰。这表明,国家之兴衰尽管与政府相关,却关键取决于国民。于是,梁启超得出了如下结论:"观于此,则中国积弱之大源,从可知矣。其成就之者在国民,而孕育之者仍在政府。"③对此,他进一步解释说,由于缺少国家观念,中国人只知有家而不知有国,这是极端荒谬的。其实,个人与群体不可分,爱国家就是爱自己。"故夫爱国云者,质言之直自爱而已。"④之所以如此,原因在于:

不有民,何有国? 不有国,何有民? 民与国,一而二,二而一者也。⑤

人也者,非能一人独立于世界者也,于是乎有群;又非能以一群占有全世界者也,于是乎有此群与彼群。一人与一人交涉,则内吾身而外他人,是之谓一身之我;此群与彼群交涉,则内吾群而外他群,是之谓一群之我。同是我也,而有大我小我之别焉。当此群与彼群之角立而竞争也,其胜败于何判乎? 则其群之结合力大而强者必赢,其群之结合力薄而弱者必绌。此千古得失之林矣。结合力何以能大? 何以能强? 必其一群之人常肯绌身而就群,捐小我而卫大我。于是乎爱他利他之义最重焉。圣人之不言为我也,恶其为群之贼也。人人知有身不知有群,则其群忽涣落摧坏,而终被灭于他群,理势之所必至也。中国人不知群之物为何物,群之义为何义也,故人人心目中,但有一身之我,不有一群之我。⑥

按照这个说法,人的存在是个体的,社会是群体的;前者称为"一身之

① 《中国积弱溯源论》,《梁启超全集》(第一册),北京出版社 1999 年版,第 414 页。
② 《中国积弱溯源论》,《梁启超全集》(第一册),北京出版社 1999 年版,第 423 页。
③ 《中国积弱溯源论》,《梁启超全集》(第一册),北京出版社 1999 年版,第 422 页。
④ 《论中国国民之品格》,《梁启超全集》(第二册),北京出版社 1999 年版,第 1078 页。
⑤ 《爱国论》,《梁启超全集》(第一册),北京出版社 1999 年版,第 272 页。
⑥ 《中国积弱溯源论》,《梁启超全集》(第一册),北京出版社 1999 年版,第 417 页。

我",后者称为"一群之我"。个人与自己所处的群体密不可分、休戚相关。具体地说,个人与群体的关系包括两个方面:一方面,人必须生活在群体之中,群体是保障个人权利的。另一方面,群体与群体之间处于生存竞争之中,其生存的权利依赖此一群体中的个人加以捍卫和保护。尤其是在大敌当前、群体的生存面临威胁之时,群体中的个人必须牺牲自己的自由而保全群体的自由。其实,个人捍卫群体的自由也是捍卫自己的自由。不幸的是,中国人并不明白这个道理,只知有一身之小我而不知有一群之大我,只知有家而不知有国。基于这种认识,培养公德观念和爱国意识成为中国存亡的关键,也成为梁启超大声疾呼的自由之德的题中应有之义。于是,他声称:"人者,动物之能群者也。置身物竞之场,独立必不足以自立,则必互相提携,互相防卫,互相救恤,互相联合,分劳协力,联为团体以保治安。然团体之公益,与个人之私利,时相枘凿而不可得兼也,则不可不牺牲个人之私利,以保持团体之公益。然无法律以制裁之,无刑罚以驱迫之,惟恃此公德之心以维此群治,故公德盛者其群必胜,公德衰者其群必衰。公德者诚人类生存之基本哉。"①

通过上述论证,利群、合群、国家观念和群体意识成为梁启超启蒙思想的中心内容,并且成为自由的题中应有之义。从这个意义上说,梁启超讲自由侧重责任、义务,根本目的是提倡个人对群体、国家的服从。这与严复侧重从权利的角度阐释自由差异很大。此外,如前所述,梁启超从权利的角度对自由予以诠释,却引申出与严复大相径庭的结论。在对自由作权利解时,梁启超所讲的权利往往与义务、责任如影随形,这使梁启超不仅像严复那样关注自由以不侵犯他人自由为界,而且更强调放弃自由与侵犯自由一样罪不容赦,甚至比侵犯他人自由危害性更大。在这方面,梁启超将卢梭的社会契约论与天赋人权论联系起来,进而反复宣称:

> 天生人而赋之以权利,且赋之以扩充此权利之智识,保护此权利之能力。②
>
> 天生人而畀之以权利,且畀之以自保权利之力量,随即畀之以自保权利之责任者也。故人而不思保护其权利者,即我对于我而有未尽之责任也。故西儒之言曰:侵人自由权者为第一大罪,放弃己之自由权者

---

① 《论中国国民之品格》,《梁启超全集》(第二册),北京出版社 1999 年版,第 1078 页。
② 《新民说》,《梁启超全集》(第二册),北京出版社 1999 年版,第 684 页。

罪亦如之。①

在这里,梁启超将放弃自由权说成是放弃责任,视为"第一大罪",而他所讲的放弃自由权特指放弃道德自由,也就是放弃个人为国家争取自由权利的责任。这印证了梁启超宣传自由的初衷是为了唤醒国民的道德自觉,使民众明白对于国家兴亡具有不可推卸的责任。为此,他专门写了《放弃自由之罪》,对这个问题进行深入阐发。文中曰:"西儒之言曰:天下第一大罪恶,莫甚于侵人自由,而放弃己之自由者,罪亦如之。余谓两者比较,则放弃其自由者为罪首,而侵人自由者乃其次也。何以言之?盖苟天下无放弃自由之人,则必无侵人自由之人。此之所侵者,即彼之所放弃者,非有二物也。夫物竞天择,优胜劣败,(此二语群学之通语,严侯官译为物竞天择,适者生存。日本译为生存竞争,优胜劣败。今合两者并用之,即欲定以为名词焉。)此天演学之公例也,人人各务求自存则务求胜,务求胜则务为优者,务为优者则扩充己之自由权而不知厌足,不知厌则侵人自由必矣。言自由者必曰:人人自由而以他人之自由为界,夫自由何以有界?譬之有两人于此,各务求胜,各务为优者,各扩充己之自由权而不知厌足,其力线各向外而伸张,伸张不已,而两线相遇,而两力各不相下,于是界出焉。故自由之有界也,自人人自由始也,苟两人之力有一弱者,则其强者所伸张之线,必侵入于弱者之界。此必至之势,不必讳之事也。如以为罪乎,则宇宙间有生之物,孰不争自存者,充己力之所能及以争自存,可谓罪乎。夫孰使汝自安于劣,自甘于败,不伸张力线以扩汝之界,而留此余地以待他人之来侵也,故曰:苟无放弃自由者,则必无侵人自由者,其罪之大原,自放弃者发之,而侵者因势利导不得不强受之。"②至此,梁启超讲自由以权利始,以责任终,淋漓尽致地彰显了自由的道德内涵,也在自由中融入了个人与国家的密不可分。如此说来,自由不再是私德,并且关涉群体的前途和命运,带有公德的性质。

需要说明的是,在个人与群体的关系维度上探讨自由受制于中国近代救亡图存的政治斗争和理论初衷,故而是中国近代思想家讲自由的共性。正因为如此,不仅梁启超所讲的自由具有这一特征,严复的自由思想也是如此。例如,严复不止一次地断言:

　　中文自繇,常含放诞、恣睢、无忌惮诸劣义。然此自是后起附属之

① 《中国积弱溯源论》,《梁启超全集》(第一册),北京出版社1999年版,第418页。
② 《放弃自由之罪》,《梁启超全集》(第一册),北京出版社1999年版,第348—349页。

诂,与初义无涉。初义但云不为外物拘牵而已,无胜义亦无劣义也。夫人而自繇,固不必须以为恶,即欲为善,亦须自繇。其字义训,本为最宽,自繇者凡所欲为,理无不可,此如有人独居世外,其自繇界域,岂有限制? 为善为恶,一切皆自本身起义,谁复禁之! 但自入群而后,我自繇者人亦自繇,使无限制约束,便入强权世界,而相冲突。故曰人得自繇,而必以他人之自繇为界。……穆勒此书(指《群己权界论》——引者注),即为人分别何者必宜自繇,何者不可自繇也。①

　　独人道介于天物之间,有自繇亦有束缚。治化天演,程度愈高,其所得以自繇自主之事愈众。由此可知自繇之乐,惟自治力大者为能享之,而气禀嗜欲之中,所以缠缚驱迫者,方至众也。卢梭《民约》,其开宗明义,谓"斯民生而自繇",此语大为后贤所呵,亦谓初生小儿,法同禽兽,生死饥饱,权非己操,断断乎不得以自繇论也。②

　　这就是说,严复与梁启超自由思想的区别不是在个人与群体、国家的关系维度上讲自由,而是对个人与群体利益的不同态度和处理方式。在梁启超看来,由于国家的权利依赖个人的自由来支持,离开了个人,国家的权利则名存实亡。于是,在让个人为国家牺牲自由的同时,梁启超更突出放弃自由——个人对于国家的义务和责任造成的危害,将之归为"第一大罪"。这与严复一再恪守自由的权限,呼吁防范他人或政府侵犯人之自由迥然相异,也使严复不曾关注的"放弃自由之罪"成为自由的第一要义。

　　其次,权利与功利密切相关,严复、梁启超对自由的界定使个人与群体的利益关系成为自由不可回避的问题,并且,对待这个问题的不同态度和方式反过来加大了两人关于自由的分歧。严复、梁启超对自由的界定在个人与群体的权利义务关系中推导出不同的结果:严复强调权利、义务的对等,梁启超强调个人对于群体或国家的义务优先。这个分歧表现在对待功利的看法上便是:严复主张个人与群体的利益必须兼顾,推举"两利"说;梁启超号召个人为国家放弃利益,力主"牺牲"说。

　　由于将自由视为权利,严复认为,个人的权利不可侵犯,故而追求"大利"即上下交利的"两利"。由于对权利、义务对等的强调,严复坚持个人与国家的"两利",认为个人的权利与国家的权利一样不可侵犯。他指出,现代经济学的原理就是追求保全国家与个人利益的最大利益,因为只有国家

---

①　《群己权界论》,商务印书馆1981年版,"译凡例"。
②　《群己权界论》,商务印书馆1981年版,"译凡例"。

与个人同时获利,才是真利;如果国家或个人单方面独利,从长久的眼光看势必对公私双方造成危害。于是,严复一而再、再而三地指出:

> 计学者,首于亚丹·斯密氏者也。其中亦有最大公例焉。曰大利所存,必其两益;损人利己非也,损己利人亦非;损下益上非也,损上益下亦非。①

> 自营一言,古今所讳,诚哉其足讳也!虽然,世变不同,自营亦异。大抵东西古人之说,皆以功利为与道义相反,若薰莸之必不可同器。而今人则谓生学之理,舍自营无以为存。但民智既开之后,则知非明道则无以计功,非正谊则无以谋利。功利何足病?问所以致之之道何如耳!故西人谓此为开明自营,开明自营,于道义必不背也。复所以谓理财计学为近世最有功生民之学者,以其明两利为利、独利必不利故耳。②

> 《原富》一书,其大头脑是明两利始利,独利无利,此真宇内和一有开必先之基。中国学究家动说尊攘,经济家好言抵制,即至最上一乘,亦不过如孟子主仁义、黜言利,如董生,正谊、明道诸话头已耳,于民生真理何尝梦见乎!③

严复强调,为了个人利益而损害国家利益固然为非,为了国家利益而损害个人利益亦非,同样是不道德的。在这个问题上,严复不惜对自己崇拜的赫胥黎的观点予以反驳。赫胥黎认为,"成己成人之道,必在惩忿窒欲,屈私为群。"④严复尽管对赫胥黎十分推崇,却不同意这种说法。他指出,这种观点违背了人类"背苦而趋乐"的本性,更闇于经济学上"两利为真利、独利必不利"的道理,是荒谬的。严复写道:"然则人道所为,皆背苦而趋乐,必有所乐,始名为善,彰彰明矣,故曰善恶以苦乐之广狭分也。然宜知一群之中,必彼苦而后此乐,抑己苦而后人乐者,皆非极盛之世,极盛之世,人量各足,无取挹注,于斯之时,乐即为善,苦即为恶,故曰善恶视苦乐也。前吾谓西国计学为亘古精义、人理极则者,亦以其明两利为真利耳。由此观之,赫胥氏是篇所称屈己为群为无可乐,而其效之美不止可乐之语,于理荒矣。"⑤与对赫胥黎的反驳截然相反,严复对亚当·斯密的"两利"说推崇有加,并

---

① 《天演论》,中州古籍出版社 1998 年版,第 187 页。
② 《天演论》,中州古籍出版社 1998 年版,第 432—433 页。
③ 《与孝明书》,《严复集补编》,福建人民出版社 2004 年版,第 226 页。
④ 《天演论》,中州古籍出版社 1998 年版,第 235 页。
⑤ 《天演论》,中州古籍出版社 1998 年版,第 236—237 页。

且翻译了亚当·斯密的《国民财富的性质和原因的研究》（简称《国富论》），名为《原富》，以期让人沿着亚当·斯密的思路处理个人与国家的利益关系。

与严复坚持保护个人利益的"大利"、"两利"原则迥然相异，梁启超指出个人与群体的上下"两利"是不可能的，因为个人利益与国家利益十有八九是对立的。为此，他极力驳斥边沁关于追求大多数人之最大幸福的说法："边沁常言，人道最善之动机，在于自利。又常言最大多数之最大幸福，是其意以为公道与私益，常相和合，是一非二者也。而按诸实际，每不能如其所期。公益与私益，非惟不相和合而已，而往往相冲突者，十而八九也。"①在此基础上，基于个人依赖群体而自保的思路，梁启超呼吁，在个人利益与群体利益不能两全的情况下，个人必须为了群体的利益而放弃、牺牲自己的利益。于是，他大声疾呼：

> 呜呼！个人者不能离群以独立者也。必自固其群，然后个人乃有所附丽。故己与群异其利害，则必当绌己以伸群，盖己固群中之一分子，伸群固所以自伸也。若必各竞私利而不相统一，各持私见而不相屈服，吾恐他群之眈视其旁者，且乘我之散涣而屈服我，统一我。夫至为他群所屈服统一，则岂独力所能支？吾恐以自由其群始者，行将以奴隶其群终也。②

> 盖真爱自由者，以一群一国之自由为目的，而不以一身一事之自由为目的也。若惩为私人之奴隶，遂并耻为公众之奴隶，将谋一群之自由，乃先争一己之自由，殉私忘公，血气用事，乃至抵触以破坏公团，放荡以蹂躏群纪，是无论其宪法民政之不能成立，即与以宪法而吾恐其不能一日安，授以民政而吾恐其不能期月守也。③

这个观点与梁启超在讲个人权利时凸显个人对群体、国家的义务和责任优先一脉相承，归根到底取决于对自由的界定。可以看到，梁启超讲自由更多地是与服从、责任相联系，因而恪守自由以不侵犯他人自由为界，并且以服从国家利益为第一义。正是在这个意义上，他一再说：

---

① 《乐利主义泰斗边沁之学说》，《梁启超全集》（第二册），北京出版社 1999 年版，第1049 页。

② 《服从释义》，《梁启超全集》（第二册），北京出版社 1999 年版，第 1084 页。

③ 《服从释义》，《梁启超全集》（第二册），北京出版社 1999 年版，第 1087 页。

曰：服从者固奴隶矣，不服从者亦将奴隶，吾人其何择焉？曰服从者最劣之根性，国民必不可有者也，服从者亦最良之根性，国民必不可缺者也。今请略陈其义。一曰不可服从强权，而不可不服从公理。……一曰不可服从私人之命令，而不可不服从公定之法律。欲维持国家之秩序，必以服从法律为第一义。欲保护个人之自由，亦必以服从法律为第一义。盖法律者所以画自由之界限。裁抑强者之专横，即伸张弱者之权利，务使人人皆立于平等，不令一人屈服于他人者也。……是故人群愈进于文明，则其法律愈以繁密，其人民之遵守法律愈以谨严，而其自由亦愈以张盛。……一曰不可服从少数之专制，而不可不服从多数之议决。①

由是观之，服从者固非必奴隶。服从强者之恶性必不可有，而服从良心之美性必不可无也。故欲合大群，不可不养其服从之美性，欲养服从之美性，则宜培其美性之根原。美性之根原何也？一曰公益心，……盖彼深知我固团体中之一分子，我既以公益为目的，则不能不减其一部分之独立，以保其团体之独立，割其一部分之自由，以增其团体之自由也。……一曰裁制力，……今夫喜自由而恶检束，人之天性然矣。然自由者固自有其量而不能逾溢者也。夫人情既乐于恣睢，而嗜欲之驱役，外物之诱引，血气之激荡，又常能涨其恣睢之热度，使之奋踊而不自持。苟顺是而不受之以节，则横决暴溢，必将为过度之自由。两过度之自由相遇，则必利害冲突，将抵触龃龉而无以为安。彼野蛮未开之族，与夫年未及岁之人之不能享有自由者，固谓其裁制力薄，动相抵触龃龉，不能不加以强制，而使之受治于他人，盖不能服从良心，则必至服从外力，此固事理所必然者也。是故真能自由者，必先严于自治，务节其恣睢之性，置其身于规律之中，一举一动，一话一言，无不若有金科玉律之范于其前，循循然罔敢逾越。彼岂好为自苦哉？彼盖知服从者人道所不能免，我不以道德法律自制裁，人将以权力命令制裁我，与其服从于他人之权力命令，无宁服从于吾心道德法律之制裁。故自由愈盛之国，则其人制裁之力愈厚，而其服从之性亦愈丰。若荡荡然纵其野蛮之自由，不能自节其情欲，则是制裁之力，未能愈于蛮人童子，曷怪其蹙然苦于缚束，自决溢于道德法律之范围也？②

①　《服从释义》，《梁启超全集》（第二册），北京出版社1999年版，第1084—1085页。
②　《服从释义》，《梁启超全集》（第二册），北京出版社1999年版，第1085—1086页。

　　自由以个人服从国家为第一要义使梁启超所讲的自由的基本含义不是享受权利,而是转化为在服从国家利益前提下的责任和义务。正因为如此,自由才有真自由与假自由、文明自由与野蛮自由之分。如果说梁启超所讲的真自由以服从为第一义的话,那么,文明自由则以责任优先。循着这个思路,为了保障国家自由——确切地说,为了保障自己的自由,个人暂时为了国家放弃自己的自由权利是必须的;况且,这种放弃是一种"有偿储蓄",充其量只是一种权衡,用他本人的话说不过是以今天"购买"明天而已。

　　再次,对自由的不同界定不仅直接决定了严复、梁启超启蒙思想的不同走向和内容,而且使两人对自由的历史进程予以不同审视,勾勒出不同的自由轨迹。严复认为,人类起初无自由,自由是社会文明、进步的产物。人类社会的历史不断进化,进化的法则是由宗法社会到军国社会,再到民主社会,这是一个由不自由走向自由的过程。正是基于人类历史是一个由不自由进化为自由的认识,严复不同意卢梭的观点,专门作《民约平议》予以驳斥还不够,以至于在翻译穆勒的《论自由》(On Liberty)时还念念不忘对卢梭的观点予以反驳。在该书中,他如是说:"独人道介于天物之间,有自繇亦有束缚。治化天演,程度愈高,其所得以自繇自主之事愈众。由此可知自繇之乐,惟自治力大者为能享之,而气禀嗜欲之中,所以缠缚驱迫者,方至众也。卢梭《民约》,其开宗明义,谓'斯民生而自繇',此语大为后贤所呵,亦谓初生小儿,法同禽兽,生死饥饱,权非己操,断断乎不得以自繇论也。"①

　　梁启超认为民初自由,渐渐不自由,接下来再是自由。需要说明的是,梁启超虽然与严复一样秉持历史进化的理念,并且认为由多君到一君再到君民共主的"三世六别"是历史进化的规律,但是,由于不是从个人与政府的关系而是从个人的精神独立角度界定自由的,梁启超所讲的自由与政府或政治体制之间并无直接关系。在这方面,他对中国在专制社会中"有自由之俗,无自由之德"的判断即是明证。此外,在梁启超看来,作为一种民德,自由具有野蛮与文明之分,进步的表现是自由从野蛮之自由变为文明之自由,而绝非从不自由变为自由;同样,这个转变与政治制度无关,而是取决于人之道德水平的提高。正因为如此,自由才有野蛮与文明、真自由与假自由之别。也正是野蛮自由与文明自由、假自由与真自由的同时并存,梁启超才刻意对自由予以划分,进而呼吁国民通过"道德革命"而摈弃野蛮自由,追求文明自由;只有这样,才能告别假自由而享受真自由。

　　进而言之,对自由的不同理解以及由此引发的对自由历程的勾勒使严

---

① 《群己权界论》,商务印书馆1981年版,"译凡例"。

复、梁启超对卢梭的态度明显不同。卢梭著《社会契约论》(又称《民约论》)和《论人类不平等的起源和基础》等论作,指出人最初处于"自然状态",是孤独的个体,也是完全平等和自由的。随着家庭的形成尤其是私有制的产生,社会上才出现贫富分化和主奴之别,从而出现了经济上、政治上的不平等。为了寻求平等,人们缔结契约,以期建立一个平等、自由的社会共同体,达到一种新的自由、平等。卢梭坚信:"'要寻找出一种结合的形式,使它能以全部共同的力量来卫护和保障每个结合者的人身和财富,并且由于这一结合而使每一个与全体相结合的个人又只不过是在服从自己本人,并且仍然像以往一样地自由。'这就是社会契约所要解决的根本问题。"①严复虽然强调自由与法律密切相关,但是,基于自由是政府在法律上划定群己权界,赋予国民权利的认识,他坚信自由是开明政治的产物,并且与国民德、智、体各方面的素质和自治能力密切相关。因此,在严复看来,人类社会压根就不存在一个自由、平等的自然状态。对此,他一而再、再而三地从不同角度论证并解释说:

> 自舟车大通,蛮夷幽复之阻,皆为耳目之所周。然后知初民生事至劣,以强役弱,小己之自由既微,国群之自由更少。观《社会通诠》所言蛮夷社会,可以证矣。往者卢梭《民约论》,其开卷第一语,即云斯民生而自由,此义大为后贤所抨击。赫胥黎氏谓初生之孩,非母不活。无思想,无气力,口不能言,足不能行,其生理之微,不殊虫豸,苦乐死生,悉由外力,万物之至不自由者也。其驳之当矣!且夫自由,心德之事也。故虽狭隘之国,贤豪处之而或行。宽大之群,愚昧居之而或病。吾未见民智既开,民德既丞之国,其治犹可为专制者也。由是言之,彼蛮狄之众,尚安得有自由之幸福,而又享其最大者乎?②
>
> 如郝伯思谓国家未立之初,只是强欺弱世界,必自拥戴一人为君,情愿将己身所享自由呈缴国家,易为循令守法,而后有相安之一日云云。果如此言,是未立国家之际,人人自立自由,各不相管,如无所统摄之散沙,而其对于外物,全视本人力量如何,强则食人,弱则人食。此论似之,但惜其非事实耳。……此(指柳宗元的《封建论》——引者注)与郝伯思、洛克所主,真无二致之谈,皆不悟人群先有宗法社会。此《通诠》中所言之最详者。当是时,即有孤弱,全为宗法保护,言其实际,殆

---

① 《社会契约论》,商务印书馆1997年版,第23页。
② 《法意》按语,《严复集》(第四册),中华书局1986年版,第986页。

较近世国家所以保其人民者,尤可为恃。然则未有君上之先,并非散沙,亦非无所统摄境界,实则秩序井然,家自为政。特其群日大,非用宗法所可弥纶。至今事异情迁,始则相忘其为种族,继后竟弃种族之思。①

既论社会之进化,欲吾言之有序,自不得不言社会之太初。……所特为诸君举似者,当去西人旧籍中有著名巨谬而必不可从者,如卢梭《民约》之开宗明义谓:民生平等,而一切自由是已。盖必如其言,民必待约而后成群,则太古洪荒,人人散处,迫至一朝,是人人者不谋而同,忽生群想,以谓相约共居乃极利益之事,尔牵率搂合,若今人发起党会者然,由是而最初之第一社会成焉。此自虚构理想,不考事实者观之,亦若有然之事,而无如地球上之从来无此。何也? 必欲远追社会之原,莫若先察其么匿之为何物。斯宾塞以群为有机团体,与人身之为有机团体正同。人身以细胞为么匿,人群以个人为么匿。最初之群,么匿必少。言其起点,非家而何? 家之事肇于男女,故《易传》曰:"有男女然后有夫妇,有夫妇然后有父子,有父子然后有君臣,有君臣然后有上下,有上下然后礼义有所错。"此吾国之旧说也,而亦社会始有之的象也。②

基于上述分析和考察,严复笃信詹克斯关于人类社会始于宗法社会的观点,认定人群最初生活在宗法社会之中,不可能处于完全孤立的自由、平等状态。宗法社会的特点是尊尊而亲亲,本身就是一个不平等的社会。自由的程度与国民的素质成正比,正如民智大开、民德高尚之时,与自由相左的专制政体便无法立足一样,在民智、民德低劣的社会之初,自由无异于天方夜谭。有鉴于此,他坚决反对霍布斯(严复译为郝伯思)、洛克和卢梭等人所讲的先于社会状态而存在的平等、自由的"自然状态",特意撰写《〈民约〉平议》对卢梭的观点予以驳斥。卢梭的社会契约思想是在霍布斯、洛克的影响下形成的,这一理论可以追溯到古希腊,却以霍布斯、洛克和卢梭为三大巨头。严复反对民初存在自由、平等状态的决绝态度可以从他不仅反对卢梭,而且加上了霍布斯和洛克中见其一斑。不仅如此,严复对卢梭思想的批判是全方位的,涉及到卢梭思想的方方面面。

卢梭在《社会契约论》中宣扬天赋人权论,强调国家出自契约,国家主权归国民所有,人是生而平等、自由的,人权不可任意剥夺。严复尽管接受

---

① 《政治讲义》,《严复集》(第五册),中华书局 1986 年版,第 1261 页。
② 《进化天演》,《严复集补编》,福建人民出版社 2004 年版,第 136—137 页。

了卢梭等人的天赋人权论思想,却指责卢梭认定社会状态之前的"自由状态"没有任何根据而纯属臆造。严复揭露说:"卢梭之说,其所以误人者,以其动于感情,悬意虚造,而不详诸人群历史之事实。……然则统前后而观之,卢梭之所谓民约者,吾不知其约于何世也。"①按照一般理解,启蒙运动推崇理性,启蒙思想家歌颂科学、艺术、理性和逻辑、文明和进步。卢梭则崇尚情感,《新爱洛伊丝》成为颂扬感情的代表作。有鉴于此,有人称卢梭是反启蒙者,还有人指责卢梭用充满情感的卢梭主义来反对理性主义。1755年出版的《论人类不平等的起源和基础》和第一篇论文中描绘的美好的自然状态与邪恶的文明社会的对立的观点导致了卢梭与崇尚理性和进步的18世纪法国唯物主义者的决裂。伏尔泰在看了《论人类不平等的起源和基础》之后甚至讥讽说,该书"使人不禁想用四肢爬行"。歌颂情感也成为崇拜理性的严复反对卢梭的原因之一。

更有甚者,鉴于对积极自由与消极自由的区分,严复指责卢梭所讲的自由属于积极的自由,永远都不可能实现。于是,他全面否定了卢梭所追求的自由和平等。例如,卢梭认为,"民生自由,其于群为平等"。对此,严复反驳说,卢梭讲的平等永远都不可能实现,因为新生婴儿没有任何能力,一切皆赖成人,这决定了婴儿与成人之间不可能平等;及其长成,也会因为体力、智力等各方面的差异而导致不平等。至于人与人同时生活于社会之中,其间的贵贱、贫富之不平等更是不可避免。正是在这个意义上,严复反复宣称:

> 且稍长之儿,其不平等,尤共见也。若强弱,若灵蠢,若贤不肖,往往大殊,莫或掩也。一家之中,犹一国然。恒有一儿,严重威信,不仅为群儿之领袖也,即其长者异之。乌在其于群为平等乎? 他日卢梭之论等差原始也,亦尝区自然之殊异,与群法之等威而二之矣。乃不知群法等威,常即起于自然之殊异。均是人也,或贵焉,或贱焉,或滋然而日富,或塌然而日贫,此不必皆出于侵陵刮夺之暴,亦不必皆出于诡谲机诈之欺也。无他,贤不肖智愚勤惰异耳,谁非天赋之权利也哉?②
>
> 今者其书(指《社会契约论》——引者注)之出百数十年矣,治群学者,或讨诸旧文,或求诸异种,左证日众,诚有以深知其说之不然。③

① 《〈民约〉平议》,《严复集》(第二册),中华书局1986年版,第340页。
② 《〈民约〉平议》,《严复集》(第二册),中华书局1986年版,第336页。
③ 《〈民约〉平议》,《严复集》(第二册),中华书局1986年版,第340页。

梁启超将自由理解为民德,认为野蛮时代有野蛮时代的自由,也就等于承认了"自然状态"中存在着自由。与此相联系,面对他人对卢梭社会契约论的指责,梁启超辩解说:"是故卢梭民约之说,非指建邦之实迹而言,特以为其理不可不如是云尔。而后世学者排挤之论,往往不察作者本旨所在,辄谓遍考历史,无一国以契约而成者,因以攻《民约论》之失当。抑何轻率之甚耶!"①不仅如此,梁启超还援引康德的观点为卢梭作证:"卢梭民约之真意,德国大儒康德 Immanuel Kant 解之最明。康氏曰:'民约之义,非立国之事实,而立国之理论也。此可谓一言居要者矣。'"②

众所周知,卢梭提出的"自然状态"是基于人权天赋的一种假定,并非确指人类进入政治社会之前的实际状态,而是旨在说明人们缔结社会契约保护民权的必要性和推翻触犯人权的专制政府的必要性。严复恰恰抓住了"自然状态"的这一特点,抨击社会契约论没有事实根据而纯属主观臆造。与严复的看法不同,梁启超从另一个角度指出,"民约之说,非指建邦之实迹而言,特以为其理不可不如是云尔",可谓接近卢梭的本意。在此基础上,梁启超进一步解释说:"卢梭以为民约未立以前,人人皆自有主权,而此权与自由合为一体。及约之既成,则主权不在一人之手,而在此众人之意,而所谓公意者是也。卢梭以为凡邦国皆借众人之自由权而建设者也,故其权惟当属之众人,而不能属之一人若数人。质而言之,则主权者,邦国之所有;邦国者,众人之所有,主权之形所发于外者,则众人共同制定之法律是也。"③可以看到,梁启超对民约的理解与卢梭的本意基本上是吻合的,与其说是对卢梭思想的诠释,不如说是介绍或评述更为准确。这也从一个侧面表明,梁启超赞同卢梭的自由权和人人平等的思想,强调民约之物不是以剥夺个人之自由权为目的,而是以增长个人之自由权为目的。这正如卢梭诉诸契约是由于看到了人与人之间在体力上、智力上的不平等,所以才希望信凭道德上、法律上的力量使其平等一样。正是在这个意义上,梁启超写道:"卢梭又以为民约之为物,不独有益于人人之自由权而已,且为平等主义之根本也。何以言之? 天之生人也,有强弱之别,有智愚之差,一旦民约既成,法律之所要,更无强弱,更无智愚,惟视其正与不正何如耳。故曰:民约者,易事势之不平等,而为道德之平等者也。事势之不平等者何? 天然之智愚强弱是也。道德之平等者何? 又法律条款所生之义理是也。"④

---

① 《卢梭学案》,《梁启超全集》(第一册),北京出版社 1999 年版,第 504 页。
② 《卢梭学案》,《梁启超全集》(第一册),北京出版社 1999 年版,第 504 页。
③ 《卢梭学案》,《梁启超全集》(第一册),北京出版社 1999 年版,第 506 页。
④ 《卢梭学案》,《梁启超全集》(第一册),北京出版社 1999 年版,第 506 页。

　　此外,梁启超之所以赞同卢梭的社会契约论与他从精神上界定自由,进而对自由予以野蛮与文明的划分密切相关。不难看出,梁启超对卢梭的推崇恰恰是看中了其基于自然状态的平等、自由,进而将平等、自由与道德、法律联系起来的做法。其实,这也是梁启超用康德的思想为卢梭辩护的原因所在。卢梭的思想对康德产生了深刻影响,梁启超选择康德为卢梭辩护可谓聪明之举。

　　值得注意的是,梁启超并不完全赞同卢梭的观点,这一点越向中、后期过渡越明显。不仅如此,他对伯伦知理的介绍和肯定就是专门针对卢梭的。梁启超写道:"卢梭学说,于百年前政界变动,最有力者也。而伯伦知理学说,则卢梭学说之反对也。二者孰切真理? 曰卢氏之言药也,伯氏之言粟也。痼疾既深,固非恃粟之所得疗,然药能已病,亦能生病。且使药证相反,则旧病未得豁,而新病且滋生,故用药不可不慎也。五年以来,卢氏学说稍输入我祖国。彼达识之士,其孳孳尽瘁以期输入之者,非不知其说在欧洲之已成陈言也,以为是或足以起今日中国之废疾,而欲假之以作过渡。顾其说之大受欢迎于我社会之一部分者,亦既有年。而所谓达识之士,其希望之目的,未睹其因此而得达于万一。而因缘相生之病,则已渐萌芽,渐弥漫一国中。现在、未来不可思议之险象,已隐现出没,致识微者慨焉忧之。噫! 岂此药果不适于此病耶? 抑徒药不足以善其后耶?"①尽管如此,梁启超还是给予了卢梭很高评价,并且在肯定伯伦知理的同时也没有完全否定卢梭:"若谓卢梭为19世纪之母,则伯伦知理其亦20世纪之母焉矣。"②

　　事实上,梁启超一面推崇自由,一面将卢梭的思想与自由联系起来。这一点也恰与卢梭本意相符。《社会契约论》的第一句话就是:"人是自由的。"梁启超从各方面反击别人对卢梭的攻击,这一点也体现在他与老师康有为关于自由的争论之中。在给康有为的信中,梁启超不遗余力地为卢梭的自由主张辩护,并且力图将卢梭的思想与法国大革命相剥离:

　　　　来示于自由之义,深恶而痛绝之,而弟子始终不欲弃此义。窃以为于天地之公理与中国之时势,皆非发明此义不为功也。弟子之言自由者,非对于压力而言之,对于奴隶性而言之,压力属于施者,奴隶性属于受者。(施者不足责亦不屑教诲,惟责教受者耳。)中国数千年之腐败,

①　《政治学大家伯伦知理之学说》,《梁启超全集》(第二册),北京出版社1999年版,第1065页。
②　《政治学大家伯伦知理之学说》,《梁启超全集》(第二册),北京出版社1999年版,第1076页。

其祸极于今日,推其大原,皆必自奴隶性来,不除此性,中国万不能立于世界万国之间。而自由云者,正使人自知其本性,而不受箝制于他人。今日非施此药,万不能愈此病。而先生屡引法国大革命为鉴。法国革命之惨,弟子深知之,日本人忌之恶之尤甚。(先生谓弟子染日本风气而言自由,非也。日本书中无一不谈法国革命而色变者,其政治书中无不痛诋路梭者(卢梭、下同——引者注)。盖日本近日盛行法国主义,弟子实深恶之厌之。而至今之独尊法国主义者,实弟子排各论而倡之者也。)虽然,此不足援以律中国也。中国与法国民情最相反,法国之民最好动,无一时而能静;中国之民最好静,经千年而不动。故路梭诸贤之论,施之于法国,诚为取乱之具,而施之于中国,适为兴治为机;如参桂之药,投诸病热者,则增其剧,而投诸体虚者,则正起其衰也。而先生日虑及此,弟子窃以为过矣。①

且法国之惨祸,由于革命诸人,借自由之名以生祸,而非自由之为祸;虽国学派不满于路梭者,亦未尝以此祸蔽累于路梭也。执此之说,是以李斯而罪荀卿,以吴起而罪曾子也。且中国数千年来,无自由二字,而历代鼎革之惨祸,亦岂下于法国哉?然则祸天下者,全在其人,而不能以归罪于所托之名。且以自由而生惨祸者,经此惨祸之后,而尚可有进于文明之一日;不以自由而生惨祸者,其惨祸日出而不知所穷,中国数千年是也。苟有爱天下之心者,于此二者,宜何择焉!②

最后,对自由的不同界定以及由此导致的对自由的不同侧重在严复、梁启超启蒙思想的各个方面展示出来,最终演绎为对同一问题的不同认定和理解。例如,两人都基于天赋人权论提出了"兴民权"的设想,并且都主张为了"兴民权"必须"开民智"。在这个前提下,严复与梁启超的具体做法和操作相去甚远:一个从政府的管理入手,一个从国民的精神独立和道德自觉切入。

严复将自由与"开议院"相联系,这使开设议院成为"兴民权"的重要内容,正如"开议院"依赖民权的提高和民智的大开一样。对于"开议院",他写道:"观此知欧洲议院之制,其来至为久远。民习而用之,国久而安之。此其所以能便国而无弊也。今日中国言变法者,徒见其能而不知其所由能,动欲国家之立议院,此无论吾民之智不足以与之也。就令能之,而议院由国

---

①　《致康有为》,《梁启超全集》(第十册),北京出版社 1999 年版,第 5931 页。

②　《致康有为》,《梁启超全集》(第十册),北京出版社 1999 年版,第 5931 页。

家立者,未见其为真议院也。"①这段话经常被用来证明严复反对在中国开
设议院,其实是一种误读。严复说这段话不是讲中国应不应该设立议院,而
是讲如何设立议院。他说这话的潜台词是:正如君主立宪必须落到实
处——从法律上约束君主的权力,并赋予国民以自由之权一样,中国的议院
如果要像在欧洲那样发挥作用而非形同虚设的话,不仅需要民智的保障,而
且需要制度的保障;否则,将出现中国古代社会那样的局面,纵然国家有法
可依,君主却依然可以凌驾于法律之上而成为专制之君。由此可见,他的初
衷不是否定议院的必要,更不是说中国不应该设立议院,而是强调议院要发
挥作用必须考虑中国的实际情况,万万不可简单效仿欧洲的议院模式——
"见其能而不知其所由能"。这表明,严复强调"开议院"的前提是"兴民
权","兴民权"与"开议院"密切相关;如果国民无权,议院则流于形式。有
鉴于此,他将"开议院"的希望寄托于民主政治。

与严复强调民权离不开民主制度、开设议院的思路迥然不同,梁启超所
讲的"兴民权"侧重于"开民智",致使"广民智"而不是政治体制成为"兴民
权"的前提保障。对此,他写道:"今之策中国者,必曰兴民权,兴民权斯固
然矣。然民权非可以旦夕而成也。权者生于智者也。有一分之智,即有一
分之权。有六七分之智,即有六七分之权。有十分之智,即有十分之
权。……使其智日进者,则其权亦日进。……是故权之与智相倚者也,昔之
欲抑民权,必以塞民智为第一义。今日欲伸民权,必以广民智为第一义。"②
对于"兴民权",梁启超与严复一样看到了民权与民智之间的内在联系,却
从另一个角度得出了另一番结论,最终将"广民智"而非"伸民权"奉为"第
一义"。

需要说明的是,"兴民权"是梁启超为中国开出的救亡方案,并且在这
个问题上与其师康有为发生激烈冲突。这在梁启超写给老师的信中清楚地
展示出来,信中说:"夫子谓今日'但当言开民智,不当言兴民权',弟子见此
二语,不禁讶其与张之洞之言,甚相类也。夫不兴民权则民智乌可得开哉。
其脑质之思想,受数千年古学所束缚,曾不敢有一线之走开,虽尽授以外国
学问,一切普通学皆充入其记性之中,终不过如机器切成之人形,毫无发生
气象。试观现时世界之奉耶稣新教之国民,皆智而富;奉天主旧教之国民,
皆愚而弱;(法国如路梭之辈,皆不为旧教所囿者,法人喜动,其国人之性质
使然也。)无他,亦自由与不自由之分而已。(法国今虽民主,然绝不能自

① 《原富》按语,《严复集》(第四册),中华书局1986年版,第884页。
② 《论湖南应办之事》,《梁启超全集》(第一册),北京出版社1999年版,第177页。

由。)故今日而知民智之为急,则舍自由无他道矣。……故有自治似颇善矣——而所谓不受治于他人者,非谓不受治于法律也。英人常自夸谓全国皆治人者,全国皆治于人者,盖公定法律而公守之,即自定法律而自守之也。实则仍受治于己而已。盖法律者,所以保护各人之自由,而不使互侵也。此自由之极则,即法律之精意也。抑以法国革命而谤自由,尤有不可者;盖自由二字,非法国之土产也。英之弥儿,德之康得,皆近世大儒,全球所仰,其言自由,真可谓博深切明矣。……实觉其为今日救时之良药,不二之法门耳。……又自由与服从二者相反而相成,凡真自由未有不服从者。英人所谓人人皆治人,人人皆治于人,是也。但使有丝毫不服从法律,则必侵人自由。盖法律者,除保护人自由权之外,无他掌也。而侵人自由者,自由界说中所大戒也。故真自由者,必服从。"①

信中的内容显示,梁启超与康有为争论的焦点集中在对待自由的态度上,这个分歧源于两人对于自由与平等的不同侧重:康有为作为平等派,与谭嗣同一起宣称仁是世界本原,平等是仁的题中应有之义,故而断言平等是宇宙法则,平等的实现是消除国界的世界大同。梁启超推崇自由,与严复一起将自由说成是人的天赋权利,在对自由的推崇中将自由奉为拯救中国的不二法门。正是这种基本原则的分歧导致了康有为侧重"开民智",梁启超呼吁"兴民权"的分歧。在这个背景下,必须明确的是,梁启超与康有为的分歧最终聚焦在是否"兴民权"上,对于"开民智"两人是一致的。所不同的是,康有为只讲"开民智"而不讲"兴民权",用梁启超信中的话说就是"但当言开民智,不当言兴民权";梁启超既讲"开民智",又讲"兴民权"。

梁启超讲"兴民权"与严复是一致的——或者说,与自由息息相关。由于将自由理解为服从,梁启超强调"兴民权"以"开民智"为第一义,这与严复是不同的。从中可见,梁启超对自由的理解与权利密切相关,故而需要"兴民权"——这是与严复相同的;梁启超所讲的自由又与服从相关,这是严复所讲的自由所没有的;服从更需要民德、民智和自治能力,这使梁启超对"开民智"和自治能力的呼吁比严复要急切得多。

与彰显自由一脉相承,严复、梁启超都关注国民而不像康有为那样向往冲破家庭或国家的局限而成为"天民"。尽管如此,对自由的侧重却使严复、梁启超所理解的国民截然不同:严复认为,与国民相对应的是没有任何权利的奴隶,国民应该享受宪法赋予的权利。梁启超认为,中国人只知有家而不知有国,充其量只是部民,国民要有国家观念,以服从国家利益、捍卫国

<hr>

① 《致康有为》,《梁启超全集》(第十册),北京出版社1999年版,第5932页。

家自由为义务和责任。可见,严复强调做国民的权利,梁启超突出做国民的义务。严复、梁启超对自由的不同界定和阐释预示着两人所讲的自由具有不同的现实操作:与将自由视为权利相联系,严复渴望建立民主制度;与将自由视为道德相一致,梁启超期望塑造具有新道德的"新民"。

第三节　三民与新民

严复、梁启超提倡自由是基于中国落后源于中国人素质低下、缺少自由的认识。沿着这个思路,提高中国人的素质,在中国推行自由成为拯救中国的必由之路。在这方面,两人均将自由与提高国民素质联系起来,进而提出了改造中国的纲领。与对自由的不同理解相联系,严复对于自由的具体操作与政体制度密切相关,梁启超则侧重于民德的提高。这些区别使两人的自由思想在具体操作上最终呈现出提高国民力、智、德三方面素质的三民与侧重国民道德水平的新民之别。

在对中西强弱的对比和分析中,严复意识到君主专制是导致中国国民素质低下以及不自由的根源,这预示着提高国民素质必须触动现存的君主专制。他揭露说,中国长期以来君主"身兼天地君亲师之众责",人民"无尺寸之治柄,无丝毫应有必不可夺之权利"。这是中西的最大差异,也是其间一弱一强的根本原因。严复写道:"则知东西立国之相异,而国民资格,亦由是而大不同也。盖西国之王者,其事专于作君而已;而中国帝王,作君而外,兼以作师。且其社会,固宗法之社会也,故又曰元后作民父母。夫彼专为君,故所重在兵刑。而礼乐、宗教、营造、树畜、工商,乃至教育文字之事,皆可放任其民,使自为之。中国帝王,下至守宰,皆以其身兼天地君亲师之众责。兵刑二者,不足以尽之也。于是乎有教民之政,而司徒之五品设矣;有鬼神郊禘之事,而秩宗之五祀修矣;有司空之营作,则道理梁杠,皆其事也;有虞衡之掌山泽,则草木禽兽,皆所咸若者也。卒以君上之责任无穷,而民之能事,无由以发达。使后而仁,其视民也犹儿子耳;使后而暴,其过民也犹奴虏矣。为儿子奴虏异,而其于国也,无尺寸之治柄,无丝毫应有必不可夺之权利,则同。由此观之,是中西政教之各立,盖自炎黄尧舜以来,其为道莫有同者。"[①]

基于对中国国民素质的考察和对中西强弱的对比,严复进而得出结论,从力、智、德三个方面提高国民素质是中国富强的关键,也是中国与西方国

---

① 《社会通诠》按语,《严复集》(第四册),中华书局1986年版,第928—929页。

家平等进而确保中国主权的基本要求。严复是第一个明确提出德智体全面发展的中国人，在 1895 年的《原强》中就提出了这一主张。此后，这一直是严复的一贯方针。对此，他不止一次地强调：

> 国与国而竞为强，民与民而争为盛也，非以力欤？虽然，徒力不足以为强且盛也，则以智。徒力与智，犹未足以为强且盛也，则以德。是三者备，而后可以为真国民。①
>
> 曩读诏书，明定此后教育宗旨，有尚公、尚武、尚实三言。此三者，诚人类极宝贵高尚之心德。德育当主于尚公，体育当主于尚武，而尚实则惟智育当之。一切物理科学，使教之学之得其术，则人人尚实心习成矣。呜呼！使神州黄人而但知尚实，则其种之荣华，其国之盛大，虽聚五洲之压力以沮吾之进步，亦不能矣。②

不仅如此，严复将全面提高国民德智体各方面的素质视为中国的希望，把"一曰鼓民力，二曰开民智，三曰新民德"的三民说奉为改造中国的三大纲领。正是在这个意义上，他大声疾呼："夫如是，则中国今日之所宜为，大可见矣。夫所谓富强云者，质而言之，不外利民云尔。然政欲利民，必自民各能自利始；民各能自利，又必自皆得自由始；欲听其皆得自由，尤必自其各能自治始；反是且乱。……是以今日要政，统于三端：一曰鼓民力，二曰开民智，三曰新民德。夫为一弱于群强之间，政之所施，固常有标本缓急之可论。唯是使三者诚进，则其治标而标立；三者不进，则其标虽治，终亦无功；此舍本言标者之所以为无当也。"③

值得注意的是，对于严复来说，"一曰鼓民力，二曰开民智，三曰新民德"的三民说既是改造中国的纲领，也是自由的具体操作。这三方面的共同宗旨是全面提高中国人的素质，故而缺一不可。正因为如此，他分别对提高、改善中国人之力、智、德的现状提出了具体方案：为了"鼓民力"，反对吸食鸦片和妇女缠足；为了"开民智"，提议引进西方的教育理念和教育体制，在建立新式学堂的同时废除八股文和科举制度；为了"新民德"，要求将"吾民之德"与"联一气而御外仇"相结合，明确新道德的宗旨是"各私中国"。这用他本人的话说便是："是故居今之日，欲进吾民之德，于以同力合志，联

---

① 《〈女子教育会章程〉序》，《严复集》（第二册），中华书局 1986 年版，第 252—253 页。
② 《论今日教育应以物理科学为当务之急》，《严复集》（第二册），中华书局 1986 年版，第 282 页。
③ 《原强修订稿》，《严复集》（第一册），中华书局 1986 年版，第 27 页。

一气而御外仇,则非有道焉使各私中国不可也。"①

在提高国民素质的过程中,严复将国民之力、智、德视为一个整体,往往三者并提,因为缺一不可,其间并无本末之别。对于民力,他指出,就一国的富强而言,"民之手足体力为之基",因而,"此为最急"②。对于民智,严复宣称:"民智者,富强之原。"③对于"新民德",他提醒说:"至于新民德之事,尤为三者之最难。"④更为重要的是,三民的共同宗旨是自由,或者说,都是自由之民必备的素质。因此,与强调自由与政府密切相关一脉相承,严复提出的三民方案侧重政府的体制建构和行政管理。

梁启超认为,国民能否享受自由,取决于其自身的自治能力。所谓自治能力,最关键的核心问题是处理己与群的关系,即服从群体的利益。他断言:"抑今士大夫言民权、言自由、言平等、言立宪、言议会、言分治者,亦渐有其人矣。而吾民将来能享民权、自由、平等之福与否,能行立宪议会分治之制与否,一视其自治力之大小强弱定不定以为差。吾民乎,吾民乎,勿以此为细碎,勿以此为迂腐,勿徒以之责望诸团体,而先以之责望诸个人。吾试先举吾身而自治焉,试合身与身为一小群而自治焉,更合群与群为一大群而自治焉,更合大群与大群为一更大之群而自治焉,则一完全高尚之自由国平等国独立国自主国出焉矣。而不然者,则自乱而已矣。自治与自乱,事不两存,势不中立,二者必居于是。惟我国民自讼之,惟我国民自择之。"⑤

按照梁启超的说法,自治能力是国民享有自由的基本要求。因此,他大声疾呼"新民为今日中国第一急务"⑥,将提高国民素质的思路以及改造中国的纲领归结为新民。对于新民的素质,梁启超提出了体力上、智力上的要求。例如,他认为,新民应该"有健康强固之体魄,然后有坚忍不屈之精神。……皆具军国民之资格。"⑦基于这一认识,《新民说》有《论民气》,认为民气与民力、民智和民德相关。梁启超论证说:"民气者,国家所以自存之一要素也。虽然,仅以民气而国家遂足以自存乎?曰,必不可。何以故?以民气必有所待而始呈其效力故。(一)民气必与民力相待。无民力之民气,则必无结果。……(二)民气必与民智相待。无民智之民气,则无价

①　《原强修订稿》,《严复集》(第一册),中华书局1986年版,第31页。
②　《原强修订稿》,《严复集》(第一册),中华书局1986年版,第27页。
③　《原强修订稿》,《严复集》(第一册),中华书局1986年版,第29页。
④　《原强修订稿》,《严复集》(第一册),中华书局1986年版,第30页。
⑤　《新民说》,《梁启超全集》(第二册),北京出版社1999年版,第683页。
⑥　《新民说》,《梁启超全集》(第二册),北京出版社1999年版,第655页。
⑦　《新民说》,《梁启超全集》(第二册),北京出版社1999年版,第713页。

值。……（三）民气必与民德相待。无民德之民气,则不惟无利益而更有祸害。……民力、民智、民德三者既进,则其民自能自认其天职,自主张其权利,故民气不期进而自进。"①这表明,梁启超渴望的新民兼备德、智、力三方面素质,之所以突出道德上的新民,是因为新民德最难。这用他本人的话说便是:"夫言群治者,必曰德,曰智,曰力,然智与力之成就甚易,惟德最难。"②其实,严复也一再感叹"新民德"最难,却没有将三民归结为新民德。

总的说来,与严复在重视民德的同时重视民力和民智的提高不同,梁启超的新民说注重民德,他所提倡的新民主要指道德上的新民。与始终将自由界定在"精神界"之内息息相通,梁启超所讲的自由属于精神生命,因此与身体素质并无直接关系。诚然,梁启超在分析中国落后的原因时并不排除体力上的因素,侧重点却始终在精神、道德方面。这用他本人的话说便是:"国也者,积民而成。国之有民,犹身之有四肢、五脏、筋脉、血轮也。未有四肢已断,五脏已瘵,筋脉已伤,血轮已涸,而身犹能存者;则亦未有其民愚陋、怯弱、涣散、混浊,而国犹能立者。"③这里侧重的依然是民智、民德与国家富强之间的关系,并不涉及民力问题。梁启超承认权利与民智相关,像严复一样呼吁"开民智",却漠视民德与民力的关系,没有像严复那样大声疾呼"鼓民力"。《新民说》的出现进一步表明,梁启超所推崇的"精神界"的自由表现在对待民智和民德的关系上便是侧重民德,故而鼓吹道德启蒙,道德启蒙的途径则是英雄豪杰的呼吁与国民的自觉,无论哪种途径均与国家推行的政府行为无关。

综观梁启超的思想可以看到,新民的措施和宗旨是将国民培养成为道德上的新民。正因为如此,他在《新民说》中发出了"道德革命"的号召。梁启超之所以将新民定位为道德上的新民,原因有二:第一,他再三表示,自己提倡新民和"道德革命"是由于国民的智力发展超过了道德。第二,在对中国积贫积弱的分析中,梁启超承认其中有远因也有近因,同时强调中国人的道德素质——公德意识淡薄、缺乏爱国心是主要原因。基于这种认识,他有针对性地将启蒙的重心放在提高中国人的公德观念、国家思想和群体意识上。为此,梁启超不仅大力宣传爱国主义、国家观念和民族思想,而且利用进化论、社会有机体论论证个人对群体的依赖,以期加强中国人的公德观念、爱国思想和群体意识。与此相联系,他对历史学倾注了极大的热情,提倡新

---

①　《新民说》,《梁启超全集》(第二册),北京出版社 1999 年版,第 725—728 页。

②　《新民说》,《梁启超全集》(第二册),北京出版社 1999 年版,第 719 页。

③　《新民说》,《梁启超全集》(第二册),北京出版社 1999 年版,第 655 页。

史学,旨在扭转中国人只知有家而不知有国的局面。

梁启超的新民思想是一场全民的"道德革命",需要开一代风气的英雄振臂高呼,最关键的还是国民的个人自觉。这就是说,新民主要靠国民的自新。他写道:"新民云者,非新者一人,而新之者又一人也,则在吾民之各自新而已。孟子曰:'子力行之,亦以新子之国。'自新之谓也,新民之谓也。"①梁启超之所以强调国民"自新",是出于对权利与责任、义务和服从密不可分的认识,恰恰是为了杜绝国民将保卫国家主权的责任委任他人,甚至推脱责任。对此,他强调:"故吾虽日望贤君相,吾尤恐即有贤君相,亦爱我而莫能助也。何也?责望于贤君相者深,则自责望者必浅。而此责人不责己、望人不望己之恶习,即中国所以不能维新之大原。我责人,人亦责我,我望人,人亦望我,是四万万人,遂互消于相责、相望之中,而国将谁与立也?"②出于这种担心,梁启超始终将中国的兴亡与国民自觉做新民联系起来;正如将中国衰亡的原因归咎于国民素质的低劣一样,将中国的希望寄托于国民素质的提高。正是在这个意义上,他一再声称:

> 吾请更以一言正告我国民:国之亡也,非当局诸人遂能亡之也,国民亡之而已;国之兴也,非当局诸人遂能兴之也,国民兴之而已。政府之良否,恒与国民良否为比例,如寒暑针之与空气然,分秒无所差忒焉,丝毫不能假借焉。若我国民徒责人而不知自责,徒望人而不知自勉,则吾恐中国之弱,正未有艾也。③

> 凡一国之政象,则皆其国民思想品格之反影而已,在专制政体之下且有然,在自由政体之下则尤甚。在专制政体之下,其消极的反映可见也。在自由政体之下,其积极的反影可见也。国民之品格思想,非有缺点,则不能造成专制政体。④

进而言之,与道德上的新民相呼应,梁启超所讲的新民的素质包括自由、进取冒险、公德意识和国家观念等,基本上属于舆论引导和道德感化的范畴。这便是他热衷于办报纸、搞宣传的原因所在。为了普及、推行这些新的伦理规范和道德观念,梁启超除了提倡"道德革命"之外,还提倡"小说界

---

① 《新民说》,《梁启超全集》(第二册),北京出版社1999年版,第656页。
② 《新民说》,《梁启超全集》(第二册),北京出版社1999年版,第656页。
③ 《中国积弱溯源论》,《梁启超全集》(第一册),北京出版社1999年版,第420页。
④ 《一年来之政象与国民程度之映射》,《梁启超全集》(第五册),北京出版社1999年版,第2587页。

革命"。这是因为,他认为小说作为通俗文化对大众的心理具有无可比拟的熏陶和引导作用,不失为方便快捷并且行之有效的新民方法。

对于中国近代的社会来说,自由不仅仅是一种理念,更是一场社会运动。因此,对于中国近代的自由而言,除了思想上的界定之外,更根本的还是具体操作。上述内容显示:一方面,严复、梁启超都将自由的具体操作归结为国民素质的提高,将自由与国民素质联系起来,将个人自由与国家的富强以及国权联系起来。这是两人自由的一致性,也使两人所讲的自由在启蒙中加入了救亡的主题。另一方面,对于自由的具体实施方案,严复从个人在法律上的自由权利讲起,使国民在力、智、德各方面素质的提高成为自由权利的一部分,致使自由与国家的行政措施密切相关。有鉴于此,他的自由思想侧重民主启蒙,最终归结为法律上群己权界的划分以及民主政体的建制。梁启超所向往的自由主要指精神上摆脱束缚,以思想启蒙为重心,以唤醒民众的独立人格和道德自觉为目标,始终侧重道德启蒙。

至此,自由的具体操作使严复、梁启超的启蒙主体产生了分歧,进而又导致了对启蒙的不同理解,演绎出不同的自由路径:严复改造中国的三民政策是政府行为,主要依靠政府引导,即使是民力、民智素质的提高也以政府的政策推广和体制管理为手段。例如,严复提高中国人的身体素质以及禁止妇女缠足的主张是中国近代思想家的共识,所不同的是,他是从政府管理的角度立论的,与同为戊戌启蒙四大家的康有为出于不忍之心对妇女的同情明显不同。众所周知,作为近代男女平等的最早发起者,康有为也对妇女缠足深恶痛绝。对于其中的原委,他解释说:"数岁弱女,即为缠足,七尺之布,三寸之鞋,强为折屈以求纤小,使五指折卷而行地,足骨穹隆而指天,以六寸之肤圆,为掌上之掌握。日夕迫胁,痛彻心骨,呼号艰楚,夜不能寐。自五岁至十五岁,十年之中,每日一痛;及其长大,扶壁而后行,跪膝而后集。敝俗所化,穷贱勉从,以兹纤足,躬执井臼,或登梯而晒衣,或负重而行远,蹒跚踽踽,颠覆伤生。至若兵燹仓皇,奔走不及,缢悬林木,颠倒沟壑,不可胜算。"[①]诚然,康有为对妇女缠足的控诉本身在客观上具有提高妇女地位的效果,正如也有提高妇女的身体素质以益于传种——提高全人类的身体素质的考虑一样。然而,从根本上说,康有为立论的维度和重心是缠足使妇女身心俱损,主要是围绕着男女平等这个中心展开论证的。与此相联系,他呼吁废除缠足的初衷主要是为了提倡男女平等,各自独立。这与严复的理论初衷明显不同。

---

① 《大同书》,中州古籍出版社 1998 年版,第 178 页。

此外,戊戌启蒙思想家对提高民智极为重视,重视民智不仅关系到个人的素质,而且关系到中国的存亡;更为重要的是,民智的提高直接关系到平等和自由的实现。对于这个问题,严复的看法与其他戊戌启蒙思想家如出一辙。他写道:"国之公民莫不有学,学不仅以治人也,自治其身之余,服畴懋迁,至于水火工虞,凡所以承天时、出地宝、进人巧、驱百昌以足民用者,莫不于学焉,修且习之,治以平等为义矣。故官无所谓贵,民无所谓贱。"①

可以看到,对于如何"开民智",严复提出的方案是国家教育的普及,以达到"国之公民莫不有学",废除科举和创办新式学堂的主张都属于国家统一管理的"公学"范畴,这与梁启超以精英带动民众和凭借通俗文化浸染的思路形成了强烈对比。在民权与民智相关这一点上,梁启超的认识与严复别无二致。这也是梁启超呼吁"兴民权"却以"开民智"为第一义的原因所在,与严复不同的是,对于如何"开民智",梁启超始终重视国民的主体自觉。不仅如此,即使是严复所讲的"新民德"也与梁启超以道德新民的"自新"在方式方法上相去甚远。

至此,从对自由内涵的界定到对自由的具体操作,严复、梁启超对自由的理解渐行渐远,最终演绎为由上而下的民主建制与国民"自新"的道德自觉的不同。

第四节　自由在权利与道德之间

上述内容显示,严复、梁启超都热衷于自由,对自由的界定、理解和操作却不可同日而语,两人的自由思想呈现出不容忽视的明显差异。一言以蔽之,所有的差异即自由究竟是一种权利还是一种道德? 对此,严复倾向于前者,梁启超则选择了后者。

首先,必须明确的是,无论严复还是梁启超都对自由予以多重界定和阐释,两人所讲的自由均具有多重维度和内涵。

严复对政界自由的侧重和推崇人所共知,然而,在他那里,政界自由并非自由的唯一形式——除了政界自由之外,还有伦界(伦理学)自由。严复注意到了自由的政界与伦界之分,并且强调这是两种不同性质的自由:"盖政界自由,其义与伦学中个人自由不同。仆前译穆勒《群己权界论》,即系个人对于社会之自由,非政界自由。政界自由,与管束为反对。"②此外,他

---

① 《大学预科〈同学录〉序》,《严复集》(第二册),中华书局1986年版,第292页。
② 《政治讲义》,《严复集》(第五册),中华书局1986年版,第1282页。

还介绍过其他形式的自由，并且将自由归纳为三种类型："见世俗称用自由，大抵不出三义：一，以国之独立自主不受强大者牵掣干涉为自由。……二，以政府之对国民有责任者为自由。……三，以限制政府之治权为自由。此则散见于一切事之中，如云宗教自由，贸易自由，报章自由，婚姻自由，结会自由，皆此类矣。而此类自由，与第二类之自由，往往并见。"①这表明，严复是在诸多自由中着重从个人与政府的关系维度阐释自由的，故而将自由视为国民在法律上享有的自由权利。

梁启超所涉及的自由种类也名目繁多、不一而足，除了作为《自由书》宗旨的"思想自由、言论自由、出版自由"之外，《新民说》继续对自由进行划分，并且将不同自由"所造之结果"一一列出。书中云："我国民如欲永享完全文明真自由之福也，不可不先知自由之为物果何如矣。……一曰政治上之自由，二曰宗教上之自由，三曰民族上之自由，四曰生计上之自由（即日本所谓经济上自由）。政治上之自由者，人民对于政府而保其自由也。宗教上之自由者，教徒对于教会而保其自由也。民族上之自由者，本国对于外国而保其自由也。生计上之自由者，资本家与劳力者相互而保其自由也。而政治上之自由，复分为三：一曰平民对于贵族而保其自由，二曰国民全体对于政府而保其自由，三曰殖民地对于母国而保其自由是也。……其所造出之结果，厥有六端：（一）四民（指士、农、公、商四个阶层——引者注）平等问题。……（二）参政权问题。……（三）属地自治问题。……（四）信仰问题。……（五）民族建国问题。……（六）工群问题（日本谓之劳动问题或社会问题）。"②在这里，梁启超将自由划分为政治自由、宗教自由、民族自由和经济（生计上的）自由四大类，其中的政治自由又分为三种，可见自由种类之多，内容之繁。在介绍了多种自由之后，他进而强调，自由是"权利之表证"，是人之"精神界"的生命，最终将自由界定为废除"心奴隶"，拥有独立人格。

无论严复还是梁启超都接触到了多种自由学说，并且对自由进行了多种厘定和深入思考。这表明，两人无论是侧重政界自由还是伦界自由都是对多种自由学说进行自觉选择的结果。

其次，严复、梁启超对各类自由的划分表明，两人均承认既可以从与政府的管束相对应的角度对自由作权利解，也可以从与自身的"心奴"相对应的角度对自由作道德解。这就是说，两人承认自由同时具有权利与道德内

① 《政治讲义》，《严复集》（第五册），中华书局 1986 年版，第 1289—1290 页。
② 《新民说》，《梁启超全集》（第二册），北京出版社 1999 年版，第 675—676 页。

涵是一致的,所不同的只是对自由的权利与道德内涵予以不同的侧重而已。

事实上,严复尽管一再凸显自由的权利内涵,却不排斥自由的精神解放或道德修养意蕴。例如,他曾经说:"须知言论自繇,只是平实地说实话求真理,一不为古人所欺,二不为权势所屈而已。使理真事实,虽出之仇敌,不可废也。使理谬事诬,虽以君父,不可从也。此之谓自繇,……使中国民智民德而有进今之一时,则必自宝爱真理始。"①

正如严复肯定自由具有政界与伦界自由之分,已经承认了自由具有道德属性一样,梁启超也承认自由包括"政治上之自由",指出自由的含义之一便是国民对于政府保其自由。在这个前提下,两人之所以对自由作出不同侧重和选择,是基于对中国社会的不同审视以及由此导致的对拯救中国路径的不同抉择。就对中国社会的审视而言,严复侧重君主专制造成的国民无自由之权,梁启超侧重公德匮乏而造成的国民无爱国心和缺少国家观念;循着这两条不同的思路,严复将自由与君主立宪、议院制度等政治体制联系起来,强调自由的实现离不开民主之用;梁启超则将个人自由与国家主权联为一体,通过自由彰显国民的爱国主义、群体意识和公德观念。就对改造中国路径的选择而言,严复的自由之路以政体改革为途径,寄希望于政府自上而下的改革;梁启超的自由之路是一场全民运动,侧重国民的道德自觉以及道德素质的普遍提高。

应该看到,对于近代中国的民众来说,既需要自由之权,又需要自由之德。严复、梁启超对自由的不同侧重从政治体制与国民素质两个方面共同印证了近代中国社会急需自由以及自由的操作空间。在中国近代的历史背景、政治斗争和文化语境中,没有政界自由,失去了国家的法律保障,自由将流于虚幻。为了避免自由悬空,严复强调自由是一种实实在在的权利而非虚词,在《群己权界论》中特意将自由写作"自繇"。对此,他解释说:"由繇二字,古相通假,今此译遇自繇字,皆作自繇。不作自由者,非以为古也。视其字依西文规例,……非虚乃实,写为自繇。欲略示区别而已。"②同样,没有伦界自由,失去了道德的根基,自由将流于放肆。这表明,政界自由与伦界自由相互促进、缺一不可。尽管严复、梁启超在对自由的阐释中没有强调二者相互作用、相得益彰,却分别从法律与道德两个不同方向使自由处于他律与自律之间。对于这一点,最明显的例子是,鉴于中国近代的特殊背景,两人在呼吁、宣传自由时都不仅看到了积极的自由,而且看到了消极的自

---

① 《群己权界论》,商务印书馆1981年版,"译凡例"。
② 《群己权界论》,商务印书馆1981年版,"译凡例"。

由。在对自由种类进行划分的基础上，严复、梁启超更注重消极的自由，均强调个人自由以不侵犯他人自由为界。与此相一致，两人都十分关注自由的滥用，并用不同版本不约而同地说出了罗兰夫人的那句名言：

　　然罗兰夫人则云，自由自由，天下许多之事，假子之名而行矣。①
　　"呜呼！自由自由，天下古今几多之罪恶，假汝之名以行！"此法国第一女杰罗兰夫人临终之言也。②

　　进而言之，由于担心自由的滥用，严复、梁启超都关注自由的权界问题。严复强调，自由以不侵犯他人的自由为界限。在《群己权界论》的"译凡例"中，他便开宗明义地申明了这一问题："名义一经俗用，久辄失真。……则何怪自繇之义，始不过谓自主而无挂碍者，乃今为放肆，为淫佚，为不法，为无礼。一及其名，恶义坌集，而为主其说者之诟病乎？穆勒此篇（指《群己权界论》——引者注），所释名义，只如其初而止。"③基于自由并非肆无忌惮、为所欲为的认识，严复强调自由为善而非自由为恶。于是，他接着写道："是故刺讥谩骂，扬讦诪张，仍为言行愆尤，与所谓言论自繇行己自繇无涉。总之自繇云者，乃自繇于为善，非自繇于为恶。"④这表明，尽管侧重从法律的角度界定自由，严复却在自由为善而非自由为恶中将自由从法律引向了道德。

　　梁启超是从道德的领域阐释自由的，却与严复一样强调自由以不侵犯他人的自由为界："自由之界说曰：人人自由，而以不侵人之自由为界。"⑤面对康有为对自由的责难，梁启超在给康有为的回信中进行了申辩。他写道："若夫自由二字，夫子谓其翻译不妥或尚可，至诋其意则万万不可也。自由之界说，有最要者一语，曰人人自由，而以不侵人之自由为界是矣。而省文言之，则人人自由四字，意义亦已具足。盖若有一人侵人之自由者，则必有一人之自由被侵者，是则不可谓之人人自由；以此言自由，乃真自由，毫无流弊。要之，言自由者无他，不过使之得全其为人之资格而已。质而论之，即不受三纲之压制而已；不受古人之束缚而已。"⑥在梁启超看来，自由与奴隶

① 《政治讲义》，《严复集》（第五册），中华书局1986年版，第1280页。
② 《近世第一女杰罗兰夫人传》，《梁启超全集》（第二册），北京出版社1999年版，第858页。
③ 《群己权界论》，商务印书馆1981年版，"译凡例"。
④ 《群己权界论》，商务印书馆1981年版，"译凡例"。
⑤ 《新民说》，《梁启超全集》（第二册），北京出版社1999年版，第678页。
⑥ 《致康有为》，《梁启超全集》（第十册），北京出版社1999年版，第5932页。

相对待,本义并不是肆无忌惮。这是因为,自由必须以服从公理和国家利益为前提,自由离不开法律。正是在这个意义上,他一再断言:

> 使滥用其自由,而侵他人之自由焉,而侵团体之自由焉,则其群固已不克自立,而将为他群之奴隶,夫复何自由之能几也? 故真自由者必能服从。服从者何? 服法律也。法律者,我所制定之,以保护我自由,而亦以钳束我自由者也。①
>
> 西儒之言曰:侵犯人自由权利者,为万恶之最,而自弃其自由权利者,恶亦如之。盖其损害天赋之人道一也,夫欧洲各国今日之民权,岂生而已然哉,亦岂皆其君相晏然辟呬而授之哉,其始由一二大儒,著书立说而倡之,集会结社而讲之,浸假而其真理灌输于国民之脑中,其利害明揭于国民之目中,人人识其可贵,知其不可已,则赴汤蹈火以求之,断颈绝脰以易之。西儒之言曰:文明者,购之以血者也。②

在这里,梁启超对自由的阐发尽管不是从权利的角度而是从道德的角度立论的,却念念不忘自由以服从为先导,并且想起了法律——不过在用法律保护权利的同时用法律钳制自由而已。这表明,梁启超所讲的自由尽管侧重伦界自由,却脱离不了政界自由,他一再强调自由以服从为第一义即流露出这一思想倾向——因为自由所服从者除了公理和国家利益之外,还有法律。

再次,出于救亡图存的理论初衷,严复、梁启超在国家自由与个人自由的关系上均倾向于国家自由。严复所讲的自由包括国民之独立自由,也包括国家自由和主权独立,故而"身贵自由,国贵自主"③并提。在此基础上,他强调指出,小己自由并非今日所急,国群自由才是当务之急。梁启超讲自由时不仅讲"人民对于政府而保其自由",更重视"本国对于外国而保其自由"。在对自由予以划分,明确各种自由的相应后果之后,他念念不忘的是:"然则今日吾中国所最急者,惟第二之参政问题,与第四之民族建国问题而已。此二者事本同源,苟得其乙,则甲不求而自来;苟得其甲,则乙虽弗获犹无害也。若是夫吾侪之所谓自由,与其所以求自由之道,可以见矣。"④有鉴于此,严复、梁启超所讲的自由权界不仅包括个人与个人的关系,更重

---

① 《新民说》,《梁启超全集》(第二册),北京出版社 1999 年版,第 678 页。
② 《爱国论》,《梁启超全集》(第一册),北京出版社 1999 年版,第 275 页。
③ 《原强修订稿》,《严复集》(第一册),中华书局 1986 年版,第 17 页。
④ 《新民说》,《梁启超全集》(第二册),北京出版社 1999 年版,第 678 页。

要的是个人与国群的关系。在这个问题上,鉴于救亡图存的迫在眉睫,两人均将不侵犯国群自由视为自由的题中应有之义,呼吁个人自由不得妨碍国家的自由。

严复断言,自由在不同时代具有不同内容和表现,在贵族时代或专制时代,民众对于贵族或君上争取自由;立宪民主时代,所争者只在国群自由。对此,他写道:"贵族之治,则民对贵族而争自繇。专制之治,则民对君上而争自繇,乃至立宪民主,其所对而争自繇者,非贵族非君上。贵族君上,于此之时,同束于法制之中,固无从以肆虐。故所与争者乃在社会,乃在国群,乃在流俗。穆勒此篇(指《群己权界论》——引者注),本为英民说法,故所重者,在小己国群之分界。然其所论,理通他制,使其事宜任小己之自繇,则无间君上贵族社会,皆不得干涉者也。"①

严复进而指出,尽管个人的自由权利是天赋的,神圣而不可侵犯,然而,人之生存和天演法则要求人聚集为国家以求自存。这使自由的广狭与天演的程度相关,始终围绕着群己的权界展开;在外患深重之时,国家的主要精力只能是对外而求国群自由。基于这种认识,他反复强调:

> 盖天演途术,视国家所为,有非人所得主者,内因外缘,合而成局。人群各本自性,结合以求自存,非其能国家也,乃其不能不国家。……但以政府权界广狭为天演自然之事,视其国所处天时地势民质何如。②
> 凡国成立,其外患深者,其内治密,其外患浅者,其内治疏。疏则其民自由,密者反是。③

沿着这一思路,严复指出,在中国近代救亡图存迫在眉睫的严峻形势下,小己自由并非所急,国群自由才是最急切的。

同样出于救亡图存的立言宗旨,梁启超从道德的角度阐释自由,旨在强调个人不得妨碍国家的自由。这正如他本人所言:"然则自由之义,竟不可行于个人乎?曰:恶,是何言!团体自由者,个人自由之积也。人不能离团体而自生存,团体不保其自由,则将有他团焉自外而侵之、压之、夺之,则个人之自由更何有也!譬之一身,任口之自由也,不择物而食焉,大病浸起,而口所固有之自由亦失矣;任手之自由也,持梃而杀人焉,大罚浸至,而手所固

---

① 《〈群己权界论〉译凡例》,《严复集》(第一册),中华书局 1986 年版,第 134 页。
② 《政治讲义》,《严复集》(第五册),中华书局 1986 年版,第 1290 页。
③ 《政治讲义》,《严复集》(第五册),中华书局 1986 年版,第 1292 页。

有之自由亦失矣。故夫一饮一食、一举一动,而皆若节制之师者,正百体所以各永保其自由之道也,此犹其与他人他体相交涉者。"①循着这个思路,梁启超认为只有国家自由才能保障个人的自由,由此呼吁国民为了国家自由而牺牲个人的自由。为此,他甚至将国家视为自由的主体,剥夺了个人成为自由主体的资格。正是在这个意义上,梁启超写道:"自由云者,团体之自由,非个人之自由也。"②

对国家自由的重视再次印证了严复、梁启超所讲的自由既出于思想启蒙的需要,又肩负救亡图存的使命。在中国近代的社会现实中,自由不仅需要新思想的启蒙,而且需要化作与救亡图存相呼应的现实操作。特殊的现实处境和社会背景尤其是救亡与启蒙的张力使严复、梁启超面对自由时既看到了其积极面,又担心其消极面。因此,尽管两人的具体观点不同,理论初衷却如出一辙。这集中体现在都侧重国家自由,解决中国现实的宗旨别无二致;在对自由的宣传和介绍中不约而同地担心自由的滥用,强调自由以不侵犯他人自由——特别是国家自由为界。

无论是国家的民主建制还是民众的道德革命都是巨大的系统工程,无论是政府的行为还是英雄的引领都离不开国民的参与和现有的基础。这就是说,严复、梁启超所设计的自由之路始终回避不了如下问题:自由是外界赐与的还是自己争取的? 这一问题与启蒙联系起来则演绎为如下问题:启谁的蒙? 谁去启蒙? 尽管严复、梁启超对自由的界定和理解呈现出种种分歧,然而,在对自由的具体操作上却表现出惊人的一致性,其中最明显的一点是:鉴于种种原因,严复、梁启超都表现出对自由的某种矛盾和彷徨,致使两人的启蒙思想都带有明显的不彻底性。严复指出,能否实行自由、平等与国民的素质和自治能力密切相关:只有德智体各方面素质优并且具有自治能力的国民,才具备享受自由、平等的资格;否则,即使有自由也不会行使,甚至还会导致各种恶果。如此说来,国民没有自治能力,便没有享受平等、自由的权利。西方之所以自由,是因为"彼民之能自治而自由者,皆其力、其智、其德诚优者也"③。同样的道理,基于对中国人素质的评估,严复得出结论,当时的中国还不能推翻君主,因为"其时未至,其俗未成,其民不足以自治也"④。当然,实行君主立宪、开设议院也不可能。他断言:"夫君权之重轻,与民智之浅深为比例。论者动言中国宜减君权、兴议院,嗟乎! 以今

①　《新民说》,《梁启超全集》(第二册),北京出版社1999年版,第679页。
②　《新民说》,《梁启超全集》(第二册),北京出版社1999年版,第678页。
③　《原强修订稿》,《严复集》(第一册),中华书局1986年版,第27页。
④　《辟韩》,《严复集》(第一册),中华书局1986年版,第35页。

日民智未开之中国,而欲效泰西君民共主之美治,是大乱之道也。"①梁启超鉴于国权与人权的密切联系提出了"兴民权"的思想,却强调"权生于智",并为此将"兴民权"归结为"开民智"。不仅如此,在具体操作的过程中,他又提出了欲开民智必先开绅智、欲开绅智必先开官智等种种说法。这样一来,梁启超便把"开民智"最终归结为"开官智"。他写道:"然他日办一切事,舍官莫属也。即今日欲开民智开绅智,而假手于官力者,尚不知凡几也。故开官智,又为万事之起点。"②这个观点暴露出梁启超内心的不平等意识,更致命的则是通过民一绅一官的逐层相推,把君主立宪、实现自由平等推向了无限遥远的未来。

　　人的存在和发展是自我完善的过程,也是臻于自由的过程。这使自由具有恒提恒新的魅力。难怪美国开国元勋亨利·柏得烈发出了这样的心声:"不自由,毋宁死。"在拥有权利之时保留权利与不知权利是何物时消极地放弃自由之权具有天壤之别。胡适的"宁愿不自由,也是自由了",说的就是这个意思。严复与梁启超对自由的不同侧重昭示人们,自由介于权利与道德之间。正如对于一个社会来说法律与道德缺一不可,公民既需要他律又需要自律一样,无论是自由之权利还是自由之道德都是必需的:赋予国民以自由权利是社会文明的表现,拥有自由之道德是现代社会文明公民必备的基本素质。蔡元培曾经指出,人人都有柳下惠坐怀不乱之德,始可言废除婚姻。在没有提高道德素质的前提下,过分张扬自由权利难免引发不良后果。问题的关键是,有权去做是否一定要做? 法律上的自由权利的行使依赖道德素质和智力水平的支持,在取得了法律上的自由权利之后,道德上的自由便显得更为重要。在这种情况下,用自己的自由之道德对自由之权利予以保留,宁愿为了他人或国家的权利放弃自己的一部分权利,人将活得更有意义。说到这里,突然想起了著名学者季羡林先生说过的一句话:"假话全不讲,真话不全讲。"面对自由,不妨说:法律上的自由可以保留,道德上的自由不打折扣。

---

① 《中俄交谊论》,《严复集》(第二册),中华书局 1986 年版,第 475 页。
② 《论湖南应办之事》,《梁启超全集》(第一册),北京出版社 1999 年版,第 179 页。

参 考 文 献

一、基 本 元 典

1.康有为:《康有为全集》(共 12 集),姜义华、张荣华编校,中国人民大学出版社 2007 年版。

2.康有为:《康有为全集》(第一集),上海古籍出版社 1987 年版。

3.康有为:《诸天讲》,中华书局 1990 年版。

4.康有为:《康子内外篇》,中华书局 1988 年版。

5.康有为:《论语注》,中华书局 1984 年版。

6.康有为:《中庸注》,中华书局 1987 年版。

7.康有为:《孟子微》,中华书局 1987 年版。

8.康有为:《大同书》,中州古籍出版社 1998 年版。

9.康有为:《春秋董氏学》,中华书局 1990 年版。

10.康有为:《南海康先生口说》,吴熙钊、邓中好校点,中山大学出版社 1985 年版。

11.康有为:《康有为政论集》(上下),汤志钧编,中华书局 1981 年版。

12.康有为:《康有为学术文化随笔》,董士伟编,中国青年出版社 1999 年版。

13.谭嗣同:《谭嗣同全集》,蔡尚思、方行编,中华书局 1998 年版。

14.梁启超:《梁启超全集》(共 10 册),张品兴等主编,北京出版社 1999 年版。

15.严复:《严复集》(共 5 册),王栻主编,中华书局 1986 年版。

16.赫胥黎:《天演论》,、严复译,中州古籍出版社 1998 年版。

17.亚当·斯密:《原富》,严复译,商务印书馆 1981 年版。

18.斯宾塞:《群学肄言》,严复译,商务印书馆 1981 年版。

19.甄克斯:《社会通诠》,严复译,商务印书馆 1981 年版。

20.孟德斯鸠:《孟德斯鸠法意》,严复译,商务印书馆 1981 年版。

21.约翰·穆勒:《群己权界论》,严复译,商务印书馆 1981 年版。

22.约翰·穆勒:《穆勒名学》,严复译,商务印书馆 1981 年版。

23.耶芳斯:《名学浅说》,严复译,商务印书馆 1981 年版。

24.胡适:《胡适全集》(共 44 卷),季羡林主编,安徽教育出版社 2007 年版。

25.中国史学会主编:《戊戌变法》(全四册),上海人民出版社 2000 年版。

二、相 关 元 典

26.吴哲楣:《十三经》,国际文化公司 1995 年版。

27.《春秋公羊传译注》,王维堤、唐书文撰,上海古籍出版社 2007 年版。

28.《春秋穀梁传译注》,承载撰,上海古籍出版社 2006 年版。

29.《左传》,蒋冀骋标点,岳麓书社 1993 年版。

30.《诗经译注》,周振甫注,中华书局 2005 年版。

31.《尚书译注》,李民、王健注,中华书局 2000 年版。

32.《周易译注》,周振甫注,中华书局 2001 年版。

33.《礼记译注》,杨天宇撰,上海古籍出版社 1997 年版。

34.《礼记正义》,十三经疏本,中华书局 1980 年版。

35.《论语译注,》杨伯峻注,中华书局 1980 年版。

36.《论语注疏》,十三经疏本,中华书局 1980 年版。

37.高亨:《老子正诂》,中华书局 1959 年版。

38.老子:《老子校释》,朱谦之撰,中华书局 2000 年版。

39.墨子:《墨子》,毕沅校注,吴旭民标点,上海古籍出版社 1995 年版。

40.孟子:《孟子译注》,杨伯峻注,中华书局 1960 年版。

41.孟子:《孟子注疏》,十三经疏本,中华书局 1980 年版。

42.《四书译注》,乌恩溥注译,吉林文史出版社 1996 年版。

43.庄子:《庄子浅注》,曹础基注,中华书局 1982 年版。

44.荀子:《荀子集解》,王先谦解,诸子集成本,中华书局 1996 年版。

45.荀子:《荀子简注》,章诗同注,上海人民出版社 1974 年版。

46.韩非子:《韩非子校注》,《韩非子》校注组注,江苏人民出版社 1982 年版。

47.董仲舒:《春秋繁露义证》,苏舆撰,钟哲校点,中华书局 1996 年版。

48.司马迁:《史记》,李全华标点,岳麓书社 1994 年版。

49.班固:《汉书》,岳麓书社 2008 年版。

50.王充:《论衡》,上海人民出版社 1974 年版。

51.《列子集释》,张湛注,杨伯峻撰,中华书局 1997 年版。

52.王弼:《王弼集校释》(上下册),楼宇烈校释,中华书局 1999 年版。

53.葛洪:《抱朴子内篇校释》,王明撰,中华书局 2002 年版。

54.韩愈:《韩昌黎文集校注》,马其昶校注,马茂元整理,上海古籍出版社 1986 年版。

55.韩愈:《韩昌黎集》,中华书局 1978 版。

56.周敦颐:《周子通书》,上海古籍出版社 2000 年版。

57.周敦颐:《周敦颐集》,中华书局 2010 年版。

58.邵雍:《邵雍集》,中华书局 2010 年版。

59.张载:《张载集》,中华书局 2006 年版。

60.张载:《正蒙注译》喻博文注疏,兰州大学出版社 1990 年版。

61.程颢、程颐:《二程集》,中华书局 2004 年版。

62.朱熹:《朱子语类》,黎靖德编,王星贤点校,中华书局 1999 年版。

63.朱熹:《朱子全书》(共二十七册),上海古籍出版社、安徽教育出版社 2002 年版。

64.陆九渊:《陆九渊集》,钟哲点校,中华书局 1980 年版。

65.王阳明:《王阳明全集》,吴光、钱明、董平、姚延福编校,上海古籍出版社 1992 年版。

66.《辛亥革命前十年间时论选集》(第 1、2 卷),张枬、王忍之编,生活·读书·新知三联书店 1960、1963 年版。

67.慧能:《坛经校释》,郭朋校释,中华书局 2007 年版。

68.《华严经今译》,张新民等注释,中国社会科学出版社 2007 年版。

69.《西方哲学原著选读》(上下卷),北京大学哲学系编译,商务印书馆 1984 年版。

70.《十六——十八世纪西欧各国哲学》,北京大学哲学系编译,商务印书馆 1975 年版。

三、相 关 文 献

71.汤志钧:《康有为与戊戌变法》,中华书局 1984 年版。

72.董德福:《梁启超与胡适:两代知识分子学思历程的比较研究》,吉林人民出版社 2004 年版。

73.易鑫鼎:《梁启超和中国现代文化思潮》,首都师范大学出版社 2009 年版。

74.李茂民:《在激进与保守之间:梁启超五四时期的新文化思想》,社会科学文献出版社 2006 年版。

75.方红梅:《梁启超趣味论》,人民出版社 2009 年版。

76.本杰明·史华兹:《寻求富强——严复与西方》,叶凤美译,江苏人民出版社 1995 年版。

77.王中江:《严复与福泽谕吉——中日启蒙思想比较》,河南大学出版社 1991 年版。

78.侯外庐:《中国古代社会史论》,河北教育出版社 2002 年版。

79.冯尔康:《中国宗法社会》,浙江人民出版社 1994 年版。

80.谢维扬:《中国家庭形态》,中国社会科学出版社 1990 年版。

81.龚书铎:《中国社会通史》(全八册),陕西教育出版社 1996 年版。

82.李泽厚:《中国近代思想史论》,生活·读书·新知三联书店 2009 年版。

83.王尔敏:《中国近代思想史论》,社会科学文献出版社 2003 年版。

84.冯契:《中国近代哲学的革命进程》,华东师范大学出版社 1997 年版。

85.侯外庐主编:《中国近代哲学史》,人民出版社 1978 年版。

86.罗检秋:《近代诸子学与文化思潮》,中国社会科学出版社 1998 年版。

87.牟钟鉴、张践主编:《中国宗教通史》(上下卷),中国社会科学出版社 2007 年版。

88.方立天:《中国佛教与传统文化》,长春出版社 2007 年版。

89.冒从虎、张庆荣、王勤田主编:《欧洲哲学通史》(上下卷),南开大学出版社 2008 年版。

90.全增嘏:《西方哲学史》(上下册),上海人民出版社 2007 年版。

责任编辑:杜文丽

封面设计:毛 淳 徐 晖

图书在版编目(CIP)数据

戊戌启蒙四大家比较研究/魏义霞 著. -北京:人民出版社,2015.7

(国家社科基金后期资助项目)

ISBN 978-7-01-015089-5

Ⅰ.①戊… Ⅱ.①魏… Ⅲ.①戊戌变法-历史人物-对比研究

　Ⅳ.①K820.5

中国版本图书馆 CIP 数据核字(2015)第 171905 号

戊戌启蒙四大家比较研究

WUXU QIMENG SIDAJIA BIJIAO YANJIU

魏义霞　著

人 民 出 版 社 出版发行

(100706　北京市东城区隆福寺街 99 号)

北京龙之冉印务有限公司印刷　新华书店经销

2015 年 7 月第 1 版　2015 年 7 月北京第 1 次印刷

开本:710 毫米×1000 毫米 1/16　印张:20

字数:349 千字　印数:0,001-3,000 册

ISBN 978-7-01-015089-5　定价:58.00 元

邮购地址 100706　北京市东城区隆福寺街 99 号

人民东方图书销售中心　电话 (010)65250042　65289539